纵横江海

抗日战场上的粟裕

粟向阳　编著

当代中国出版社
Contemporary China Publishing House

图书在版编目(CIP)数据

纵横江海：抗日战场上的粟裕 / 粟向阳编著. --
北京：当代中国出版社，2016. 7
ISBN 978-7-5154-0711-1

Ⅰ. ①纵… Ⅱ. ①粟… Ⅲ. ①粟裕(1907-1984)—
生平事迹 Ⅳ. ①K825.2

中国版本图书馆CIP数据核字(2016)第158242号

出 版 人　曹宏举
策划编辑　姜楷杰
责任编辑　姜楷杰
责任校对　康　莹
封面设计　古涧文化
出版发行　当代中国出版社
地　　址　北京市地安门西大街旌勇里8号
网　　址　http://www.ddzg.net　邮箱：ddzgcbs@sina.com
邮政编码　100009
编 辑 部　(010)66572264　66572154　66572132　66572180
市 场 部　(010)66572281或66572155/56/57/58/59转
印　　刷　北京润田金辉印刷有限公司
开　　本　720毫米×1020毫米　1/16
印　　张　23.5印张　1插页　393千字
版　　次　2016年7月第1版
印　　次　2016年7月第1次印刷
定　　价　56.00元

抗日战争时期的粟裕

华中素为中国政治经济文化的中心，它有南京、上海、武汉、徐州、杭州等中心城市。它现在变成了日寇侵华的心脏与西侵的后方，敌寇中国派遣军总司令部驻在这地区，敌寇据有华中以后，威胁着重庆和西安，贯通了大陆交通。七年以来，我新四军与华中人民亲密地结合在一起，奔驰于华中原野，捣毁了它的统治，紧紧地拖着它西进的后腿，使敌寇全面控制华中的图谋，变成了泡影。这个广阔的抗日根据地和新四军，与华北敌后根据地和八路军相互依存，相互呼应，成为中国敌后三大战场之一，成为颠覆敌寇在华中统治的先锋与主力。

……敌之华中参谋本部的“清乡视察团”，曾于一九四四年一月中旬到苏中“清乡”区视察，回去发表“苏中清乡实况”云：“新四军反清乡工作有极坚强的基础及组织，一般方式的扫荡，殊难收清乡之效。”又云：“新四军在清乡区内仍有地盘、有组织，今日反抗力量异常强大，事实明显。”

——摘自《抗日战争时期华中解放区概况》

（人民出版社 1953 年版，第 115—116、119 页）

前　言

抗日战争爆发后，粟裕先后出任新四军第二支队副司令员、江南指挥部副指挥、苏北指挥部副指挥、第一师师长兼政委、苏中军区司令员兼政委、苏中区党委书记、苏浙军区司令员。谈及抗战中的粟裕，一些读者常常要问：抗战时粟裕在哪里？他打过鬼子吗？他打了哪些仗，歼灭了多少鬼子？

抗战中，粟裕转战安徽、江苏、浙江三省，在日伪统治的核心地区周旋了七八年。粟裕始终奋战在抗日战争第一线，亲自参加了韦岗战斗等一系列战斗，苏中地区的反“扫荡”、反“清剿”、反“清乡”、车桥战役、南坎战役、邵伯高邮战役等一系列战役。粟裕率部先后抗击和牵制侵华日军序列中的野战重炮兵第五旅团、华中派遣军第十五师团、独立第十二混成旅团、第十七师团、第六十一师团、第六十四师团、第七十师团、独立第九十旅团等部。粟裕执行积小胜为大胜的游击战术，这种战术对强大的日军卓有成效，达到了以弱胜强的目的。到1943年10月10日，粟裕率部毙伤的日军就有13541人；到1945年12月邵伯高邮对日最后一战止，粟裕率部歼灭（含毙、伤、俘、投诚）的日军当在两万以上。

汪伪政府和汪伪军队同样是中华民族的敌人。抗战中，粟裕一面积极主动地打击日军，一面抗击和牵制苏中、苏南3万多伪军。同时，粟裕还与国民党军队中的顽固反共分子进行了针锋相对的军事政治斗争。

抗战中，他深入敌后开展独立自主的游击战争，先与陈毅联手开辟了苏南和苏中抗日根据地，巩固了苏中抗日根据地，发展了苏南、浙东抗日根据地，建立了浙西抗日根据地，开启了在敌占区开拓壮大的发展模式。抗战结束时，不计苏中主力部队3个旅17个团3万余人，仅苏浙军区（含苏南、浙西、浙东三个根据地）主力部队、地方干部就有6.5万余人。整个抗战期间，粟裕亲手缔造和培养了山东野战军第一纵队（叶飞），华中野战军六纵（王必成）、七纵（吉洛）、八纵（陶勇）等王牌主力部队，为我党发展了近十万的正规军，为中国人民抗日战争和中国革命的最后胜利建立了卓越功勋。

除了战功卓著，抗战期间的粟裕还有洋洋洒洒数十万字的理论贡献。仅军事这一块，粟裕从战略的高度认识游击战的意义，总结出巧妙的游击战术和运动战术，建立了主力部队、地方武装和民兵三结合的武装力量体制。他成熟、完整的军事思想为他在解放战争时期取得重大胜利奠定了实践基础，提供了理论支持，从而也丰富和发展了毛泽东抗日游击战的理论，为建构毛泽东军事思想体系提供了实践经验。

本书真实再现了粟裕出生入死、充满传奇的抗战生涯，表现了粟裕满腔的爱国热情和卓越的军事才能，展示了新四军高级将领粟裕的战争形象：在日本鬼子和伪军眼里，粟裕是可恨、可畏的敌人；在抗日军民眼里，粟裕是一位有奇策、出奇谋、用奇兵、善打硬仗、以弱制强、出奇制胜的战术家和战略家。

目　录

001　楔　子
005　第一章　孤悬浙境，千锤百炼显成熟
011　第二章　待命山门，卧薪尝胆写兵书
017　第三章　受命大屯，主动请缨履使命
023　第四章　度尽波劫，相逢一笑泯恩仇
028　第五章　集结岩寺，八省健儿铸铁军
034　第六章　誓师潜口，抗日旌旗向东挥
040　第七章　侦察江南，分析敌我出定论
046　第八章　首战韦岗，威震江南寒敌胆
053　第九章　游击当涂，收复失地反“扫荡”
059　第十章　伏击水阳，一枪早发惜未果
066　第十一章　袭官陡门，精奇快短称典范
072　第十二章　赴皖途中，言传身教论“三得”
078　第十三章　春到云岭，中央指示明方向

084 第十四章　战狸头桥，敌区筹款壮队伍
090 第十五章　陈粟联手，双星闪耀谋江北
096 第十六章　保卫水西，纵深梯次阻敌袭
104 第十七章　智救新郎，慎重处事顺民意
109 第十八章　巧探冷欣，防顽袭击做预案
115 第十九章　西塔反顽，以其之道还其身
122 第二十章　初过长江，主张东进备战忙
127 第二十一章　挥师东进，击陈歼何夺黄桥
132 第二十二章　后发制人，为通粮道取姜堰
138 第二十三章　诱敌深入，调兵遣将布战阵
143 第二十四章　决战黄桥，以寡击众夺全胜
150 第二十五章　立足苏北，红旗十月满天飞
157 第二十六章　新四改编，好男不吃分家饭
162 第二十七章　讨伐叛军，里应外合克泰州
168 第二十八章　移师沿海，创建三仓中心区
174 第二十九章　调敌回防，围魏救赵护军部
180 第三十章　保卫三仓，十团大战反“扫荡”
186 第三十一章　遍地狼烟，豪情满怀真男儿
192 第三十二章　一师东进，粟师长名扬启海

198 第三十三章　发展苏中，积蓄力量备反攻
204 第三十四章　争夺三阳，引蛇出洞战斜桥
210 第三十五章　坐镇启海，机动灵活反“清剿”
215 第三十六章　战谢家渡，还敌尸骸聚人心
221 第三十七章　整编一师，韬光养晦待反攻
226 第三十八章　背水作战，白手创建土海军
231 第三十九章　实行民主，施行仁政得民心
237 第四十章　攻曹家埠，乱敌部署震伪军
243 第四十一章　原地坚持，使木马计反“清乡”
249 第四十二章　攻敌之短，数年缠战败南浦
255 第四十三章　去黄花塘，履险如夷侦敌情
261 第四十四章　回苏中区，舍近求远择战场
268 第四十五章　反伪整编，武斗文攻奏成效
274 第四十六章　剑指淮宝，捕捉时机出奇谋
280 第四十七章　直掏车桥，攻坚打援建奇功
286 第四十八章　准备反攻，北上曹甸建基地
292 第四十九章　再掀攻势，为开通道攻南坎
298 第五十章　破敌“清乡”，战略转移请长缨
304 第五十一章　着手南进，发展东南负重任

310 第五十二章　挥戈苏浙，千里挺进创奇迹
316 第五十三章　东进敌后，反顽自卫取孝丰
322 第五十四章　再战顽军，各个击破取天目
328 第五十五章　撤出天目，诱敌深入寻战机
334 第五十六章　恶战孝丰，穿插分割歼强敌
340 第五十七章　大举反攻，全线出击追穷寇
346 第五十八章　收取邵伯，围三阙一灭残敌
352 第五十九章　光复高邮，铁枪横出奏凯歌
359 参考文献
364 后　记

楔　子

1937年春天，柳树泛绿，桃李含苞待放。一个小商贩模样的人挑着一副经过伪装的担子走出温州，经瑞安，朝西南走向茫茫的南雁荡山。

几天后，南雁荡山，平阳县境内，几个穿灰布军服的人接过担子来到一个很普通的村庄。在一幢木结构平房前，另有几个军人在那里翘首以待。军人中为首的名叫刘英，江西瑞金人，一副白面书生模样，气质儒雅，系中共闽浙边临时省委书记兼挺进师政委。

军人们小心地拆开经过伪装的担子，一些电器元件呈现在众人面前。这是一台功率10～15瓦发报机的零部件，是一个叫张纯良的无线电业余爱好者提供的。

张纯良是中共闽浙边临时省委温州交通员张达生的儿子，刚刚从温州三育学校毕业，是一个瘦高的少年。他为中共闽浙边临时省委装配收、发报机缘于一个偶然的机会。三育学校是由外国牧师开办的新式学校，这给张纯良在自然科学上以开蒙启迪，并引发了这个中国少年对科学的狂热追求。念完初中后，张纯良日夜钻研无线电收音机技术。一次在凌晨2点多钟，他用自己组装的收音机意外收到了中共延安电台的广播。他把这个事情告诉了常来他家的吴毓叔叔，这让吴毓十分高兴。吴毓的身份是教师，实际是中共的高级联络员，其时正苦于中共闽浙边临时省委与中央联系不通。他立即要张纯良试制收音机和发报机，并给他20块银元作为购买零件的费用。张纯良先组装了一台收报机，后又试制成功一台小发报机。这发报机功率不足，天气好的时候勉强可用，雨天就无法工作，于是张纯良又组装了这台功率大一点的电台。

看到这台发报机，一个浓眉大眼的大汉眼里流露出异常兴奋的神色。这人名叫江如枝，福建省永定县人。他毕业于中央红军举办的电讯训练班，曾是中国工农红军北上抗日先遣队无线电队队长，现在是中共鼎平县委书记兼挺进师通讯参谋。三年前，挺进师先在江西省铅山县境内遭国民党军伏击而毁坏了电台，继而在福建省寿宁县上村遭到福建保安团袭击，又丢失了电台、电话机、电话线等全部通讯器材。从那时起他这个通讯参谋可以说有名无实。现在这台发报机的样子虽然丑陋了一些，但却是货真价实的通讯工具，他又有了用武之地，能不高兴吗？当下他亲自动手将电台组装起来，又指挥战士架起天线。

张纯良组装发报机纯粹出于对无线电技术的特别爱好，没有想到会帮刘英的大忙。三年前通讯器材损失后，挺进师就和中共中央及苏区中央分局失去联系。现在刘英利用这部电台与国民党军刘建绪部取得联系，促成了浙江境内国共和谈的成功。同时刘英还尝试恢复与中共中央的联系。功夫不负有心人，4 月的一天，电台收到中共中央毛泽东的电报。电报里除了向省委和闽浙边红军游击队慰问外还询问挺进师师长粟裕的下落。

粟裕，湖南省会同县人，曾任红军师长、军团参谋长，曾被誉为“青年战术家”。红军长征前夕，粟裕所在的中国工农红军第七军团奉命组成红军北上抗日先遣队开赴闽浙赣根据地。中共中央给北上抗日先遣队的任务是宣传抗日和支援皖南，但真实的战略意图是以北上抗日先遣队去国民党统治腹心地区的行动来吸引和调动一部分“围剿”中央苏区的国民党部队，掩护红军主力转移。红军北上抗日先遣队先由寻淮洲率领，与红十军团合并后由方志敏、刘畴西领导，粟裕两次出任参谋长。孤军深入白区的红军先遣队遭受国民党军队绝对优势兵力的围追堵截，在怀玉山陷入包围圈。粟裕和刘英在方志敏的领导下率先头部队寻得战机突出重围。突围后方志敏只身返回怀玉山，试图将已陷入重围中的先遣队带出包围圈，可惜失败被俘，随后解往南昌，最后不幸遇害。先遣队数千人消耗殆尽，仅剩 500 余人（一说 800 余人）。此后，先遣队余勇成立“挺进师”，由粟裕任师长，刘英任政委，随后挺进浙南。毛泽东一直牵挂着那支北上抗日先遣队。在挺进师与中央失去联系的三年里，毛泽东多次派人打听挺进师和粟裕的消息，但由于通讯联系中断和国民党方面的严密封锁而一无所获。红军长征后，留在中央苏区的一些重要人物如瞿秋白等被国民党军队杀害，中央和毛泽东不能确定粟裕是否还在世。如果粟裕还活着，闽浙边临时省委就应该了解他的情况。因为中央在与挺进师失去联系前给挺进师的最后指令是要他们挺进浙江南部地区。

然而刘英此时也与粟裕失去联系。

——之前由于国民党方面闽浙赣皖四省边区“剿共”总指挥刘建绪率十万大军对刘英和粟裕进行大“围剿”，挺进师被迫化整为零，以连、排、班为单位，组成几十人、十几人乃至几个人的游击小分队打游击。接到毛泽东电报的刘英立即派人寻找粟裕，然而几次寻找始终没有粟裕的下落。无奈之下，刘英向迫切得到粟裕消息的中共中央和毛泽东如实报告：“粟裕同志可能已经牺牲。”

得到这个消息时，毛泽东在延安凤凰山下的李家窑院，正与周恩来、朱德等筹划中共全国党代表会议。李家窑院是一孔在石崖上凿成的方形石洞，洞内阴暗潮湿；洞外蓝天白云，阳光灿烂，暖风回荡。黄土高坡上野草已泛出青绿色，浅浅的延河水在静静流淌。但晴朗的天气和明媚的春光好像并不能带给这位伟人好的情绪。

粟裕失踪后，红军先遣队领导人仅余政治部主任刘英。领导人原七军团长寻淮洲在黄山东麓谭家桥地区战死，闽浙赣军区司令员方志敏、十军团长刘畴西在怀玉山被俘后牺牲，随军中央代表曾洪易变节——红军北上抗日先遣队几乎全军覆没！

毛泽东站起身遥望着东南方向，神色凝重，默不作声。

正在筹备中的党代表会议有一个内容是悼念牺牲的优秀共产党员，当大会开幕词拿给毛泽东看时，一直惦记着粟裕的他指着烈士名单上的粟裕说：“我相信粟裕还在！”

他沉默了一会，说：“还是先写上吧！”

1937年“五一”国际劳动节过后，党代表会议在延安中央大礼堂如期召开，大会进行的第一项是洛甫致开幕词：“……首先让我们悼念革命斗争十年来在各个战线上无数英勇牺牲的战士、我们最忠诚的同志、中华民族的最优秀儿女！”

主席团的毛泽东、周恩来、博古、朱德、张国焘、刘少奇等，林彪、彭德怀、贺龙、刘伯承、徐向前、叶剑英等红军将领及各地党代表280多人表情严肃，会场里一片肃静，只有洛甫缓慢而悲痛的声音在回荡：

“……李大钊……寻淮舟（洲）、粟裕……”

粟裕居寻淮洲之后、唐在刚之前，排名第34位。

然而粟裕并未牺牲！

就在洛甫在苏区党代表会议会上悼念为革命牺牲的烈士时，粟裕正带着挺进师一部转战于浙西南遂昌县一带。

“七七事变”后，浙江境内国共两党实现和平，但外界仍然不知粟裕的下落。1937 年 9 月，省委的龙跃去南京向博古汇报工作时，谈及粟裕时还是说粟裕失联，几次派人找都没找到，还在继续找。

但就在这个 9 月，粟裕与刘英接上联系，10 月中旬在平阳县山门镇水漫村与刘英会合。但他活着的消息传到中共中央和毛泽东那里时已是 1938 年初了。

那年 2 月中旬，龙跃与余龙贵向新四军副军长项英报告：粟裕平安无恙，已回省委与刘英一起，正在加紧培养干部和训练部队。

项英立即让新四军参谋长周子昆将这个情况报告给中共中央和毛泽东。据说毛泽东接电时高兴地说：“哦，好，粟裕还在，粟裕还在！”立即回电新四军军部。这份电文内容如何不得而知，但表达毛泽东喜悦的心情是可以肯定的。

新四军军部供给部长宋裕和是这份电报的知情者，当时宋裕和告诉龙跃：“毛主席已回了电报，他知道粟裕同志平安，很高兴！”

相信南方八省游击区每一个失联红军军官和苏区政府负责人的重现都会让中共中央和毛泽东高兴。因为大浪淘沙，留下来的都是精华，每个人对党来说都是宝贵的财富。但显而易见，粟裕的幸存更让毛泽东兴奋。

粟裕是毛泽东培养出来的战将，在中国革命战争中，他师承毛泽东的军事思想，又创造性地运用毛泽东的军事思想，已经成为红军中的一颗明星。此时中国历史已经翻开了新的一页，历史洪流把粟裕推到抗战的大舞台上。

纵观粟裕个人的抗战经历，他抗战的开始，若以“七七事变”为开端，他走进抗日战场比国民党军和八路军的将领迟了 10 个月；他抗战的结束，若以日本天皇宣布投降为界，他又比别人多打了 4 个月。在将近 8 年的抗战中，一代名将粟裕在长江南北纵横驰骋，大显神威，为民族独立立下了卓著功勋！

往事并不如烟，历史在此复活！让我们一起走进他那段辉煌的历史！

第一章
孤悬浙境，千锤百炼显成熟

粟裕身负抗日使命始于1934年。

那年7月，中共中央以红七军团为主组建中国工农红军北上抗日先遣队，在寻淮洲的领导下向安徽进击以宣传抗日和支援皖南。中央的战略意图是以先遣队威胁国民党统治的腹心地区，吸引和调动一部分“围剿”中央苏区的国民党部队，掩护红军主力转移。但中央此战略意图并未明示军团长寻淮洲和参谋长粟裕等人，而是明令他们举起北方抗日的旗帜，宣传和推动抗日民族运动。为张声势，中央公开发表了《为中国工农红军北上抗日宣言》《中国工农红军北上抗日先遣队告农民书》等文件，印制了160多万份诸如《中国能不能抗日》《一致对外——驱逐日本帝国主义出中国》《拥护红军北上抗日运动》等宣传品。这支部队因国民党军优势兵力的围追堵截而兵败江西怀玉山，几千人的队伍仅余500多人（一说800多人）。虽然兵败，但粟裕承担起了宣传抗日的使命。

1935年1月15日，中央电示以先遣队突围部队为基础组建中国工农红军挺进师，任命粟裕为师长。挺进师的基本任务是：到浙江长期行动，发动广泛的游击战争，扩大党与苏维埃的政治影响，创立新的根据地；建立党组织和政权组织，直到分配土地；配合中央红军主力部队的行动，调动和牵制住大批敌人，彻底粉碎敌人对中央红军的“清剿”计划。

挺进师旗号打出后，国民党方面不知那是哪支队伍，曾特意派人到南昌监狱问方志敏这支部队是不是他夫人率领的，要他写信去劝降（方志敏得知先遣队还有一部分突围出去后十分欣慰，他拒绝了国民党的要求）。所以在国民党方面对这支部队的归属一直不确定。有时说挺进师是罗炳辉的部队，有时又说是方志敏余部，就是不知道具体是何人领导。直到一次袭击中抓了挺进师的一个参谋和医生后才得知这支部队的领导人是粟裕和刘英。

挺进师在福建失去电台等全部通讯器材后与中央失去联系，成为一支孤军。特殊的环境让粟裕经受了严峻的考验，同时也给了粟裕在军事和政治上自主决策的机会。粟裕牢记中共中央最后给他的命令，与刘英一起转战浙江中部和南部地区，改正规战为游击战，采用井冈山时期毛泽东教导的方法：分兵发动群众，集中打击和消灭敌人。

当时浙江境内国民党军队主力被调派围堵长征路上的红军，原有的 7 个保安团有 3 个被编入国民党的中央军，只剩 4 个战斗力弱的保安团。所以粟裕的挺进师如入无人之境，几百人的队伍，却能西打到浦城、江山和衢州，东打到盘安山和括苍山，北打到浙赣铁路沿线，南打到福建境内。粟裕基本上是能闹多大动静就闹多大动静，目的是迫使国民党抽调主力回防浙江，从战略上策应中央红军的行动。

接连失败的浙江保安部队一纵队指挥官蒋志英连连向上级求援，省主席兼保安司令黄绍竑随即带一个军官团到金华了解情况，并亲自前往宣平县指挥作战。但这个军官团在宣平县以西 20 里吴宅被粟裕歼灭，连黄绍竑也差一点就成为粟裕的俘虏。

浙江是江浙财阀的老窝，四大家族中蒋、陈两家的大本营。国民党军队"围剿"中央苏区红军时，浙江是进攻苏区的基地。浙江的动荡自然引起蒋介石的不安。

蒋介石得知老家告急，便想派兵援救，但当时全力"围剿"红军，一时手头竟无军可调，只得把南京财政部税警团 1000 多人调来增援，并令浙江省保安处长宣铁吾在遂昌县成立"浙南剿匪指挥部"。但宣铁吾也很快遭受失败。

浙江境内一时人心惶惶，《东南日报》报纸头版头条宣称：浙江素称平安之区，自粟（裕）、刘（英）窜浙后，共党已波及全浙。以目前形势来论，浙江共党不亚于四川、江西。若当局未能迅速肃清，其前途实堪可虑。

1935 年 8 月，蒋介石将卫立煌的"闽赣浙皖四省边区剿匪总指挥部"从福建浦城移驻浙江江山，将第二军部子举纵队全部开到浙江，又调江西罗卓英的第十八军（有 4 个师）、抽调福建刘和鼎第五十六师一个旅又一个团加强"剿匪"力量。卫立煌、罗卓英二人把粟裕所在的浙西南数县围得水泄不通，然后在宣铁吾保安团配合下，分区分片包围"清剿"，时间长达 9 个月。

“两广事变”后，罗卓英被调到福建对付陈济棠和李宗仁，浙江兵力又空虚。粟裕带主力领导浙西南、浙东两地区再度打开局面。

1936 年 11 月，蒋介石调湖南刘建绪第四路军进入浙江，在浙江衢州设立“闽赣浙皖四省边区绥靖主任公署”。西安事变后，蒋介石对红军实施“北和南剿”政策，令刘建绪全力“围剿”浙江境内的挺进师。刘建绪率 8 个正规师，四省各一部保安团，共约 10 万人，重点进攻浙西南和浙南，“围剿”时间长达 8 个月。1937 年 1 月初，刘建绪发现中共浙江省委和军区主要领导都在浙南，于是以李觉十九师主力和独立第九旅全力进攻浙南。

此次进攻，刘建绪在四省“清剿”总指挥部的战斗详报里明确：“……以各边区大部对粟、刘匪……并令浙南各部队到达封锁区域后一面搜剿，一面将封锁区紧锁分割，以绝匪外窜之路……”

国民党军队的战术先是重点进攻，然后采用穿梭技术，再用“清剿”，二三十里一个团，十多里一个营，三四里一个连，并移民并村，压缩挺进师的活动空间。

在此严峻形势下，刘英身着便衣率少数人隐蔽坚守浙南做群众工作，粟裕穿军装带领大部分人公开活动吸引、牵制敌人。粟裕率领队伍向北冲过敌人数道封锁线，撕开一条口子，脱身奔向浙西南的遂昌。

几十年后，粟裕本人和浙江省委领导龙跃不约而同地讲到同一次战斗。那次战斗粟裕一天走了 180 里，一天打了 7 仗（龙跃的回忆里是 170 多里，打了 8 仗）。粟裕没有讲那次战斗惨烈的后果，但龙跃的回忆却记录了那次战斗中粟裕带的 100 多人只剩下七八人。坚强的粟裕突出重围后另辟遂昌、宣平（今武义）、汤溪边区。

粟裕的佯动没有让李觉上当，浙南仍然被围得如铁桶一般。直到“七七事变”爆发，这一状况才得到改善。

当时粟裕正在遂昌县云峰乡门阵地区活动。由于消息闭塞，粟裕还不知道国共两党已经实现第二次合作。这时从金（华）衢（州）平原上不断传来各种消息和谣言：“共产党投降了。红军被收编了”。8 月底，国民党遂昌县长林树艺和县党部常委周彦秉承派保安警察项钊等人，带着招抚信件，到云峰乡鲤潭头村，强迫三位农民把信件送给门阵村保长张人俊，再由他转递给粟裕。

粟裕召集谢文清等人开会认真研究这些信息。经过仔细分析，粟裕认为共产党投降、红军被收编不太可能，有可能是国共合作了。为了验证他们的推断，粟裕派刘亨云率一支小部队出去调查。

刘亨云率领这支小部队化装成国民党军队，大摇大摆地开到龙游县溪口镇，进入镇公所，自我介绍说："我们原在山区剿匪，现在奉命开赴抗日前线，要给县长打电话，了解情况。"镇长给县长林树艺挂了电话。林树艺说："现在国共合作啦，红军改编为八路军要开拔抗日了……"刘亨云问明了情况后，又收集了些当地的报纸和杂志，就立即返回向粟裕汇报。

粟裕分析这些情况后判明国共已经合作。他开了个会，把部队集中起来进行动员教育，停止了"打土豪"等行为，为即将到来的国共合作做准备。挺进师官兵听说国共合作了，要抗日了，从1934年7月就已接受的抗日任务很快就能得以执行，都很兴奋。粟裕十分冷静，他要求大家百倍提高革命警惕，严防发生意外。

粟裕以中国人民抗日红军闽浙边军区司令员的身份署名《国共合作抗日建议书》致国民党遂昌县政府和县党部，一方面揭露他们招抚是搞阴谋，另一方面表明了愿意团结抗日、建立抗日民族统一战线的诚意，要他们派代表来谈判。

遂昌县长林树艺、周彦函接信后颇为尴尬，于9月18日复粟裕，表示"对于政府过去一切措施自不能再相诘责，而政府也不愿追咎既往"，又提出"贵军如有诚意请缨杀敌，请即刻派全权代表到金岸与本府所派代表接洽一切……"

其时浙江境内中共以挺进师政委刘英为代表、国民党方面以刘建绪为代表通过和谈于9月16日达成和平协议，开启了浙江团结抗日的新局面。浙江省主席黄绍竑通过平阳县政府下拨一万元给刘英做经费，刘英则联名粟裕发出《中国人民抗日红军闽浙军区司令部公告》，表明对坚定抗战的蒋介石的绝对拥护，同时派人联系挺进师各部向军区集中。

《中国人民抗日红军闽浙军区司令部公告》有粟裕的署名，但粟裕对浙江临时省委与国民党谈判一无所知。但9月16日到10月14日这个时间段里，刘英派出的人应当联系上了粟裕，粟裕也因此得知浙江省境内国共和谈成功，也收到挺进师各部往浙南平阳集中的通知，所以在10月14日粟裕与遂昌当局谈判时有挺进师遂昌部向浙南集中的一条。

10月14日，粟裕派谢文清、刘清扬、刘亨云与国民党遂昌县当局代表朱镇山在门阵村举行"国共合作抗日和平谈判"，史称"门阵和谈"。

谈判前粟裕明确指出，为了共同抗日，挽救国家危亡，为中华民族争生存，我们不咎既往愿意谈判，但合作不是投降，改编不是收编，双方应是平等的。列出几条：1. 红军保持独立；2. 双方立即停止一切敌对行动；3. 红军为迅速开赴抗日前线，迅即去平阳集中整训，沿途国民党方面不得留难；4. 国民政府要为红军补充弹药、给养。

国共双方本着对国家对民族负责的态度，协商停战事宜，达成合作抗日协议。当晚，双方代表还与门阵军民联欢以示庆祝。

粟裕针对当局还存有收编的企图，化名苏群与刘清扬联名写了一封给遂昌县长林树艺的信。

林树艺县长勋鉴：

复示获悉，并承朱科长跋涉敝队指点一切，不胜感祷之至！关于编整事务，敝队已奉军区命令，略谓“为使迅速开赴前线抗战起见，着该队率同工作人员迅即回军区集中”等因，奉此，敝队遵令拟即往军区集中矣。至于编整事宜，因组织关系，碍难从命。敝队近日行动，自抗战阵线告成后，对各地殷实及有资产者并未丝毫侵犯，尚祈释怀为祷。

专此奉复，并致以抗战胜利之礼！

苏群　刘清扬（印）

十月十四日

粟裕估计这次谈判可能成功，为了积极迎接民族民主革命高潮，粟裕即令部队集中于门阵，在小溪右岸驻扎下来，进行政治形势教育，开展练兵活动。

过了两天，国民党遂昌县当局同意粟裕提出的要求，宣告遂昌境内国共和谈成功。

此次和谈，粟裕顺应历史潮流，在完全没有上级指示或精神的情况下与国民党方面停战和谈，停止“打土豪”等不利国共合作的行为，在谈判过程中又坚持了原则立场，拒绝国民党方面的整编，自觉地实现了国内革命战争向抗日战争的转变。

此次谈判看似顺利，其实并不简单。民国档案显示，国民党汤溪县长王重辉1937年9月30日给遂昌县府的信函和遂昌县长林树艺10月12日给他的复函中暴露出对粟裕所在的“遂、宣、汤”边区采用的“剿、抚”兼施的办法，在招抚粟裕的同时“电请四省边署派队协剿”。

同一时期南方八省有好几支队伍跟粟裕一样，在没有接到上级具体的指示情况下与国民党谈判时出了一些问题。

如果说浙南游击战显示了粟裕在军事上的成熟，那“门阵和谈”则显示出粟裕在政治上的成熟。

10 月 18 日，与国民党遂昌当局达成协议后，粟裕率领谢文清、刘亨云计 80 余人离开门阵，途经遂昌的石练、湖山、王村口、大潘坑、船寮、青田、经龙泉去平阳集中。他们一路秋毫无犯，同时张贴标语、布告，宣传团结合作一致抗日。

粟裕的军纪严明，不仅受到百姓的欢迎，就是国民政府方面也认可。民国档案里遂昌县长林树艺给上级的报告称：粟裕部队“途经本县，纪律甚佳，毫无骚扰行为”。

离开遂昌后，粟裕一路南下，抵浙江省平阳县山门镇与刘英胜利会合。

第二章
待命山门，卧薪尝胆写兵书

1938 年 10 月，粟裕抵达浙江省平阳县山门镇。

山门镇地方偏僻，不是战略上兵家必争之地。此时浙江境内国共两党因日本人的全面入侵而握手言和，挺进师停止所有反政府的行为，浙南国民党军队刘建绪部调往沪杭前线参加淞沪会战。至于日本人，他们相继攻陷北平、天津后南下进攻上海，企图占领上海威胁南京逼迫中国政府屈服，同样无暇顾及此处。所以山门镇成为一个风平浪静的港湾。

到山门镇后，粟裕在山门镇龙井禅寺里安顿下来。龙井禅寺地处南雁荡山凤岭山麓西南侧，原名龙井庵，始建于五代十国时期，坐北朝南，面溪背山，周围竹林茂密，环境幽静。

和粟裕一起住在龙井禅寺的有时任政治部主任张文碧，通讯参谋江如枝（在张文碧的回忆里江如枝为王守知，1943 年 10 月，江如枝在溧阳县清水塘与日军作战时牺牲）。龙井禅寺的阁楼上一个小房间是粟裕的办公室兼卧室。房里陈设简陋，摆放着一张方桌、几条长板凳、一张木板床、一床棉被，床头晾着毛巾，墙上挂一盏马灯和军用背包。

粟裕与刘英会合前，挺进师张文碧、舒雨旺、余龙贵、张麒麟、范连辉等部集结平阳县山门一带，有 200 余人。刘建绪曾派他的政训处处长王裕光、詹行烈两人来到山门镇会见刘英，提出要挺进师部队编入刘建绪的第十集团军，随其开往浙江乍浦前线。其时刘英已派出龙跃与吴毓去南京向八路军办事处请示后续工作，还没有回音，刘英就以没有得到中共中央的命令为由拒绝。粟裕与刘英会合后，挺进师在山门镇集中了 300 多人。当时国共两党对于红军在南方八省游击队的处理意见还没有统一，挺进师就以国民革命军“浙闽边抗日游击总队”名义存在，刘英任政委，粟裕任司令员，陈铁军任副司令。

国民革命军浙闽边抗日游击总队有三个中队，分别由范连辉、余龙贵、杨立财领导，驻扎在凤卧乡、山门街一带。部队补充新兵，加强训练，就地开展群众工作，等待中共中央的指示。

在此期间，粟裕和刘英着手干部培训，地点在大屯村。第一期干部培训班学员为连级以上的军人和县级以上的干部，有20余人，其中以军人为主，为期10天。培训内容：一是民族矛盾和阶级矛盾、国际主义和爱国主义的关系；二是坚持抗日民族统一战线和坚持党的独立性的关系；三是公开工作和秘密工作的内容和相互关系。

开课第一讲是什么是矛盾。很多人不懂矛盾的内涵。

粟裕解释说：古时候有个卖武器的人，既卖矛又卖盾。他夸耀自己的矛什么盾都刺得穿，是最锋利的；又吹嘘他的盾什么矛穿不透，是最坚固的。旁边有人说用他的矛刺他的盾，结果会怎样呢？——将了卖武器的一军。

听这么一说，学员们明白了矛盾是统一体中的两个对立面，在此基础上也明白民族矛盾上升为主要矛盾，国内阶级矛盾就下降到次要和服从的地位。也真正理解当时的口号：反对日本，保卫祖国，为祖国而战，为民族独立而战。只有民族得到了解放，国家保持了独立完整，才能谈得上无产阶级和劳动人民得到解放。

干部培训班办了三期，第二期开了半个月，主要是培训浙西南和浙东南两地区的干部，第三期十七八人，学员为浙南干部。第三期由刘英主讲，粟裕着手创办抗日救亡干部学校。

浙南三年游击战，挺进师及临时省委干部损失极为惨重。为了日后抗战的需要，为解决干部不足的问题，中共浙边临时省委又以国民革命军闽浙边抗日游击总队的名义创办抗日救亡干部学校。

因为是国共合作时期，临时省委在温州《浙瓯日报》上以“国民革命军闽浙边抗日游击总队救亡干部训练班”的名义刊登招生启事公开招生。

学校草草创办，又因为地方偏僻，是新办尚未成名的学校，因此规模并不大，只有135人，其中有女学生29人。大多数学员是浙南各县和台州、宁波、绍兴、上海等地区中共党组织选派的党员和进步青年，其中有些人在当时或后来都有点名气，如后来成为作家的林斤澜、上海美专学生林夫、著名的国民党军将领邱清泉的弟弟邱清华。也有少数是看了招生启事后来的，如庄鹤生，他是苍南县龙港镇白沙象岗村人，本是杭州的大学生。杭州沦陷后，学校没了，他被迫停学回家。他在温州《浙瓯日报》上看到干校的招生启事后就告别父母和结婚才七天的妻子来到干校报到。

干校借用山门镇畴溪小学做校舍。畴溪小学原本是所普普通通的小学，但自从来了这两百爱国青年之后，闹得热气腾腾，并从此出了名，载入史册。——抗日救亡干部学校是当年中共在南方八省十四个革命根据地唯一的延安抗日大学式干部学校。

学校开有四门课，分别为哲学、政治经济学、抗日民族统一战线、游击战术。粟裕给学员讲授的是游击战术。

此时中国战场上，日军连下北平、天津、上海、南京，侵占了华北、华中大片国土。没有教科书和参考书，粟裕也从没接受过正规的军事院校教育，但井冈山时期学到的战略战术思想，加上第二次国内革命战争中的摸索和心得，使粟裕在战术和军事思想已自成体系。未来打击日本侵略者的需要，以及山门镇和平的环境，给了他一个认真总结参加革命战争以来所积累的战术和军事思想的机会。他把这些心得和经验归纳总结并诉诸笔端，全面系统地论述了游击战术，结成《游击战术讲授提纲》一文，并油印成册发给学员。

抗战以来的事实证明，抵抗日本帝国主义的侵略，只有正规军在正面进行的正规战争是很不够的，必须同时在敌人的后方开展游击战争，才能实现全面的全民族的抗战，才能最后把侵略者赶出去。游击队深入沦陷区开展敌后游击战争，可以有效地配合正面战线的作战，争取战争的胜利，以保卫国土和民族。游击队在敌后作战，可以更好地避敌之长，攻敌之短，以最小的牺牲换取最大的胜利，长期消磨敌人。游击队在敌后，可以担负武装宣传队的任务，宣传党的抗战主张，动员与团聚广大群众为国效劳，充分发挥民众的力量。游击队在敌后开展游击战争，可以光复国土，建立抗日根据地，不断发展壮大自己，积蓄力量。……

这是粟裕《游击战术讲授提纲》的开篇。虽然不到300字，但提纲挈领，言简意赅——中国抗战，要有正面和敌后两个战场、正规军和游击军两支军队，采取正规战和游击战两种作战形式并相互配合才能取得胜利。

粟裕以敌强我弱为依据，以深入敌占区、开辟敌后战场为出发点，以发动群众和创建根据地为重点，以保存和壮大红军最后夺取抗战为目标，完全符合毛泽东在抗日战争爆发后为党制定的军事战略方针。而且粟裕提出的很多观点与毛泽东在《抗日游击战争的战略问题》一文中提出的战略设想也不谋而合。

其时粟裕远离中央、远离毛泽东，独立地对抗日游击战争作了战略分析。他从全民族抗战和争取抗战最后胜利的高度，解析抗日游击战争的战略意义，显示了他的深谋远虑，也使得他成为较早把抗日战争提升到战略高度来认识的中共领导干部之一。

培训班期间，粟裕讲了游击战争的战略意义、游击队的任务、游击队的组织、游击战术、游击队的教育工作、游击队的补充与供给工作计 26 课，授课时数有 30 多个小时。

游击战术不讲究以硬碰硬，这种兵法其实和武术中以柔克刚、四两拨千斤的原理相同，是工农红军克敌制胜的法宝。粟裕认为：游击战谈不上防御，敌人压过来时，我们留下一部分部队就地坚持，主力应迅速跳出包围圈，以积极的作战行动进到敌人后方去，吸引敌人，调动敌人，开辟和建立新的根据地，这就叫“敌进我进”。这是他对毛泽东、朱德在井冈山斗争时期提出游击战用兵“十六字诀”的创造性应用和发展。

粟裕说话虽带有明显的南方口音，但学员们能轻松听懂。粟裕讲课时穿插有许多内战时期生动、鲜活的实战事例，高潮处全场爆发出一阵一阵笑声和掌声。

除了理论课程，学员还接受军事训练，除校内的队列教育、爬山训练、枪刺、侦察、埋伏、伏击、进攻、退却等战术活动外，粟裕多次带学员到附近小山丘进行军事演习，体验如何利用地形地物作战、白天遇到敌人时如何隐蔽、夜间怎样打埋伏，手把手教学员射击技术。

为考验学员们的革命意志和战斗准备能力，粟裕选择了一个有雨的夜晚在地形复杂的山间进行夜间演习。张文碧、学员施光华、林斤澜都有对那次夜训的回忆。

那天深夜，校园内响起急促的哨声，操场上亮起了火把。睡眼惺忪的学员们背着东西跌跌撞撞跑到操场。教务主任黄耕夫站在一张八仙桌上说：“同学们！

刚才接到紧急通知，日军已在鳌江口登陆，与敌人浴血抗战、保卫家乡的战斗开始了，凡决心抗日的跟红军上前线；不愿上前线的留下来，一会儿送你们回家。”接着队长宣布纪律：“尽量少带东西，行军时不准讲话，不准打手电筒。”那些学生还没有做好思想准备，一些舍不得离开家乡，有个别女生暗自哭泣。但没有一个提出要回家的。队伍出发后，走的全是羊肠小道和崎岖山路，没有月亮，没有灯火。拂晓时到达山中一个村庄。村头打谷场上早已竖好十多块晒地瓜干用的大竹匾，上面贴着“欢迎抗日救亡学校同学们！”等标语。学员们这才明白这是紧急集合训练课。夜训的策划者粟裕直到最后才露面。他称赞大家没有掉队，要求大家继续努力学习，经受锻炼。

施光华回忆夜训回去的路上有一个防空演习：

> 走了几里山路，突然响起了“嘀嘀嘀嘀嗒嗒嗒嘀嘀嘀嘀嗒嗒嗒”的军号声。队长一声命令：“防空，向树林子里疏散！”我们回头一看，是粟司令亲自在吹军号。他英姿勃勃地站立在路边岩石上，手执铜号，号音清脆。我觉得稀奇：司令员也会吹军号！

施光华稀奇的是粟裕会吹军号，现在看来，我们惊讶的是粟裕对日作战准备上的超前性和全面性。

张文碧在那次夜训中做收容工作。他带几个战士负责收捡学员们丢失的物品，在演习结束后摆在一起，请学员认领。那些物品里有一口小皮箱——林斤澜的。

林斤澜回忆此事时把丢箱子的过程说得很详细，也细细地描绘了那个时候的粟裕模样：

> 中等身材，穿一身青布军衣，跟战士一样扎着皮带，打着绑腿……步履矫健如飞，手势敏捷如同闪电……

那次夜训过后只隔几天，粟裕又组织干校学员联合部队搞军事演习。由张文碧带领一支部队扮演日军在凤岭山头防守，粟裕则指挥学员进攻。

粟裕带领学员们进到阵地。本来他想在张文碧带领的部队刚进入阵地立足未稳时发动突然袭击，但张文碧作战经验丰富，一进阵地后立即布阵防守。这种情况下粟裕放弃了突袭，寻找到张文碧所在的位置，然后命令队长王太然带领一班学员直扑张文碧的指挥部。学员们在王太然的指挥下发起冲锋，演习中一位学员把泥块当手榴弹向阵地扔去，正好砸在了张文碧的额头上，砸得张文碧头破血流。

张文碧大约是因为鲜血和疼痛，更可能是因为败在一伙未经战事的学员手里而火冒三丈。他捂着头下令把那个学员捆起来。

粟裕赶上来，当场批评张文碧说："你捆他干什么，马上把他放了。打仗就是这样的，这还是一场演习呢，真的交上火你怎么办？"

虽是演习，但粟裕要求从严从难、真打实备。

粟裕身为校长，和蔼可亲、平易近人，没有一点架子。忙碌之余，他经常来看望学员、了解学员家乡人民的生活和抗日情况。他还参加学员们的讨论会、联欢会，亲自指导学员的军事训练，讲评军事演习。他挤出时间有计划地找学员个别谈话，给以亲切指导。粟裕用简便而又十分合用的方法，用钢铁的纪律把每个学员造就得自重、强悍、坚毅。

抗日救亡干校为浙江培养了一批地方干部和抗日积极分子，但却引起国民党方面的忧虑——国民党温州专员公署曾发来公函要求解散抗日救亡干校，遭到刘英和粟裕的断然拒绝。

时南方八省的红军游击队已经改编为国民革命军陆军新编第四军，新四军军部于 1 月 6 日在南昌正式成立，军长为叶挺。随后军部两次来电与刘英和粟裕联系，催调闽浙边抗日游击总队去皖南集中。由于没有接到博古的指示，刘英、粟裕仍然按兵不动。

国民政府浙江省主席黄绍竑也十分关心中共这支武装部队，于 1、2 月间来到平阳鳌江，原拟会见刘英、粟裕；但不知是黄改变主意还是刘、粟不愿会见黄，这个会面没有实现。但黄绍竑向刘、粟派出的代表黄先河和吴毓询问刘、粟的武装部队何时开赴前线参加抗战。

刘、粟二人以正在等待中共中央命令回复他。

国难当头，军人最迫切的愿望就是奔赴前线杀敌报国。但在这里待命已有两三个月了，什么时候才能走上前线呢?

第三章
受命大屯，主动请缨履使命

中央的命令一直到3月才来。

3月10日，刘英和粟裕率闽浙边抗日游击总队全体指战员和抗日救亡干部学校全体师生，列队在山门街道路两旁。

一会儿，几个穿灰色军装的人从水头街方向而来。其中为首的那位身材高大，穿皮大衣戴皮帽，年纪三十开外。这人叫曾山，是中共东南分局副书记兼组织部部长。他代表中共中央长江局和东南分局专程来浙南传达浙江部队编制、集中地点以及今后浙江党的工作安排。他还给挺进师带来一部电台。

曾山曾担任中央苏区江西省苏维埃政府主席，后来到苏联学习了两年，回国后他参加了中共中央政治局专门讨论南方红军游击队改编为新四军问题的会议，他和陈毅一起协助叶挺、项英完成了新四军部队编组和东南分局筹建工作。当陈毅奔走于赣南、赣粤边、湘赣边的红军游击区时，曾山则前往湘赣边、赣粤边、闽浙边三块游击区传达中央精神，动员部队集中。

曾山在龙跃、余龙贵、郑海啸的陪同下渐渐走近，刘英、粟裕等迎上前去。

“你好，刘英同志！”曾山一手握住刘英的手，另一只手伸向粟裕，“你好，粟裕同志！”

“你好，曾山同志！”粟裕紧紧握住曾山的手。

这是刘英和粟裕自1934年离开中央苏区后第一次与中央代表握手，他们身后掌声、军号声、鞭炮声一齐响起。

曾山在粟裕的司令部稍事休息后去了大屯村。随后，曾山在省委机关驻地刘英办公室里多次召开会议。

曾山在会上讲述当时的抗战形势和中央对南方游击根据地的指示：一、闽浙边抗日游击总队改编为陆军新四军第三支队第七团队，集中地点为安徽泾县章家渡，部队要及早出发。二、浙江地理非常重要，南方各游击区是十年血战的结果，是今后抗战和进行革命斗争的重要战略支点。对游击区的安全和巩固的问题，中央十分重视，一再强调无论如何不能放弃，一定要保存，要留下一些人在浙南继续支持。三、撤销闽浙边临时省委，成立浙江临时省委，待中央批准后为正式省委。原省委两位主要领导人粟裕和刘英，一个带队去前方，一个留下继续领导浙江工作。

谁走谁留中央没有明确安排。粟裕主动请缨，与刘英交换意见后实现了带兵到前线去的愿望。曾山随即在会上宣布了这个决定。

决定宣布后，粟裕容光焕发。从江西出来南征北战、东奔西突，终极目标只有一个：北上抗日！

随后在干校礼堂举行的改编大会上，曾山向第七团队指战员和干校全体学员做了形势报告：

从一八九四年甲午战争开始，日本帝国主义蓄意扩大侵华战争。先是台湾，继而东北，随后是热河、绥远，大片中国领土沦为日本的殖民地。自去年七月七日日军全面侵略以来，日军已占领我上海、太原，南京等地，目前正集结在徐州一带，要与我军再次发生会战。在江浙，国民党的战线已被击破，日军正沿长江西进，指向武汉。日军是有强大的武装力量的帝国主义国家，是有计划有准备的进攻；我们中国是半殖民地半封建关系的国家，军事技术落后，政府与军队陈旧腐败，病态与弱点很多，军事指挥十分落后。开始作战时，我国难于避免处于失利的局面。由于目前的失利，造成了我国军事上、政治上、财政上、经济上的许多困难。这种困难为民族失败主义者、汉奸、亲日派所利用，以证明中国之不能抗日，以便利于他们的投降妥协；这种困难使抗日派内部一部分人发生动摇与失望，觉得抗战无办法与无出路。但从长久看，我们中国地大物博，国际形势上也不利于日本，我们中国有力量战胜日本。所以抗战派内部的“决定的力量”蒋介石，直到今天仍然主张坚决抗战。当前紧急任务，是团结抗日派内部，首先是国共两党进一步的合作，团结一切力量打破亲日派的阴谋，克服当前的一切困难，继续抗战。扩大与巩固以国共两党合作为基础的抗日民族统一战线。“抗日高于一切”，民主民生均在其次。我们对国民党及国民党各派的态度，是帮助他们的发展、巩固与团结，不是削弱它分化它。

当时在座的红军干部战士都是内战的幸存者，虽然国共合作已成现实，但仍还有一些人对红军红五角星帽徽换为国民党“白米子”帽徽想不通。听了曾山的报告后才在思想上彻底转过弯来。

讲到闽浙边红军游击队，曾山转告了中共中央及东南分局领导人对闽浙边红军游击队的亲切慰问，对他们在蒋介石统治的腹心地区坚持了三年游击战争给予高度评价：

当主力红军实行伟大战略转移，方志敏同志率领的红军北上抗日先遣队在怀玉山失败以后，国民党蒋介石大肆吹嘘所谓红军被消灭了，他们胜利了。可是，正当他们兴高采烈之际，红军挺进师却打到了他们所谓“素称平安之区”的浙江来了！

你们用铁一般的事实，揭穿了国民党蒋介石自欺欺人的反动宣传。你们的消息，不但传遍了浙江全省，而且还传到了上海、南京以至于全国。当时，苏联也很重视你们在浙江的行动和胜利。我在莫斯科学习时，就曾经看到《真理报》用大字标题刊登了红军挺进师在浙江战斗的胜利消息。你们在三年游击战争中，给了浙江省的统治阶级以很大的威胁和打击，吸引了大量国民党的正规军，其中包括蒋介石的王牌军，在战略上策应了主力红军的长征和南方各省游击战争的胜利开展！

古有壮士断臂，当初红军北上抗日先遣队东进实在是中共中央出于无奈而做出的一个悲壮决定。先遣队虽有6000多人，战斗人员只有一半，装备很差，但这样的队伍却在江西、福建、浙江国民党重兵围困中翻江倒海，甚至兵临福州城下。虽然损失惨重，但保留了火种。所以尽管最后没有到达目的地皖南，但仍可称得上不辱使命。挺进师是红军北上抗日先遣队留存的火种，他们在最困难的日子里坚持了下来。作为这支部队的领导人，粟裕为挺进师的生存付出了他全部的智慧和心血。当粟裕听到曾山对挺进师评价时，他内心感到欣慰，脸上现出一丝不易察觉的笑意。

……现在苏联农村已普遍建立集体农庄和国营农场，重工业很发达。五一国际劳动节，我在莫斯科时被邀请到红场观看阅兵式和群众游行，苏联红军很强大，有很多新式武器。中国的红军即现在八路军、新四军，在抗日战争中也会强大起来的。中国，也必将成为世界上的一个强大国家！

曾山的讲话赢得热烈的掌声。

报告结束后，曾山和刘英、粟裕及部分挺进师战士在抗日救亡干部学校前合影。粟裕与刘英、曾山站在后排行列的中央，左右和前排是全副武装、威武的挺进师的战士。

第二天，刘英带上一部电台，和曾山先赴东南分局汇报浙江工作情况。粟裕、陈铁君、张文碧、范连辉、余龙贵、杨立财等将走上抗日前线的将士及省委和军区领导为他送行。

“多杀鬼子，多打胜仗！我等你们的捷报。”刘英握着粟裕的手，语气里透露出信任和期望。

刘英，原名刘声沐，多才多艺，书法上有一手绝活，他的双手和右脚都会写字。粟裕和他是从 1934 年开始在一起工作的，那时粟裕任先遣队参谋长，刘英任政治部主任。先遣队主力在怀玉山陷入重围时，他和粟裕一同奉方志敏命令，带领部队突围，后来又一起组建了挺进师，建立浙西南游击根据地。他们共同经历了先遣队和三年游击战争这两段艰难的历程。他对中国共产党及其所领导的革命事业的坚强信念，相信革命事业是正义的，是一个坚定的革命者，新四军成立时曾有意让他出任新四军的参谋长。

粟裕看着刘英清瘦的面庞，喉咙里像塞了东西。他从刘英手中抽出手来，给刘英敬了一个军礼。

送走刘英和曾山，粟裕令部队做好出发准备。命令所到之处一片兴奋和欢呼。因为要远行，部队立刻着手准备。

干校则提前结束，程望、林谷等 24 名学员组成随军服务团，陈雨笠任团长，随粟裕率领的出征部队北上抗日。一部分学员组成流动宣传队，由连珍、林夫带队深入平阳、瑞安、泰顺等县开展抗日救亡宣传。其余学员被分配到浙南各地和全省其他地方坚持斗争。

林斤澜因军训夜行时抛弃皮箱而引起粟裕的注意。学员分配前粟裕亲自做林斤澜的工作，让林斤澜跟他到前线打日本，林斤澜也答应了。但副校长黄先河把林斤澜留了下来，因为他觉得林斤澜写文章、编墙报、演出是把好手，纪律性好又能吃苦，更适宜留在浙江宣传抗日。要上前线，以后再说。林斤澜最后没有上前线。

粟裕创办的抗日救亡干部学校是一所革命的、面向民族战争的、完全新型的学校，它继承和发扬了中共的优良传统和作风、形成了“团结、紧张、严肃、活泼”的优良校风，培养了一批人才。

粟裕亲自培养的这些人才少数为粟裕自己直接使用。如程望后来成为粟裕一师的军工部长，在程望的领导下，军工部最大限度地为一师提供了弹药和枪械，有力地支持了粟裕的抗日战争。多数的人才成为浙江抗日救亡运动和抗战初期党组织活动中的骨干力量，为抗日救亡运动做出了重大贡献。

离开干校前夕，学员们纷纷拿着纪念册，请粟裕等校领导题词留念。粟裕从一名学员手中接过纪念册，用钢笔写下了这样的赠语：

以游击战术打击来犯之敌。

金米

一九三八年□月□日

临出发前，浙江各地又介绍近百人前来参加第二期训练班学习。干校既已停办，校长粟裕和主要领导都有新的使命和任务，粟裕动员新来的学员回去参加抗日救亡工作。那时一个叫徐焕庭的和十几名青年刚从诸暨赶到山门镇，一听说要他们回家就坚决不同意，再三要求加入部队走上抗日前线。再三做工作，仍有5人态度坚决，参加了随军服务团。

17日，粟裕在龙井禅寺度过他在山门街的最后一晚，内心有些难以名状的思绪。

这是一个结束。外敌当前，共产党人率先以民族大义为重，积极促成抗日民族统一战线的建立，十年来与国民党的内战及积怨告一段落。

这是一个新的开端。北上抗日是三年前中央就赋予他们的使命，但真的走上抗日前线却是三年以后的今天。明天粟裕就将踏上抗日的征途，完成中国工农红军北上抗日先遣队的历史使命，完成业已牺牲的革命志士的未竟的抗日事业。

当初从江西瑞金出发时，红七军团及后来合编的红十军团共几千名官兵，现在只剩下100人左右，想到这些粟裕有说不出的痛，内心怀着深深的内疚感。他两次出任红军北上抗日先遣队的参谋长，然而他觉得他不能很好地为寻淮洲、方志敏出谋划策，致使任务未能完成。展开浙南游击战后，挺进师两度扩大到1500余人，但最终仅存300多人。他常常想，如果他能干一些，也许幸存下来的战友会更多一些，力量会更大一点。

他内心深处还有对浙江人民和山门百姓的深深感激之情。三年来，浙南游击区的群众把挺进师当作他们的子弟兵，支援这支队伍渡过难关，战胜敌人，发展壮大，更有数万人付出了自己的生命。

他打量着山门这个小镇，一种难舍的情感油然而生。当兵十年的生活经验告诉他，这个地方与其他所住过的很多地方一样，一旦离开就很少有机会再回来。即使再来，也必定物是人非。这是真正意义上的离开，虽然以后的日子会想到这里，会在梦里回到这里。

难舍的情感出现和存在只是一瞬间的事，粟裕看着地图，心绪飞向了千里之外的皖南岩寺。

那时东北、华中、华南已落入日军之手，皖南岩寺是一个集结地点。集结之后将会开往哪里打鬼子呢？不知道！

第四章
度尽波劫，相逢一笑泯恩仇

1938 年 3 月 18 日，阳光明媚，春意盎然。粟裕头天晚上忙了大半夜，第二天仍早早起床，布置部队出发的各项准备工作。早饭后，新四军第三支队第七团分别从凤卧乡、山门街一带的驻地集中到干校。值勤官报告队伍集合完毕后，粟裕下令出发。队伍走出干校，经山门街出发奔向皖南岩寺（今黄山市徽州区岩寺镇）。

从平阳县山门镇到皖南岩寺有上千里的路程。那时，交通不发达，没有汽车，也没有其他交通工具，到前线去只能步行。出发后部队昼行夜宿，跋山涉水，风雨兼程。

两天后，粟裕率部经瑞安、泰顺到达丽水大港头镇。途中粟裕接到刘英发来的电报，大意是刘英跟国民党浙江省政府主席黄绍竑举行了会谈，黄绍竑代表省政府拨给陆军新四军第三支队第七团军需物资，并述说领取之事项。又接浙江省委统战部副部长吴毓的消息，说省主席黄绍竑将在碧湖镇与粟裕会面。

第二天早饭后，粟裕带了一排战士前往碧湖镇与黄绍竑会面，同时领取子弹和军装。

碧湖镇居瓯江之畔，与大港头隔江相望，是浙西南地区丽水县一个交通便利的千年古镇。古镇依山而建，临水而立，店铺林立，热闹非凡。1935 年时粟裕挺进师在碧湖镇活动过，在毛弄王家外墙还留有“打土豪分田地，实行耕者有其田”的标语。

过了瓯江一上码头，有政府公务人员迎接粟裕。进入碧湖镇后，又有一帮省府大员和丽水县长等官员在一所江南大宅门前恭候。粟裕见为首的一身戎装，器宇不凡，就知是浙江省政府主席黄绍竑了。

“好呀，粟裕司令！看到你很高兴！”

随着黄绍竑这一声亲切的招呼，国民党方面在浙江的最高行政长官和共产党方面在浙江省硕果仅存的高级将领在碧湖镇这个江南小镇握手言和。

黄绍竑是广西容县人，保定陆军军官学校毕业，是白崇禧同期同学，新桂系三巨头之一。不是冤家不碰头，他和粟裕算得上冤家对头。

1927 年 8 月份，粟裕参加南昌起义后到达潮州。粟裕所在的那个排奉命留在那里，担负后勤部门和物资仓库的警卫任务。时广西省政府主席黄绍竑任第八路军副总指挥兼任第十五军军长，率部在潮州地区堵截南昌起义军，并让起义军遭受严重损失。他在广东省揭阳、汤坑地区击败了叶挺、贺龙的起义军，然后亲率三个师，沿韩江西岸向潮州扑来，将粟裕逐出潮州。起义指挥机构前敌委员会成员分散撤往各地，参加南昌起义的 2.2 万人仅余六七百人在朱德的带领下开往湘南。那时黄绍竑名声显赫，粟裕不过是无名之卒；粟裕知有黄绍竑，黄绍竑不知有粟裕。之后粟裕参加湘南起义，又随朱德上了井冈山，在毛泽东与朱德的指挥下与国民党军作战且声名渐起；黄绍竑则忙于桂系和蒋系之间的斗争，一再失败，几次逃往香港。黄绍竑后到南京任国民政府内政部部长。其间粟、黄两人并无瓜葛。1935 年 3、4 月间粟裕率挺进师为开辟浙西南革命根据地来到浙江，其时黄绍竑正任浙江省政府主席。6 月，黄绍竑与省保安处副处长宣铁吾等以浙江保安团为主体合计八九个团的兵力，分四路“进剿”挺进师。黄绍竑打着“推行新运、抚慰灾民”的旗号，亲自带着一个 40 多人的士官教育团来金华助威。粟裕获得敌情后饭都来不及吃就率部急行军到金华俞源乡，将驻扎在吴宅村吴氏祠堂的士官教育团包围全歼，缴获全部枪械弹药。第二天又在宣平深山谷小溪口全歼浙江省保安队一个连。据说后面这次战斗中本来黄绍竑也在，只是因故提前离开而得已脱身。这一期的士官教育团由浙江各县保安队的基干队长和常备队长组成，装备比较精良，黄绍竑视为“怀中利剑”，亲自带到金华，以提振浙西南地区的士气。黄绍竑受此打击后赶紧跑回杭州，“进剿”也宣告失败。此后他与卫立煌、罗卓英、刘建绪用尽各种手段妄图“剿灭”挺进师，一直到 1937 年抗战全面爆发。不过每次结果大同小异——总是有斩获，总是抓不到要害除不了根。

杭州落入日军之手后，黄绍竑把省府向西迁到了金华。刘英随曾山赴南昌途经金华时，曾就国共合作事项与黄绍竑继续进行会谈。双方见面后达成协议，挺进师留浙部队改编为新四军驻闽浙边后方留守处；在温州设立新四军通讯处；在丽水设立新四军办事处。刘英看着国民党部队穿的、吃的、拿的家伙很眼馋，心头惦记起粟裕和他的几百人，就要求省政府拨给陆军新四军第三支队第七团队500支步枪、10万发子弹和1000套军装。

浙江境内国共成功和谈合作，中共方面与周恩来、贺龙直接领导有关，国民党方面则要归功于刘建绪和黄绍竑。特别是黄绍竑，他是浙江境内国共合作最直接的促成者。抗日战争爆发后，黄绍竑离开浙江前往山西任第二战区副司令长官，参与指挥了娘子关战役，与周恩来及其他八路军一些高级指挥官有过接触，因此对八路军和共产党有很深的印象，认为八路军纪律好、长于游击战，共产党善于动员民众、团结民众，知道共产党将在抗战中发挥不可估量的作用。他觉得国民党的老一套已经不行，再回浙江主政后就改变了以往的态度。在他的努力下，国民党浙江省政府正式承认中共在浙江的合法地位，在浙江境内实现了停止内战、一致抗日，正式形成了浙江全境的抗日民族统一战线。

从大的方面讲，新四军抗战，无论从他作为政府大员还是作为爱国军人，他都有心支持，以维护国共合作；从小的方面说，中共军队离浙赴皖，他作为浙江省政府主席少了一块心病，浙江省境的国民党军也可以抽出身来，全力对日作战。黄绍竑长相憨厚，可处事灵活。给枪要被骂，他显然又想显示自己对国共合作的诚意，于是答应发给5万发子弹（一说子弹为3万发）、1000套军装。他到碧湖镇就是把承诺的军装、子弹等军需物资交付粟裕。

对于此次会面，当事人说法不一。龙跃回忆说黄绍竑是专程从金华赶来碧湖镇与粟裕会面。黄绍竑本人回忆则是他当时在碧湖镇指导工作，是粟裕来找他的，并邀他去粟裕部队讲话。黄绍竑答应了，还留粟裕在训练团吃了顿午饭。另有一种说法是浙江省委统战部副部长吴毓邀请黄绍竑到碧湖镇与粟裕会面的。

不管黄绍竑与粟裕的会面是主动还是被动，粟、黄二人在浙江碧湖镇把手拉到了一起，坐在了一块。

握手的一刻，象征着浙江境内国共多年积怨的冰释。国家民族生死存亡的重要关头国共两党捐弃前嫌，携起手来共赴国难。这一切既在意料之外又在情理之中。

国共既然和解，所有矛盾就应当一刀砍断，然而事实上十年来内战结下的仇恨不是说了就了的，因此在合作过程中出现许多矛盾和分歧，这些矛盾和分歧在浙江同样存在，不过，相比其他省市的政府大员，黄绍竑摆出了很高的姿态，显示出少有的诚意，浙江的国共合作不像其他地方那样矛盾尖锐复杂。政府释放了一些政治犯（时任新四军第三支队第七团副团队长陈铁君、抗日救亡干校学员队长陈急冲等），为挺进师集结提供了便宜，省财政厅又通过平阳县政府拨了约1.5万元给抗日游击总队做经费。

可是，对于这两人来说放下历史的包袱并不容易，因为这包袱内是家仇，是一笔笔血泪账。对粟裕而言，粟裕两度在浙江打开局面，几百人的队伍两次扩大到1500多人，但在国民政府和军队的“围剿”和打压下被压缩到300余人，人员和根据地损失都十分惨重；对黄绍竑来说，他所主政的、有“平安之区”之称的浙江被粟裕搞得天翻地覆，政府和军队在人员与经济方面的损失同样惨重。

但一切都成为过去。在外敌当前、国难当头的情况下，国家和民族的利益至上，两人都把各自心中的冤仇放下。

时近中午，黄绍竑留粟裕在碧湖镇吃中饭。席间双方热情诚恳、谈笑风生，气氛融洽，往日的对手坐在一起如兄弟般把酒言欢。

席间，粟裕邀请黄绍竑去新四军第三支队第七团队视察，兴致勃勃的黄绍竑一口答应，饭后就陪同粟裕来到大港头。

新四军第三支队第七团队有600人、200多支枪。这时部队已经全部齐刷刷地站在小庙旁边的空地上。这支队伍从装备上说极为寒酸，各式各样的枪支都有，不少人拿着大刀、长矛，有的还是赤手空拳，也没有制式军装。从这个意义上说，国民党方面骂挺进师为“匪”似乎也有些道理。但是，这支队伍着装虽破但干净齐整，枪械虽差却擦得铮亮。士兵们更是一个个精神抖擞，士气高昂。

这支部队的前身先是红七军团和红十军团、红军北上抗日先遣队，后是挺进师，统率过部队的是红军杰出的将领寻淮洲、方志敏等。经过多年内战消耗，原来七军团、十军团的老骨干不太多了，但又充实了许多新的血液，有浙西南、浙南和闽浙边的一批工农子弟兵，有温州、上海等城市流亡来的知识青年。部队的武器很落后，但是部队作战经验丰富，战斗力很强。战士们凭着一颗赤诚的爱国之心，义无反顾，走向皖南，奔赴抗日前线。

粟裕首先致欢迎词：“在我们伟大的中华民族久远的历史上，凡是团结的、统一的都能有效地抵御外侮。今天，面对日本帝国主义的侵略，我们的国家和民族濒临着亡国灭种的危险。‘国共联合，团结抗日’，适合世界之潮流，合乎民众之需要。我们要为国共两党的团结抗日，为加强民族统一战线，为增进四万万五千万同胞的大团结，为驱逐日军、光复中华而努力奋斗！”

黄绍竑说：“孙中山先生亲手创造的中国国民党，历尽艰辛，无数先烈前仆后继，国共首次合作，孙先生领导，终于推翻帝制，建立民国，为国家民族做出巨大贡献。综观全局，合则对国家有利，分则必伤民族元气。展望未来，应天下为公，以国家民族利益为最高准则，让我们依时顺势，负起历史责任，以中华民族的大义和整个国家的根本利益为出发点的，同捐前嫌，共竟祖国抗敌大业，乃千秋功业。我们必将打败日本侵略者，将其驱逐出国。在此我代表国民省政府，对各位将士即将开赴皖南，抗日杀敌，为国立功，表示慰勉。预祝各位旗开得胜，为国家、为黎民多立战功！同时，本主席宣布，应贵方的要求，经省府批准，发给你们子弹、军服等军需物资。”

黄绍竑对陆军新四军第三支队第七团队的支持鼓舞了粟裕和全体战士。他们一起振臂高呼:“坚持抗战到底!”“打倒日本帝国主义!”“中华民族解放万岁!”

黄绍竑此次与粟裕会晤表露了国民政府爱国大员在国共合作方面的诚意，粟裕也得以第一次亲身体会国民政府爱国大员的热情。粟裕走上抗日战场后虽然与国民党的反共分子作了针锋相对的斗争，但对坚定抗战的敌后国民党游击部队和爱国军人一直采取团结、支援和配合的态度应当与此次会晤直接相关。

一位叫董少锋的学者在《抗战时期黄绍竑与周恩来三次历史性会晤》中说走上抗日战场的粟裕曾特意托周恩来把在江苏镇江对日作战中缴获的一把日军少佐军刀及一只望远镜作为礼物送给黄绍竑作纪念并表达谢意。

如果此说可靠，那粟裕与黄绍竑的这段来往称得上是抗战史上国共合作的一段佳话。

离开大港头后，粟裕率领新四军第三支队第七团队经松阳、遂昌，抵龙游，在龙游坐火车抵衢县，再经常山、开化、屯溪，向达岩寺开进。

第五章
集结岩寺，八省健儿铸铁军

岩寺镇位于今安徽省黄山市徽州区丰乐河畔，是徽文化的重要发源地之一，也是皖南的交通枢纽和商贸重镇。1938 年 2 月 6 日，国民党政府军事委员会命令新四军各部在该地集结。

接到命令后，陈毅率领一支队最先到达岩寺，驻扎在潜口；由闽北、闽东游击队组编的三支队到达岩寺后驻扎在西溪南。新四军军部机关、特务营及战地服务团于 4 月 5 日到达岩寺。粟裕所部到达时已是 4 月中旬。

粟裕到岩寺后驻扎在西溪南镇芭塘村，此时粟裕从浙江省平阳县带来的陆军新四军第三支队第七团队番号发生了变化。

1938 年 1 月 16 日，新四军军部上报并下达了全军设四个支队、两个直属大队的编制序列方案。制定这个方案前，军部两次致电刘英和粟裕，要其带部向皖南集中。但两人因为没有博古的亲笔信而回绝。因此军部敲定方案时没有把闽浙边抗日游击总队编入四个支队和两个直属大队的序列中，而是打算将闽浙边抗日游击总队改编为新四军独立大队。

之后军部打算将闽浙边抗日游击总队编入张云逸的三支队。编入三支队的还有闽东叶飞部，后据叶飞建议，军部没有把闽浙边抗日游击总队与叶飞部同编入三支队，而是计划将它编入二支队。2 月 27 日，叶挺致电朱德、彭德怀，称："刘英部将来拟编入二支队，现尚在温州附近，已由曾山、云逸两同志前往传达一切，正准备出动。"曾山前往平阳传达东南分局指示时，由于将闽浙边抗日游击总队编入新四军第二支队还只是新四军军部的意向，所以传达的仍然是闽浙边抗日游击总队改编为新四军第三支队第七团队的决定。

4 月初，粟裕到达开化，与闽赣边游击队及闽南游击队会合并进行组编，改编后称新四军第二支队第四团第三营，粟裕任新四军二支队副司令。

二支队有1800余人，司令员张鼎丞，下辖第三、第四团：第三团由闽南、闽赣边等地红军游击队编成，团长黄火星，第四团由闽西、闽南、浙南等地的红军游击队编成，团长卢胜。粟裕的副手陈铁君调任军部教导队军事教官，张文碧任四团军法处长，教导队队长刘亨云出任三营副营长。由干校学员组成的随军服务团成员全部分配到第二支队司令部及四团各连队工作。

安顿好后，粟裕即到新四军军部向军部领导汇报情况。

军部设在岩寺镇荫山巷的金家大院，军部机关及其下属机构设在附近的百姓家中，机要科及电台设在军部以东百余米的一座结构精巧的廊桥里。

在军部，粟裕见到了许多熟悉的面孔。军长叶挺是粟裕参军时的师长，副军长项英、参谋长张云逸以前都是中央领导，副参谋长周子昆、政治部主任袁国平和粟裕共同参加过南昌起义，而陈毅、袁国平与粟裕是一起参加湘南起义并同上井冈山的。张云逸、周子昆参加了长征，项英、袁国平、陈毅坚守南方经历了三年游击战。三年不见面，一见面都是喜出望外。袁国平家在湖南邵阳，与粟裕家乡怀化相邻，算是半个老乡，见了面，更是别有一份亲切。

最让粟裕激动的还是见到叶挺。叶挺是北伐名将，指挥了著名的南昌起义。粟裕投笔从戎就是在叶挺二十四师教导队。粟裕军事素质高，枪法准，被叶挺提为自己的警卫班长，南昌起义时叶挺又亲自将粟裕选拔出来委以保护周恩来的重任。两人自南昌起义分开，已有十余年不知音讯。

叶挺这些年奔波海外。南昌起义后他又指挥了广州起义。因广州起义失败，叶挺受到广东省委的责难，后来在莫斯科又受到王明的严厉批评和共产国际的冷落，因而脱离了党组织。因为当时南京国民政府还在通缉他这个“反叛要犯”，国内暂时是不能回去，因而去了德国。但叶挺始终心系故土，报国之心不减。“九一八”事变后他即离开德国，回到澳门等待时机参加抗日救国斗争。

“八一三”淞沪战役爆发前，叶挺看到日军在上海步步紧逼，战火一触即发，便从澳门抵上海入住新雅饭店，希望在战火爆发时能助当局一臂之力。在这里，他意外遇上周恩来。

那时周恩来正为南方红军游击队的事发愁。西安事变后，国共和谈，两党关系和到达陕北的红军都得到了妥善安排，但在南方红军游击队的问题上双方僵持不下。蒋介石拒绝承认南方红军游击队，坚持要对南方红军游击队“实行编遣”，想把他们缴械、瓦解掉。见到叶挺之前，周恩来在南京与何应钦就南方红军游击队改编问题进行谈判。在谈判中，何应钦提出由陈诚来改编和领导南方红军游击队，遭到周恩来断然拒绝，坚持要彭德怀或叶剑英来负责。由于侵华日军步步紧逼，周恩来深知关于南方红军游击队的谈判不宜久拖不决，当务之急是如何尽快找到双方都能接受的条件，迅速使散布在南方各地的红军合法地集合成一支中共领导的主力部队。当周恩来看到叶挺时，眼前不由一亮：叶挺既加入过国民党，也当过共产党员，或许是国民党方面能够接受的解决南方红军游击队改编问题的合适人选。

周恩来提出由叶挺来改编游击队，叶挺立即答应，并提出改编后部队沿用北伐军第四军的番号，称新四军，意在继承、光大北伐时期老四军的光荣传统。周恩来立即电示何应钦，何应钦上报蒋介石，蒋介石欣然同意。就这样，国共双方各退一步达成协议，南方八省的红军游击队改编为国民革命军陆军新编第四军，简称新四军。

叶挺上任后向第三战区司令官顾祝同申领 18 万元作为集合开拔费和整理费，但只得了 5 万元、每月 16.6 万元经费的方案也没得到批准，只批准每月各种费用为 6.5 万元。新四军规模相当于国民党军队一个师，但给养仅相当于国民党军队的丙种师。新四军的编制问题上，何应钦不同意周恩来提出的“两师四旅八团”建制，只批准新四军编为四个游击支队，还不发给新四军棉军衣，说什么新四军打游击，不需要军衣。虽然困难重重，但叶挺表示要抗战到底。

粟裕得知上述信息后才明白失去踪影的叶挺为何突然出现并任新四军军长。时势的复杂令粟裕发出一声长叹。

回驻地时，粟裕见芭塘村其他新四军部队气氛活跃，歌声嘹亮。相比之下三营则气氛沉闷。其时三战区在 20 日左右要派员来点验部队，军部派服务团的李友声、林圣伟等十余人来帮助部队搞整编工作。当时战士们有的在理发，有的在洗补衣服，还有的在柴堆旁捉虱子。粟裕看到他们过来，很高兴，和他们一一握手后说：“你们来得正好。我们二支队是由闽西南红军游击队和浙江平阳游击队编成。闽西南的已整编就结，平阳部队因刚到，正忙于整编工作，迎接三战区来点验。你们除帮助整编外，还应该向部队宣传抗日救国的道理，帮助教歌、出墙报，使部队情绪活跃起来。”

没几天，赣粤边、闽赣边、闽西、闽南的红军游击队在张鼎丞、邓子恢的率领下来到岩寺入驻芭塘村。张鼎丞曾任福建省苏维埃政府主席，现任二支队司令员。粟裕随叶挺和项英等军部领导前往芭塘看望他们。叶挺和项英都针对未来的战斗发表了讲话。

叶挺说："我们今后是要同日本侵略者打仗的，要有过硬的本领。你们要利用时间加强军政训练，提高他们的政治水平和军事、技术、战术水平。"

项英说："我们的战术基本上是游击战，过去你们打的是山地游击战，将来打的可能是平原水网地区的游击战。时间、地点条件变化了，我们打仗也要变。我们虽然改编为新四军，但是，我们还要保持和发扬红军的优良传统。"

粟裕在闽西和闽南一带活动过，二支队政治部的王直以前是中国工农红军福建军区独立第九团政治部的干事，与粟裕打过多次交道。1934 年 4 月，粟裕率领红十九师攻打福建省三明市永安城，王直所在的红九团配合粟裕打下永安城，歼灭国军两个团。事后，粟裕把这次战斗中缴获来的重机枪和 200 条长枪送给了红九团。那时部队的装备都很差，战士手中只有长矛和大刀。粟裕送给他们的可是一份厚礼！7 月上旬，粟裕与先遣队到达红九团活动的地区时，红九团奉中央军委命令掩护先遣队过闽江，还收留了先遣队的一批伤病员。

在王直的印象里，粟裕可敬、可亲。现在归他的领导，王直心里十分高兴，说："你现在是我们二支队的副司令，成为我们的直接首长啦！我们一定像兄弟一样亲密！"

过了两天，张鼎丞、粟裕率二支队在岩寺镇北文峰塔与新四军一支队、三支队、军部直属机关部队接受国民党第三战区的全权代表罗卓英的点验。

军队的点验，就是清点枪械数量，核定编制员额。按常理，点验是军队的一项正常工作，但蒋介石常用"点验"的办法削弱非嫡系部队。国共合作后，蒋介石又故伎重施，但是八路军不同意，令蒋介石很是恼火。改编新四军时，他指示：南方游击队必须派人点验。考虑到为了改善部队的装备，增加军饷，新四军方面接受了蒋介石提出的要求。为了迎接点验，叶挺等人命令各班虚报两人，为此，参谋长张云逸做解释工作："国民党的点验其实是卡我们的脖子。我们要针锋相对，国民党军队虚报冒领、给军官们中饱私囊，发国难财；我们多报虚额，是为了队伍的发展壮大，是为了更好地抗战。"

20 日，罗卓英带了一批军官来到岩寺。稍事休息后，在叶挺陪同下到岩寺镇文峰塔前点验新四军。

接受检阅点验指战员共有7000余人、3500余支枪、4挺轻机枪及不能连发的重机枪3挺。第四支队有3000余人，奉命集结江北霍山县流波疃，不在点验之列。全军共计1万多人、6000多支枪。

这些新四军战士高矮胖瘦不一，老弱病残也有，大都出身贫苦劳动人民的家庭，读书不多，他们的武器大都是些老套筒、“汉阳造”，还有大刀长矛，甚至赤手空拳。但是，无论农民、工人、学生、职业军人，还是其他行业的人，无论年老的还是年少的，都不怕牺牲，随时准备拿起武器投入到与日军的战斗中去。

罗卓英检阅时说新四军老弱较多，武器装备少，要叶挺等人缩小队伍规模。叶挺和项英回复说：新四军是打不垮的英雄，武器好办，军委会和三战区可以补充。罗卓英其实是执行上级命令为压缩新四军编制找借口，见新四军方面如此回答，也不好再说什么，压缩编制也就不了了之。

新四军全称陆军新编第四军，长江以北高敬亭部归国民党第五战区司令官李宗仁指挥，长江以南部队受国民党第三战区司令官顾祝同指挥。

第三战区辖区为浙江和江苏，战斗序列为：第十集团军，司令官刘建绪；第十九集团军，司令官罗卓英；第二十三集团军，司令官唐式遵；第二十八集团军，司令官潘文华；新编第四军，军长叶挺（独立）；独立第六旅，旅长周志群（独立）；游击总司令黄绍竑，共辖24个步兵师，6个步兵旅。当时新四军兵员规模在第三战区所占比例很小。

岩寺集结意味着新四军组建的完成。新四军军部成立时，红军游击队还分散在江西、福建、广东、湖南、湖北、河南、浙江、安徽的深山老林里。在国共两党合作抗日的时代背景下，红军游击队在很短的时间内，跋涉千山万水，克服路途遥远、交通不便、日军飞机轰炸、国民党的刁难等困难，终于胜利会师于岩寺，汇成一股抗日的铁流。这在中国抗战史上是具有战略意义的重大事件。

日军打下南京、芜湖后，进攻目标是江苏省徐州市，意在打通津浦线。国民党方面集中主力组织徐州会战。由于李宗仁在台儿庄取得胜利，迫使日军抽调大量兵力到津浦线上去，江南大地只以不多的兵力控制。国民党军政当局命令新四军开赴敌后战场，牵制日军，以配合国民党军队主力保卫徐州。

新四军军部随即着手深入敌后开展游击战，决定组织先遣支队前往苏南进行侦察，为随后主力部队挺进敌后创造条件，并将此意图上报中共中央。

4月24日，项英接到中央军委主席毛泽东的电报：“（新四军）主力开泾县、南陵一带，先派支队去溧水一带侦察甚妥，惟须派电台及一有军事知识之人随去。”

项英接电报后，迅速与叶挺、陈毅、张云逸、袁国平、周子昆、邓子恢等新四军领导研究，确定由陈毅领导抽调第一、第二、第三支队的侦察连及部分团以下干部组成先遣队，由粟裕任司令员率领开赴苏南进行战略侦察。

第六章
誓师潜口，抗日旌旗向东挥

军部做出决定后，立即将粟裕召到军部金家大院。

军长叶挺对粟裕说："交给你一个光荣的任务：率领我们的抗日先遣支队去溧水一带侦察！"

项英是新四军的副军长兼政委，他与中共中央有着直接的联系。他告诉粟裕："这是中央的意思。中央强调要携带电台和派有军事知识的人去，你是最好的人选。有两大任务：一是政治工作，要宣传共产党的抗日救国纲领。现在京沪一带群众因为国民党军事上的失利，加上投降派的造谣生事，说什么抗战必亡，再抗亡得更快，群众极为悲观。我们反对亡国论，反对速胜论，要打持久战。我们要开展抗日民族统一战线，联合工农甚至地主资本家建立抗日政权，才能打垮日伪政权。现在敌后我们没有报纸，国民党的报纸也不会替我们作宣传。反而还散布什么'共产党那一套是假的'、'新四军是苏联的走狗'、'新四军靠几支破枪和梭镖，很快会被日本人消灭'。我们只有自己去宣传。二是军事上的任务，去了解日伪情况和道路情况。因为新四军从山上下来，完全没有平原作战的经验。不先进行侦察，突然把大部队拉到平原上去和敌人交手，必定会吃亏挨打。我们先到江南敌后侦察日伪情况，特别是日军薄弱之点和伪军情况，打击日伪的小股部队，伏击、袭击日伪和破坏交通。此行在日军重兵控制的腹心地区活动，困难很多，危险很大，你要做好充分的思想准备。"

粟裕十分兴奋，当下表态说："我保证完成党交给的光荣任务！"

随后军部召集排以上干部在鲍家祠堂召开"北进敌后、坚持抗战"誓师大会，正式命令组建先遣支队，由粟裕任司令员，深入江南敌后做战略侦察。粟裕将司令部设在潜口，立即着手出发的准备工作。

负责组建先遣支队的是一支队司令员陈毅，他从各支队抽调侦察连作为先遣支队的主力，末了，又对他的侦察参谋张铚秀说："先遣支队由二支队副司令员粟裕同志任司令员兼政委，钟期光任政治部主任，你去给他当侦察参谋。"

张铚秀随即到先遣支队司令部向粟裕报到。当时中共中央为了加强新四军的力量从延安派过来一批干部，张铚秀是其中之一。他很能打仗，长征时在贵州曾率一个营全歼黔军一个营，同时击溃一个营。

粟裕很高兴，表示热烈欢迎。粟裕知道张铚秀参加了长征，握着张铚秀的手，感叹说："陈毅同志把强兵能将都调来给我了。"原来调到先遣支队司令部的钟期光、王培臣、曹鸿胜、廖辉、何凤山及张铚秀，都是陈毅身边得力的工作人员。

粟裕扼要地向张铚秀谈了谈支队的有关情况："茅山在苏南敌后，日军打下上海、南京后，主力集结徐州一带欲与国军决战，江南地区从战略上降到二位，驻扎的日军兵员严重不足，无法控制农村广大地区；去年底国民党军大撤退，遗留下许多枪支弹药，江南地区又人烟密集，人枪发展的潜力很大，是新四军发展的最好地带。先遣支队的任务就是在敌后打开局面，为后续部队创造条件，进军路线是先从皖南的黄山脚下北上到南陵，再从南陵东渡青弋江，穿过宣芜铁路封锁线，进入江苏境内，再由北进到南京地区附近茅山一带。"

先遣支队从军部战地服务团内抽调 24 人。战地服务团当时驻在一家大祠堂内。服务团成员里有一个是鲁迅的学生，叫丘东平。丘东平是个作家，他到新四军来主要任务还是以笔作为武器，用写作的方式参加抗战。听说要在服务团内选派 24 人组成先遣队到苏南敌后去工作，丘东平就找到粟裕要求成为先遣队成员。

丘东平是个名人，粟裕以前并不知道这个人，但现在已经很了解这个海丰来的"赤卫队"员了。所以当丘东平一提出请求，粟裕就很干脆地同意。但他要丘东平认真考虑，微笑着说："丘东平同志，你是一个优秀的无产阶级作家，是党的财富。你再想一下，加入先遣队是不是有必要？"

"我已经想好了，"丘东平抚摸着小胡子，"粟裕同志，你当我还是小孩子吗？我已经长胡子了。"

粟裕笑着说："那好吧，欢迎你，丘东平同志！"

丘东平兴高采烈，立即做好准备，配着一支"勃朗宁"手枪，打起绑腿，挺着胸，和其他从战地服务团筛选上的 20 多人一起去司令部报到。不料来到司令部却被告知只要 8 个人参加先遣队，丘东平落选了。得知这一消息，丘东平顿时火了。

怒冲冲的丘东平一脚跨进一支队司令部的门槛，冲着司令员陈毅说："我要求参加先遣队！这与我今后负有的重要任务有关。我坚决请求司令员同志接受我的要求！"

"正是因为了解你，才决定你暂时不参加先遣队。"陈毅严肃地说，"丘东平同志，先遣队的条件很严格，要懂得江浙土话，要熟悉江浙地理；要有能吃、能饿、能跑的强壮体格。你是广东人，首先就不合格。"

"我证明我具备最重要的条件——要是对日本人喊话，非我丘东平莫属。"

陈毅哈哈大笑起来："要得，要得，我可以投你一票。你确实是合格的先遣队员，因为你还是作家。此行非一般任务，肯定可以得到许多题材，供你写作。"

经过三天的紧张工作，先遣支队组建完毕，司令部成员有作战参谋张藩、侦察参谋张铚秀、测绘参谋王培臣、见习参谋董南才，电台台长由江如枝担任，副台长廖辉，机要员是何凤山。电台使用的是五瓦台，用手摇马达供电，有一个摇机班，一个通信员，三副担子。政治处主任是钟期光，副官处主任陈荷龙，副官曹鸿胜。所部由一、二、三支队的侦察分队组成的，共 3 个连 500 多人，来自十几个单位，实力相当于一个营。

临出发，陈毅又将自己的警卫员邹志成送到先遣支队。一次邹志成偶然对陈毅提到说还没见过外国人。陈毅就让邹志成去先遣支队锻炼锻炼，去打日本鬼子，说日本人就是外国人。邹志成 15 岁就参加红军，是部队出了名的神枪手，枪法很准。更重要的是邹志成脑子灵活，记忆力好，当陈毅和重要人物谈话时，他能记住 80% 的谈话内容。

28 日，二支队侦察连离开田坊前往潜口。侦察连是张鼎丞从福建带过来的部队，因此出发那天他亲自作动员。

张鼎丞讲话前首先领着指战员喊口号："打倒日本帝国主义！""打倒汉奸卖国贼！"之后他说："你们是抗日先遣队，粟副司令是抗日先遣队的健将。你们要听从粟裕司令的指挥，挺进江南敌后，要了解那里的战略情况、敌情、民情、地形、天时、地利。先遣队是宣传队，你们到那里要做群众工作，宣传群众、组织群众、武装群众，执行三大纪律八项注意，和群众打成一片。你们到那里打开了局面，我们后续部队就有立足之地。祝你们旗开得胜！”

潜口村汪氏金紫祠，新四军抗日先遣队在此誓师出征，叶挺、项英、张云逸、袁国平都来送行。

叶挺紧紧握着粟裕的手久久不愿放开。他看到粟裕身边的机要员何凤山没有武器，当即取下自己的手枪送给他：“小鬼，我这把手枪送给你，你带它先遣敌后，杀敌立功。”

何凤山连声说：“谢谢军长，谢谢军长。”

叶挺说：“不论发生什么情况，你都千万不可离开首长身边，我这里重托你了。”

粟裕感动得眼睛湿润了。

这支先遣支队是临时抽人凑成的，与正规部队相比，游击队纪律散漫，训练装备也差，再加上干部战士来自南方八省，说的都是地方方言，上下左右互不了解，部队不易掌握；二来部队从崇山峻岭一下进入苏南水网地带，地形生疏，群众陌生，各方面都一时难以适应；再则区区 500 人在日军重兵驻守的南京一带活动必定险象丛生。所以，军部领导都强调要服从指挥。

叶挺说道：“同志们，你们是我们新四军第一批上战场的勇士，你们要用抗日的实际行动，打开新局面，要用刺刀和热血杀出新四军的威风来！”

项英副军长强调：“大家一定要在粟司令员的统一领导和指挥下，团结战斗，胜利完成党交给的光荣任务！”

军委新四军分会副书记、一支队司令员陈毅作了动员讲话：“我受军首长的委托，负责组编新四军先遣支队，为主力部队挺进敌后实施战略侦察，了解江南敌后情况，确定战场位置，这个任务既非常艰巨，又非常光荣。有人说，新四军装备不好，如果到江南同日本鬼子打仗，那是‘肉包子打狗，有去无回’。说这话的人，是‘恐日病’患者，只见物不见人。在毛主席的领导下，我们曾经与数十倍于我之敌较量过，敌人的装备并不坏，但是我们打胜了。我们靠三条进江南：模范的群众纪律，广泛的统一战线，胜利的战斗！这次到江南去，只要大家发扬红军长征和坚持南方游击战争时期的优良传统，英勇顽强，机智灵活，遵守纪律，服从领导，加强内外团结，依靠江南父老兄弟姊妹，我们就一定可以战胜日本强盗。让我们以向敌后的胜利进军和沉重打击日军的铁的事实去回答那些‘恐日病’者吧！我们的先遣支队虽然人少武器差，但在党的正确领导下，模范地执行党的群众纪律，广泛地结成统一战线，进行胜利的战斗。我相信你们一定能胜利完成任务！”

粟裕说：“我们向江南敌后挺进，完成肩负的光荣任务，就要遵守与执行三大纪律八项注意，以模范的行动，团结和依靠群众。我军不拉伕，不派款，与国民党军队不同，使群众看清我军是人民的军队。要用我们的实际行动，把在群众中流传的‘出门遇了兵，有理讲不清’改成‘遇了新四军，亲如一家人，道理也可说分明’。”

随后，粟裕率五百勇士从岩寺的潜口村出发，乘汽车经太平、石埭到青阳，住了一夜。所经地区是川军第五十军所部防区，第五十军中将军长是郭勋祺，与陈毅既是四川同乡，又是少年时代的同学和球友。陈毅为了保证部队顺利进军亲自护送。全部通过郭勋棋部的防区后，粟裕与陈毅挥手告别，率先遣支队徒步行军到南陵，在南陵城内宿营，司令部驻在孔庙。

一个星期前，有 4 架日机对县城轮番轰炸。炸死 170 多人，炸毁房屋 200 多间。至今现场仍是一片狼藉。街头弹坑比比皆是，满目疮痍，街道两旁的残垣断壁，被大火烧光了枝条的树干像是在控诉日本侵略者犯下的滔天罪行……

日军想要用死亡威胁中国平民，使中国不战自乱，失去抵抗的意志。日军的残暴从前只是耳闻，如今亲眼目睹现场悲惨的情景，粟裕和先遣支队指战员无不义愤填膺，决心要为死难者报仇！

第二天，一架敌机飞临南陵上空，盘旋了几圈后向北飞去。粟裕抬头眯眼看了一会，说：“明天日机定来轰炸！”同时，派人向同住的国民党友军发出通告。

当天晚上，连日行军疲劳，指战员们很快进入了梦乡。子夜时分，粟裕突然下令部队于拂晓前到南门外集合。部队按命令集合后向东北方向行军，进行防空演习。走了十几里，到达麒麟桥就宿营了。

“粟司令！今天为什么走这一点路就住下了？”见习参谋董南才不解地问。

粟裕解释说：“南陵离芜湖很近。这一带情况复杂，有特务、汉奸搞情报，估计敌人已知道我们在南陵。昨天敌机是侦察我们行动的，可能会来轰炸。”

天刚破晓，敌机突袭南陵县城。“轰轰轰！”“咚咚咚！”9 架敌机反复盘旋俯冲轰炸，丢下几十颗炸弹。群众死伤数十人。司令部所在地孔庙与二连的住房都遭到轰炸。友军不听警告，结果被炸得乱七八糟，先遣队则无一损失。

干部们不禁伸伸舌头说："乖乖，对天上飞的家伙，粟司令都能说个准，真神哪！"

先遣队上上下下都是刚从大山上下来的，不少干部和战士还没见过什么世面，不要说飞机，连汽车都没有见过。乍看到汽车瞪起眼睛闪着"电"、响着"雷""飞"过来，竟以为是什么妖魔鬼怪。他们也不怎么了解粟裕，现在看到粟裕见"机"不惊，而且还能对它做出这样准确的判断，使部队避免了损失，上上下下都觉得粟裕神，了不起，是个见过世面的人物，一个个打心眼里佩服。于是，临时凑成的先遣支队立时形成了强大的凝聚力，令行禁止，一往无前！

第七章
侦察江南，分析敌我出定论

1938 年 5 月 12 日，粟裕让部队休息半天，然后离开麒麟桥，沿公路向宣（州）芜（湖）铁路封锁线前进。他们开始听到“隆隆”的炮声，而后重机枪声由隐约逐渐清晰。越接近前线，火药味越浓。路上遇见从前线溃退下来的国民党官兵，有成班成排的，有三三两两的。还有农民抬着一些姨太太坐的轿子，后面跟着卫士。还有许多手、脸、头缠着纱布的伤员。他们看起来垂头丧气，一片惊慌与混乱。

“你们是哪个部队呀？”

“我们是新四军。”

“你们开到哪里去？”

“我们到前线打鬼子。”

“鬼子很厉害，有飞机大炮。我们都被打垮了。你们这样的武器，还打什么鬼子啰！去送死喔！”

“我们不怕鬼子，我们能够打败鬼子！”“别看我们队伍小，我们新四军是一支铁军！”

这是败退的国民党士兵和先遣队战士间的对话。一退一进，士气全不相同。

当天晚上粟裕率部队到达芜湖县湾址镇以南九连山侧的宣芜铁路。先行到达的侦察参谋张铚秀派四名侦察员在铁路两头分别担任观察警戒，自己带一名侦察员接应粟裕。

粟裕亲自指挥部队：“同志们注意，过铁路时可能遇到敌人的铁甲车。铁甲车上的探照灯很亮，照得四周像白天。如果碰到铁甲车，就地卧倒不要动，这样它就看不到我们。”

粟裕问张铚秀："张参谋，敌人铁甲车开来，在比较远的地方能发现吗？"张铚秀说："不知道，怎么发现？"粟裕便走近铁轨，蹲下去用耳朵贴在铁轨上，又用手轻轻抚摸铁轨道："这样做，如果有铁甲车，你在较远的地方，就可以听到铁轨传来的声响。"

当晚，部队顺利通过了这段敌人封锁线，经东门渡、裘公渡，进入宣城县境杨泗渡。当时兵荒马乱，老百姓见当兵的、带枪的都怕。粟裕到杨泗渡时，镇上几百户人家，跑得只剩下几个老小。粟裕派出政治处的人给逃跑的老百姓做工作后，老百姓才回到镇上。在杨泗渡休息了一天，第二天部队行军到贵池镇南岸，因受到土匪武装余宗诚部阻拦，不能北渡，粟裕只得率部返回杨泗渡又住了一夜。

随后粟裕率先遣队进入江苏境内的高淳县，北渡石臼湖，经博望、朱门，于5月22日到达了江苏省江宁县的叶家庄，司令部驻扎在曾任过国民政府财政部次长的叶文明家里。

叶明文得知驻在他家的是司令部，一见副官曹鸿胜的长相和派头，误把他认为是司令，搬来个竹躺椅叫曹鸿胜躺下休息。后来他发现躺在椅子上的是个小个子，就小声地把正在睡觉的人唤起来："谁叫你睡在这里？这是给司令睡的。"曹鸿胜闻声赶来说："叶先生，他就是司令员！我是他的副官。"

叶先生问："司令，贵姓大名？"曹鸿胜介绍说："我们的司令员叫粟裕。"叶文明"啊哟"一声，说道："这个名字好熟悉，在哪儿听过？"粟裕知道叶是国民党政府要员，自然清楚粟裕是何许人，只是不便言明罢了，于是说："以前蒋介石曾下过通缉令，通缉捉拿匪首方志敏、粟裕。我就是那个粟裕！"叶不觉有点尴尬，频频点头，连声说："想起来了，久仰，久仰！"

屋子里的人都笑了。大家开始攀谈起来。

"粟司令，有件事要请教你。"

"叶先生有什么事尽管说，一些事情一时弄不通，大家商量，何言请教呢？"

"请问贵军到此何干？"

"我们新四军到这儿来是为了消灭我们民族共同的敌人——日本帝国主义侵略军！"

"果真是这样，我以朋友的身份斗胆奉劝你几句，你们说的抗日大道理是非常正确的；你们这支部队作为抗日宣传队，也是无可非议的。然而，真要同日军交战，事情并不那么简单。国军几十万大军，还有飞机、大炮、坦克的支援，在上海、南京都遭到惨败，何况你们呢？”

“叶先生，你是只看到了我们部队现在武器装备差。我军以现在这样的武器装备，在十年内战中，屡次打败了武器装备强过自己百倍的蒋军。今天，日军的武器装备尽管比我们中国强，但我们中国地大物博，人口众多，特别我们进行的是民族战争，只要我们和各界人士团结一致，运用正确的战略战术，我们就一定能够战胜日本强盗。”

“粟司令，你说的我完全相信。你们红军二万五千里长征到达陕北，围追堵截都没法阻挡你们。由此可以料想，日本侵略军将来也一定会败在你们手下。”

在叶家庄稍事安顿后，粟裕立即派出三个小组执行侦察任务。一个小组由作战参谋张藩率领到东路的丹阳，侦察常州方向的敌情，一个由宣传队长吴福海和测绘参谋王培臣率领到中路的溧水、句容，侦察镇江方向的敌情。另一个小组由侦察参谋张铚秀率领到西路的汤山、龙潭、下蜀一带侦察敌情。

自从国民党大军溃退、官员逃跑之后，江南大地有半年以上的时间没有看到中国军队，只有一些由国民党军队溃散官兵组成的游击队。这些游击队成分复杂，纪律很坏，只知花天酒地，与日军互不侵犯，还趁火打劫。不仅敲诈、抢劫、奸淫，而且还大肆烧杀，给当地民众留下了极其恶劣的印象。江宁第四区赵村一带20余里的房子，就是国民党溃散官兵放火烧的，当地民众被那些溃散官兵杀害的有百多人。

江宁、句容一带的百姓看到先遣支队时都怒目相对。因为粟裕他们是穿着国民党的军服进去的，被当成了国民党的溃散官兵。有些村庄有自卫武装，他们将大门紧闭，墙头上架起土枪土炮，向部队高声大喊，不许部队靠近。若靠近就开枪警告，同时村子里号角长鸣，好像是在进行联络，完全一副准备厮杀的架势。

粟裕得知后，远远地望着那个村庄，高兴地说：“好呀，老百姓知道拿枪自卫，好事呀！命令部队，不许开枪！”加紧让政治处的人给群众做解释说服工作，说先遣支队是当年的红军，但是没有用：苏南群众绝大多数根本就不了解红军。看到先遣支队背着烂破枪械，机关枪也很少，服装也不整齐，怀疑他们能不能打日本：“去年几十万大兵，有那么多的机关枪、大炮和飞机，都退走了，你们这样少的人，这样差的枪，恐怕……”“既然抗战会胜利，敌人的力量在削弱，那为什么徐州又要撤退呢？现在南京没有几个鬼子，为什么夺不回来呢？……”群众对先遣支队不理不睬，有一些强悍的地方民众则不准他们住房子，连粮食也不肯卖给他们，甚至向他们开枪。

吃了闭门羹，粟裕却高兴得很。他集合部队训话，说：“我们打鬼子是为了老百姓。我们打鬼子必须要有老百姓的支持。因此我们必须严格执行群众纪律，坚决做到群众不让进村就不进村，就在村外或者是田野里露营；不让进屋就不进屋，就在门外或者屋檐下过夜。无论多么困难也不要向老百姓发火，也不许拿群众一针一线。更不能向开枪的群众还击。”

这样一来部队只好睡野地，还饿肚子。到达句容县夏甲村时，部队已经有几顿没有开饭，粟裕想无论如何也要想办法解决粮食问题。于是他亲自带着前哨分队走向夏甲村，准备找当地一个樊先生解决吃饭问题。然而走到夏甲村时，正在黄豆田里劳动的老百姓看到大路上来了一支队伍，慌忙丢下活儿，撒腿跑回家中关起了大门。

这时，天上突然下起雨来，粟裕命令队伍停止前进，把他们带到夏甲村的打谷场上排成队，唱起了一首又一首抗日歌曲，《义勇军进行曲》《大刀进行曲》《松花江上》……一共唱了十多首。雨越下越大，战士们上上下下都湿透了。

有几个上了年纪的老人壮着胆，从门缝内注视着这支刚来的队伍：“这是打哪儿开来的队伍呢？天底下有这样秋毫无犯、爱护老百姓的队伍吗？”

同江南其他地方的老百姓一样，夏甲村老百姓屡遭土匪抢劫与国民党中央军敲诈，又深受日本鬼子之害，现在看到秋毫无犯的部队都不由地惊讶起来了。有两位老者壮了壮胆，开门来到场边上，想探个究竟。

粟裕迎上去问话：“老伯，这村有没有一个教私塾的樊先生？”

一位老者回答说不晓得，另一位老者正是粟裕要找的樊先生。他见粟裕是慕名而来的，但又不认识这个瘦小的军人，就接过话说：“你们找他做什么？”

粟裕说：“我是粟裕，想到他书房喝杯茶。”

钟期光介绍说：“我们是新四军的先遣部队，这是我们新四军二支队副司令员粟裕同志！”

“秀才不出门，可知天下事。”樊先生出身书香门第，是个教书先生，很有名气。当他得知面前站着的是新四军二支队副司令时大吃一惊，连声说：“我就是，我就是，真是相见恨晚，请入寒舍用茶。”

在樊先生的帮助下，粟裕得以向村上老百姓买到粮食和柴火。粟裕和战士们开过饭以后，烤干了衣服，然后继续前进，于5月底到达茅山。

茅山处在句容、金坛薛埠镇境内，是江苏省境内主要山脉之一。茅山地势险要，距南京、镇江、常州各约60公里，东至上海、南至杭州各约300公里，历来是兵家必争之地，也是新四军的希望所在。控制茅山，即可制控长江天险，还可以虎视京沪、京芜两铁路和京杭、溧武（常州至溧水）两公路，所以中共领袖和新四军将士希望利用茅山作为依托，建立起抗日游击根据地，跟日本帝国主义拼杀一场。

部队在芜、宁、沪敌后行军时，因为日军的飞机每天有三四十次飞行侦察，粟裕就采取昼伏夜行办法。日间部队隐伏于田野草丛，夜间则不论风雨夜夜行军。沿途找向导带路，每走30里换一个。作家丘东平和工作组一路贴布告，散传单，写大字标语。粟裕则每到一地，总是首先部署部队的宿营与警戒，派出便衣侦察小组侦察敌情，了解敌人军事部署、行动企图和政治情况，以及地形。还找当地有名望的人士、村长、商人、农民谈话，了解情况。

此时江南日军已沿京沪铁路和京杭国道构筑据点，全面控制江南。日军气焰嚣张，肆无忌惮，到处野蛮屠杀，疯狂掳掠，奸淫妇女，焚烧村镇。水阳、乌溪、黄池、亭头、青山、护家墩、薛镇、小丹阳、溧水、句容、天王寺、白兔镇等地方都遭到日军蹂躏，老百姓生活在水深火热之中。

粟裕所到之处，抓紧揭发日军的罪行，宣传解释抗战国策，肃清汉奸敌探，摧毁日军建立的维持会，惩处其维持会的头目，又寻找那些隐姓埋名、隐居他乡的政府人员，帮助恢复国民政府的地方政权。

粟裕几乎天天都把部队行动和侦察得到的情况发电报告新四军军部，最后又动笔写了一份综合报告，派专人送回皖南。

在这份报告里，粟裕分析了江南敌我优劣的对比：日军占领上海、杭州、南京、芜湖等战略要地后，气焰嚣张，一方面争得日本全国的支持，另一方面日军对中国人民的疯狂烧杀沉重打击了中国人民的反抗意识，日军得以在江南各地建立了初级的伪政权。在兵器和军事技术上日军也占据了全面的优势。我新四军所处的劣势表现在江南人民抗战情绪低落，地方政权瘫痪，江南人民对本地存在的抗战势力即游击队不仅不支持反而恨之入骨甚至武装对抗，在兵器与技术更不能与日军相比。江南的地形对日军的空军、机械化部队和骑兵有利，对我军则不利。敌我两方对比，日军在政治、军事、经济文化各方面全面占优。但我方劣势是暂时的。中国抗战得到世界爱好和平人士的同情和援助，新四军此次出动是在国共合作的背景下在友军配合下进行的，不仅出师有名，而且在国际上也是得到同情的。江南人民饱受日军凌辱和坏游击队的祸害，他们渴望一种新的、有力的反日力量进入江南，新四军的进入适应了社会民众的需求。在军事方面，日军将江南主力北调进攻徐州，留守的只有很少的较弱的兵力，而且日军骄奢轻敌，疏于戒备。

粟裕最后得出结论：新四军可以在江南敌占区开辟游击战场，配合中国主力夺取抗战的最后胜利。

6 月 3 日，中共中央军委新四军分会副书记兼一支队司令陈毅率领一支队沿着先遣支队开辟的路线抵达溧阳竹箦桥。粟裕闻讯又向陈毅作了当面汇报。陈毅根据粟裕提供的情报展开部署，开始创建以茅山为中心的抗日根据地。

粟裕则率先遣支队东渡秦淮河，越过京杭国道，到夏家边、土桥、上峰、新塘、金家边等地实施侦察，他一面用“西米司令”名义出示布告，宣传抗日民族统一战线和红军三大纪律八项注意，广泛发动群众，一面寻找机会打击日军。

第八章
首战韦岗，威震江南寒敌胆

1938 年夏，粟裕和先遣支队在苏南每天看到的，都是日军铁蹄下民众苦难的泪水，每天听到的都是苍生痛苦的呻吟。“大地失去了牧童和他的歌声，五月的花不再飘香，一种国破家亡的仇恨在水乡里弥漫回荡。”先遣支队上上下下早已按捺不住，纷纷向粟裕请战。

粟裕说：“仗是一定要打的，一定要打好。首战必胜，这是关系共产党、新四军的威望，关系到能否鼓舞江南人民抗战信心的大事。必须做好群众工作，查明敌情，摸清敌人的活动规律，选择有利地形，做好一切战斗准备，这样才能保证初战的胜利。”

粟裕挂起地图，默默地在图前伫立，一站就是半小时：日军士兵骄傲蛮横，肆无忌惮，三五成群的士兵（甚至有士兵武器都不带）竟敢到远离其据点十里八里的村庄撒野。要煞一煞日军的嚣张气焰，给老百姓壮壮胆子，就得用武力说话，就得找个时机找个地方狠狠敲他一家伙。在哪儿会会他们，怎么敲他们呢？

粟裕先派出侦察员侦察敌情，于是，40 多个侦察员换上便衣，在江南大地上散开，四处寻找适合打击敌人的地点。侦察员邹志成跑了三四天，回来报告粟裕：“听老乡说，鬼子有几台汽车，常在镇江和南京之间跑。”

粟裕将目光放到作战地图上镇江和南京之间，琢磨了很久，然后看着下蜀附近的韦岗。韦岗离南京不远，距镇江更近，位于镇江西南 15 公里。那里是丘陵和小山地，地形相对复杂，是打伏击较理想的地方。

但他对侦察情况不太满意，让侦察参谋张铚秀和邹志成再次侦察。邹志成化装成一名放学回家的中学生，到韦岗将日军汽车来往的情况摸得一清二楚：句容公路每天有五六十辆日军车辆通过，以上午 8 点到 9 点和午后 4 点前后最多。

邹志成说：“韦岗地形好，可以打埋伏，公路两边有小山包，都是阔叶树，在公路上看不到山上的部队，利于部队掩护。韦岗山头向北可以看到镇江城外的石马庙，向南可以看到句容城。”

粟裕问邹志成：“公路有多长，能埋伏多少兵力？”邹志成说：“我没有下过公路，要知道能摆多少部队，我可以再去一次。”

于是侦察排出动进行第三次侦察。等他们一回来，粟裕直接问邹志成能摆多少兵力。邹志成说摆上三个连没有问题。又说附近有个小村子，部队夜里进入，不会惊动老百姓。向南还有两条老百姓放羊、砍柴的小路，一条通上党，一条通白兔，战斗结束后我们可以经这两条小路撤出。

听了邹志诚的回答，粟裕决定就在韦岗伏击鬼子车队。决心一下，粟裕又折断一根火柴棍，在地图上一段一段地量出韦岗到南京和镇江的距离，计算出日军增援部队赶到的最快时间。

6 月 11 日午后，粟裕收到军部发来的电报，电报转达第三战区司令官顾祝同的命令：“着该军派兵一部，挺进于南京、镇江间破坏铁道，以阻京沪之敌，务于三日内完成任务，否则严厉处分，并将敌情随进具报。等因奉此，着该员即率先遣队及一支队各一部（共四个连），并电台一架，即由现地出发，务于三日内达到镇江、龙潭间完成破坏该段铁道之任务，并将战况及敌情随时具报。此令。”

同时接到电报的一支队司令陈毅立即让二团长刘培善在全团选调 80 名作风顽强、有战斗经验的战士组成临时战斗连，任命童炎生担任连长，程祥元担任指导员，调给粟裕指挥。参加破路行动的还有新四军军部巡视团成员陈茂辉。

当日午后，粟裕率先遣支队和一支队临时战斗连由溧水县李家山出发，于 6 月 15 日拂晓前进抵句容至下蜀公路以东的徐家边隐蔽，当天晚上按计划破坏铁路。因为没有完好的爆破器材，全部以手工进行破坏。在本地百姓的帮助下，指战员经过四个半小时的努力，只将铁道、电线破坏到 40 米。此时已近凌晨 3 点钟，粟裕命令部队向火车站守敌发起攻击，同时一边散发传单，张贴标语，虚张声势，扬言要在数日内攻克句容县，一边要附近群众逃走，以免遭敌蹂躏。随后部队安全撤退至下蜀以南的东谢村宿营。16 日上午 8 点，敌火车一列驶至该处出轨，日军不得不派出七卡车的日军抢修，京沪铁路交通中断数小时。

破路任务的完成，大大激发了战士们的斗志，更使粟裕胸有成竹。粟裕召集钟期光、王培臣、陈茂辉、童炎生及几个连的干部到东谢村的一个竹林里开会，宣布了自己的决心：要在镇江到句容之间打一个伏击战，伏击点确定在韦岗，根据日军车队活动的规律，战斗可能在明天拂晓前后打响。

要马上投入战斗，当时在装备上是有许多困难的。整个先遣队只有两挺轻机枪，其余的武器都是用旧了的，有的缺少瞄准器，有的是长枪锯成了短枪，有的是埋在地下许久才挖出来的。

但粟裕意志坚定，指着地图，做了周密的部署。粟裕斩钉截铁地说："一定要把日本人的车队截住，否则我们今后在政治上、军事上的困难会更大……"

他离开地图，一手握住竹枝，眼望着青青的竹叶，意味深长地说："四年前，在方志敏同志领导的抗日先遣队里，我被任命为参谋长，但那支抗日先遣队的历史使命没有能完成，国民党仇恨它，在怀玉山上围困住我们……四年后的今天，我们又搞出一个先遣队，胜利地挺进到苏南，现在我们面对着方志敏同志所预计的一个新的形势了：雪压竹头低，低下欲沾泥。一轮红日起，依旧与天齐。"他说："为了求得秘密，伏击队必须在夜间急行军出发，拂晓前进入伏击阵地，采取突然行动。"

当天夜里下着大雨，不便行军，部队行至杜村宿营。部队指战员从 11 日晚起，连夜雨夜行军，侦察警戒繁多，又破坏敌人铁路，已经十分疲劳，并且病员加至十多人，如全部参加战斗，不仅迟缓行动，而且会影响战斗。粟裕当晚即进行动员组织，几次三番给战士们做解释与鼓励工作，同时从各连抽选 6 个步兵班，1 个侦察班（着便衣带手枪），1 个机枪班（2 挺机关枪），各班都配足够的手榴弹组成参战部队，取捷径向伏击地前进；其余部队及行李、病号等由副官处主任陈荷龙率领到达上元庄附近待命。

战士们都有些紧张。一些战士跑到粟裕和钟期光住处，这个问"打汽车先打哪里呀"，那个问"我们不会讲日本话，向鬼子喊话怎么喊"。

17 日凌晨 2 点，粟裕率领参战部队向伏击地点进发，以手枪便衣队做尖兵，经徐家边沿高骊山东坡小路前进。雨还在下，而且很大，路也很滑，战士们行走艰难，军部巡视团成员陈茂辉摔了好几跤。出发后六个小时，部队终于接近伏击地点，远远望见敌人一辆汽车在赣船山、高骊山两山之间的公路上向镇江方向行驶。

8 时 10 分，侦察班到达山间公路北口，粟裕率部分人马进至山间公路。这时从镇江驶来第一辆车向伏击地点驶来，侦察班按照部署隐伏不动，让汽车通过，然后再截断其退路。

当时粟裕率领的这部分人还未做好伏击准备，敌人的汽车就已闯入机枪射程之内，粟裕连忙大喊："打！"

但机枪阵地还没有布置好，机枪手仓促架枪射击敌车车头，将敌车汽缸打穿。敌人的汽车仍向前冲，但冲出山南口后就停了下来。因为参战的六个步兵班尚未到达，车上敌人侥幸全部逃走，仅截获邮件一车。

不久 6 个步兵班赶到，粟裕派 2 个班占领赣船山南公路东侧地点，向句容方向警戒；派 1 个班警戒镇江方向，其余官兵准备截击敌人的汽车。战士们疲劳至极，全身湿透，但士气旺盛，勇气未减。

过了六七分钟，敌人的第二辆车由镇江方向开来。这是一辆小轿车！也许是天雨有雾，也许是公路弯道，敌人没有发现前面的情况，没有听到枪声。当这辆汽车离侦察参谋张铚秀只有 50 米远时，侦察连的机枪手一个点射，击毙了驾驶汽车的日本兵，汽车失控翻入公路以西的水沟里。

车上有 3 人，驾驶员即已毙命，一名日军跌入水沟，另一名受伤躲藏在车底未被发现。当粟裕带战士们冲到跌入水沟的日军近前时，日军突然从水沟中跳出，举刀向粟裕劈来，粟裕身后的邹志成发现后当即举枪将其击毙。粟裕和战士们搜查完车内物件准备焚烧该车时，潜伏车底的日军乘机将一战士刺伤，三支队五团参谋兼侦察连长温国德当即和这名日军扭打在一起。温参谋右手握的驳壳枪已没了子弹，但这只手后被日军的左手拼死抓住。日军的右手举着军刀，但这只手也被温参谋拼死抓住。两个人从马路上打到水田里，又从水田里打进几米深的沟里。指战员们仓促之际群起向敌射击，温国德最后夺过日军的军刀终将他刺死，但温国德也被刚才的枪击误伤（温国德后因枪伤不治身亡，成为江南新四军第一位在对日作战中牺牲的军官）。

战士们在打死的军官身边缴获一支手枪、一把军刀，在车上缴获保险箱一只。草草收拾了一下战利品，粟裕让战士们回到原阵地待命。

过了五分钟，敌人第三、第四、第五辆车连续而至，车上有 30 多个鬼子。粟裕命令发起攻击，敌第三车被击中于山间公路中段，第四车被击中后停于路南口，而其第五车自行停止在路北口以北。当下粟裕率指战员从四面八方冲向敌人，将第三车和第四车的日军团团围住。

日军看到自己被包围，有两个军官右手高举军刀，带领剩下的 20 多个日军，号叫着向我方冲来，准备用刺刀拼杀。粟裕派另一挺机枪占领路北口右侧高地，实行瞰制射击，打死日军 13 个，打伤七八个，日军不支全部溃退。

敌第五车超出新四军机枪火力射程之外，敌卡车仅有踏板，左、右、后均无栏板，听到枪声，车上日军全部跳到车下，利用地形地物，潜伏于公路两侧的草丛中向新四军射击。后来见势不妙就往后退。预先埋伏在路北口的便衣队，因使用驳壳枪，火力不够，未能阻止鬼子后撤，使日军第五车得以装载伤兵数名逃回，残余日军躲入公路西沿的水沟里泅水逃走。

战斗历半小时结束，战士们开始收集战利品及焚毁汽车。战士们早听说过日本鬼子：他们训练有素，武器精良，在战场上打得国民党落花流水，在中国如入无人之境；他们气焰嚣张，肆无忌惮，到处野蛮屠杀，疯狂掳掠，奸淫妇女，焚烧村镇，单在南京，他们就杀了几十万人，犯下滔天罪行。来到江南后，战士们亲眼看到过日本人炸毁的房子，就是还没见过日本人，所以都围着那些鬼子的尸体看稀奇。邹志成打死的那个嘴上留胡子，大概 30 多岁！

事后查明，邹志成打死的名叫土井，是一名少佐；被温国德杀死的日军名叫梅泽武四郎，是名上尉。（在陈毅和王培臣的回忆中打死土井的是温国德。粟裕在韦岗伏击战后第二天写的《江南处女战》里说先打死的是土井，潜伏车底、后被打死的是梅泽武四郎。从陈、王二人的描述，温国德打死的不是土井，而应当是梅泽武四郎。因为粟裕的说法来自战斗第二天的总结，而且粟裕又是这次战斗的组织者和指挥者，所以粟裕的说法最可靠；参战的邹志诚回忆的与粟裕相符，故本书确定土井为邹志成所毙，温国德打死的是梅泽武四郎——编者注）他们隶属于以内山英太郎为旅团长的日军野战重炮兵第五旅团。当时这个旅团正奉命调回日本，因此运输繁忙，之后也未出现在侵华日军的战斗序列中。

打了胜仗的战士们兴高采烈。作战参谋王培臣将击毙日军的长筒皮鞋套在自己脚上，又把日本军刀往肩上一扛，格外的自豪和神气。

粟裕下令：撤！镇江离这不过 15 公里，敌人的援军不出半个小时就会赶到。

因参加伏击的部队人员太少，除担运自己的伤员外，仅挑选了一部分重要的军用品，不得不将车上其余物品毁弃，然后带着缴获步枪、手枪、军刀、钢盔、日钞分路撤退。

此战激怒了日军，他们马上出动大部敌军增援。

就在粟裕率部撤到离战地约 4 里时，自镇江增援的 10 多倍于新四军官兵的敌人，乘 17 卡车（大约），携数辆坦克、多门大炮赶至韦岗大肆轰击，炸弹、炮弹、机枪，响成一片。敌人不知新四军去向，就将附近房屋焚毁。

听着枪炮声，那些干部战士都伸舌头："好险！要不是粟司令能掐会算，这仗难打！"

随后 3 架敌机亦赶来盘旋低空侦察，王培臣肩上扛一把日本军刀，穿着日本长筒靴子，陷在烂泥田里拔不出来。这时，敌机朝他飞过来扫射，王培臣只好脱掉靴子，扛在肩上，跑到山林里。

粟裕看到后笑王培臣："打了胜仗，还这样狼狈！"

粟裕率参战人员赶到上元庄与未参战人员会合，当晚进驻句容县白兔镇附近的上兰、贡甲宿营，第二天，经宝埝镇到前隍村与一支队司令部胜利会师。

韦岗战斗是粟裕游击战术在抗日战争中的第一次实践。战前选定地形复杂的韦岗，周密安排部队埋伏的位置，规定出击路线，控制制高点，乘敌不备突然开火，敌人混乱后进行脚跟脚的追击，迅速结束战斗后马上撤离战场转移到安全的地点。战后粟裕总结了作战经验，对胜利的意义、敌我各自的优点和弱点进行了深刻的分析，提出了伏击日军汽车的十条注意事项。实战结果证明了粟裕游击战术是科学的，用此战术对敌作战是卓有成效的。

战后粟裕即兴作五言诗一首："新编第四军，先遣出江南。韦岗斩土井，处女奏凯还。"

陈毅听了韦岗战斗的经过十分兴奋，起身踱步吟诗一首，以示祝贺和赞扬："弯弓射日到江南，终夜喧呼敌胆寒。镇江城下初遭遇，脱手斩得小楼兰。"

韦岗战斗震慑了日军，鼓舞了士气，也振奋了民心，提高了新四军的威望。

先遣队在韦岗打胜仗的消息如春风一般传遍江南大地，消灭的敌人也越传越多，越传越神了。本来只消灭了三十几个鬼子，群众就说三百个、三千个……指挥打仗的粟裕司令，是个双枪将，一枪能打十个鬼子……老百姓说："新四军敢打能打，我们有靠山了！"

句容县樊玉琳是一位颇有声望的名士，曾当过国民党的区长，他一度对新四军采取了敬而远之的态度。韦岗伏击战开始让樊玉琳感到新四军"有智谋有办法"，开始积极支持，后来还担任了新四军领导的四县总会负责人。

三战区一个游击司令部闻讯派来两名副官，向粟裕要日本步枪两支、手枪一支、军刀一把、望远镜一具、军大衣一件、军帽一顶、皮鞋一双等。甚至愿意以一挺机枪换一支日本步枪。粟裕对来人说：“你们要，我们可以送给你们，只要第三战区长官司令部打个收条给我们。”那两位副官见不给，只好灰溜溜走了。张铚秀说：“粟司令，人家出高价同我们交换，赚钱的生意你不做，还要白送给他们。”粟裕笑眯眯地对他们说：“你们都是小傻瓜，如果按来人的意思做了，我们就上当了。国民党若得到这些日本武器装备，就可以拍出照片，到处吹牛皮，说这仗是他们打的。”

新四军成军后，江北四支队高敬亭部在安徽巢县蒋家河口首开对日作战纪录，江南战场则是粟裕打下第一仗，所以韦岗战斗又称“江南处女战”。国民政府军事委员会收到战报后向新四军军部发了嘉奖电：

叶军长：

所属粟部，袭击韦岗，斩获颇多，殊堪嘉尚，仍希督饬继续努力，达成任务。

韦岗战斗正值新四军组建之初，不少人对深入敌后认识不足，是有疑虑的，所以此战对全军的影响和作用不可低估。战果虽小，但证明了中共中央和粟裕对深入敌后开展游击战争的战略构想是完全正确的。

第九章
游击当涂，收复失地反“扫荡”

1938年6月21日，完成使命的先遣支队奉命撤销。钟期光、张铚秀、王培臣、邹志成等人回到陈毅一支队司令部，粟裕则率第二连和二支队抽调来的干部离开前隍村，经句容、江宁境内西返，前往安徽省当涂县与二支队司令部会合。

粟裕离开前隍村几天后，陈毅收到项英副军长的信，信中首先表扬粟裕率领的“先遣队的确起了先锋作用”，指出新四军“目前主要地切断交通，阻碍敌人的运输和兵力转移，扰乱敌人，牵制敌人保守据点，特别是南京、镇江，以伏击的动作去打击和消灭远出和行进中分散的敌人……争取不断的小战斗胜利”，“以达到逼迫敌人退守城市，造成江南进攻的形势”。据此指示，28日，刘培善率二团一个营，挟韦岗之战的余威，在离韦岗不远的竹子岗伏击由8辆卡车和1辆小汽车组成的鬼子车队，击毁其6辆，打死打伤30多名鬼子，俘虏了日军特务机关经理官明弦政南。

当刘培善率部在竹子岗痛击敌人的时候，粟裕到达小丹阳与由参谋长罗忠毅、政治部主任王集成率领的二支队机关、直属队及主力部队三团会合。此时二支队司令张鼎丞尚在皖南军部处理事务，军部项英指示，二支队主力由粟裕指挥。

粟裕率先遣队离开岩寺挺进苏南后，毛泽东连连对新四军发出指示。5月4日，毛泽东就发展华中敌后游击战争的问题发出指示：“在侦察部队出去若干天之后，主力就可准备跟行。在广德、苏州、镇江、南京、芜湖五区之间广大地区，创造根据地，发动民众的抗日斗争，组织民众武装，发展新的游击队，是完全有希望的。在茅山根据地大体建立起来以后，还应准备分兵一部分进入苏州、镇江、吴淞三角地区去，再分一部进入江北地区。”14日，中共中央又发出

《关于新四军行动方针的指示》，指出："应利用目前的有利时机，主动地、积极地深入到敌人后方去"。"在大江以南，创立一些模范的游击根据地，以建立新四军的威信，扩大新四军的影响"。15日，毛泽东又做出具体的指示："力争苏浙皖边发展游击战，但在目前最有利于发展地区还在江苏境内的茅山山脉，即以溧阳、溧水地区为中心向着南京、镇江、丹阳、金坛、宜兴、长兴、广德线上之敌作战"。据此指示精神，叶挺、项英向全军下达命令："深入敌人后方，开展广泛的游击战，达到牵制和分散敌人的兵力，配合国军主力正面作战，在持久战中，争取最后的胜利。"要求全军"集小胜为大胜，团结群众以游击动作进行胜利的战斗"。

时国民党方面划给新四军一、二支队的防区是在长江以南，芜湖以东，高淳、溧水、金坛之线以北，丹（阳）金（坛）公路以西。这个地区地域狭小，而且就在日军侵华核心地区南京城下。依共产党人的看法，国民党将新四军放在这个敌情最严重的地区有借刀杀人的嫌疑。二支队防区在南京、天王寺、秣陵关这个三角地带，最长不过30公里。实战中，粟裕冲破了这个束缚向南打到高淳、郎溪，西南打到芜湖，东北打到镇江、金坛一带。粟裕的游击战术在实践得到检验，并不断得到完善和充实，也使得粟裕的军事理论成熟完善，并使他在新四军中脱颖而出。韦岗战斗之后，实践他游击战术的主要战场在安徽省当涂县。

当涂县位于安徽省东沿，长江下游东岸，素称"江南鱼米之乡"，为历代骚人墨客钟情吟游。然而这个江南胜地在日本鬼子的铁蹄下沦为人间地狱，当涂人民备受烧杀掳掠之苦。日军侵占当涂县后，当涂县国民政府组织解体，地方上一片混乱。日军以城区为中心，以丹阳、马桥为重点，先后在当涂一些主要集镇和较大村庄建立据点，每个点10~60人。另外，当涂城区驻有警备队、宪兵队，设有火车站保线区、海军解释场等机关和部队。

当时国民党军队组织的武汉会战已经开始。国民政府军事委员会调集百余万兵力，在安徽、江西、河南、湖北等省抗击日军进攻，保卫武汉。根据新四军军部指示精神，粟裕率领二支队配合各方执行保卫武汉的总任务。接到命令的粟裕率第三团立即向日军发难。

7月6日，三团副团长邱金声率领第一营和在下蜀扒过铁路的二支队侦察连伏击行驶在当涂至芜湖之间的日军用火车得手，全歼数十名押送军用品的鬼子，缴获大批毛毯、军呢大衣等物资。

当月，二支队司令张鼎丞率四团三营挺进江苏江宁、高淳等县开展游击斗争，打得南京日伪军不敢随便进入江宁、高淳。粟裕和二支队机关及直属队、第三团先是进驻当涂县陈塘里一带，不久又移驻大官圩马家桥俞家祠堂。大官圩地区以前除了有民间自发的抗日救国组织当（涂）芜（湖）青年抗日救亡团外，尚有国民党第三战区第二十三集团军游击支队余宗诚的部队在活动。

余宗诚与驻横山小丹阳、秣稜关的朱永祥部同属国民党第二十三集团军，是川军刘湘的部队。上海失守后，他们在二十一军军长唐式遵的率领下，在安徽广德一带抗击日军牛岛贞雄指挥的第十八师团，失败后率部进入横山、大官圩地区。这些游击部队军纪败坏，影响极坏。朱永祥暗通日军人赃俱获，被一支队副司令傅秋涛生俘并解送国民政府第三战区司令长官部法办。余宗诚表面上举“抗日”旗号，实际上是扰民诈财、鱼肉百姓，称霸一方。当芜青年抗日救亡团情报委员徐德建参加余宗诚的部队后发现该部队所作所为与抗日大业背道而驰，便很快退出，另寻抗日出路。7 月中旬，余宗诚一部在黄池与粟裕率领的第三团遭遇并发生冲突。收编江南游兵散勇和流落民间的枪支本来就是新四军到江南的一个任务，现在该部违背抗战精神搞自相残杀，粟裕当即清理门户将其缴械，计有步枪 150 支、轻机枪 7 挺、重机枪 2 挺、迫击炮 2 门、电台 1 部、子弹 4 万余发，迫使余宗诚残部撤离大官圩。

没过多久，三团政治处主任王直带几个人闯到日军设在芜湖的军用机场偷飞机。日军骄横跋扈，戒备松懈，竟让王直他们闯进了机场。王直看到过天上的飞机，以为飞机比鸟大不了多少。等进了机场看到机场上那些真飞机时傻眼了——原来飞机是这么一个庞然大物！搬又搬不走的，砸又不敢砸，只好暂时撤退。

粟裕得知后，立即带队去破坏敌人的机场。当王直带粟裕和夜袭部队再次来到芜湖机场时，发现日军已有所警觉，已经对机场进行严防。夜袭部队无机可乘只得撤退。他们退到芜湖以东永安桥时遇上一股日军。粟裕当即设伏将这股日军包围，一声令下各种火器齐发，将日军全部打倒在地。粟裕说，看有没有活的，几个战士立刻扑了上去，结果抓了两个，都受了伤。日军受武士道精神的影响，也由于作恶多端，害怕被俘后受报复，所以缓过劲来后进行拼死反抗。战士们累得一身大汗，把军衣都湿透了。粟裕让战士们将战俘绑在担架上再往回撤。清点地上的尸体，有十几具。

粟裕捉到俘虏的消息很快传遍了整个马家桥。群众都争先恐后地跑来看，因为这是新四军二支队第一次捉到日本俘虏。他们把日军绑在门板上，上街游行宣传，老百姓看到后无不拍手称快，有些群众想起日军的残忍，愤怒地要打死他们。新四军对俘虏的政策是缴枪不杀，粟裕让王直给群众做工作，说明新四军的政策，并把日军战俘保护起来，后来送到军部。抓获的这两个俘虏中有一个是冈本进，后来成为粟裕抗大九分校的军事教官。

粟裕在一个多月内摧毁了禄口、朱门、陆郎、博望、老虎墩等处的敌伪据点和维持会13个，收复了小丹阳、横溪、谢村、护驾墩、霍里、濮塘等村镇。三团在摧毁禄口、朱门敌伪据点时，救出了被强征即将送往南京做“慰安妇”的青年妇女30多人。

粟裕与一支队陈毅在苏南敌后，发扬近战、夜战特长，连续对日军展开夜袭、奔袭、伏击和突袭作战，频繁破击铁路、公路、桥梁和敌人的通讯设施，破坏敌人进攻武汉的兵力调动和粮弹转运。国民党军队办的《扫荡报》7月22日报道：“新四军进入苏境，在京杭国道及京沪铁路沿线展开，积极歼敌，沿公路铁路之敌驻军不得不增援戒备，丹阳、金坛县城城门紧闭”。

三团在当涂一带开展的抗日游击战沉重地打击了敌人，也引起了日军的注意。三团几次行动针对的都是铁路、机场等日军的命门，日军因此调整兵力部署，不惜放弃宣城、溧阳县城，调集第十五师团所属两个联队企图一举聚歼三团于小丹阳。

根据可靠情报，日军第十五师团动用所属两个联队及其一部，共计步兵4000余名、骑兵500余名、重炮10余门、轻炮数十门、水上飞机8架（停泊于采石江口）、轰炸机20架、装甲汽车数辆，进到当涂与薛镇之间的洞阳镇附近；另一部乘装甲汽船2艘、携炮4门，由花津进至小丹阳以南的什家桥附近。同时，陶吴及霍里附近亦到装甲车数辆。

粟裕注视着敌情发展，筹谋应敌良策。日军虽然来势汹汹，兵力多于二支队数倍，但他们兵力分散。粟裕决定采取敌进我进游击战术，变被动为主动，分散袭击敌人后方。

24日，日军兵分八路围攻小丹阳。第一、二路由秣陵关经陶吴、禄口、谢村，分进横溪桥；第三、四路由溧水进洪兰埠后，经马塘坝、田家、河林坊、明觉寺，分抵桑园铺和博望；第五、六路由当涂水陆并进，分抵护驾墩和薛镇；第七路由采石经霍里，进占石马和落星；第八路由江宁陆郎桥进占朱门。当日上午10时左右，采石日军进抵矿山后，与杨庄新四军对峙一天。当晚，第三团第三营运动到上泗龙、太平山一带侧击日军。濮塘、矿山日军在飞机掩护下，同时向陈塘头并进，并轰炸小丹阳。新四军迅速穿过陈塘头至濮塘，占领鸡笼山阵地，截断敌尖兵部队。敌强我弱，形势严峻。

关键时刻，二支队司令员张鼎丞率领第四团策应粟裕。张鼎丞得知南京城内日军大部已被华中派遣军司令部调走会攻武汉，城内仅有两万驻兵，立即派出少量精锐部队，从陶吴镇北面的徐村悄悄出发直奔中华门外雨花台，连夜打下雨花台，将军旗插到雨花台制高点。逃入南京城内的敌兵惊慌失措，说是大股新四军开来要进攻南京。日军指挥官害怕了：雨花台东面的大校场每天上午有四五十架飞机起飞去轰炸武汉，中午飞回。如果大校场空军主要基地丢失，几十万进攻武汉的日军将失去空中支援，日军进攻武汉的军事行动定会大受影响。因此，日军指挥官下令城南各城门紧闭，赶紧收缩兵力，重点保护飞机场，同时要扫荡的日军赶快回防南京城。

此时一支队司令员陈毅已动员广大地方武装及人民群众将京沪、京杭、镇句、句丹、京镇各公路彻底破坏，并派部队进袭麒麟门，策应二支队粟裕的作战行动。

这几着很快奏效，局面顿时缓和。日军到达小丹阳，不见新四军踪影，却连连收到后方告急电报，慌忙撤退回防，退守溧水、秣陵关等地。粟裕可不是个见好就收的人，危机一缓，命令部队抓住战机勇猛追击，收复小丹阳、薛镇、护驾墩、横溪桥、桑园铺、博望等地。

小丹阳反“扫荡”是粟裕进入抗日战场后所遭受的第一次成规模的“扫荡”。此次“扫荡”日军以十五师团两个联队寻歼粟裕二支队三团，因受新四军一支队一团、二团和二支队第四团的骚扰，未与三团发生大规模的战斗即仓促结束。

8月25日，张鼎丞率四团部和第三营抵当涂与粟裕会合。同粟裕会合后，张鼎丞参与指挥作战，但侧重部队和地方的政治思想工作。

那时四团的人事上也有一些变化。四团副团长由新来的一个叫张道庸的接任。张道庸是安徽省霍邱县人，是红四方面军过来的团长，参加过长征。这个张道庸就是后来大名鼎鼎的陶勇。

与日军在江南的兵力不足相比，粟裕的人枪更少。粉碎日军的“扫荡”后，粟裕一面命令三团继续打击日军，并取得不俗战绩：单10月2日，三团一部在秣陵至禄口间伏击日军修桥部队，击毙日军34人，缴获轻机枪3挺，烧毁汽车1辆，同日袭击南京至溧水公路上的禄口据点，毙伤日军14名；一面腾出手来扩大队伍。

粟裕游击战术思想里，游击队应当由正规军和地方群众组成。因为地方群众熟悉地方情况和地形。只有兵民合作，游击队才能更好地发挥游击战的威力。他回到大官圩将当涂县民间自发组织的抗日团体当芜青年抗日救亡团改编为二支队特务大队（编入老四团二营，后编入陶勇的苏皖支队），由救亡团负责人朱昌鲁（禄）任大队长；将活跃在当涂县北部刘一鸿组织的抗日游击小组改编为苏皖边区抗日自卫大队（后编入新四团二营），由刘一鸿任大队长。

刘一鸿，原名刘传儒，当涂县坝头村（今马鞍山市）人，原为当涂县采石镇邮电局长、国民党员。抗战爆发后，他成立抗日武装袭击日军，保卫家乡。他对粟裕说："我为何要投奔共产党，道理很简单，蒋介石不抵抗，国民党太腐败！我是中国人，不甘忍受日军的蹂躏欺侮。我要抗日，所以我到新四军来了。我要把鲜血洒在疆场上！"

说蒋介石不抵抗是过激，但说国民党腐败、国军无能在某种意义上倒也是实情：国民党调集130个师和各型飞机200余架、各型舰艇及布雷小轮30余艘，共百万余人保卫武汉，但到10月，武汉仍然沦陷。武汉沦陷后，日军得以腾出兵力，调第十五、十七师团、杭州地区的第一一六师团和东北的伪满军5000余人增援江南。日军采取封锁交通、增筑据点，分进合击的战术，企图将新四军一网打尽。

由于形势严峻，第三团除留第二营继续在大官圩活动外，余部回驻横山地区。粟裕和张鼎丞移驻宣城北乡的史家湾、东华里、上冯村、慈溪等地，后移至宣城固城湖边的狸头桥。

第十章
伏击水阳，一枪早发惜未果

狸头桥一带属于低山丘陵区，北邻固城湖，南接南漪湖，地势由南向北微倾，山峦起伏，地形较为复杂。狸头桥蒋山村是个小渔村，湖里碧波荡漾，湖岸风光旖旎，现在成了二支队司令部的驻地。

粟裕刚到蒋山村就遇上房东张克玉的妻子生小孩，粟裕和张鼎丞各送银元一块作为贺礼。后来粟裕住横路章氏祠堂时，附近住有章先德、章先成两位孤寡老人。粟裕经常抽空去看望他们，还派人送一些日用品给他们，对他们关照有加。

粟裕不仅亲民，也关爱士兵。一次粟裕下部队时看到了一个小兵。小兵十六七岁，3 岁时父母双亡，大多日子是靠讨饭过来的，稍大一点跟着哥哥在地主家打长工，过尽了非人的生活。十六七岁的人，因为营养不良，还是小小的个子，比步枪高不了多少。粟裕见他个子太小上不了战场，有心照顾他，就要了这个小兵做勤务员。小兵的责任是帮着料理卫生，打打水，扫扫地，洗洗衣送送饭。粟裕手有残疾，但只要能做的事就不让他干，让他有空就跟副官陈荷龙学文化。这小兵机灵，也肯做事，送个命令或信什么的也从没有出现差错。小兵除了学文化，还开始学着玩枪，有一次走火打坏了老乡家的几块瓦。小兵吓得脸变了色。粟裕狠狠地批评了他一顿，警告他：不许乱玩枪，假如打了老百姓是要偿命的，瓦打坏了也要赔。粟裕批评过小兵后拿出自己的津贴替他赔老乡。

三团仍以当涂为主战场。藏汉桥、青山、乌溪、黄池、小丹阳、当涂县城及火车站等地的敌伪频繁受到二支队的进攻，尤其是黄池、青山街之敌是重点打击对象，反复受到三团的打击。

新四军在当涂一带奋勇杀敌，在民间影响一天比一天大，参加新四军抗日的人也越来越多。这一时期也是二支队发展最快的时期。从 9 月份进到宣城后，地方武装力量不算，一年后主力部队由 2000 多人发展到 6000 多人。

一天，政治部吴载文向张鼎丞报告说有五个读书人加入了部队。张鼎丞特别高兴地把这个消息告诉了粟裕，又特意让炊事班炒了几个菜，请这几个读书人吃饭表示欢迎。

听说要会客，粟裕让警卫员阿康到副官陈荷龙那里找个剃头的给他理发。陈荷龙找了陆启荣。

陆启荣听说要给粟裕理发时吓了一大跳。陆启荣时年 15 岁，穿军装还没几天。当兵前做过几天剃头匠，是个没出师的学徒，没见过世面，没见过大官。不要说是理发，就是让他去见粟裕也会紧张的："不敢去，理不好会怪罪我的。"

陈荷龙说："新四军官兵平等，而且粟副司令脾气好，你不用怕。"

陆启荣见推托不了，就怀着紧张的心情跟着警卫员阿康进了粟裕的住处。

粟裕看见来了个小兵，拿着工具包，温和地问陆启荣是不是给他理发的，警卫员阿康接口说是。

粟裕亲自拿来板凳规规矩矩地坐在凳上，请陆启陆给他理发。

理发时两个人聊天，粟裕问陆启荣什么时候参军的，多大了，家里还有什么人，为什么要当兵。

说到为什么当兵。陆启荣说当兵是为了打鬼子打土匪。又说新四军是穷人的队伍，他是穷人，自然要参加穷人队伍。

粟裕很高兴："好，你这个小鬼，当兵没几天，觉悟不低嘛。"

粟裕的头发质地柔软，好理，不一会就理好了。给他洗头时，由于脸盆是放在一条长凳上，地面不平，所以长凳晃晃悠悠不稳当，粟裕就自已扶着脸盆，玩笑说："实在不行我就端着洗。"

这时参谋长罗忠毅和政治部主任王集成等几位领导进屋来了，陆启荣见这么多领导进来了，不由地慌张起来，手忙脚乱地碰翻了脸盆，把粟裕的裤子和鞋袜全给弄湿了。陆启荣一看，差点就要哭了。

粟裕抖抖水说："没关系，这怪我没有扶住脸盆，小鬼你可以回去了。"

陆启荣回到住处把刚才的事与其他人一说，他们都哈哈大笑起来，开玩笑地问陆启荣："你是给副司令理发还是洗澡呢？"看陆启荣害怕的样子又赶紧安慰他说："没有关系，粟副司令脾气很好啦，他是不会跟你计较的。"

傍晚，司令部——一个普通的农民的堂屋，桌子上放了几碗菜。不一会儿，吴载文引了五个青年来。

粟裕走出屋子时，看到司令张鼎丞和政治部主任王集成已经在和五个陌生青年在握手致意。张鼎丞见粟裕出来，就向他们介绍粟裕，粟裕点头示意。

为首一人叫周蔚昌，他介绍自己说上海沦陷后，他不甘心当亡国奴，离开家乡，投入到一支由国民党溃败军官组织的小队伍，但不久这支队伍被日军打散。周蔚昌和四个青年暂时隐蔽在一个村落里，等待时机再找部队。正当他们在困境中茫然时，一个执行任务的新四军战士了解到这个情况，找到了他们，向他们介绍并推荐了新四军。于是他们就找到狸头桥来了，还受到热情的接待。其余几个人也都说了各自的姓名、文化程度和路上的经过。

粟裕问了沦陷区的一些情况，热情地表示欢迎他们参加新四军，并安排他们下部队到抗日的火线上去。

粟裕嘱咐他们："下到部队要运用你们的知识，发挥你们的特长，为抗日多出力呀！我们部队里有不少坚持南方三年游击战的老红军、老同志，他们有丰富的斗争经验，有优良的品质，都是你们的好老师。你们青年当然也有自己的长处，互相学习嘛。"

周蔚昌自此加入新四军，后来还成为粟裕的参谋。

当涂县境内的日军对新四军的游击战术很不适应，因为新四军经常乘其不备打一把就走，他们要打新四军却总是扑空。日军到黄池镇"扫荡"新四军扑空后迁怒于平民百姓，他们把黄池镇附近的一个村庄包围起来，发疯般见东西就抢，见鸡、鸭、鹅就打杀，见猪、牛就拖，见屋子就烧。洗劫一空还不算，还把全村百姓赶到场子里全部扒光衣裤加以羞辱。

粟裕闻讯迅速从狸头桥赶到现场。日军已走了，整个村庄损失财物无数，只留下一片凄凉的焦土和废弃的瓦砾，惨象触目惊心。

倾听了乡亲们的血泪控诉，粟裕双眼含泪。他立即命令：民运科长王荣春组织紧急救济，同时发动机关人人捐献一样物品；军医主任罗化成带领医务人员为受难乡亲治疗；宣传科收集日军的兽行，写出专题材料，一面加以揭露，一面报告新四军军部和国民党第三战区。随后，粟裕又到黄池镇找开明士绅曾维先，请他动员各界帮助这个村庄的群众渡过这场劫难。

随后，粟裕指挥二支队积极向日军发起了更频繁的攻击。游击战的特点是积小胜为大胜，战斗规模仍然不大，每次毙伤的敌人数也不过几人至几十人不等，如11月15日，第三团第二营在黄池伏击下乡扫荡之敌，歼敌20余人，生俘2人，缴获机枪1挺、步枪10余支、指挥刀1把。这样规模的战斗几乎每天都在当涂发生。

三团在当涂已成敌人的心腹之患，1939年元旦过后，驻守横山、陶吴、小丹阳的日军，兵分三路向新四军二支队第三团第一营驻地横山发起进攻。第三团首先以一、二营予以迎头痛击，激战5小时，毙敌10余人，敌被迫撤退。

6日，日军再度出动步骑兵2000多人，在日军联队长横山大佐指挥下分兵四路奔袭合围横山新四军。新四军二支队第三团以特务连第一、二中队掩护团直属队向神仙洞一带转移；另以第三、九连设伏博望，余部占领横山。

当日傍晚，情报人员报告：一股日军有130多人，携轻机枪6挺、掷弹筒3具，从宣城方向沿水阳江两岸向北行进，下午3点左右进入水阳镇，在街北端东西两岸宿营，并有可能于次日继续沿水阳江北犯乌溪、黄池地区。

粟裕决心吞下这股敌军。他做了两套方案。“第一方案，如敌军在水阳宿营而继续向乌溪、黄池前进，我军则跟进，当于次晨敌离开宿营地至乌溪附近渡河时，予以半途追击歼灭其一部”；第二方案是：“如敌在水阳宿营，则估计敌人有于次日沿河埂北进黄池之充分可能……决定在水阳北七里之北沙李附近伏击”。粟裕还仔细观察了五万分之一地图，发现白沙李附近尽属河网，河埂宽仅两米，敌我双方均无法展开强大兵力突击，考虑到我军缺乏刺刀，新兵较多，又不宜使用突然的白刃战斗，决定采用集中短兵火力，首先杀伤该敌，然后以肉搏歼灭之。

当天傍晚6点，粟裕和罗忠毅亲率三团、四团各一部和一个重机枪排，从狸头桥张村出发，进至慈溪与先前派出的侦察班会合。根据对敌侦察的最新报告，粟裕在此对战斗进行了最后的具体部署。

针对敌将由水阳江东西两岸平行北进，主力在西的情况，阻击部队亦分东西两埂配置，并将主力放在西埂。由四团负责阻击北进的敌人，三团四连于当晚潜入水阳镇南大福殿隐蔽警戒，等第二天凌晨敌人出发，随即秘密跟进，待正面阻击部队打响后实施前后夹击。与此同时，安排一个排的兵力向黄池方向警戒，防止敌人增援。

当夜，粟裕率部夜行军抵达白沙里东西两河岸，于拂晓前潜伏在水阳镇北对河至水碧桥下首三官濠处，准备伏击来敌。

潜伏时，粟裕问他的勤务兵怕不怕，勤务兵答不怕。每个刚上战场的人都会很紧张，子弹就在头上飞，不怕是不可能的，但小子嘴硬，不愿在粟裕面前露出胆怯的样子。

上午 8 点，东岸的日军先与四团八连接触，西岸敌主力听到枪声后，即改沿埂西侧斜坡行进，正合我右翼部队之侧击，但敌人还未进入伏击圈，设伏部队一位副营长提前开枪射击（一说是新战士紧张走火）。这时，担负从后面夹攻的四连尚未到达攻击位置，敌人迅速抢占附近民房等有利地形地物拼命顽抗，使设伏部队完全失去火力效能，与二支队形成对峙局面。

当时传说日军厉害，武士道精神不怕子弹，还有东洋刀削铁如泥，所以战斗打响后，粟裕的勤务兵直着身子想看看日军到底啥样子，是否子弹贴身时就会拐弯。粟裕一看这小兵还真的不怕死，乐了。不过他一再让小兵和警卫员趴下，站着太危险。

粟裕本来精心设下一个包围圈，目的是全歼这股日军，但现在包围圈没有合拢就打起来了。日军战斗力强于新四军，而且装备齐全，弹药充足，现在还占有地形优势，但兵力不及新四军，一时逃不了；新四军虽然兵力是这股日军的数倍，但单兵素质、火力不如日军，也攻不进去。战斗打成僵持状态，全歼日军的计划已然泡汤。

入江南以来，粟裕与日军交战以两小时为限，两小时打不下就撤，因为两小时后日军即有可能得到支援。但如果不打了马上就撤，一方面损我方士气；另一方面，日军见新四军撤退肯定会追击新四军。所以粟裕决定痛击日军后再行撤退。

三团政治部主任王直因前线枪弹如雨，要粟裕转移指挥位置。粟裕摇摇头说："敌人是被打退了，但没有被打垮，马上会发起第二次冲锋，我们的指挥位置只能在前，不能退后。"

果然不出所料，敌人再次反扑，而且比第一次更凶猛。粟裕胸有成竹，从容指挥。

打退日军这一波反击后，粟裕令部队撤退。随即东、西岸部队分别撤至慈溪和杨泗渡附近。打了 3 个小时，日军方面有 31 人被打死（负伤情况不详）。日军余部不敢久留，狼狈地向黄池方向逃去，连到手的水阳镇也放弃了。

战斗结束后，部队返归宿营地。当地群众闻讯聚集村头相迎，并赠一块绸质软匾，上书“杀敌致果”四个大字。

粟裕看了看软匾，满面笑容地转向群众说：“感谢父老乡亲对我们的鼓励。不过，从今天打的一仗来看，这匾上需要改动一个字。”

在场的战士、群众感到不解。粟裕说：“这次我们布了一个不大不小的口袋，让日军钻进来以后，再一网打尽。可惜一枪早发，打破了口袋，成了‘杀敌未果’。不过，我们以后一定会‘杀敌致果’的！”

打不赢就撤，撤前痛击敌人使敌人不敢追击，然后率部从容后撤，这是粟裕在抗日游击战中常用的战术。到抗日战争后期和解放战争时期，这种战术的运用更是炉火纯青。

水阳战斗在粟裕的回忆里只提到了一次，说苏南一位百姓帮新四军撑船被日军击伤，意思是新四军官兵已经赢得江南百姓的支持，与百姓成为同生死共患难的一家人。

水阳战斗后只一天，日伪600余人对江宁横山根据地发起六路围攻。随后，三团以很小的代价，毙伤俘敌200余人，粉碎了日伪破坏横山根据地的企图。

水阳战斗前后，粟裕对新四军挺进江南敌后半年来所进行的韦岗伏击战、小丹阳反击战、袭击南京中华门和雨花台、坍桥伏击、和尚桥夜袭以及狸头桥、禄口等战斗进行理论总结，与参谋长罗忠毅合编了一本《实战经验录》。

在《实战经验录》里，粟裕对挺进江南敌后新四军开展游击战争提出了很多新观点。

他认为，新四军进入江南敌后进行的是完全的游击战，因为新四军人少，武器差，没有打大仗的经验，活动区域狭小，条件差，通讯联络落后，而敌人武器精良，交通联络方便，所以在敌人据点网中，打大规模的战斗或运动战是困难的，甚至是不可能的。用游击战同敌作战的原则是积小胜为大胜，不贪多，哪怕只打死一个敌人，只缴一支枪都是好的，只要天天有胜利。在战法上，要避敌之长，发挥我军之长，打夜战、近战、白刃战、伏击战、袭击战。新四军要选择弱敌打，或打敌人之弱点，打运动之中的敌人，一般不打驻止之敌。在丘陵、平原、河网交错的江南地区，对敌作战要采取速决战，必须采取突然的、短促的、鹰抓兔子式的方式给予突然打击，使之措手不及。不让敌人占领阵地，使之无立足之地，无还手之工夫。战斗行动最多两个小时，一般两个小时解决不了的战斗，就要果断撤出战斗。在敌人增援快的情况下，要注意迅速脱离和远离敌人。战前对地形要详细侦察（哪些地形我用，哪些地形留给敌人），预先要作出周密布置。作战方法和作战手段只能用一次，要适当及时改变，否则敌人会迅速抓住我们的规律，使我们吃亏。

《实战经验录》对游击战的协同、原则、战法、打击对象、目标选择、战术动作、组织战斗以及战前侦察等一系列游击战问题的阐述，体现了粟裕认识和思维的超前及视野的开阔，体现了他对战争规律和特点的科学把握，体现了他善于学习，勤于思考，调查研究，善于总结，虽身处局部，却从全局着眼的战略军事家的风范。

第十一章
袭官陡门，精奇快短称典范

进入江南战场后，粟裕打的仗都是小仗，但一仗连着一仗。常常是这一个仗在打，他又想着另一个仗了。

水阳战斗后四天，粟裕就开始准备长途奔袭芜湖附近的官陡门。

官陡门是伪军夏明才司令部的驻地，驻有伪军300余人。官陡门地形险要，其街道建筑在河两岸的堤埂上，不到100米长，是一线的砖瓦房屋。两岸之间，只有宽约1米的板桥贯通。通往官陡门两岸的3条不到一米宽的堤埂通路都被破坏，白天架上木板才能通行。那里设有三层铁丝网和其他障碍物，铁丝网以内还有掩蔽的战壕，两岸中间的河宽约50米，不能徒涉。周围全是河网与湖泊。

突袭的政治目的是“为了使当地民众从敌人铁蹄下解放出来，为了要震撼敌人的心脏，歼灭敌人一部分有生力量，更为了要坚持江南抗战，以和全国友军共同争取抗战胜利”。

从军事意义而言，袭击官陡门打击伪军是以战养战——夺取伪军武器改善装备。

粟裕把参战的三团和大官圩特务大队集结在狸头桥进行作战动员。政治上除以敌人残暴、民众所受痛苦，新四军坚持江南抗战与配合友军的意义，和敌人的弱点以及新四军胜利的把握等条件来鼓起战士的热情外，还从军事上加紧进行了几天的夜间战斗动作、白刃战、河川战和街市战的演练。

指战员们估计着部队肯定会有行动，都在互相猜问着：“究竟打什么地方啊？”“打的是哪个哩？”“只怕他们预先逃走了，那倒可惜……”

指战员情绪很高，每天战士们都把枪擦了又擦。尤其是机枪班的战士，不是练瞄准，就是练装退子弹。一个爱说笑的副班长说：“敌人排好队，只等我们的机关枪去点名，应点得好的每人赏他吃几颗花生米……”逗得众人忍不住笑起来。

1939年1月18日清晨，嘹亮的集合号在狸头桥上空吹响。轻装打扮的三营和特务大队在霜雪盖住的草地上站好了，等待着粟裕来讲话。粟裕走近队伍的时候，几百战士向他行注目礼。

当粟裕开头喊一声“同志们”的时候，战士们一齐立正，“唰”的一声，叫他们稍息之后，又是“唰”的一声。白雾似的热气从每个人的嘴里和鼻子里呼出来。

粟裕没有多说，只简单地做了些鼓动，就让司号员吹响前进号子，指挥队伍开始出发北进。部队行军25公里后就地宿营。当天下午，除少数工作人员外，谁都没有外出，继续擦枪，洗脚，开行军检讨会。第二天上午在原地停候了大半天，到了预定的时间，队伍偷偷地上了船，晚上12点以后到达一个叫长陡门的地方隐蔽集结。

这里距攻击目的地还有70余里。为了封锁消息，达到突袭的效果，部队在长陡门暂停前进，准备20日晚上一夜赶到目的地。

20日，天刚亮，战士们就起了床，又在擦枪，装填子弹夹，整理草鞋带子、包袱以及所有东西。8点以后，各单位召开军人大会，除做政治鼓动外，并宣布战场纪律及注意事项，同时，班与班、连与连之间订了缴枪捉俘虏的竞赛条件。午饭以后，值星排长让战士们睡觉休息。

下午1点，粟裕把排以上的干部召集到他的住处开会。这个时候，粟裕才公开了他突袭官陡门的作战计划。

粟裕说明了要攻击的地点和作战对象，具体分配了各连的任务和动作的次序及注意事项。

按照部署，攻击部队到达官陡门后，一路由粟裕率主力过桥，沿西岸北进，绕向西方，由芜湖方向的道路打过去。另一路则沿东岸北进，直插官陡门东街，但要等到西岸开始攻击后才能进攻，不能让敌人过早发觉。

干部们听得很认真，特别是范连辉。范连辉分队的任务是由官陡门的西街打到东街，关键任务是以迅速的动作抢夺连通两岸的小板桥。粟裕因此在会上严格宣布：如果范连辉的分队没有夺下桥，就是西街有很多的枪，也应该让别的连队去缴，否则即便缴到很多的枪，也还要受处分的。

朱昌鲁率领的大官圩特务大队的任务是在青山、黄池间为突袭部队做掩护。青山、黄池这两个据点的中心有一条直达目的地的、长约40里的宽阔的堤埂，这是突袭部队的必经之道，也是唯一的一条归路。周边两个据点的敌人极有可能截断突袭部队的归路。

最后粟裕要大家要在20分钟内完全解决战斗，并迅速集结准备撤退："官陡门距铁道最近处只有5里，距敌重兵把守的飞机场不到5里，距芜湖也未超出敌人的炮兵射程。河的西岸，街道南8里的永安桥、北10里的年陡门，都有数十敌人驻守，可以沿堤埂直趋街道。总之，敌人西南北三面各据点的增援部队，在半个小时以内，完全可以赶到。飞机的出动更不消两分钟，就可以在我们上空低飞袭击。"

随后分发了地图、命令、联络记号、战时对敌喊话口号和许多标语等，即行散会。

那天下午提早吃过晚饭，粟裕集合队伍，向全体指战员讲解作战任务，宣布了要攻击的地点和敌人。

会后连排长忙于分配夜战用的干电池和准备渡河用的绳索、标记等。战士们有些在擦枪，有些在整理草鞋，还有些在准备手榴弹，闲谈混杂在笑声中，有人在说："打伪军好像吃豆腐、喝米汤一样，最怕他预先逃走了……"也有人提醒说："不能轻视这支伪军，他们是受过日本鬼子训练的，装备也好，地形又那样易守难攻，而且离敌人战略据点很近，鬼子容易来增援……"

下午5点部队出发，晚上8点多，部队到达亭头镇，担任后卫的大官圩特务大队停留下来，派出兵力，伏于青山两侧，阻击黄池、青山据点可能增援之敌。

主攻部队停了大约15分钟，仍然按照原来的次序向目的地搜索前进。凌晨4点左右部队赶到了王石桥。

王石桥距官徒门只有3里，这时粟裕放下心来——敌人还没有发觉这支长途奔袭的部队，突袭的目的已经达到。

主力沿着堤埂的倾斜面前进，离敌人的据点有半里时停下来。突击队的干部带了几个尖兵摸上前去侦察，发现只有两个敌人的哨兵，穿着大衣，戴着风帽。

突击队进行最后侦察时，所有官兵都悄无声息地贴着地面向前爬进；二梯队紧紧跟进。接近到铁丝网近边的时候，距敌人不到30米，正想拉开障碍时，警钟响了，对方恶狠狠地问:“哪个？”紧接着突击队的手机枪、花机关、轻机关、驳壳枪一齐开火，简直听不出每一响声的段落来，就像爆竹店里失火一样，只有那猛烈的手榴弹爆炸的声音，才能清晰地分出个数来。子弹出枪口和手榴弹爆炸的火光照耀得通亮，冲锋号吹得使人更加有劲。

不到一分钟战士们就冲破了铁丝网。敌人两个哨兵被打倒在地。哨兵身后约 10 米的掩蔽部里的一排敌人，动作快的钻了出来，一到外面就中弹跌倒了，有的半个身子躺在洞里，半个身子躺在洞外，刚好塞住了洞口。动作慢的，就永远躺在掩蔽部里出不来了。

范连辉第二梯队勇猛地冲进街中，转向河边，顺利夺到木桥。接着冲过河东，冲进了伪军司令部。

在西岸打响的同时，东岸的机关枪也响了，北进的一个连冲破了铁丝网，夹击敌人的侧背，东边街口似爆竹店失火一样响了一阵。以后，枪声就渐渐稀疏下来。

从开始攻击起到解决战斗，大约经过 8 分钟光景。

东方已经发白，街上只见到两种极端异样的情景：一种是横七竖八的敌尸和血肉模糊的呻吟着的敌人伤兵，满街杂乱的堆着军用品及用具；另一种是老百姓领着胜利的三营官兵肃清残敌，并烧水送茶，忙个不停。东边牵一串，西边押一群的俘虏，在南边街口的地坪里集合清查人数。由河西攻击的部队全无伤亡，攻击河东的部队各有一名卫生员、司号员受伤。

官陡门奇袭战共歼灭伪军 200 余人，活捉 57 人，仅伪军司令一人因在芜湖未归而侥幸漏网。

战士们经过一夜的行军和战斗，脸色虽略显苍白和疲劳，但是精力仍然很充沛，情绪更加高涨，愉快压倒了疲劳，都在兴高采烈地谈着：“这个伪军真是豆腐做的，真叫作豆腐军”,“可惜了，那个狗司令夏明才，在芜湖没有回来”,“铁丝网简直像蜘蛛网”，“哼，这样好的地形，四面都是水，只要有子弹，我们包守一个月”。

撤退的路上听到芜湖方向传来枪声。“噫，芜湖方向的枪响了，大概是敌人援兵吧？”一个战士问。“不要紧！他妈的，这样的地形，请他来吃子弹！”值星排长这样的回答。

“嘀嘀嘀嘀，嗒嗒嗒嗒，嗒嘀，嗒嘀……”司号员发出防空号音，在干部们督促下，战士们都分散隐蔽。一会儿，敌机“嗡嗡嗡嗡”地在头顶低空侦察，一圈二圈三圈，但什么都没发现，只好飞走了。

回到狸头桥，军部来的战地服务团带有相机，有人喊“照相照相”，于是把战利品全搬出来，部分参战的指战员站在一起合影留念。

事后，粟裕欣然提笔歌颂这一重大胜利：

新四军，胆气豪，不畏艰苦与疲劳，七十里之遥，雪夜奔袭芜湖郊，伪军无处逃，伤毙满沟，活捉四十余，步枪四五十条，机枪三挺，驳壳十余条，还有大刀、日伪军旗、脚踏车、大衣与皮袍，军用品用箩挑，汉奸远逃，敌伪心愁，广大人民兴高，同声咒骂汉奸：罪不可饶！

粟裕题于（民国）廿八年一月廿一日

消息传开，老百姓乐坏了，更有好事者编了一首顺口溜：“四老板，是天神，一飞飞到官陡门，黑头鬼子呼呼睡，阎罗殿上已点名；四老板，是天神，一飞飞到官陡门，这边唱着凯歌去，那边急煞了小日本；四老板，是天神，一飞飞到官陡门，百姓心里暗自喜，都夸老四是神兵。”

驻守芜湖的日军指挥官无可奈何地说：“新四军是神，你打他时一个也没有，他打你时都出来了。”

几十年后，有人评价奇袭官陡门说：“在官陡门之战中，粟裕谋划之精、出兵之奇、行动之快、用时之短，都堪称突袭战的经典范例，其中甚至可以依稀见到史书中‘李愬雪夜入蔡州’的影子。”

官陡门战斗后，国军第三战区专门邀请粟裕去讲授游击战的经验。从战法、战术动作到打击对象和目标选择，粟裕一连讲了几个小时，生动活泼，通俗深刻，令国民党军将领们赞不绝口。一位曾参与过“围剿”红军的川军师长更是颇为感慨：“粟司令，从前我对你们共产党的军队是有点瞧不起的。可是今天听了你的报告，我才知道你们的水平太高了。共产党里有你这样的人，难怪立于不败之地！以后还请多多关照。”

当年10月，重庆《新华日报》刊登粟裕的《芜湖近郊官陡门的奇袭》，粟裕指挥游击战出神入化的美名被广为传颂。

在奇袭官陡门的战斗中，大官圩特务大队出色完成掩护任务，粟裕特地嘉奖队长朱昌鲁。到了2月，又将特务大队和刘一鸿的苏皖边区抗日自卫大队合编为二支队特务营，当涂县的地方部队上升为二支队正规军，刘一鸿为营长。

在敌强我弱的情况下，粟裕的游击战术在江南战场打出了神威，成了消灭敌人、保存和发展自己的有效方法。经过实战检验的游击战术不断发展完善，日臻成熟，使得粟裕在游击战中游刃有余，战果显著。粟裕也因此脱颖而出，成新四军指战员中一颗耀眼的明星。经过半年多的锤炼，粟裕率领的二支队成为了令敌人胆战心寒的劲旅，活动范围从苏皖边的小丹阳周围一带迅速发展到南京近郊地区，大有兵临城下之势。

经过半年多的斗争，粟裕与一支队的陈毅先后建立起了茅山、丹北、横山、江句、句北、小丹阳等10多块小型的游击基地，拥有40万人口。

第十二章
赴皖途中，言传身教论“三得”

1939 年春节前后，粟裕与陈毅率茅山地区的新四军发起了一轮针对日军的攻击。

2 月 8 日，一支队王必成遵照陈毅指示攻敌十五师团池田联队驻守的京杭国道（今宁杭公路）上的东湾镇（今袁巷乡），以伤亡 60 人的代价毙伤日军 150 余人。2 月 12 日，三支队叶飞六团在句容高庙泥鳅岗伏击由句容去宝埝日军 100 余人，毙伤日军 20 余人。2 月 17 日，王必成二团再袭延陵镇，以伤亡 23 人的代价歼日军 28 人，俘日军滨中政志，歼伪警察 60 余人，缴获掷弹筒 2 具，轻机枪 1 挺，步枪 10 余支，手枪 1 支。同日，叶飞六团突袭句丹公路上白兔镇日伪军据点，激战 6 小时，毙伤日伪军 50 余人；二支队张道庸四团在江苏省句容县郭庄庙，对日军第十五师团一部及伪江浙绥靖军一部进行攻击，击毙日军 18 人，歼灭伪军 1 个中队。

正在这时，粟裕接军部赴泾县云岭新四军军部听取周恩来传达中央精神的电令。粟裕立即带着一批在战斗中缴获的物资，从狸头桥奔赴皖南。

其时，朱克靖率领的军部战地服务团正在二支队演出慰问，只演了两场就接到二支队司令部转来立即回军部的命令。粟裕决定与战地服务团同行，承担起护送服务团战士回军部的任务。

那天下午，战地服务团正在列队，队长正要发出行军的命令，粟裕来了，身后跟着一个战斗班，一个警卫员，一个饲养员和一匹背上驮着行囊的枣红马。

粟裕对他们笑着说：“你们是军部的宝贝，我护送你们回军部。”

粟裕那时已是名声在外，是服务团战士特别是知识分子的崇拜对象。能与粟裕同行，战地服务团成员都感到意外而惊喜，一齐鼓起掌来。出发时警卫班作尖兵先行，粟裕随后，朱克靖团长率战场服务团跟随在粟裕身后，开步上路。

队伍行进在丘陵道上，每个人背包上挂着一个写着“抗战到底”四个大字的斗笠，挎着一只干粮袋，形成一道独特的风景。尖兵班的战士们上路就快步如飞；饲养员牵着枣红马，走一段便要小跑一阵。

吴强原名汪大同，江苏涟水人，1933 年在上海参加左翼作家联盟。抗战爆发后投笔从戎，于 1938 年参加新四军，分配在政治部宣教部做戏剧工作，有时也参加编剧和演出。当年 11 月军部派战地服务团去前方二支队慰问演出，服务团的人手不够，吴强受命到服务团帮助工作，万一缺人手时可以凑个数跑跑龙套。

吴强还在武汉八路军办事处时就听说在江南新四军打的第一仗叫“韦岗战斗”，此战击毙了二名日本军官，指挥这次战斗的将军叫粟裕，是新四军二支队的副司令。到了皖南后，关于粟裕和韦岗战斗的事情听到的更多了，所以一直想见到他。那一次到二支队演出，吴强见到了粟裕，听他讲述了韦岗战斗的经过。当时朱团长特意把吴强介绍给粟裕。这次来二支队，吴强又听粟裕讲述了官陡门战斗的经过。

当时在吴强以及和他一样的许多知识青年的心中，来自工农红军的将军、英雄是神圣的，是最可爱的、最值得敬佩的。吴强心里想如果得到机会和他所仰慕的粟裕谈谈就好了。

现在机会来了，吴强看到粟裕没有骑马，便走出队列飞奔一段，赶到他的背后。

“粟司令，你怎么不骑马？”吴强赶上一步和他肩并肩走着。

“我走惯了，很少骑马。”

“长途行军也是这样吗？”

“也一样。骑马骑惯了就怕走路。久了两条腿就没用了。我还在闽浙赣边区打游击的时候开始有一匹马，后来马变成了累赘，有时候他还要吼叫，容易暴露目标，就杀掉吃了。那时天天移动营地，就靠两条腿。”

粟裕见吴强听得入神，就继续讲下去：“那时候不论是干部还是战士，要做到三个得……”

吴强问：“哪三个得？”

“唔！”粟裕说，“一个是打得，一个是跑得，一个是饿得。”

吴强咂咂嘴说："艰苦！艰苦！"

粟裕笑着说："没这三个'得'，坚持不了三年游击战争。"

在整个三年游击战争中，粟裕的处境都十分艰苦。由于敌人太多，遭遇战经常发生，惊险的场面也常出现。有一次国民党军把他们卡在龙泉河和松阳溪两溪之间10多公里的"三脚架"里。当时到处有敌人的游动哨，每隔5里、10里，总要碰到敌人。但他们巧妙地通过了敌人的封锁，一天一夜急行军90公里，连打7仗，冲出了包围圈。这还不算最厉害的，有一次，粟裕和战士们连续走了三天三夜才脱险。那一次粟裕在革命群众的掩护下，一觉睡了差不多40个小时。三年里，浙赣路以南，天台山以西，浙闽边以北，差不多所有大小山头都让粟裕和他的战士们走遍了，而且很少走大路，多走羊肠小路，有时根本不走路，走山埂或水沟，为的是不让敌人看到他们的脚印，无法追踪。那时吃饭很成问题。有时候，敌人的"围剿"稍微松一点，他们可以在树林里烧饭吃，没有炊具就用一只搪瓷缸子。到了宿营地，放半缸子米，半缸子水，用草枝一盖，烧起火来。大家围着火烤一烤衣服，有的就倒在篝火旁睡一睡。睡醒起来，饭已熟了，就开饭。但有时敌人"围剿"很紧，怕暴露目标，不能举火，只好吃生谷子。紧张的时候，一连几顿饭吃不上是常事。断粮时"靠山的吃山"，吃野菜、吃各种野果，打野猪，套山鸡。正是打得、跑得、饿得，使粟裕他们在最艰苦的环境中坚持了下来。

粟裕强调要部队做到这"三得"，这"三得"也成为粟裕一师及后来的华野各部的优良传统和顽强作风，成为粟裕部队的一大特点，也使得他领导下的部队在没有现代化交通工具的情况下靠两条腿把部队的机动能力发挥到了极限。特别是解放战争时期，苏中七战和淮海战役，粟裕一再要求部队做到"三得"。华野部队在这一精神的指导下曾创下昼夜兼程二百四的奇迹。"三得"作风的形成和出现应当在粟裕浙南游击战时期，但最早则是粟裕这次去皖南途中与吴强聊天时提出来的。

粟裕一直走得很快，走了差不多20里了，一点倦意也没有。他似乎发现吴强有点累了，便对吴强说："你骑马吧！"

粟裕向走在前头的饲养员喊着，叫他停下来，让吴强上马。吴强说："我不累，不需要骑马。"粟裕一再要吴强骑上去，吴强还是不肯，说："我跑得。"吴强只想和他一同走着，好多和他谈谈。

又走了一段，大约有一里多，他没有说话，吴强也没有发问。吴强在想着：“在长江以南、沪宁线两侧这个地方打游击，是不是还要‘三得’呢？难道在这一带活动，还会和三年游击战一样，一天转移宿营地好几次，吃不上饭吗？……”

“你在想什么？”

粟裕笑着问吴强，吴强没有立即回答——他怕提的问题太幼稚了。粟裕好像看透吴强的内心似的，接着说道：“这三个‘得’字要长期坚持下去。在江南打游击与三年游击相比，那时全在山区在土瘠民贫的地方活动，现在这里是鱼米之乡，有山区，有丘陵，有水网，也有平原，地情地形复杂，作战活动的方法方式，自然要和三年游击战争不相同。但要明白，这里是日军汪伪的心腹之地……”

这时，吴强把他要说的一句话抢着说了：“卧榻之地，岂容他人酣睡？”

粟裕说：“对呀！何况我们不是酣睡，而是像孙猴子那样在铁扇公主的肚子里翻筋斗呢？他们会让我们翻肠倒肚吗？在江南地区同日本军作战打游击，对我们是个新课题，三年游击战的经验有用，但不是完全有用，要根据新情况用新的方法新战斗形式，创造新经验……无论怎样，还是要艰苦奋斗！”

“还是要三‘得’。”吴强说。

“对，一‘得’也少不了！”说着，粟裕笑出声来，偏过头来问吴强，“吓怕了？不用怕！多跑跑路，多饿几回，就跑得饿得了。”

“我不怕！打，用不着我；跑得、饿得我相信我行。”说了吴强朝背后的远处望望，又说，“同那些女同志比，总比得过她们！”

“可不能小看那些女同志哟！”粟裕笑着说。

到了宿营地，发现一条小黄狗跟着。

“它是跟着跑来的？”吴强问。

粟裕笑着，拍着小黄狗说：“它也跑得。你吃狗肉吗？”

“吃过。”吴强答。

粟裕对警卫员说：“把它杀了！”

宿营地傍着一条小河。河里流水潺潺，清明如镜。把住宿安顿好后，吴强来到河畔，见到粟裕正在那里眺望落日将下的晚景，便又向他走过来。

“你们在军部多少日子吃一次肉？”粟裕问。

“一个星期。”

“现在比三年游击战时好多了！那时候三个月不知肉味是常事，能吃到的就是狗肉。偶尔吃得到一次野猪肉。”

肉煮好后，粟裕笑着对吴强说：“你去把同志们都叫过来，说我请他们吃肉。”

战地服务团的住处只有数十步远，吴强跑过去，高声大叫：“喂，同志们，粟司令请吃肉，哪个去？”

楼上楼下好几个人应道：“我去我去！”

吴强又叫了一声：“要去快去！”

于是，六七个女兵和三个男兵紧跟吴强来到粟裕住的房子里。

装得满满一大钵子的肉放在一张方桌的中央，热腾腾香喷喷的。警卫员拿来一瓶白酒，打开瓶盖，也香喷喷的。

粟裕笑着说：“大家不要客气，拿起筷子来。”

于是大家纷纷拿起筷子夹起肉送到嘴里，粟裕端起酒碗说：“没有好东西招待你们。爱喝酒的喝酒，爱吃肉的吃肉，爱喝酒又爱吃肉的就又喝酒又吃肉。”

粟裕酒量不大，只喝了两三口酒就一股劲地吃饭吃肉。吴强他们也不客气，虽然已经吃过饭了，还是大嚼大咽地吃着，吃完一钵子，警卫员又盛上一钵子，又一阵风地吃得光光。一大碗酒也被几个男同志喝光了。

吃过了肉，没有一个人要回到住处。粟裕很有个人魅力，战地服务团的好些同志特别是几个女兵都崇拜粟裕，喜欢听粟裕讲战斗故事。现在正是他们接近粟裕的最好机会，他们哪肯放过，不约而同地提出：“请首长再给我们讲讲战斗故事好不好？”

“我讲过两次了，应当你们讲了。”粟裕的脸红红的，喝了酒的原因。

战地服务团两次到粟裕二支队慰问演出。第一次粟裕给他们讲过韦岗战斗，这一次讲了官陡门战斗。

“不，不，还是首长讲。”一个绰号叫“小皮球”的在墙角抢着说。

粟裕朝墙角看一眼，似乎没有看清说话人的面相，便悄悄地问坐在他身边的女同志，问说话的人叫什么样名字，听说叫“小皮球”后说：“我建议，请小皮球唱支歌听听吧！”

众人中竟也有两个附和的，他们同声说：“‘小皮球’唱歌我赞成。”

“小皮球”不肯唱，说唱不好。

“粟司令让你唱你就唱！”大家一齐鼓掌同声叫着，“‘小皮球’唱一个，‘小皮球’唱一个。”

“小皮球”脸红了，只得站起来，想了想，清清嗓子，唱起了一曲悲歌：“我的家在东北松花江上，那里有满山遍野的大豆高粱……”

张寒晖于1937年7月在西安创作的这首《松花江上》最强烈地诉说了中国人的丧土之痛，歌声所至，莫不唏嘘。大家受到感染，都唱了起来：“我的家在东北松花江上，那里我有的同胞，还有那衰老的爹娘。‘九一八’，‘九一八’，从那个悲惨的时候，‘九一八’，‘九一八’，从那个悲惨的时候，脱离了我的家乡，抛弃那无尽的宝藏，流浪！流浪！……”

经过几天的行程，渐近云岭，沿途可见民居墙上书写的标语：“抗战到底！”“为中华民族解放而斗争到底！”……

一个大弯转过，青山环抱之中，一片粉墙黛瓦的房子出现在眼前。云岭到了。

第十三章
春到云岭，中央指示明方向

1939 年 3 月 2 日前后，粟裕抵达云岭军部。未经休整便参加了周恩来召开的军部和支队负责人会议。会后他得到两个不好的消息：一是三团经受了进驻横山地区以来唯一一次失利的战斗，二是三团副团长邱金声病故。

2 月 25 日，就在粟裕前往军部的途中，三团一营（包括营部和两个连）近 200 名干部战士，在营长邱立生、政委王荣春率领下，前往江宁镇一带破坏敌人的京芜铁路。途中因情况发生变化折回，进驻距南京 30 公里的云台山石塘村。小丹阳守敌得到密探报告后迅即转告附近据点之敌，联合伊藤、活野等部兵力 500 余人向云台山“进剿”。一营由于带队干部思想麻痹，放松警惕，未能认真、细致地了解和研究周围的敌情，没有准备应付可能发生的变化，招致敌人的暗算。云台山战斗中一营虽然毙伤敌 40 多人，但损失惨重，牺牲 65 人（其中营长、副营长、连长、排长各 1 人，班长 3 人），伤 20 人。云台山战斗也说明日军的策略重点是对根据地进行反复“扫荡围剿”，这就使得横山地区的斗争环境日趋恶化。

邱金声是福建龙岩人，枪法准，在红军时期就是有名的虎将，走上抗日火线第一仗就捣毁日军一列军用火车，缴获大批军用物资，可以说出手不凡。他没有倒在抗日沙场，却落入病魔之手，英年早逝，令人扼腕。

随后，粟裕和陈毅在罗里村“种墨园”当面向周恩来汇报工作情况。

从岩寺出发以来，新四军活动在长江南北，以江南的一支队和二支队成绩较为出色。粟裕率领二支队在当芜地区捷报频传的同时，陈毅率领傅秋涛、江渭清、张正坤、王必成、刘培善等也是连连获捷，先后取得新丰火车站、竹子岗、句容、高资、新塘等战斗的胜利。一、二支队联手建立的茅山抗日根据地，人枪总数翻了一番。

粟裕第一次见到周恩来是在1927年的南昌起义。那时周恩来任起义军前敌委员会书记，住在南昌江西大旅社。粟裕在那里直接做周恩来的保卫工作。最近一次见面是1934年7月初，那次粟裕和寻淮洲、乐少华、刘英等人在瑞金接受中共中央的命令组成红军北上抗日先遣队向闽、浙、赣、皖等省出动。

再次相逢，几人都十分高兴。周恩来风采依旧，一身戎装。周恩来为人处事方面原则性很强，但是他给人更多的是和蔼可亲、待人宽厚、善解人意的形象。

看到粟裕，周恩来眼里闪烁着喜爱，微笑地看着粟裕，把手伸过去。粟裕给周恩来敬礼后，紧紧握住周恩来的手。

听完汇报，周恩来露出满意的神色，说："武汉会战标志着中国的抗战形势进入相持阶段。日军速战速决的目的没有达到，深深陷入战争的泥沼之中，人力、物力、财力不足的弱点突出地暴露出来。共产党领导下的遍及敌后的抗日游击战争对它构成巨大威胁。日本开始调整政策，对国军实行以政治为主，军事为辅的政策，伸出诱降之手。国民党内部产生分化，国民党二号人物汪精卫发表'艳电'，公开投降日本。蒋介石在《告全国国民书》，表示要坚持抗战，但在国民党五中全会蒋介石重新解释'抗战到底'的'底'，不是要打到鸭绿江边，而只是'要恢复七七事变以前的原状'。对他说来，抗战有如爬山，爬到这里，他开始停步，不想再往上爬了。这种形势使日军在军事政治文化经济各方面，特别是军事的行动，得以把主要的力量放在沦陷区。以后，我们将成为抗日主力。你们打得很好。新四军的战绩在全国也是有影响的。"

但周恩来又说："但同八路军在华北、山东开创的局面相比，新四军的状况存在着较大的差距。到去年底，八路军人数已扩充到十五六万人，比抗战初期增加了5倍。抗日根据地和游击区已发展到10多个，拥有人口5000万以上，使日军侵占的城市和重要交通线处于他们的包围之中。新四军人数只增长1倍，抗日根据地只有茅山1处。"

其实这种局面与新四军军部实行保守的方针大有关系。当时整个新四军的作战区域被限制在被日军占领的南京、江宁、镇江、句容、溧水、高淳、丹阳、当涂、芜湖、繁昌、铜陵、南陵等日伪统治中心一带的狭小地区，东西不过百余公里，南北仅五六十公里。新四军只能在这一地区内活动，超越这一区域，新四军就是违反军令，就是破坏统一抗战。新四军实际负责人项英不敢将部队撤出去，不愿与国民党军产生冲突，避免破坏统一抗战的局面。因此他不断收缩有实力的部队固守皖南。就拿粟裕的二支队来说，本来也就两个团四个营，从岩寺出发时，就留了一个营的兵力给军部做警卫部队。项英还打算将主力部队三团调回军部。现在新四军的主力差不多全部窝在皖南。在日本侵略军重兵控制的腹心地区活动，本来就困难很多，危险很大。当初国民党第三战区限制新四军的活动区域时，共产党方面就有人提出这是借刀杀人。现在日本侵华政策的变化和国内政治局势的变化，使在江南地区的新四军的处境变得更加险恶。新四军从整体来看处于十分不利的态势。现在新四军的主力驻扎在皖南，而长江沿岸据点被日军占领，军部背后是第三战区司令部驻地，左右两侧也有国民党军队密集布防，可说是一面临敌、三面受围。在新的复杂局势面前，如有不测，几乎没有回旋的余地，更谈不上发展了。

事实上中央已看到这个问题，所以周恩来一到云岭即找项英谈话。谈到发展，项英一再强调“江南特殊”，说江南不比延安，不宜自由行动。如要发展，就必然和蒋介石发生摩擦，国共合作必然破裂，所以，江南要一切服从统一战线，听从三战区的命令。对此周恩来批评他一方面处处向国民党让步，另一方面对群众，对朋友，却缩手缩脚，不敢争取……项英默不作声。

叶挺因工作不顺，于1938年10月辞去军长职务回到家乡广东省惠阳县，出任国民党第四战区东江游击指挥。毛泽东闻讯立即派周恩来做叶挺工作，叶挺收回辞呈，在周恩来陪同下重返军部。在周恩来安排下，项英作了自我批评，表示要同叶挺搞好团结。

今后的工作怎么开展，周恩来也没有跟粟裕和陈毅两人详谈，他还要听取更多的汇报。

3月6日，晨曦微露，一阵嘹亮的军号划破寂静的山村，唤醒了云岭的山山水水。随后，新四军操练的口号和声音响彻云霄。

吃过早饭，粟裕与陈毅等人前往陈氏宗祠。今天周恩来将在那里给排以上指战员做报告。

陈氏宗祠坐南朝北，黑瓦白墙，十分气派。祠堂前厅有一个简陋的舞台，前厅与中厅之间是一个青石铺地的天井，项英、叶挺等军部领导和粟裕、陈毅、谭震林、邓子恢、罗炳辉、傅秋涛、朱克靖坐在前面，摆有简陋的桌子，身后的指战员每人携一只草垫，席地而坐。

周恩来站主席台上，针对当时形势和新四军的任务说："根据敌人、我们、国际三方面的情况可以看出，今天新阶段的中心问题是在敌人占领区，在中国的东部，在黄河以东、平汉路粤汉路以东的广大地区。不仅仅是因为中国东部被敌人占领了，而且更主要的是，这是中国人口最多的地区，是交通便利、土地肥沃、经济发达、文化程度高的财富地区。整个的中国东部，代表了中国走向近代化的最有力的地区。中国的西部当然不如东部，尽管西北、西南可以成为我们的大后方，但是，假如中国东部完全被敌人统治，我们的西部就要一天一天地贫弱危困起来，困难就要无形地加深，而敌人就能够利用中国的人力、物力、财力来克服自己的困难。我们要认识这个环境，这就是新四军的环境。新四军处在敌人占领的中国东部地区。在这个有着举足轻重意义的地区迅速开拓抗战的新局面，是新四军的重大责任。新四军今天所处的客观环境恰恰使得新四军的地位更加提高，落在新四军肩上的任务也就更加重要。"

"我们在江南敌后地区确定发展的方向是向北发展，向东作战，巩固现在阵地。我们的原则是：哪个地方空虚，我们就向哪个地方发展；哪个地方危险，我们就到哪个地方去创造新的活动地区；哪个地方只有日军伪军，友党友军没有去活动，我们就向哪里发展。这样可以减少摩擦，利于抗战。新四军的干部要克服各种困难，大胆地到敌人后方去。越在困难的条件底下，越能够显出我们的特长，越能够锻炼我们。我们不求在安逸的地区发展。因为安逸的地区谁也要来，谁也能够存在。我们要向困难的地区发展。因为困难危险，国民党的许多部队和工作人员克服不了，忍耐不了。而我们新四军能吃苦耐劳，不怕困难。"

"在江南条件很好，战略地位又非常重要，尽管敌人严密封锁，只要我们能够深入广大群众，善于进行游击战，创造大江南北根据地是完全可能的。我们新四军广大指战员，一定要坚持游击战争，创造大江南北的根据地，绝不后退，绝不逃避。游击战仍然是我们新四军主要的作战方针。我们的游击战术应不同于华北，也不能只运用过去三年游击战的经验，应该更加灵活，更加机动，更加出没无常，更加变化无穷。"

中共第六届中央委员会第六次全体会议召开时，全面抗战已有 15 个月。会议分析研究了 15 个月来抗战取得的经验和教训，中国抗战形势处在由战略防御转入战略相持阶段的过渡时期共产党应当怎么样做；在国共两党合作中共产党所处的历史地位。周恩来联系新四军的实际对会议精神加以传达，解决了当时人们心头的困惑。

周恩来明确指出新四军主要发展方向是长江以北的敌后广大地区，这是战略重点；在长江以南，新四军应向南京、上海发展。在江南不应向新四军驻地以南的国民党统治区发展，只应巩固，坚持已取得的阵地。这就是后来被中央书记处下发的电报中概括为“向南巩固，向东作战，向北发展”的新四军战略方针。这是一个被历史证明是正确的战略方针。这个战略方向使粟裕明确了奋斗方向，也让粟裕成为这个正确方针的忠实执行者和落实者，从而在抗战中大显身手。

3 月 14 日，周恩来离开新四军军部，前往浙江。临行前，粟裕与参加过南昌起义的叶挺、项英、邓子恢、王集成、陈毅、袁国平、傅秋涛、朱克靖跟周恩来合影留念。

此时周恩来调解项英和叶挺之间关系的工作取得一定效果。照相时，周恩来特意和项英、叶挺三个人一起照了张相。周恩来站在中间，叶挺穿黑色的夹克立于左侧，项英穿军装站在右边。在按响快门的时候，旁边的干部战士都发出会心的微笑。

周恩来那博大的胸怀，宽宏的气量，良好的人际关系，以及在复杂的人际关系中游刃有余、巧妙处事的能力，令粟裕终生难忘。

粟裕右臂受过枪伤，留有后遗症，手指常有麻木的感觉，有时疼痛难忍。新四军的后方医院有一些从上海弄来的先进医疗设备，所以粟裕到后方医院去了一趟。

后方医院在太平县小河口，地处泾太边境，麻川河青弋江交汇处，距云岭三十余公里。由于病房是竹子搭成的，病床、药橱、药盒、药盘、镊子、桌凳等医疗、生活用具也是竹制的，后方医院又被新四军伤病员亲切地称为“竹子医院”。后方医院院长崔义田是辽宁人，早年就读于辽宁医学院，“九一八”事变后，从东北沦陷区逃亡到关内。崔义田的妙手将许多受伤的新四军战士从死亡线上拉了回来。他和前方医院的宫乃泉是这一时期新四军最有名的外科大夫。

粟裕在崔义田的陪同下先参观了医院内外科病房、手术室和门诊室，看望那里的伤病员和从南京中央高级护校、中央医院毕业和上海等地大医疗机构来的医务工作人员。那些医务工作人员夜以继日地抢救治疗，十分辛苦。他们满怀抗日热情和救死扶伤的人道主义精神，工作起来一丝不苟。然后，由崔义田给他做临末检查，并用后方医院 50 毫安小型 X 光机作透视，发现右臂尺骨与桡骨之间存留子弹。

崔义田告诉粟裕：存留的子弹是一颗七九式步枪子弹。尺骨神经受到压迫，所以手指麻木。由于当时条件所限，崔义田还不能为他做手术取出。

随后，粟裕到教导总队挑选一批德才兼备的学员充实二支队后赶回狸头桥。

第十四章
战狸头桥，敌区筹款壮队伍

江南新四军在春节前后对日作战引发日军的报复。粟裕回到宣城狸头桥前，日军针对一、二支队的大规模报复性“扫荡”已经开始。

3月7日，敌第十五师团集中镇江、句容、丹阳、白兔、宝埝等步骑炮兵2000余人，伪军3000余人，对一支队王必成二团实施报复性“扫荡”。

敌伪军采取分进合击战术，分兵八路夜间运动，于拂晓4点完成对二团（团部，第一、二营和三营第八连）驻地上下会（丹阳以西）合围。王必成团毙伤日军99名后突出重围，但付出了伤亡200余人的代价。

3月18日，日军第十五师团驻南京、溧水、句容各部大举扫荡以溧水郭庄庙为中心的抗日游击基地。其时这一地区活动的有粟裕二支队张道庸四团和国民党军三十二集团军唐云山五十二师的一个团。日军出动后有群众立即向新四军报告。张道庸派侦察员侦察核实敌情后，避开日军向西转移，并派出一个班的兵力去吸引敌人，让这个班边打边撤，延缓敌人进攻的速度。同时派人把日军“扫荡”的情况通知五十二师那个团，对方得知这一消息立即乱成一团，等他们收拢部队想撤退时已被日军大队人马包围。双方发生激烈战斗，各自伤亡都很大。危急时刻张道庸从侧面主动袭击日军，策应国民党军这个团，使其避免了更大的伤亡。当天这个团就撤回溧武公路以南上沛镇一带，再也不敢回溧武路以北地区。

随即，日军“扫荡”矛头直指粟裕司令部所在地宣城狸头桥。

4月7日，粟裕得到了侦察报告：溧水的敌人逐渐增加，计有步兵3000多人，骑兵200多人，并从南京运来军械、弹药40多卡车；湾址方面敌人有1000多人，正向新丰前进；当涂、芜湖的敌人400多人，增援至青山、黄池；有一部分敌人已进至咎家台，兵力不详。根据这些情况判断：敌人有攻打高淳、东坝、下坝，再进攻广德、溧阳的企图，而当涂、芜湖、湾址的敌人具有战术策应的意义。

4月8日，粟裕再得到报告：新丰之敌分两路连夜向前推进，一路300多人向水阳，另一路800多人由马山铺绕到节村；溧水之敌500多人，向中沛埠前进。

根据7、8两日的情报综合分析，粟裕得出了敌军正向狸头桥分进合击的结论。粟裕据此组织兵力，应对敌人的进攻。

粟裕原设想变内线为外线，集中兵力消灭或杀伤敌人一路，但是由于派出去的侦察部队未能完成任务，对敌的兵力和行动不是很清楚。敌人行动极为周密，各路协同很好，利用夜间掩护行军，并伪装成中国军队迷惑群众。

为了避免不必要的损失，粟裕命令主力当即向郎溪方向转移，派出第三团第五连、第四团第六连在九龙山作佯动，阻滞敌人，掩护主力转移，相机打击敌人。

10日上午9点左右，由慈溪进犯的日军约250人在九龙山与第五连、第六连接火，战斗打响。粟裕在主力已安全撤离的情况下令第五连、第六连撤退。第五连、第六连与敌对峙5个小时后，按命令安全撤出。

当日下午，日军占领狸头桥以西红杨树。与此同时，由昝家台、马山铺两路进攻的日军侵占狸头桥。当日晚，三路日军会合于红杨树宿营。

当夜，粟裕派出部队袭击红杨树的日军。日军因不熟悉地形，又是在夜间，不敢乱动，只是固守房屋应战。新四军夜袭部队以亡10人，伤15人的代价打死日军40多人，伤30余人。

第二天早晨，日军被迫从狸头桥分途向水阳、黄池、芜湖等地撤退。

回到狸头桥后，粟裕看着打烂的坛坛罐罐心里很不痛快。过了两日，粟裕派三团二营进袭薛镇伪绥靖队，回敬日军对狸头桥的“扫荡”，毙伤敌20余人，俘日军1人。

粉碎日军的这次扫荡后，粟裕撰写了《先遣队的回忆》一文。其时新四军从岩寺出发抵江南战场打击日军已有一年。

一年来江南新四军作战300多次，毙伤日伪军五六千人，缴枪2800多支，毁汽车数十辆，破坏火车多次，缴获军用品不计其数。新四军开赴江南前，日军在整个华东战场的兵力也不过7万，而一年后仅在南京镇江地区就有6万多人。

那时粟裕对在敌占区开辟游击战场配合全国主力争取抗战的胜利信心满满，积极执行中央“向南巩固，向东作战，向北发展”的战略方针。

周恩来离开云岭后，不知何故，项英并没有落实中央精神向南巩固、向东作战、向北发展，反而收缩主力回守皖南。从 3 月份开始，二支队主力三团就按军部的命令开始分期分批调回皖南军部。

可能是项英认为在当芜地区开展游击战的部队相对拥挤了一些，非扩大活动区域不能解决问题。因为项英曾亲自在二支队蹲点，发现敌人反复“扫荡”“围剿”这一地区，部队活动区域小，斗争环境日趋恶化，云台山战斗失利就是一个证明。但如果扩大活动区域又超出了国民党方面给新四军划定的范围，破坏国共合作抗战的局面。也可能是他认为现在新四军的主力虽然驻扎在皖南，但皖南一面临敌、三面受围，相对敌对势力而言仍是力量不足，迫切需要从各支队抽调主力加强力量。到底是什么原因，项英当时怎么想的，现在都不得而知。一支队调走一团，但军部将第三支队的叶飞六团（缺一个营）补充给陈毅。三团调走后军部没有给二支队补充兵力，粟裕只能面对现实。

这个时候二支队已经发展壮大，即使调走一个团，人数还是比刚到江南时多很多。到江南后，张鼎丞、陈毅、谭震林和粟裕一起讨论过这个问题，都有统一的认识——那就是队伍必须壮大。二支队司令张鼎丞特别重视发展壮大新四军。他认为国民党的抗日是被动的、动摇的、靠不住的，新四军不扩军是打不走日本鬼子的。他在这个工作上也很有自己的一套卓有成效的办法。

那时粟裕所在防区如宣城、当涂、芜湖、溧阳等地百姓参军抗日热情高涨，部队发展很快，新兵很多，其中 80% 以上是青年农民。这些青年农民前些时日还在田里耕地或在江湖里打鱼做着各自的营生，他们最熟悉的是水稻的生长过程或鱼的生活习性。

作为战将，粟裕不能不经训练就送这些善良淳朴的农民上战场与训练有素的日军搏命。

为了让这些新兵迅速成长为有战斗力的抗日士兵，粟裕在司令部专门组建了一个训练队，经常抽一到两个连来狸头桥司令部进行军事轮训，集训内容军事上以射击、投弹、刺杀等技术为主，辅以队列、战术训练，总结战斗经验；还有政治、文化学习。训练由参谋长罗忠毅主管，但粟裕常常亲临指导。

战士们手中操的枪基本上都是缴获的日本三八式步枪。三八式步枪比当时的“汉阳造”等国产步枪好，结构很简单，射击时后坐力小、易于控制，具有高可靠性和高准确度。还有一些士兵仍是徒手，但他们很快就会有枪，因为部队与日军作战频繁。

由于部队的迅速壮大和发展，部队的经费发生了困难。国民党三战区发给新四军的经费和给养很少，还附有很多限制和刁难。靠三战区发的经费，二支队吃饭都成问题。

自古以来，军队若吃饭成问题，就会乱，就会掠食于民。事实上隶属三战区的国民党军游击部队如朱永祥部军纪败坏有很大就是这个原因。新四军是人民的军队，自然不会走他们的路。

那时粟裕对敌后抗战中的群众工作有许多新的见解和观点。他认为中日战争爆发，民族矛盾是主要矛盾。日本侵略军是中华民族的共同敌人，侵略他国使其没有任何社会基础。江南人口众多，物产丰富，能为新四军提供更多的人力、物力支援。

粟裕一个电报把在溧阳白马桥镇李港村四团的张文碧召到狸头桥，给张文碧 10 支驳壳枪，每支枪配 120 发子弹，要他带 10 个人去敌占区南京附近活动，搞些经费，同时带些布告去张贴，宣传我军抗日救国的政策。

粟裕把搞经费的方向定在南京地区，因为那是敌我民族矛盾最尖锐的地区。士绅、地主和百姓吃日伪军的亏越多，去做他们工作就越容易成功。

第二天张文碧带着枪和布告赶回团部，当天晚上，带着团长张道庸从侦察排拄调的 10 个人越过溧武路到溧水、溧阳、江宁一带活动。他们正如粟裕估计的那样立即得到了当地民众的支持。

新四军在江宁、镇江一带时多次打击日军，当地群众对新四军这支抗日的队伍已有了解。看到新四军张贴的布告后，就有群众主动向新四军反映：谁专门收粮食卖给南京敌伪，什么人与维持会人员关系密切等等。张文碧掌握情况后，就专门打击这些向南京运粮的骡马队。将没收的粮食一部分运回部队，大部分分给了贫苦的群众。并且警告维持会长，必须与新四军合作，要将日伪活动的真实情况向新四军报告。张文碧还身负筹款的任务，对如何筹款也动了一番脑筋，他把筹款对象放到了为日军服务的土豪身上。在常熟，张文碧对一个不配合新四军的伕乡长的罚金就够四团两个月的生活费。张文碧一行镇压了不少铁杆汉奸，打击了伪基层政权，争取了不少维持会人员，扩大了新四军的影响。到 5 月底，张文碧就为一支队和四团带回了一大笔资金和一批物资，还带来一个由刘鹏停领导的地方武装小分队。因为三团正在分批调回皖南，这个武装分队加入新四军后就立即上升为主力部队。

挺进江南敌后的新四军人少、枪少，尤其是干部骨干少，有的连队只有连长一个人主持全面工作。经过三年游击战争的干部都有一定的战斗经验，但文化素质差；知识分子出身的干部文化基础虽好，但缺乏战斗经验。从整体上说，他们都普遍缺乏现代战争知识。而新四军面对的恰恰是现代化装备的日军。干部的缺乏直接制约和影响了部队的壮大和发展。粟裕把江南新四军发展的目光投向江苏长江北岸以后，更感到培养和训练干部的紧迫。粟裕认为必须办一个教导队，更好地解决干部、骨干的培训问题。

对二支队教导队的成立，时任二支队通讯班长朱镇中回忆说二支队司令张鼎丞特别重视抓整训，办教导队轮训干部。张鼎丞是二支队当家的，整训部队时亲自上课指导，所以教导队的创办肯定有他的智慧。但粟裕对教导队的成立起了更直接更具体的作用。

3 月份时，军部教导总队曾组织包括后来成为二支队教导队长的杜屏在内的十个人来到狸头桥参观学习，并带着战地服务团的一批同志支前慰问演出。他们到二支队司令部的那一天，粟裕尽管很忙，但一听说他们到了，当晚就去看他们。粟裕亲自向他们介绍情况，并对教导总队的十个人说要留一个帮二支队办教导队。

不久，军部教导总队七队队长杜屏奉命来二支队报到，粟裕亲自接待，任命杜屏为教导队长，并向他详细介绍自己的想法。

粟裕说："教导队的干部、指导员、文书、文化教员、军事干事、政治干事我们都准备好了。下一步主要就是选调学员。学员以班排两级干部为主，少数为连级干部，训练时间半年左右。"

粟裕亲自审定学员名单，严格把关，不合格的坚决退回部队。粟裕特别强调"三不要"：一是体弱多病的不要；二是在部队表现不好的不要；三是没有培养前途的不要。第一期学员 90 多人，都是从各部队精心挑选出来的。粟裕还认真审定教学计划，教学内容中军事训练课占 70%，政治教育课占 30%。军事训练主要有游击战术、射击、投弹，还有班、排、连、营 4 级攻防战术。政治课主要是统一战线、群众工作、政治常识及个人教育等。

二支队教导队成立后，粟裕对教导队的建设倾注了很多心血。他对教导队的训练事必躬亲，提出明确的要求，还每星期听取一次汇报，并组织检查，亲自督促、示范、讲解、授课。

5 月，张鼎丞接到中央电报奉命离开狸头桥奔赴延安汇报工作，后来留在了延安。粟裕与张鼎丞合作共事将近一年，在两人的努力下，二支队从 1700 多人发展为 6000 多人。张鼎丞离开后，粟裕主管二支队军政工作。

8 月，新四军军部决定组建江南指挥部，第一、第二支队合并，由陈毅统一领导苏南地区的抗日斗争。月底，粟裕将狸头桥的工作交给参谋长罗忠毅打理，他率教导队离开狸头桥前往溧阳，与陈毅一起组建江南指挥部。

第十五章
陈粟联手，双星闪耀谋江北

“天昏昏，地冥冥，刮民党军弃南京，日军来到溧阳城，烧杀淫掳害人民。风凄凄，雨淋淋，溧阳城里没有人，街头小巷遍地尸，数里不闻鸡犬声。风雨刮后天气晴，溧阳来了陈司令，带来大批新四军，打退日本鬼子兵。”这首民谣说的是陈毅来到江苏溧阳前后的变化。溧阳位于江苏省西南端，南、西、北三面群山环绕，地势西高东低，青山绵亘、溪流众多、湖泊密布。陈毅的司令部所在地是号称“十里千墩”前马镇水西村。

1939 年 9 月，粟裕率教导队来到水西村，受到一支队司令部机关的热烈欢迎。粟裕未到之前，陈毅先做了铺垫，跟司令部的机关人员介绍说粟裕能文能武，是个将才。

粟裕到水西村后住李姓宗祠的后院，随后立即展开工作，贯彻执行中央为新四军确定的“向南巩固，向东作战，向北发展”作战方针。

因为地理位置的原因，一支队陈毅向东作战和向北发展比二支队张鼎丞和粟裕先行一步。他首先令管文蔚的江南抗日义勇军挺进纵队占领长江扬中岛，搭好了过江北上的跳板。从军部回来后，陈毅命叶飞率领六团和一支队特务营的两个连以“江抗二路”的番号东进澄（江阴）、锡（无锡）、虞（常熟）地区，在苏州到上海的敌寇心腹地区，他们截断京沪铁路，火烧上海虹桥飞机场，放手发展，打击日军。东进的叶飞部从前方送来许多战利品，物资、枪械之类源源不断。六团的防区则由新六团负责，新六团是在镇江、句容、丹阳、金坛四县人民抗敌自卫委员会（简称“四抗会”）地方武装的基础上成立的，由段焕竟和陈时夫领导。

向北发展是新四军沿长江北岸在敌占区向东推进，从而从江南江北控制华中日军的咽喉。因为新四军的作战区域主要在南京附近，东西不过百余公里，南北仅五六十公里。超出这个范围，就有破坏统一战线、破坏国共两党关系的罪名。因此，项英不仅没有认真执行向北发展的方针，反而从一、二支队抽调主力一团、三团加强皖南的力量。同时迫于国民党第三战区的压力令已经东进的叶飞部西返。叶飞西返后陈毅命令他把部队开到扬中，与管文蔚部合编为新四军挺进纵队，渡江北上，在江都县吴家桥地区建立游击区。如果说控制扬中岛是新四军取得过江的跳板，那挺进纵队获得吴家桥是在江北建立了桥头堡。

叶飞的“江抗二路”奉命西返之日，正是粟裕到达水西江南指挥部之时。

时局很快就给了粟裕直接执行北上发展命令的机会。

10 月下旬，陈毅收到苏北号称“草鞋司令”的陈玉生的亲笔信。原来国民党江苏省政府代主席、鲁苏战区副总司令韩德勤因鲁苏皖边区游击总指挥部李明扬与陈毅接触而扣发“二李”（李明扬、李长江）弹药。为此，陈毅曾援助了李明扬 2 万发子弹。随后李明扬从同乡旧友、国民党三十二集团军副总司令王敬玖那里又搞到步枪子弹 13 万发、迫击炮弹 5000 发、盒枪子弹 2 万发。但王敬久要李明扬派部队到江南丁蜀山的第三战区军需处提取。这对李明扬来说是件难事，从泰州到丁蜀山 600 余里，行程曲折，要从皖南通过茅山地区，要通过日军严密控制的铁路、运河和长江的重重封锁线，运输这样多的弹药，实在是一项艰巨的任务。李明扬斟酌再三，恳请陈毅帮助护送这批弹药。陈毅接信后即找粟裕商议。

粟裕当即表示同意，马上制定计划，从二支队抽出力量，由政委卢胜、团长张道庸率领四团团部及第二营，担任协助护送弹药的任务。护送弹药不过是个借口，派部队过江发展才是真正目的。

随后陈、粟向军部请示，但项英发来电报，不同意派部队渡江北上。“将在外，君命有所不受。”两人合计合计下了决心，当即令张道庸和卢胜带部队到水西村以南数里的陶村待命。

随后陈毅与粟裕亲自到陶村下达命令。

陈毅宣布此次任务，要张道庸、卢胜完成任务后借机率部队渡江北上，进入苏皖边区，与苏皖边区的梅嘉生支队、淮南的第五支队取得联系。

粟裕把地图打开，说：“你们发展的地点就在运河以西、津浦路以东的扬

（州）、仪（征）、天（长）、六（合）一带。”

粟裕指着地图给他解释：“罗炳辉五支队已在津浦路西的淮南一带向东发展，准备进入津浦路东，在苏北，‘挺纵’已经占领了运河以东的沿岸一带阵地，如果把天长、六合一带的抗日局面也打开了，就可以东和‘挺纵’呼应，西与五支队联手，接应江南向北发展的力量就强了。”

陈毅说：“你们这次去江北国民党方面肯定是不同意的，上次叶飞他们东进，冷欣找我吵了几次。你这次去，不能让顾祝同和冷欣知道。不然他会闹得我鸡犬不宁。对外不能公开我们的番号，你这个张道庸也把名字改一改。”

张道庸到四团来当团长还有一个插曲。原四团副团长叶道志在第二次国内革命战争时期是红四方面军的师长，从延安南下任职以后因为言语不通工作不顺，就与原红四方面军的陈康、徐长胜携枪离队回八路军原部队去工作。他们到达江西景德镇山区时被军部派来的人追上逮捕，徐长胜拒捕被当场击毙，陈康跑掉了。叶道志被押回军部，随后被枪决。当时多数人认为叶道志应该枪毙，也有几个人主张不枪毙。张道庸其时在军部，与另几个主张不枪毙叶道志的人联名写了保状，请求不要枪毙叶道志。因为这事张道庸在军直属党总支扩大会议上挨了批评。（叶道志、徐长胜于1983年10月21日由中国人民解放军总政治部发文平反。——编者注）这人好打抱不平，勇猛善战，打起仗来不要命，常常眼睛一瞪，手握一把大刀，冲杀在两军阵中。

当月中旬，张道庸改名为陶勇，与卢胜、吴载文领命与陈玉生组成联合小部队，动员民工500副担子，到了王敬玖的军部，取出全部弹药，然后突破敌寇重重封锁线，将弹药运往“二李”的驻地——泰州。随后以苏皖支队的名义进入扬州、仪征、天长、六合等敌占区，用偷袭的办法首先清除了大仪集和甘泉山两个伪军据点，俘虏近百名伪军，随后又在月塘集粉碎1000多日伪军对他们的“扫荡”。苏皖支队在这一地区的立足，使得苏南、苏中、淮南三面联通，互为犄角，造成了新四军足跨长江两岸随时可以发展的有利态势。

11月7日，江南指挥部在溧阳县水西村正式成立，指挥陈毅，副指挥粟裕，参谋长罗忠毅，政治部主任刘炎、副主任钟期光。指挥部下辖第二团（团长王必成）、新六团（团长段焕竞）、第四团（团长陶勇）、挺进纵队（团长叶飞）和地方武装，共1.4万多人。

就在这天，驻守宝堰据点的一队三四十人的日军采取夜间出动、拂晓攻击的战法奔袭延陵，扑空后原路返回。林胜国得到情报后率丹阳独立支队伏击这股日军，打死打伤十多人，然后又死死拖住。段焕竞闻讯率新六团两个营前来增援，与林胜国一起将日军困在贺甲村。宝堰据点日军倾巢出动增援被困贺甲村之敌，并突入包围圈与贺甲村残敌会合。日军兵力加强后，气焰顿时嚣张起来，先后疯狂地反扑三次，但未能向前推进一步。

二团长王必成得到新六团段焕竞希增援歼敌的信后亲率一营驰援，同时三营也迅速赶到贺甲村。二团和新六团会合后，部队由王必成统一指挥向日军发起总攻。经过 26 小时强攻，以牺牲新六团二营营长刘玉林等 94 名官兵的代价全歼这股日军，击毙武村中队长以下日军 186 名，生俘 3 人，缴获轻机枪 4 挺、步枪 28 支、掷弹筒 2 具、六五式子弹千余发、指挥刀 2 把。战后丹阳独立支队和宝南区群众组织打扫战场，又搜索到轻机枪 2 挺、步枪 40 多支。

这次战斗和新四军以往的战斗性质不同，以前打的都是游击战，这次打的是运动战；以前和敌人作战时对抗的时间都很短，这次是连续三次总攻的长时间的战斗。

这一战给刚成立的江南指挥部壮了军威，开创苏南敌后战场歼敌的新纪录，受到延安总部的通电表扬。更重要的是沉重打击了日军分区“扫荡”的计划，戳穿了国民党诬蔑新四军“游而不击”、“只能打小仗，不能打大仗”的谰言。这是新四军战史上有名的“延陵大捷”。

上海租界区的报纸、京沪沿线城市的地下报纸，当时都迅速报道了这次战斗胜利的消息，有的还以“伟大的胜利在江南”的大标题刊载。国民党军三战区长官顾祝同据叶挺军长的报告，电呈蒋介石核准，予以传令嘉奖。

江南指挥部成立后，江北叶飞的挺进纵队和陶勇的苏皖支队孤军作战。为此，陈毅着手展开对鲁苏皖游击总指挥李明扬、副总指挥李长江的统战工作。12 月，陈毅过江北到达泰州，向“二李”表明新四军团结友军共同抗日的诚意，取得了“二李”决不反共，愿意帮助新四军东进南通、如皋一带等口头协议，初步建立了联盟关系。

作为副指挥，粟裕主抓军事工作。因参谋长罗忠毅一直在二支队司令部驻地狸头桥主持工作而未到职，粟裕实际兼参谋长职务。

这时粟裕不独在本军内声名显赫，为敌后江苏民众所称颂，还声名远扬，引起上海媒体《申报》的关注。这年底，《申报》的记者任重在南京附近采访了粟裕，随后于1940年元旦在《申报》上发表题为《粟裕将军会见记》的文章。

任重对粟裕崇敬之情溢于言表。他说在日军重兵包围之中，在江南最艰苦的游击区里能与这位后方民众所称颂的游击司令会面，实是十分幸运的事情。又以崇敬的深情称赞粟裕“运筹帷幄之中，决胜千里之外”。“在国军退出江南，江南正混乱不堪的时期率领先遣支队挺入京镇沦陷区”，取得韦岗处女战、官陡门之战的胜利，而且“不断地向日人进攻，一直进攻到南京、镇江的外围日人的据点里”，“简直要使外来侵略者发抖”。

任重认为，一个健全的军人，他不但应该效命疆场，还要有深刻的政治认识，不但要在军事上深知战略战术，还要深知敌我在政治上、经济上以及社会上的实际情况。而粟裕正是这么一个健全的军人。

任重在新闻稿里记述了，粟裕对江南形势的三点认识：第一，在军事上，对方主要的是对付游击军。新四军的生长，他们感到无上的畏惧，它虽然利用叛逆、造谣威吓，用种种方法来破坏，但始终毫无收效。游击军的到处活动，更使它无法应付，因之，他们采用碉堡政策，密布据点，缩小我之机动，又完善交通网，把江南地区划成无数块的小块，使游击军活动的范围逐渐缩小，而他们的机械化部队却可以各处活跃；同时在各据点又增加兵力，采取分进合击，多路围攻的办法，并在地区穿插扰乱，造成群众的不安定；又实行“扫荡”计划，使我不易解决战斗。

可是我们却牵制了对方很多的兵力，过去整个东战场只有7万敌人，而现在江南，仅南京到镇江的一个地区里日军的兵力就增至6万多人。新四军游击队主要是扰乱后方，虽不能即刻把他们整个消灭，但已相当地削弱了他们，使他们作战情绪日益低落，战斗力日益削弱，这不是无因的。

第二，在政治上，他们占领地区划分行政区域，按照军事需要而定，但在行政的组织上，却采用这严密的保甲制度来统治中国民众，政治上的欺骗一天厉害一天。日军每到一地，就召开群众会议，给群众送布、送纸烟，表示十分亲善并特别着重反共反国军的宣传。他们说：“国军是好的，不过我们比国军更好，欢迎国军的士兵去做官”，“国军士兵都很年轻，我们在上海训练了六千女子分散到江南游击区里，作为送给国军士兵的一种礼物”。在政治上，他们的威胁利诱，挑拨离间，花样是很多的。目前在江南的日军，还是用军事的“扫荡”掩护政治的进攻，在政治进攻之下，来施行经济的掠夺。

第三，在经济上，江南沦陷区如南京、芜湖、镇江、无锡、苏州各地工厂的恢复，都是事实。日本方面从各方面吸收农产品原料，开发矿藏，利用失业工人，号召资本家回乡，有计划地把日货运销，实在是最毒辣的手段。金融方面，日本人大量地收买现银，吸收法币，换取外汇，一次就伪造3500万纸票分散到华中地区，以扰乱我国金融。

第十六章
保卫水西，纵深梯次阻敌袭

1940 年 1 月，粟裕收到南京来的情报，日军中国派遣军总司令官西尾寿造计划从十三军第十五、十七、二十二等师团抽调精锐部队“扫荡”苏皖边的中国军队。

2 月上旬，溧武路以北一带活动的二团王必成、新六团段焕竞分别来电，说日军在高淳、溧水、句容、天王寺、金坛、宜兴、长兴等地大量增兵，扬言要进攻溧阳、郎溪等地。与此同时，日军出动飞机对溧阳、郎溪等地反复进行空中侦察。

粟裕判断日军即将对苏皖边溧阳、郎溪进犯，命作战科将敌情上报皖南新四军军部、第三战区和江南第二游击区总指挥部，并通报国民党前线守军四十、六十三、一〇八等师。

陈毅、粟裕与钟期光研究敌情后做出决定：一旦敌人向我进军，总指挥陈毅转移到水西村东 15 里余家桥建立作战指挥所，全面掌握敌进攻情况和友军作战情况，组织指挥我军对敌发起攻击，以配合苏皖边国民党军正面作战；副指挥粟裕在水西村开设指挥所，掌握当面之敌进攻动态，指挥部队就地抗击敌人的进攻，掩护驻地群众向东或向南疏散转移；政治部主任钟期光立即给部队做作战动员工作。

时主力部队都远离指挥部，粟裕手头能打的部队只有徐绪奎的江抗二团两个营近 500 人，李德安的特务营 270 多人，杜屏的教导大队 200 余人。粟裕立即召集上述几个干部来指挥所开会，向他们传达指挥部会议精神，研究作战部署。

粟裕首先指明敌人的进攻方向及部队的任务。敌人进攻指挥部所在地水西村的方向有可能由北向南，也有可能由西向东。部队的任务是就地阻击敌人，掩护指挥部、各机关及驻地群众疏散转移。

粟裕将江抗二团摆在安中里，特务营放在杜家冲，阻击西面之敌；教导大队放在潘家、储庄一线防东面之敌。各部各设三道防线，纵深梯次配备，层层阻击敌人。

最后粟裕要求各部队：一、要加强当面的侦察警戒，抓紧时间构筑工事，做好战斗准备；二、打阵地阻击战，要尽量减少自己的伤亡，保持连队的战斗力，连续作战；三、部队要发扬我军作战的光荣传统和作风，发挥我军打夜战、近战的特长，大量杀伤敌人；四、在作战指挥上，既要一切行动听指挥，又要灵活机动处理战场情况，各分队在作战中要积极主动，相互支援，在转移阵地时要互相交替掩护。

2月22日，元宵节深夜12点左右，安中里方向突然响起了一阵爆豆似的枪声，并夹杂着手榴弹和掷弹筒炮弹的爆炸声。

指挥所值班参谋周之鼎立即打电话给江抗二团查问枪声情况。当时江抗二团长徐绪奎率一营在敌后作战，负责指挥江抗二团的是参谋长廖昌金和政治主任吕平。廖昌金来不及报告情况电话就突然中断。

得到消息的粟裕镇定自如，不慌不忙，着装整齐后才到指挥所。他一面命通信科长贺敏学（贺子珍胞兄）派电话班快去查线，快些接通；一面命参谋恽前程速去安中里查明枪响情况。

司令部气氛十分紧张。江抗二团人员新，骨干少，成立后仅和敌人打过几次小仗。机关人员担心二团的人顶不住，有个别人员挽起袖口，扔掉帽子，准备和日军拼命。粟裕轻声沉着地向参谋处科长、管理科长布置任务，让他们组织机关和群众向南和向东紧急疏散，又令作战科长集合机关人员听候命令。

恽前程跑到安中里后了解到枪响的情况是：安中里西北李家官庄排哨在月光下隐隐看到有人影走过来，哨兵问什么人，对方一面回答是老百姓，刚从窑上赌钱回来，一面向哨兵大摇大摆地走过来。哨兵令他们先过来一个人，对方不理，仍向前走，并向哨兵开枪，哨兵迅即还击。对方随即向后退不见了。与此同时，安中里南游家栅也出现几个可疑人员，排哨在问话不应后开枪，对方边开枪边向后跑。江抗二团参谋长廖昌金已命二营、三营进入阵地做好作战准备。

恽前程了解情况后跑步回水西村，向粟裕报告了情况。这时中断的电话接通了。粟裕在电话里对廖昌金说："敌人偷袭不成，可能要向我强攻，你们要集中兵力防守李家官庄、安中里、游家栅抗击西面向我进攻之敌。”

凌晨 2 点左右，日军对游家栅、安中里、李家官庄、土墩子、杜家冲一线阵地发起进攻，被江抗二团击退。

粟裕接到廖昌金、李德安打退敌人进攻的情况报告后，放下电话对贺敏学说：“我到江抗二团、特务营去了解敌人的进攻情况，你在指挥所注意北边的敌人，有情况随时向我报告。”

粟裕去安中里时，日军正时不时向安中里等地实行炮击。快到安中里时，粟裕突然大声叫“快卧倒！”瞬间，一发迫击炮弹落在离他们五米处爆炸，炸起的泥土落在他们身上，没有造成伤亡。随行参谋恽前程敬佩粟裕战斗经验丰富，能从敌人打炮声中判断出敌人的炮弹落的方向和距离。

到了安中里，廖昌金向粟裕报告了打退敌人进攻的情况，粟裕说：“很好！你们要通知部队做好再次打退敌人进攻的作战准备。我要到阵地上看一看，了解一下敌人进攻的情况。”

廖昌金为安全着想不同意，但粟裕执意要去。廖昌金只好带粟裕先到二营李家官庄六连阵地。廖昌金将二营长刘振太、六连连长介绍给粟裕。粟裕同他们握手，说了几句鼓励的话后，就像战士一样站在立射掩体内，趴在工事上观察敌情。六连连长一面低声地报告打退敌人进攻的情况，一面用手指着前方敌人的位置。

粟裕问了很多问题：进攻的敌人有多少？是日军还是伪军？敌人冲击冲到哪里？冲击几次？你们距敌人多远开火的？打死打伤多少敌人？敌人炮兵阵地在哪里？钱家西桥两个哨兵回来没有？

刘振太和六连连长一一作了回答，粟裕对他们说：你们打退了敌人的进攻很好，鼓舞了士气，树立了打退敌人进攻的信心。我看了你们的工事，只有射击掩体，没有防炮掩体，你们要抓紧时间在掩体旁边挖一个防炮洞，敌人打炮进行炮火准备时，部队很快进防炮洞，可以避免炮火伤亡。当敌人向我们进攻冲击时，你们要告诉战士沉住气，不要一见敌人就打，夜间这样打是打不到敌人的，要把敌人放近一些；放到投手榴弹的有效距离（40～60 米）才开火。夜间开火前，要告诉战士在阵地前先瞄准某一目标，当敌人走近目标时才对敌开火，这样才能有效杀伤敌人。

随后粟裕又转到安十里西南三营八连阵地。团特派员卓飞、三营长符义山

（1940 年 5 月在安徽南陵、繁昌一带与日军作战时牺牲）、八连指导员沈云幸向粟裕报告了打退敌人进攻的情况，并报告了八连兵力分布情况。粟裕也向他们问了很多问题，他们一一作了回答。

粟裕看了阵地工事后强调了要把敌人放近了打，并说："游家栅这个地方很重要，一条路直通安中里，一条路直通水西村，游家栅的地形不利于敌进攻，有利于我防守，敌人进攻时你们要用侧射、斜射火力支援游家栅七连，守住这个阵地，不让敌人占据后向安中里、向水西进攻。"

符义山说："请首长放心，我们利用有利地形，坚决守住阵地，打退敌人进攻。"

粟裕了解了敌人进攻的情况后，回到团指挥所，对廖昌金、吕平说："从六连、三营讲的敌人进攻情况和他们抗击敌人进攻的情况来看，敌人这次进攻不是真正的进攻，是火力侦察，目的是察明我军兵力部署、阵地工事情况，告诉部队要做好夜间敌再次向我进攻的作战准备，坚决守住阵地，要发挥我军夜战、近战的特长，用突然、集中、短促、猛烈的近战火力，杀伤敌人。为准备对付敌人白天的进攻，你们要调整一下部署，一线阵地只要一个营就够了，调一个营到二线阵地去，部队要在拂晓前调整完毕。你们把机关政工干部放在一线连队这很好，帮助连队做好战斗中的政治思想工作。"

粟裕问他们在作战中有什么问题和困难，他们说，没有困难，就是弹药少了一些，希望能补充一点。

粟裕说："我回去叫军械处送弹药来，你们在战斗中要注意节省弹药，保持连续战斗。"

廖昌金表示："请首长放心，我们一定完成首长交代的作战任务。"

廖昌金接令后立即调整部署，符义山率领三营守安中里，刘振太率领二营退守关帝庙、樊塘一线。

粟裕又转到东杜家冲特务营了解情况，结合他们的情况，对营长李德安讲了在江抗二团讲的问题。粟裕说：东杜家冲至李家官庄之间的土墩子很重要，可以火力支援李家官庄和东杜家冲，你们对这个阵地要加强防守。你们还要注意防止敌人从北面向你们进攻。要注意与左右邻联系，相互支援，协同作战。

转完后粟裕返回水西指挥所。

凌晨 4 点，日军向我一线阵地发起进攻，先进行炮火准备，然后向我一线阵地冲击，敌人 4 次冲击，均被我一线连队用突然、短促、猛烈的近战火力打退。

粟裕得到前线打退敌人进攻报告后，令各部队派人到阵地前去看看是有否打死打伤的敌人。江抗二团七连、六连、特务营一连即各派 3 名战士悄悄地把敌人尸体拖了回来。查明当面进攻的敌人是日军十三军独立第十二混成旅团第一大队第一、二、四中队。

粟裕根据日军的编制、炮击和进攻情况，判断进攻之敌可能是一个千余人的加强大队。粟裕即派恽前程向陈毅报告敌进攻情况。陈毅了解情况后让恽前程转告粟裕：敌人兵力武器装备都占优势，不能跟敌人拼消耗，要注意保存实力，连续作战，守阵地守到一定程度，可视战情，转移到二线阵地，继续抗击敌人。

打退敌人夜间进攻后，江抗二团、特务营于早上 6 点前调整完战斗部署，为白天阻击敌人的进攻做好了准备。

拂晓前，一线阵地的部队正在吃早饭，日军再次对我一线阵地发起进攻，部队放下饭碗迅速进入阵地，多次打退敌人的冲击。

天亮后粟裕命贺敏学科长镇守指挥，自己率几个人到樊塘进行靠前指挥作战。

上午 8 点，日军对新四军一线阵地进行炮击，对李家官庄尤为猛烈，阵地上的工事大部被毁，民房部分屋倒墙塌。守卫李家官庄的是三营九连一排。这个排在副连长指挥下两次打退敌人，后阵地被敌突破。安中里九连长率二排前出李家官庄，一个反击就将日军逐出阵地。

粟裕从日军进攻中已看出，日军夜间采取的是宽正面多点进攻，白天改为重点进攻。李家官庄是小村庄，在敌集中炮火、兵力猛打一点的情况下，守住李家官庄是很难的。

因电话中断，粟裕命参谋恽前程去安中里传达命令，告廖昌金：一、为避免与敌拼消耗，李家官庄抗击到一定程度，可视情撤出；二、敌占李家官庄后必将集中兵力火力猛攻安中里，我们不要与敌人死打硬拼，要利用安中里村庄大，东西长、南北窄，砖瓦房多和村北一片大树林的特点逐步阻击敌人。要利用民房与敌打巷战，短兵相接，使敌炮兵难以发挥威力，而我可发挥近战的威力；三、在打巷战中要告诉连队注意左右前后的相互掩护、相互支援，防备敌对我进行迂回穿插，分割包围；四、在转移阵地时要将伤员和牺牲的同志先行撤出，然后才能转移。

廖昌金立即向符义山传达了粟裕的命令，并令三营遵照执行。

粟裕将战情不断地上报陈毅，陈毅也不断派人把他收到的战报传达给粟裕。陈毅和粟裕判断进攻水西的日军是一支孤军，决心继续抗击日军的进攻，消耗疲惫敌人，视情况组织反击，歼敌一部，打退敌人的进攻。

9点左右，九连一排打退日军一次进攻后在安中里守军的掩护下撤出李家官庄。日军占李家官庄后，先对安中里轰了一顿炮火，然后从西、西北等方向多路攻击安中里，并从西北突破九连阵地。符义山率七连两个排一个反击将日军逐出阵地。日军转从正面突破八连阵地，符义山又率七连两个排同八连一起将日军逐出阵地。后日军再次对安中里多路攻击，突破我正面和西北前沿阵地。三营利用村西头民房，与敌打巷战，并利用村北一片大树林逐步阻击敌人，将敌阻于村中间和大树林中段。

这时粟裕看到有日军从大树林北侧迂回到大树林东头和安中里村东头对三营侧背攻击，他立即命二营长刘振太速率四连出击迂回之敌。日军遭我腹背攻击后抵挡不住迅速撤回大树林中段。

这时粟裕命恽前程通知廖昌金组织三营撤出现有阵地转移到王家桥、水西村西的三线阵地阻击敌人，命刘振太率领二营在李家栅、樊塘，李德安率领特务营在西杜家冲为三营撤退打掩护。

三营接受命令后对敌组织一次反冲击，利用敌被我突然反冲击打蒙的时机，安全转移到王家桥、水西村西一线。

粟裕看到三营安全撤出后脸上露出了笑容。三营顽强阻击、安全转移，伤亡不大，粟裕很满意。见到廖昌金和符义山时，粟裕对他们进行了鼓励，然后命他们到三线阵地阻击敌人。

下午1点敌军占领安中里后，立即对李家栅、关帝庙、樊塘、西杜家冲等二线阵地发起攻击，被二营击退后重点攻击关帝庙。

驻守的关帝庙是二营六连一排。战前这个排在庙外构筑有交通壕、跪式立式掩体、防炮洞等工事，在庙内院墙挖有卧式和立式机步枪眼。这个排连续三次击退日军的进攻。日军用炮火将工事大部摧毁后连续四次向关帝庙进攻，又被这个排击退。日军再以猛烈的炮火将关帝庙打得屋塌墙倒。后六连一排奉粟裕命令撤出，日军占关帝庙。

下午 3 点，日军集中炮火猛击樊塘，将粟裕观察所所在的民房屋顶打穿。日军炮击前，粟裕和随同人员已进防炮洞。敌炮击后，从西、南、北三面攻击樊塘。

在敌猛烈进攻情况下，为安全起见，吕平请粟裕回水西村，粟裕没有走。粟裕镇守樊塘，协助刘振太指挥各连利用残破工事，顽强阻击，对敌进行短促的反冲击，多次将敌击退。打到下午 4 点，粟裕命二营撤出樊塘，转移到水西村。

水西村西有条小河，河上有座三孔木桥。这座桥是从关帝庙和樊塘方向进入水西的必经之路。二营进入水西村后，粟裕命令侦察科长派人将大木桥桥柱锯断倒在河中，将桥板搬到河东岸。又利用战斗间隙在村头召开火线动员会，动员政工、后勤人员也拿起武器投入战斗。

下午 4 点半，日军开始猛攻水西村，被符义山的三营、指挥部的警卫连及机关人员（关于警卫连和机关人员组成的参战部队，时任指挥部参谋恽前程的回忆里没有提起，但另一参谋马苏政的回忆里有）阻于坝河西岸。日军两次组织强渡，都被击退。

在日军进攻中，粟裕不断将战情报至陈毅。陈毅接到粟裕报告后指出：日军日夜连续进攻，遭我军顽强阻击，进占缓慢，伤亡很多，十分疲惫。我军可以趁敌无力进攻之际，组织部队对敌出击。粟裕遂决定黄昏前对敌反击。

粟裕令符义山营坚守水西村、王家桥三线阵地；调驻守潘家、储庄一线防御东面之敌的教导大队迂回到樊塘、安中里之间，对樊塘之敌侧背攻击，命刘振太营随教导大队后跟进。特务营李德安率一个连，隐蔽运动到安中里大树林东头对日军实施佯攻。

下午 5 点，教导大队、特务营抵达攻击位置对日军发起攻击。日军腹背受敌，仓促应战，招架不住，进攻水西之敌后撤至安中里。教导大队和二营跟踪追击，到安中里东头遭敌阻击，与敌对峙。

这时天色已黑，粟裕正打算集中兵力攻歼安中里之敌时，日军在晚上 9 点左右扛着几十具尸体撤出安中里向南渡镇逃窜。日军逃窜前放火烧了部分村庄。粟裕命各部乘胜追击，收复樊塘、关帝庙、安中里、东杜家冲等地，扑灭了大火，抓了两个掉队的日军伤兵。

战后查明，此次进攻水西的日军这个大队有五个中队，其中一个九二步兵炮中队，一个重机枪中队，千余人。我方出动的是江抗二团两个营，一个特务营，一个教导大队，江南指挥部一个警卫连，还有一些机关工作人员，兵力也是千余人。

粟裕对日作战在兵力上向来以众击寡。水西保卫战是粟裕首次在敌我兵力相当的情况下指挥阵地战、巷战。新四军官兵依仗工事和地形与敌连续作战16小时，以阵亡8人、伤42人的代价毙伤日军200余人，粉碎了敌人袭歼江南指挥部的阴谋。

这也是粟裕与日十三军独立第十二混成旅团的第一次直接交手。此次交手显示独立第十二混成旅团虽然在装备上占据优势，但在战术上并无出彩之处，倒是粟裕率领下的新四军官兵在纵深梯次上的兵力配备及顽强作战的精神完全压倒了日军。

日军对江南指挥部的袭击无功而返，但在溧阳、郎溪等地因国民党守军的不抵抗，日军仅用三天进占了溧阳、郎溪、山丫桥和宣（城）长（兴）公路以北广大农村地区。

第十七章
智救新郎，慎重处事顺民意

水西保卫战过后，为防日军再袭江南指挥部，江南指挥部决定经前马镇向东转移到溧阳西北的余家桥。部队在傍晚时出发，于凌晨2点多抵达余家桥。

行军时，医院的干部和护士平日忙于救死扶伤，缺少锻炼的机会，一路走来跌跌撞撞，尤其是那些女护士，很容易就踩到水田里。天快黑了，粟裕有些担心起来。他想了一个办法：叫医院和指挥部机关的女兵，两人结成一对，互相拉着手帕，跟队伍走。并派军事干部，在行军途中前后巡视，发现掉队的及时帮助赶上。一个跟一个，最终没有人掉队。

抵余家桥后，又累又饿的官兵很希望快些住进民房热乎乎地吃一顿，暖和和地睡一觉。他们等着后勤科给分配房子。但陈毅决定先不进民房，就在打谷场上过夜。粟裕对前来分房的各单位说："这里是新区，没见过我们的队伍，深更半夜不能去打扰他们。大家可以靠着草堆挤在一起休息，很快就天亮了。"

当夜指挥部全体干部战士露宿在余家桥的在打谷场里。干部战士包括陈毅、粟裕二人在内，三五人一伙，紧紧靠着打谷场上十几个像圆形碉堡一样的稻草堆互相挤着睡了。

第二天，指挥部被余家桥民众像迎接远来的亲戚一样接进了家。百姓们说："你们真是名不虚传呀！""你们来了不进屋，是小看我们余家桥人呀！"从这以后，成立各种抗日群众组织，扩军，配合作战等工作在余家桥顺利展开，真是军民到了水乳交融的地步。

危险过去后，江南指挥部回迁水西村。

据江南指挥部政治部教育副官马苏政回忆，回到水西村后，陈毅曾亲手写了一副对联贴在水西祠堂里：

“食少事繁诸葛公，轻裘缓带羊叔子。”

这副对联是陈毅称赞粟裕的。诸葛公即诸葛亮，是三国时足智多谋的政治家、军事家，是中国文化里鞠躬尽瘁的忠臣与智者的代表人物。羊叔子就是羊祜，是西晋的军事家、战略家，以重情义、讲诚信出名的将领。陈毅把粟裕比作诸葛亮和羊祜，这是对粟裕的高度评价。

粟裕任副指挥兼参谋长，要掌握敌情，部署部队，指挥作战，组织后勤保障，每天忙到深夜。所以陈毅说他食少事繁。粟裕在战斗中亲临前线指挥作战，虽然在枪林弹雨中穿行，仪态仍从容镇定。所以陈毅说他没有武将的刚猛，倒有雅士的风度。

与粟裕朝夕相处的除了陈毅还有指挥部上上下下的机关干部。陈毅学识渊博，夸起人来一套一套。相比之下，江南指挥部的机关干部对粟裕的评价就显得朴素实在。

水西村处在敌后战场，日军说不定哪天又会突然摸到这里来。江南指挥部机关和直属队，有六七百人，只有三个战斗班，一旦打起仗来得派部队掩护。所以粟裕认真组织训练，要机关人员做到能走会打，具备自卫能力，不要或少要部队掩护。粟裕对训练干部丝毫不肯放松，可以说事必躬亲。他亲自制定了训练计划，提出了明确具体的要求，定期听取汇报。他还经常检查督促并在训练中亲自作示范。

秘书处速记员陈模说粟裕待人和蔼可亲，但在军事训练上却要求严格。每天起床号后粟裕亲自率领机关人员跑步，然后进行队列训练、射击训练，有时练习刺杀。严格训练的结果是连速记班的女兵打靶都非常不错，陈模 3 枪打了 29 环。

学生兵马苏政对训练更是记忆犹新。训练时谁的动作不准确或者慢了一点，甚至谁的纽扣没扣上，都逃不过粟裕的眼睛。粟裕总是不声不响地走过去，或者指出他的错误，或者亲自示范，直到他改正、学会为止。

粟裕从不大声斥责人，批评也是声调平和，不紧不慢，言简意赅。一次射击练习中，几个刚入伍的学生自认为已经达到了要求，在互相检查后，便趴在那里悄悄谈起天来。突然他们觉得有人过来了，抬头一看，粟裕已走到他们身前。粟裕一声不吭地从口袋里掏出一枚铜元放在一个学生的枪上，说“击发！”随着扳机声，铜元掉到了地上。粟裕拿过枪，一个卧姿趴下，让那些学生给他放好铜元，几次击发，铜元纹丝不动。他站起来走了。

这件事前后不过几分钟，除了一个口令，他没说一句话。事后，除了那几个青年学生，连指挥部全体人员的射击训练都更加严肃认真、刻苦努力了。

有位参谋处长害怕过独木桥，粟裕亲自为参谋处长作示范，骑着自行车通过很窄的木板桥。

粟裕对医务人员也不忽视，他把医院院长崔义田叫到指挥部，嘱咐他说："你们医务干部在医院工作，平时军事训练较少，行军时就跟不上部队行动。你们虽然不能像连队战士那样天天进行军事训练，但可以利用早晚休息时间，做做操，跑跑步，提高身体素质。"

通过这样的训练，除了保证江南指挥部在遇到敌人突袭的情况下谁都拿得起枪上得了战场外，还培养出了一批优秀指挥员，有力地保证了部队的扩大和对敌斗争的胜利。

这年春天，江南指挥部发生了一件事。

当时江南指挥部一位科长前往兵站检查工作时，发现兵站站长王永安是在贴有大红喜字的新房里接待他并向他汇报工作，在王永安工作汇报中有他已结婚一条。

这名科长大吃一惊。

新四军成军后军部以抗日大局为重，规定党员干部不管年龄的大小，不管党龄、军龄的长短，不论什么特殊情况，部队中一律不准谈恋爱。但这有点过，所以下面有意见。后来周恩来到军部听取了部队干部关于改正不许结婚规定的意见后提出：年满 28 岁，有 5 年革命历史的干部，科、团级以上干部，符合以上条件的，经过组织批准，即可结婚。

按这个标准，王永安不符合要求，也就是说王永安不可以结婚。当时连总指挥陈毅和副指挥粟裕都尚未结婚。所以这名科长听说王永安结婚了时简直不敢相信自己的耳朵。

他带着疑问问王永安，得到的是王永安肯定的答复。正说着，一名长相漂亮的女子径自入屋，没料屋里有外人，又听王永安说陌生人是上级派来检查工作的领导，就慌里慌张地夺门而去。

这名科长见此情况不由地猜测：王永安是红军时期被俘虏的广西兵。旧军队里广西兵打起仗很厉害，但纪律很坏，抢钱抢女人，有时打仗都带着抢来的女人，在军纪方面臭名昭著。这个王永安长得黑粗，又是一个只有一只手的残疾人，按道理不可能被那么漂亮的女子看中结婚的，一定是强迫。不然，很难理解那女子为什么见了王永安拔腿就逃走。

强占民女事关军纪和民心向背，这是大事。这位科长不再听取汇报，赶紧回指挥部向陈毅和粟裕报告情况。陈毅闻听大怒，马上派人去抓王永安。当时的军法处处长是周林，他立刻派出战士奔赴兵站将王永安绑到指挥部听候处理。

陈毅立即召开全体科以上干部会议专就此事讨论处理意见。因为是强抢民女，所以干部们都深感意外，也非常气愤。有人提出：为了严肃军纪、党纪，挽回政治影响，取信于民，对王永安必须立即开除党籍、军籍，就地宣判执行枪决。

粟裕在大家发言时一直沉思不语。他对王永安比较了解，认为王永安不太可能犯这样的错误。但当时对王永安的处理意见呈一边倒的状态，他不好直言反对；另一方面王永安的情况也未查明，王永安犯不犯错误也不能肯定。

陈毅在大家发言后征询粟裕的意见，粟裕冷静地说："党纪军纪必须严肃；对人的处理必须慎重。开除和枪毙一个同志，更要考虑再三，不可匆忙决定。王永安是当过白军，但那是被迫的嘛！才 10 岁刚出头的孩子，被白军抓了去，给一个连长当勤务兵，不过是一年多一点的时间；白军'围剿'井冈山的时候，他的右手就负了伤，不得不截掉。按规定，伤好了，发路费，劝他回家去的，可是他不走，坚决不走。他对红军医院尽心尽力为他治伤，心里非常感激，又看到红军官兵平等，团结友爱，心里非常羡慕，更不想走了。没有右手，打不了枪，他就到炊事班去帮忙做饭、烧火、背锅、担米；还冒着枪林弹雨送水送饭，抢救伤员，表现是很突出的。我们部队开到哪里，他就跟到哪里，在极其艰难险恶的环境，他吃苦耐劳、勇敢坚定，终于赢得了大家的喜爱；经他再三请求，也经大家再三请求，部队领导才批准收留他参加了红军。在三年游击战争中进一步受到了考验和锻炼，入了党，从战士到炊事班长，再到直属机关指导员、兵站站长，从来没有听说过他有什么'恶习'、'旧病'呀，是不是我们这些人太官僚了呢？这个同志也不是没有远离领导执行过任务，将近十年斗争环境的生死考验，证明是一个很不错的同志嘛！怎么突然之间会是这个样子呢？……我建议先对这个事情作一个深入的调查，然后根据实际情况再作处理。如果情况属实，严惩不贷。"

听了粟裕的建议，陈毅权衡再三，决定再次派那位科长前去兵站，专就"强迫成婚"一事，重作深入调查。并再三郑重要求：务必倾听群众反映和当事人（新娘及其父母）申诉。

几天后真相大白：原来王永安克勤克俭，忠于职守，深得兵站同志和驻地群众的信赖，与军内外各方面的关系，尤其密切和融洽。当时新四军都住民房，王永安的房东是世世代代勤恳耕种的贫农，老两口天天看着王永安起早贪黑忙里忙外，却没有时间（也没有能力）料理好自己的生活。房东老两口既喜欢他又同情他，想把自己的独生女儿许配给他，以方便照料他的生活。姑娘本人见他忠厚老实，待人和气，体魄健壮，朝气勃勃，虽然只有一只手，却比有两只手的人还能干，早有敬慕之心，也就大大方方地欣然接受了这门亲事。由于兵站驻地距上级领导很远，敌人又封锁很严，没有来得及报告上级就举行了婚礼。王永安被拘押后，新娘和她的双亲心急如焚；村里人更是愤愤不平，议论纷纷。新娘和她的亲人正商量准备到指挥部来救人。

陈毅听取汇报后，召集全体科以上干部再次开会讨论。王永安不经请示批准而结婚，毕竟是错误的，应该给予批评教育。但此事的发生实属特殊环境特殊情况所致；事实不仅没有造成不良影响，反而倒极其生动地体现了新四军和老百姓难解难分的鱼水之情！因此会议决定：解除关押，免予处分。

这会还未结束，只见新娘在其父母陪伴下，由一群村民簇拥着来到指挥部“要求晋见新四军首长！”陈毅闻声，当即离座出迎。他满面春风地热情接待了风尘仆仆前来“上访”、说情、“一定要解救新郎”的人们；当众宣布了会议决定，并立即下令释放新郎，还具体指示警卫员给王永安洗脸刮胡子，换上新军服，整整齐齐、高高兴兴地来向岳父母施以大礼，同新娘团聚……

“不枪毙王永安了！王永安放出来了！”

消息传开，群众一片欢腾。当地人民群众和新四军干部战士，无不认为这是顺军心、合民意的大喜讯。王永安本人更是激动万分。当然，最欣慰的还是粟裕。

由于粟裕的关怀，王永安得以在枪口下捡回性命。当下王永安在妻子、岳父母及众乡邻的簇拥下高高兴兴地离开水西村，回到工作岗位，组织纪律观念更强，工作热情更高。

后来王永安担任了新四军后方医院院长，他的妻子也参加了新四军，夫妻双双在抗日战争最艰险的危难时期并肩战斗，感情笃深，堪称“模范的抗日夫妻”。

第十八章
巧探冷欣，防顽袭击做预案

1939年底到1940年春的形势风起云涌。日军对国民党采取诱降为主，对中共及敌后抗日军民则集中主要兵力进行打击。在此背景下，国民党对中共及其武装加紧推行“以军事反共为主、政治限共为辅”的方针。这一历史时期的中共文献中出现了两个新名词：一个是“摩擦”，一个是“顽军”。“摩擦”是国共两党之间政治和军事的交锋，“顽军”则指军事反共的国民党部队。摩擦始于华北，然后转到华中。

江南指挥部所在的第三战区内国共双方有矛盾有合作，以合作居多。陈、粟二人与邻近的冷欣相互来往，互通情报。然而在当时的大环境下，这种合作开始面临危机。

3月，第三战区司令长官顾祝同调集约18个团的兵力企图切断新四军皖南、苏南之联系，造成围歼皖南、威逼苏南新四军之势。同时，国民党方面又勒令新四军将江北第四、第五支队和叶（飞）、陶（勇）部队南调，以截断新四军与八路军的南北联系，最终消灭之。

中共中央来电指示新四军和中原局将新四军江南部队北调，以对抗蒋介石的无理命令。3月29日，中央又来电指出：国民党顽固派制造摩擦的中心将由华北移到华中，有可能利用优势兵力向新四军军部地区进攻。因此军部及皖南部队应预先有所准备，以免遭袭击，万不得已时可向苏南陈毅支队靠拢，再向苏北转移。

这些精神到了新四军军部后，并没有得到落实。项英有不同意见。他考虑：不到万不得已决不与国民党第三战区发生冲突，以免背上破坏统一战线的罪名。为了不刺激国民党军，项英再三要求各部听从三战区的命令，不要弄坏关系，不要越出指定的活动区域，不要在敌后扩军："扩军会破坏国民党的兵役制度，人多了没有饭吃"。但项英对国民党军进攻新四军的可能性还是有所估计的。他想调陈毅和粟裕的江南部队回皖南，目的是增强皖南新四军力量，以应付国民党军可能的军事进攻。以项英的方案，万一国民党军进攻新四军，新四军以硬碰硬，打败国民党军后向江浙一带发展。

听说要向江浙一带发展，粟裕很不赞成。因为浙江是蒋介石的老家，蒋介石势力根深蒂固，而且国民党军在那里留有大量部队。苏南是敌后地区，国民党军队不敢来，即使来也是少量的。真正摩擦起来，新四军未必吃亏。他也反对新四军主力集结皖南。皖南地非敌后，皖南新四军处在国民党第三战区部队的三面包围之中，有如羊入虎口。一旦擦枪走火，新四军寡不敌众，一定吃亏。

那时叶飞、陶勇他们在江北同华中局刘少奇见过面，刘少奇在谈话中指出要大胆向敌后发展。叶飞将刘少奇的精神发给江南指挥部。陈毅和粟裕衡量了一下，在增调部队到皖南的事上没有听项英的。

这件事的处置被历史证明是正确的。后来情报表明，国民党方面的确心怀不轨，国民党将领对两个地区形势的分析说得更为露骨："叶、项在皖南，如瓮中之鳖，手到擒来；陈、粟在苏南，如海滨之鱼，稍纵即逝。"

3 月，汪精卫的伪国民政府在南京成立后，江南成为汪精卫重点防备区域，形势变得更加紧张起来。为适应新形势需要，陈、粟二人加紧整训部队。

陈毅和粟裕以四团第三营、二支队特务营与江、句、溧地方武装吴福泽部合编成立新四团。黄玉庭任团长，钟国楚任副团长，王胜任参谋长，王直任政治处主任。

四团二营四连与句容县东北区民众抗战自卫团巫恒通部合编，组建新三团。巫恒通（1941 年 9 月被日军所俘，随后绝食以身殉国）任团长，曾昭墟任参谋长，彭冲任政治处主任。

这样一来，粟裕原二支队在江南恢复了两个团的编制。

4 月 16 日，陈毅和粟裕召集指挥部各级干部和王必成、段焕竞、巫恒通、徐绪奎各部连以上干部在水西村祠堂里听报告。

会议开始后十多分钟，主持人宣布："现在请粟裕副指挥给大家作报告。"

粟裕站起来，走到桌子边，面带笑容，侃侃而谈："同志们！今天的军事课讲组织战斗。为什么要讲这个问题呢？现在大部分部队在这里整训，准备进行更大的战斗；只有大家懂得怎样组织战斗，才能完成战斗任务，争取圆满胜利。”

“随着生产和科学技术的发展，新式武器不断生产出来，同时战争的性质、战争的范围和规模、战争的形态和手段，都在不断变化，于是军队的指挥关系也在不断演进。从有军队到现在，军队的指挥关系大致可以分为三个时期。在火药发明和用于战争之前，军队的装备是刀矛、弓箭、盾甲之类的冷兵器。军兵种只有陆军和水师。陆军主要是步卒和马卒（包括马拉战车）。水师所乘的船只，是以帆、桨为动力的楼船和艨艟战舰。打起仗来，兵对兵，将对将，主将打败了，几万、几十万人马也就败了。军队作战的战斗队形和战术，无论攻防都较简单。所以只有简单的指挥关系，通常由军队的主将，以口语或旌旗、鼙鼓之类的信号传达命令，进行指挥。所以可称为司令时期。到发明了火器，特别是18世纪末、19世纪初发生的法国大革命和拿破仑战争，使军事艺术发展到了一个新的高峰。这时指挥关系复杂起来了，有了参谋处的雏形组织，可以称为‘拿破仑时期’。从19世纪初叶以来，人类经过第一次世界大战，目前正在进行着第二次世界大战。由于生产和科学技术的更加发展，由于战争的需要，军队的编成和武器装备日益复杂、精良，现代化海空军和装甲兵的出现，使战争由地面扩展到海上和空中，由线式的战争发展成为面的和立体的战争。因此，在军队使用和指挥关系上，也起了变化。作战时，要使各军兵种，在规定的时间和战线上，协同配合，发挥最大威力，取得预定效果，就必须有周密的组织部署，所以现在是组织战斗时期。

“怎样组织战斗？目前，我们的部队是单一兵种，武器装备落后。这里不谈现代化大规模的组织战斗，但可能不久的将来，我们要打更大规模的仗。打大仗，不像打小仗那样，打得了就打，打不了就走；这样多人，如果打不好，走是走不了的。所以，现在我们就要做准备，准备愈充分，胜利愈有保证。……”

在场的听众无不心生敬佩。

他这个报告中论述的是如何组织战斗：

第一，下级指挥员要明确任务，了解意图，这样才能树立全局观念，发挥主动性、积极性。

第二，从政治、人民和军事三个方面进行战争动员。讲到人民动员，粟裕明确要通过地方政府和群众组织发动群众，组织各种参战队，帮助军队作战，做到伤兵有人抬，战利品有人处理。为了战争的胜利，今后我们每开辟一块新区，要迅速帮助地方建立政权，并支持政府开展工作，从而取得政府和广大群众对我军的支援。

第三，从敌情、地形和政治情况三个方面对敌进行侦察。要保证军事上取得胜利，就必须了解敌人的番号、兵种、兵力、装备、部署、工事状况，了解敌人的交通枢纽、机场、码头、仓库、兵站的位置，了解敌人的行动企图。除了上述一般情况外，还应着重查明敌人的战斗力状况，它的长处、特点和弱点。说到日军，粟裕说日本的常备军和老兵，训练有素，战斗力很强。预备军和新兵，缺乏训练，战斗力明显减弱。要了解敌人指挥官的个性和指挥能力。假如敌人指挥官是善于猛打的，我们就要对付得了他的“程咬金的三板斧”；假如敌人指挥官的胆子小，我们的打法又不同，可以首先给他一阵猛打，打得他胆子更小；又假如敌指挥官疑心重，优柔寡断，决心多变，我们可以多设疑兵，多用欺诈手段，促成他动摇。

第四，如何制定作战方案。

第五，怎样做好战时和战后勤务。

这次报告表明，粟裕的游击战术更加贴近作战需求，理论上更成熟、更完善，说来也更加挥洒自如。

游击战战术方面，国共双方都有杰出人物做过精辟论述。如国民党方面军事理论家白崇禧解释游击战时，旁征博引，引经据典：

> 距今二千四百年前，东方兵圣、中国大兵学家孙武于其所著《孙子兵法》一书中有云：“凡战者，以正合，以奇胜。”“战”是战力，“奇”是谋略。又云曰：“兵者，诡道也。”“诡道”即奇，此可谓游击战之解释。又云：“战势不过奇正，奇正之变，不可胜穷也。”“兵以诈立，以利动，以分合为变者也。”“兵形象水，激水之疾，至于漂石。”西方兵学家克劳塞维茨曾道：“游击战，似一种云雾或蒸气，从不凝成团体，但于必要时，可以某一点凝为云团，自云雾中爆发可怖之闪电。”足证中外兵学家所见不谋而同。

当时听报告的马苏政忆及此事，感叹粟裕讲课形象生动，深入浅出。听课的同志，无论干部、战士，文化高低，实践多少，一致反映听得懂，记得住，领会深，用得上。他讲课时，秩序最好，座无虚席，连炊事员也主动挤出时间来听讲。

当时在座的指战员大都没有系统地学过军事理论，不少人打了十几年仗，取得过不少胜利，但对怎样才能保证战争的胜利，在理论上说不清楚，有些事更不太明白。现在听粟裕一讲，如同醍醐灌顶，茅塞顿开。部队整训后，战斗力大大提高。但到底向哪个方向发展仍是未知数。

考虑到江南形势复杂多变，陕北延安加强了对江南指挥部的领导。到了4月下旬，江南指挥部便可以和延安直接通电报。21日，陈毅、粟裕、罗忠毅和邓振询四人联名向中央发电报，建议皖南新四军军部及主力部队东移苏南，提出“皖南、苏南分则力弱，合作可以开展局面”，“应先放弃皖南，集中全力发展苏南，直到海边”。中央收到电报后，复电项英，重申新四军向北发展的方针，不同意由江南抽兵到皖南，指示“江南陈毅同志应努力向苏北发展”。

5月4日，中央军委电示陈毅和粟裕：“……在一切日本占领区和战争区域，应不受国民党的限制，独立自主地放手扩大军队，坚决地建立根据地。由于国民党顽固派坚决执行防共反共限共政策，我们应强调斗争，不应强调统一。在应付全国性的突然事变的问题上，也只有采取斗争的方针，才能使全党全军在精神上有所准备，工作上有所布置。……”

第二天，中央军委又明确指出新四军一、二、三支队主力的主要发展方向不是在溧阳、溧水、郎溪、广德等靠近国民党中央军的地区，而是在苏南、苏北广大敌人后方直到海边之数十个县，尤其是长江以北地区。要陈毅在吴淞口至南京之间及芜湖以西长江两岸控制多处渡口，速令叶飞在北岸扩大部队，建立政权，不要顾虑顾祝同、韩德勤、李明扬的反对。

向江北发展是以后的事，当务之急却是摸清同处江南的国民党中央军冷欣部队的意图和动态。为此，粟裕率战地服务团前往冷欣的指挥部所在地溧阳山丫桥，借汇报和慰问的名义进行侦察。

冷欣开始和新四军部队保持着比较密切的关系。陈毅、粟裕曾数次去冷欣指挥部参加会议，还和冷欣一起阅兵。但冷欣对陈毅和粟裕限制居多，他指责新四军游而不击，不许新四军在金坛、溧阳、溧水境内发动与组织群众开展游击战争，扣发新四军的经费、弹药、被服等，还暗地派遣特务武装到新四军活动地区搞破坏。

粟裕向冷欣汇报时，作战参谋冯伯华以卫士身份带了材料和地图跟随，利用挂地图的机会，观察原来挂在那里冷欣部队的部署图，记下来，回到住处悄悄绘成图。每天清晨粟裕都和冯伯华起来跑步锻炼身体，每天各跑一个方向，把看到、了解到的情况悄悄绘成图。粟裕要冯伯华特别注意收集纸篓和厕所里的纸片。冯伯华果然在厕所里发现一张国民党军南调茅山形成对新四军苏南部队包围的草图，证实了国民党军蓄意攻击新四军江南部队。

返回江南指挥部后，粟裕根据这次实地侦察，很快拟定了一个作战计划，冷欣部一旦对新四军发起进攻，粟裕只要用两个加强团便可拿下他的指挥部。

江南新四军暂可无忧，但皖南军部却让粟裕越来越担心。军部处在日军和国民党军夹击的境地，按当时形势发展下去，军部早晚会让日军或国民党军给一锅端。粟裕力促皖南主力迅速北上或东移苏南。

陈毅和粟裕召集团级干部会议，由陈毅以中央军委新四军分会副书记的身份三次致电中共中央和项英，促请军部及皖南主力速移苏南。考虑到电报不能详细地、原原本本地反映他们的意图，又派江南指挥部政治部民运科长曾如清专程赴皖南汇报。

为迎接军部东移，粟裕派作战科长吴肃率领侦察组，配合军部作战科长李志高率领的侦察组，由江南和皖南分头对进侦察，为军部东移勘察选择一条合适的路线。吴肃返回江南指挥部后向粟裕作了详细汇报。粟裕据此拟定了派三个团接应军部东移的计划。

从江南指挥部控制的水阳、狸头桥及江南指挥部驻地到军部驻地皖南泾县云岭，仅 80 ~ 150 公里路程，互相对进，一昼夜便可接应上。电台呼号、通讯联络都已约定好了。但项英竟又拒绝北移，反而再三要求中央批准将叶飞、陶勇等部调回皖南，遭到中央断然拒绝。

5 月 28 日，陈毅和粟裕接到苏北管文蔚、叶飞、陶勇等人的电报，说日军侵占苏北兴化，江苏省主席韩德勤部向东台等地撤退，国民党八十九军向兴化以北撤退。见江北敌占区骤然增大，陈毅、粟裕立即命令江北的管文蔚、叶飞和陶勇各部乘日军立足未稳全力向日军的新占领区发展。

29 日，陈毅和粟裕联名致新四军军部并转报中共中央中原局刘少奇、新四军副军长张鼎丞并报中共中央和新四军军长叶挺电报，希望派得力部队发展苏北。

第十九章
西塔反顽，以其之道还其身

1940年5月31日，日军第十五师团第六十七联队吉田中队150多人进攻江苏省江宁县政府。奉命救援的廖海涛（1941年11月27日在溧阳县塘马村对日作战中牺牲）率新四团三营在赤山窦家边村设伏，歼日军中队长以下130余人，缴获60多支三八式步枪、2挺机关枪和2支掷弹筒。此战还缴获1门九二式步兵炮，首开新四军从日军手中缴获大炮的纪录。过了几天，日军动用坦克和骑兵报复，又被三营毙伤骑兵40多人。

随后日军准备从南京和句容调兵南下“扫荡”江南指挥部所在地。时粟裕和钟期光带着一个工作组在句容扩军，得到情报后，他亲自前往句容县毕圩村向新六团交代任务，同行的有谭震林。此时谭震林带着周光华和小张两名报务员，准备到浙江去。

粟裕告诉段焕竞：“你们的战斗任务有两个，一是反击敌人的‘扫荡’，破坏句容—溧阳—天王寺段公路；二是掩护江南指挥部过江。”

段焕竞回答干脆：“保证完成任务！”

粟裕十分细心，对如何组织侦察、如何组织群众破路等等作了细致的交代，下达任务后又看望了部队。

段焕竞的新六团是在镇江、句容、丹阳、金坛四县人民抗敌自卫委员会地方武装的基础上成立起来的，段焕竞原为二团一营长，他受命过来当团长时，陈毅只给了他一个特务连和一个政委。地方武装大都战斗力不强，但在段焕竞的带领下，只半年时间，新六团就已能与射击精确、善拼刺刀的日军正面交战了。去年11月7日在延陵地区贺甲村全歼日军守敌160余人的战斗中，新六团表现出来的战斗力不输给王必成的二团。

粟裕又看了看附近的地形，一直到下午四五点钟才离开，临走前又叮嘱段焕竞说："你们现在不是游击队了，是一支主力部队了。你也不是一名游击队长，而是一个团长，不仅要会打仗，而且要抓好部队建设，今后要准备承担更重的任务。"

粟裕、谭震林走后，段焕竞连夜率领新六团到句容城南进行大规模的公路破袭战，随后返回句容二区的李家棚、吴家墩、东西宋庄一带宿营，同在这一带宿营的还有"四抗会"常备队和苏南特委通信队的两个排。

段焕竞的妻子李珊带领句容群众参加了破路行动，完成任务后她住到了宋庄附近的丁庄。黎明时分，李珊被屋外大路上众多的皮鞋踏步声惊醒，爬起来一看：大队日军正向团部驻地宋庄突袭。李珊立刻从田野抄近奔向团部报警。当时段焕竞考虑部队执行任务后十分疲劳，没有连夜转移；打了胜仗，又产生骄傲轻敌思想，忽视了警戒。当时情况十分紧急，日军的信号弹都落到他们电台上了，更严重的是当他们冲出村庄后，发现日军已经在他们眼前。因为李珊及时报警，团部得以利用丘陵地形和松林，抵挡住了日伪军的合围。团部机关和地方干部好几百人，边打边撤。幸好在当地都是丘陵地，要通过的道路都是田埂小路，他们走得很习惯，跑得也快，而日军穿着大皮鞋，走在田埂上东倒西歪，行动极为困难。新六团得以成功分散向东突围，避免了一场毁灭性的灾难。

段焕竞率通信排在向东突围时与日军短兵相接，左大腿中弹负伤。日军翻译看到后大喊"抓活的！"一个日军小队长冲上来挥起指挥刀要砍，被警卫员小刘用快慢机一扫当场击毙。段焕竞的伤没有触及骨头和大筋，还能奔跑——这样才得以脱险，跑到了金坛境内的阳山里。

这次突围，新六团损失不小，伤亡 94 人，地方政府工作人员被抓走了一部分，群众死伤几十人。谭震林准备带到浙东去的周光华负伤，小张牺牲。突出包围后，段焕竞当晚给江南指挥部发电报，报告了敌人"扫荡"和他们突围的经过，并告诉陈毅司令员，粟裕和谭震林于前一天晚上就离开了新六团，要陈司令放心。

粟裕当时还在句容，当天就知道了新六团遭受日军突袭。得知段焕竞负了伤，立即派人看望他，数日后又到段焕竞团，和段焕竞一起总结这次战斗的经验教训，肯定了部队作战勇敢，素质较好，在敌人优势兵力的合围下，能安全突围，并及时收拢归建，同时也指出他们未注意隐蔽行踪，对敌情估计不足。后又把和新六团一起突围出来的“四抗会”常备队和苏南特委的通信队上升主力，补充到新六团，改编为一营二连和二营五连。这样，新六团每营都有三个连。后又把林胜国的丹阳独立支队改编为新六团第三营。

此事真正的祸首是冷欣。就在新六团行动的当天晚上，冷欣部钟中山团的侦察分队故意引诱宝埝的日军进攻，让日军追踪而来，引着日军向新六团驻地前进，他们则悄悄撤离。日军互相通报，茅山周围的镇江、丹阳、句容、金坛、天王寺、白兔、上党、珥陵、直溪桥、薛埠等据点的日伪军倾巢出动，共有3000余人并有骑兵一部前来奔袭合围段焕竞部，先分四路，后来又由四路分成九路对驻地进行合围。好在新六团平时训练有素，战时反应快，又占有地利人和，才没有遭灭顶之灾。

此时国共矛盾越来越激化，新四军在苏南才遭国民党军暗算，在江北又起风波。上个月中旬，叶飞、刘炎、管文蔚为首的挺进纵队在江都吴家桥地区粉碎了日伪军各500余人的“扫荡”后，为防止敌人报复，暂时北撤到郭村休整。郭村位于泰州西北15公里，原是李明扬、李长江的防区，实际是“二李”与日军之间的缓冲区。李明扬同意将郭村借给新四军暂时驻扎，为期一个月。因为挺进纵队立足未稳，势孤力单，时时面临被日伪军和韩德勤顽军包围夹击的危险，所以挺进纵队没有再撤出郭村。同时，为了生存，挺纵又设卡收税征粮，招收新兵，宣传抗日。李明扬、李长江认为挺进纵队是刘备借荆州，便多次派人交涉，要求挺进纵队撤离郭村。韩德勤原来与李明扬、李长江有矛盾，现在见有机可乘，便许诺与李明扬、李长江捐弃前嫌，共同行动，用武力解决处于弱势的新四军挺进纵队，李明扬、李长江二人态度顿时变得动摇不定，叶飞部在郭村处境十分险恶。

当时的形势是新四军要在大江南北同时对付顽固派的进攻是不可能的，与其苏北、苏南两方受损不如过江到苏北地区去。陈毅当机立断，部署江南指挥部移往苏北。

苏北地区有2000多万人口，盛产粮、棉、盐等战略物资，是控制日军沿江进出的重要侧翼；又是连接新四军与八路军的重要纽带。苏北抗日局面一旦打开，向南可以与江南抗日根据地相呼应，扼制长江下游，直接威胁设在南京的日本侵略军总部和汪精卫伪政府；向北、向西发展，可以与山东、淮南、淮北抗日根据地连接，分别直通华北、中原。控制苏北，对于我发展和积蓄抗战力量，更沉重地打击日军，以及制止国民党顽固派反共投降都具有极其重要的意义。

决心一下，陈毅就发电报给项英，说江南新四军指挥部要按照中央的方针向苏北发展，希望你们能到苏南敌后来发展。我们决心等你们到几月几日，如果你们再不来，我们就过江了。项英那里的情况已经比较紧急，处于顽固派的包围之中，他们发电报一直说要来，陈毅和粟裕就一直在那儿等。可他们就是没有过来。

6月15日，陈毅和粟裕率江南指挥部及第二团、新六团离开水西村，过溧（水）武（进）公路，开始向苏北转移。

第二游击区总指挥冷欣得到陈、粟转移的情报后，令中央军方日英第四十师尾随于后，又派第六十三师开进高淳，形成对新四军的包围之势。又令四十师一一八团与六十三师旅长钟中山率领的挺进军第五团插入金坛、句容县一带，造成南北夹击新四军的态势。

陈毅和粟裕收到后卫部队关于顽四十师尾随于后动机不明的报告后，为防不测，命令部队摆出战斗姿态，不解背包，不进村庄，就在地里、树林宿营。有时，两军宿营地竟隔村相望。

此时日军也由丹阳等地出动“扫荡”，北移新四军顿时处于夹击、被歼的危险境地。

江南新四军与国民党军之间以合作居多。首先挑起并把事端并展到摩擦程度的是镇江县长。去年11月份，镇江县长庄梅芳利用二团在贺甲村一带与日军激战的机会，以设宴为名将二团独立营营长马烽一家诱骗到自己家里杀害，吞并独立营300多人枪。事后陈毅将庄梅芳镇压。此事过后国共合作未受影响。粟裕四团辖区有国民党一个团（番号不详）进入活动，四团廖海涛让出一部分地盘供其活动。当日军来“扫荡”时，廖海涛立即将敌情告之，在其被围困之时又侧击日军掩护其突围。陈、粟二人说到国民党军总是以“友军”名之。就是3月份国共摩擦加剧以来，陈毅和粟裕仍从多方努力，主动谋求缓和，防止摩擦扩大加剧。但冷欣步步紧逼。

为了打击顽军的反共气焰，陈、粟随即命令廖海涛率黄玉庭的新四团、巫恒通的新三团进行自卫反击，并命令段焕竞新六团协同新二支队坚决粉碎顽军的进攻。

6月18日，顽军两个团进抵西塔山时，新四团和新六团在新三团的配合下对挑起战端的顽军坚决予以还击。战斗打响后，廖海涛首先将六十三师旅长兼镇江地区委员钟中山所率挺进第五团击溃，随后又将第四十师一一八团打垮。

钟中山团被击溃后没有向溧武公路以南撤退，而是直奔有日军据点的天王寺方向逃去，以期引诱日军出击，他再率队脱离，让日军攻击新四军。

叚焕竞团在宁杭公路上破坏公路时遭过钟中山团的暗算。这一次钟中山又想故伎重演，但他这次失算了。

粟裕看透他的用心，命令部队紧追不放，不让他们有抽身溜走的可能。到了晚上，粟裕以其人之道还治其人之身，命令一支小分队在前来“扫荡”的日军和国民党部队中间发起攻击。战斗打响后，由于天很黑，日军和国民党部队混战起来。小分队则按计划来了个金蝉脱壳，急行军离开金坛，半夜1点多，到了茅山附近归队。

日军和国民党军乒乒乓乓打了几个小时，直到上午10时，日军将国民党军打垮，双方才发现自己打的不是新四军。

冷欣得到消息后气急败坏地说：“粟裕真厉害，打仗真有一手，我们上了大当，吃了大亏。”

江南还未摆脱危险，江北又出现了剑拔弩张局面。李明扬、李长江在韩德勤的挑唆下，向叶飞的挺进纵队下了最后通牒，限三天退出郭村，并以十倍于挺进纵队的兵力将郭村四面包围。

叶飞将情况同时发给中原局刘少奇和江南指挥部陈毅。刘少奇复电要叶飞选择适当的地形位置，以固守或游击战的形式坚持一两个星期，等李明杨、李长江进攻时采取自卫，造成对新四军有利的政治理由，然后调动八路军与新四军四、五支队援助协力侧击顽军。陈毅则复电要叶飞尽量避免与李冲突；不能避免也要尽量拖，以抑止战端。要打也要退到吴家桥打，迫不得已时才在郭村打。同时为争取时间，派苏北代表赴泰州与“二李”谈判。

叶飞接到相矛盾的两封电报后权衡再三，命部队积极备战，准备在郭村与顽军决一雌雄，同时把自卫作战计划发给陈毅。

此时新四军政治、军事态势急迫。一方面挺纵兵力单薄，顽、我兵力对比悬殊，如作战不利，新四军将失去大江南北交通的枢纽地带，势必严重影响江南主力北上。另一方面，即使打败了李明扬、李长江，但如果处置失当，李明扬、李长江倒向韩德勤一边，造成韩、李反共大联合，对新四军在苏北发展也极为不利。

陈毅收到叶飞的电报后急火攻心，一面令在仪征、扬州地区的苏皖支队陶勇部星夜赴援，一面电示叶飞：他将立即渡江北上，亲临决策。电报发出后，陈毅连电台也顾不上带就匆匆向江北赶去。陈毅还未赶到郭村，战斗就于6月28日打响。陈毅退至长江中的新老洲，连夜派人送信给粟裕："速派主力部队，克服一切困难，渡江支援。"

29日夜，奉命增援的苏皖支队在陶勇、卢胜率领下跨越天扬路，夜渡邵伯湖，穿过日军封锁线，日夜兼程200余里，突然进入了李明扬部防区郭村西面的杨家桥、麻村一带，与挺进纵队取得了联系。挺进纵队经过一天的激战，击退了李部陈中柱、陈才福，苏皖支队二营也将颜秀五部击退，并于当晚进入郭村，分担了部分防务。

郭村战斗打得很险。战斗时叶飞只有一个多团，尚不足"二李"兵力的十分之一，所以陈毅连发三次急电明令指示叶飞等"切不可在郭村孤军御敌"。但叶飞与其他挺进纵队领导及苏北特委从实际情况出发一致同意保卫郭村。郭村之战预计固守一星期就可有八路军五纵队、新四军五支队和江南部队的支援，但后来都没有实现。幸好陶勇带着苏皖支队及时赶到，李长江部陈玉生、王澄（1943年12月在启东县竖河镇遭日军特工伏击时牺牲）、姚力率部起义，兵力增加到5个团。

结果打了8天，共歼灭李明扬、李长江部3个整团，击退李长江其余的部队，缴获大批装备，俘700余人。

反正的姚力、王澄原在南通、海门一带组织民众自发抗日，后来抗日义勇军指挥部及一个连被省保安部队缴械，领导人费一夫、瞿犊、王进惨遭杀害，姚力和王澄幸存的两个连，走投无路，于是投奔颜秀五部，后被编为李明扬、李长江下辖的二纵五支队四大队。

陈玉生是泰兴县人，抗战爆发后他与陈进觉等人在靖江、泰兴一带成立了靖泰抗日救亡协会，成立抗日救亡大队，有200余人。南通专署保安司令袁国宝和保安旅长何克谦以发军饷、给番号诱使陈玉生带队到南通整训，然后趁陈玉生去理发之际，以训话为名集合陈玉生部队，收缴了抗日救亡大队的全部枪支。谁知次日早晨日军侵入南通，袁国宝闻风而逃。陈玉生冒险赤手突围出来重新组建游击队，并发展到六七百人。后投入李明扬麾下，任八支队支队长。

郭村保卫战最终获得胜利，陈毅与李明扬、李长江重归于好。但陈毅在江北仍担心“二李”继续进攻，接二连三地发来加急电报要求粟裕继续增援。

粟裕将新三团、新四团和独立一团、独立二团及各县区地方武装部队共约3500余人交给二支队参谋长罗忠毅和三团政委廖海涛打理，然后率领江南指挥部机关、王必成的第二团和段焕竞的新六团近2000人渡江北进。

第二十章
初过长江，主张东进备战忙

1940年7月8日，江南指挥部机关部队、二团、新六团打点行装准备过江。为使行动隐蔽，北移部队必须一夜之间通过公路封锁线、大运河、沪宁铁路并渡过长江。时陈毅已在江北，北移由粟裕全权负责。为保万无一失，粟裕亲自布置，严密组织，缜密部署。

天色尚早，细心的粟裕考虑到机要人员年纪小，体力差，还有楚青、陈模那些女兵，如果同大部队一起行动，有可能掉队而发生危险。因此他指定一名参谋负责借来老百姓的衣服和雨伞，让机要人员化装成老百姓，化整为零，两人一组，分散先行。

晚上，粟裕率领机关部队顺利通过了公路封锁线，与先期安全通过敌人封锁线的机要人员会合。再前进就到了大运河。

大运河北起北京，南达杭州，流经六个省市，沟通五大水系，全长1790公里。粟裕通过的河段称江南运河。清朝末年，自京汉、津浦、京沪铁路修建后，江南运河开始荒废，河面冷清。这天晚上是农历六月初四，天上没有月亮，也没有星星，河面一片漆黑。

河的这边没有船。河对岸是渡口，有渡船。粟裕决定亲自过河找渡船。他把机关过河、警戒和断后工作交给曾若空，然后一个纵身跳下河向对岸游去。运河有50多米宽。由于水流湍急，粟裕被水冲到离渡口很远的地方才上岸。上岸后他跑到渡口，找到一条能坐7~10人的小船，然后把船划了过来。

粟裕在最短的时间里指挥建起一个最简单的“拉拉渡”。他让战士们把电台捆天线杆的绳子拿出来接好，一头捆在这边的树上，等过了河后把绳子的另一头绑在树上。过渡时就拉着绳子摆渡。他命令女兵和电台工作人员先上船，要会游泳的游水过河。

电台工作人员和女兵上了船，向对岸驶去；部分会水的干部战士下水渡河，不会水的安安静静地等着船回来。

正在过河的时候，已过河的先头部队通过沪宁铁路封锁线时，遇到乘火车巡逻的日军和伪军，双方交上了火。激烈的枪声如炒豆一般，气氛变得紧张起来。

正在指挥部队渡河的粟裕听到那激烈的枪声头皮一紧，对着正在渡河的部队下令："快！快！"他身上水迹未干，又立即跳下水，泅渡运河，赶往铁路。

枪声由远而近，黑夜里，子弹如雨一样泼向停在铁路上的一列火车，击在火车车厢上迸溅出一串串火花。敌人的枪口也从车厢的射击孔内迸发着火焰，胡乱向新四军放枪的各个方向还击。粟裕看到遇上的只是一小股敌人的巡逻部队，人数并不多，顿时放了心，指挥部队更猛烈地向敌攻击。敌人势单力孤，不得不向南京方向逃走。

赶跑了敌人，粟裕又赶回到运河边，督促后续部队加快速度，渡河跟进。过铁路时，遇到敌人设立的电网。战士从百姓那里借来桌子把电线撑高架空，从中间钻过去。穿越过程中，一位战士不慎触电牺牲。

穿过铁路，就到了丹北根据地，部队在此进行了休整，然后继续行军，约两个小时，到达长江边，部队到达长江南岸。因为天气炎热，部队又不停地在敌人的据点和封锁线中穿插，有些疲惫，部队稍事休息准备坐木船过江。

长江是中国第一大河，其上游水急滩多，到江苏省镇江以后水深江宽，水流缓慢，形成了许多的江心洲。扬中岛只是其中之一，但它面积有 320 多平方公里，是长江中仅次于崇明岛的大岛。

长江以其宽大成为一道天险，扬中岛以其独特的地理位置成为过江的一个跳板，因而有其特殊的军事价值。1939 年 4 月初，挺进纵队司令员管文蔚派兵打下了扬中县城及其他集镇，控制了全岛，随后又控制了江北沿江的三江营、嘶马、大桥、吴家桥一带。

管文蔚是丹阳人，于 1938 年 2 月成立丹阳抗日自卫总团保卫家乡，自任总团长。在新四军东进前，管文蔚不仅已拥有 3000 多人的抗日武装，还控制了从镇江东乡到武进（常州）北乡方圆数百里的抗日游击基地，人口过百万。他率领丹阳抗日自卫团破路拆桥，袭击日军车队，毁车毙敌，打击日寇；同时在辖区内肃清汉奸、特务和土匪，赶走骚扰民众不抗日的国民党和其他杂牌武装。陈毅率领部队进入茅山地区后，管文蔚主动将所部整编为新四军挺进纵队加入新四军战斗序列，并任纵队司令员。日军多次对管文蔚部进行疯狂的报复“扫荡”，并重金悬赏捉拿他；国民党鲁苏战区副总司令韩德勤，也将管文蔚视为眼中钉，先后悬赏5000元和5万元大洋取管文蔚脑袋。

到粟裕过江前止，江南指挥部所辖部队通过扬中岛过江的有管文蔚、叶飞、陶勇等部以及本月刚刚过江的战地服务团和民运工作队共计4000多人。时中共扬中县委已接到陈毅指示，知道粟裕要过江，已做好迎接准备。中共扬中县委江防大队长曹雨化、宣传部长柳肇珍、妇女部长陶云霞、抗敌委员会主任李培根悉数在南岸迎接粟裕。

过了长江，粟裕率机关部队及二团、新六团直抵吴家桥地区江都塘头，与挺进纵队和苏皖支队会合，指挥部驻在彭家庄。陈毅与粟裕分别十天后，二人的手又紧紧地握在了一起。

7月12日，遵照中共中央指示，新四军江南指挥部改称苏北指挥部，陈毅任指挥兼政委，粟裕任副指挥兼参谋长，所属部队整编为3个纵队9个团，共7000余人。

一纵叶飞任司令员兼政委，二纵王必成任司令员、刘培善任政委，三纵陶勇任司令员、刘先胜任政委。“二李”部下反正者姚力、王澄和陈玉生所部加入新四军序列：陈玉生的八支队编为八团，陈玉生任三纵队副司令员。王澄、姚力部编为五团，王澄为团长。

此时在中共中央眼里苏北是华中最有利最能发展的地区。1939年11月，中共中央代表、中原局书记刘少奇进入华中敌后经过几个月的调查研究，分析了大别山、伏牛山、苏北平原的不同条件后明确：发展华中，开辟苏北不只是新四军的任务，也是中共全党的任务，事关抗战全局和中国革命的前途。

苏北地区有2000多万人口，盛产粮、棉、盐等战略物资。控制苏北，向南可以与我江南抗日根据地相呼应，扼制长江下游，直接威胁设在南京的日本侵略军总部和汪精卫伪政府；向北、向西发展，可以与山东、淮南、淮北抗日根据地连接，分别勾通华北、中原，更进一步发展和积蓄抗战力量，更沉重地打击日军。

要注意的是华中与华北情况不同。陈毅和粟裕的新四军面临的局面远比八路军在华北所面对的局面复杂。抗战之初华北国民党军撤得一干二净，八路军在敌后的发展没有国内因素的干扰因而发展很快。国民党在华中留下了大量部队。这些部队既不抗日，也不让中共的军队去那里发展力量。

陈毅和粟裕现在来到苏北，首先面临的就是何处扎根。陈毅、粟裕组织干部召开会议，讨论新四军以何处为中心建设根据地的问题。叶飞、王必成、陶勇几个纵队司令带着手下的团长各抒己见，摆出三种意见：一是扼守扬（州）泰（州）地区，二是北进兴化，三是进取黄桥。

粟裕主张东进黄桥。此次新四军过江目的是与长江南岸的部队互相呼应，一北一南控制长江通道，威逼日军。以黄桥为中心建立根据地，便于向长江北岸边南通、如皋、海门、启东等几个县发展，从而达到过江目的。

扬（州）泰（州）地区是李明扬和李长江的势力范围，现在苏北指挥部已控制的吴家桥、郭村一带，区域比较狭小，如果向外发展，势将与“二李”产生矛盾，与我统战方针违背。水城兴化地域偏西，对日军威胁不大。

当下陈毅统一了意见，决定东进黄桥，并将计划报中央军委、新四军军部及中原局刘少奇。刘少奇复电称“……东进黄桥计划甚好……”

随后部队休整一个星期，准备向东挺进。粟裕、陈毅二人一个忙里一个忙外，展开东进的各项准备工作。

陈毅两进泰州城会见了“二李”，与“二李”达成口头协定：“二李”掩护新四军东进；新四军东进后，即将江都县境内的仙女庙以东的宜陵、吴家桥地区的15平方公里防地让给“二李”，但“二李”不得摧残新四军党政干部和群众；将来如果韩德勤与新四军作战，“二李”须严守中立；今后抗敌一致行动。

粟裕根据了解的地形、黄桥顽军的兵力与武器装备等情况制定作战计划，同时深入部队进行作战动员。当时在苏北的国民党江苏省政府主席韩德勤和江南的顾祝同、冷欣一样都是反共顽固派，到江北后，陈毅和粟裕仍处于敌顽夹击中。因此，新四军靠打才能求得生存和发展。新四军此时东进黄桥可能会遭到曲塘的税警总团陈泰运部、黄桥一带的江苏省保安第四旅何克谦的阻击。针对这种形势，粟裕向部队作特别说明：税警总团属争取势力，打他主要是为了拉他；占据黄桥的何克谦一贯勾结日伪，积极反共，敲诈勒索，久失人心，必须狠狠地打击他、消灭他。一旦与这两部交起火来，应区别对待。同时，积极做好对付韩德勤的作战准备。

利用修整的时间，粟裕在彭家庄召开了苏北指挥部参谋工作会议。在这个会上粟裕作了《战时参谋工作》报告，明确指出新四军处于敌顽夹击中，与顽军作战不可避免。两面作战，因作战对象不同，采用的作战方针不同。

对日军，因为它装备技术比我们强，还是同它打游击战。战斗规模大小，因地制宜。在苏北，目前敌人的据点少，间隔、空隙大，可以采取游击兵团形式，打大一点的游击战。

对于正在准备向新四军进攻的顽固派军队，因为他们除了数量多、装备好之外，其他方面都不如新四军，完全可以而且必须采取主力战、歼灭战、运动战的自卫作战方针，集中几万人进行会战，在会战中歼灭他。因为苏北的地理地形，顽军进攻新四军，新四军背靠长江，退无可退，只有坚决自卫，下定破釜沉舟的决心，要包打胜仗。这一仗，打成平手不行，或者只消灭他一部分也太可惜，非要打个干净彻底的歼灭战不可。

在这个报告里，粟裕自抗战以来首次提出兵团作战的理论，要全体指战员无论在平时还是战时，不能只顾本单位、本部队的方便，要养成大兵团的整体观念，要进行兵团协同作战的演练，做到协同一致。这样的部队才能打大仗，才能形成攻无不克、战无不胜的强大力量。

粟裕根据郭村战斗胜利的经验，特别注意扩大和加强地方武装。他也首次把新四军与八路军射击技术进行比较，指出新四军需要提高射击技术，要各部队注意培养特等射手打击敌人的指挥官、炮手、机关枪射手和通信人员。

粟裕以前从没有到过苏北地区，很多指挥员也是初次过江，对地形的了解将十分依赖地图，因此指挥部测绘室突击翻印五万分之一的地图。粟裕重视地图是出了名的，每天傍晚粟裕都到测绘班了解绘图进展情况。测绘班人手不够，就从各部临时抽调，秦叔瑾就是此时从陈玉生八团调过来的，这个人对绘图很感兴趣。粟裕重视地图，关心测绘人员和平易近人的作风，也给秦叔瑾留下了深刻的印象。

第二十一章
挥师东进，击陈歼何夺黄桥

1940 年 7 月 25 日，苏北指挥部兵分三路，叶飞的一纵插到黄桥以北营溪、老叶庄一线，二纵插到黄桥以东，三纵由西向东正面攻击前进。

先头部队出发后，司令部和政治部等机关部队也离开彭家庄，经吴家桥、刁家铺，开始向黄桥进发，一个参谋拿着地图，跟着向导带队。陈毅和粟裕两人一前一后骑马向前，但见沿途村庄、农舍的墙壁上，留有先头部队张贴的标语："打倒日本帝国主义！""坚持对外抗战，反对内部摩擦！""抗战是生路，妥协是死路！""拥护蒋委员长抗战到底！"落款为"挺进纵队政治部宣"。

新四军在 26、27 两日通过口（岸）泰（兴）线上的寺港口、缪湾。这是李明扬和李长江的防区，李部如约让路，并朝天鸣枪，以掩韩顽耳目。

李明扬是安徽萧县人，自号"师广"，意思就是以汉代守边名将李广为师，做一个保家卫国、青史留名的英雄。叶飞、管文蔚为首的挺进纵队遇到困难时他力排众议将郭村借给新四军。后来他迫于李长江和韩德勤的施压，勉强同意由李长江全权指挥部队进攻郭村的新四军。虽然如此，他临去兴化韩德勤总部开会前，一再指示部下：如打赢，把这支新四军赶跑就行了，勿穷追，更不准乱杀战俘。

李明扬、李长江得知新四军从他的防区通过后长长地舒出一口气——他们不仅没有损失，反而还增加了收入，扩大了地盘。

先头部队过宣家堡后进到何克谦的地盘。何克谦赶紧将情况报告给省主席韩德勤。据说韩德勤得到消息后亲自打电话给李明扬，问是否有新四军大举东进？人数多少？为什么不加阻拦？李明扬回答说有此事，缪湾一带正在激战，据报新四军"伤亡惨重"，一部绕道东去等等，并请求"副总座"给予补充弹药。

韩德勤下令驻在曲塘的陈泰运率两个税警团和何克谦保安第四旅一北一南

夹击新四军。

二纵队行至北新街以南时，陈泰运部已进到薛家垡、北新街一带。陈毅和粟裕命令二纵队掉头北上，在老叶庄、薛岱桥一线击溃陈泰运的两个团，歼其一个多营。

陈泰运是贵州人，黄埔军校出身，抗战之初任国民党军八十八师副师长，参加兰封大战并立有战功。其后为两淮税警团主任，率 4 个团 5000 人。韩德勤曾想吞并税警团，于 1939 年冬将陈泰运软禁在兴化，企图收买其部下控制其部队。他因此和韩德勤积怨颇深，曾暗中联合李明扬、李长江反对韩德勤。

陈泰运属争取势力，所以陈毅和粟裕立即如数遣还了俘虏，还主动送了部分枪支给他。陈毅要被俘军官转告陈泰运本人：上当受骗仅此一次，不要再为他人火中取栗，充当炮灰。不要跟着韩德勤制造摩擦打内战，应该团结抗日。

何克谦部就没有这么幸运了。他的保安部队是由土匪等混杂人员凑成，在黄桥横征暴敛，欺压民众，民愤极大。何克谦辖区有如皋县政府特别委员会委员兼农工商部长季恺的如皋抗日自卫队，靖江市人祝惟干的抗日自卫队，陈玉生的抗日救亡大队，但这几支抗日性质的队伍和组织均遭其包围缴械，季恺本人还差点死于何克谦之手。其排斥和迫害抗日力量已在苏北地区引起公愤。他还勾结日军，国共双方都掌握相关证据。

就在对付陈泰运的同时，按照粟裕的部署，王必成第二纵队攻打黄桥以北及东北的蒋垛、古溪、营溪，叶飞第一纵队攻打搬经，截断何克谦的退路，陶勇的第三纵队攻打黄桥及其以南地区，然后将何克谦团团围住，准备将其彻底歼灭。

7 月 27 日，王必成二纵打下蒋垛、古溪后，借助夜幕的掩护，从不同方向将营溪团团围住，何克谦部负隅顽抗。

营溪处黄桥东北方向，相传宋时岳飞率兵北上，在一小河边扎营路宿，故名营溪。这是一个军事重镇，国民党军修有坚固的工事。

粟裕带着参谋和警卫员连夜前往营溪。在接敌运动中，随行的两名参谋人员被冷枪打伤。粟裕处险地而不慌，依然坚毅沉着，双目炯炯注视周围，机敏前进。天亮时，粟裕靠近到距敌三四百米的斜坡上，用望远镜仔细观察敌人火力点和兵力配置。敌人的碉堡阻碍了部队的进攻。如果有炮的话对付这些工事很简单。王必成攻打蒋垛时从顽军手里缴到一门八二迫击炮，不过有炮却不会操作。

粟裕琢磨了下，了解到王必成抓了许多顽军的俘虏，估计里面肯定有能操作这门炮的人，于是令王必成去找俘虏或投降过来的战士来操作这门炮。二纵当初缴获这门炮时就是连炮带人一起抓的，那几个炮兵还有一个排长。王必成立即派人将那炮兵排长找来。

一会儿，那名炮兵排长来到阵地，经过做工作后接受了这个任务。他仔细看了看地形，架起炮，目测了距离，然后定标尺，试射了一发炮弹，没击中目标。接着他修正标尺，又打一发。打了四发，摧毁了围墙上的碉堡。王必成立即命令发起攻击，很快就打下营溪。

陶勇率三纵于29日凌晨攻克黄桥，争取何克谦的特务团陈宗保起义。何克谦本人逃往韩德勤处。何克谦与日军暗相勾结，证据确凿，何克谦部被歼，国民党政府方面也无话可说，后来何克谦本人也是因勾结日军被韩德勤枪毙。

此战抓了何克谦部几百俘虏。但何克谦部士兵成分复杂，队伍不纯。虽然现在打日本需要人手，但粟裕抱着宁缺毋滥的态度，经陈毅同意后下令全放了。

粟裕从前线回来后，到泰兴东北老叶庄的指挥部与陈毅会合，对着地图与陈毅商讨以后的工作。突然，一阵激烈的枪声打断了两人的交谈。往外一看，一股敌人正向他们冲来。

陈毅命令警卫连冲上去，但警卫连长蒙了，在那里不知所措。

情况万分危急，粟裕果断地命令司号员吹冲锋号，并立即拔出手枪，高喊一声："警卫连跟我冲啊！"说完，一个箭步冲了出去。

陈毅一面命令教导队跑步上来，一面拔出手枪，扬起手对参谋人员喊："跟我冲上去！"

粟裕和陈毅两人一左一右，身先士卒，带着警卫员分队和机关人员向着敌人冲去。

当时康林正在安排警戒，听到枪声，心头一惊，连忙带人向着枪声方向冲过去，老远看到是粟裕、陈毅带头冲锋时，头皮一炸，红了眼，不顾一切地跑到粟裕、陈毅前面边打边冲。

敌人在粟裕和陈毅率领的人马勇猛冲杀面前惊慌失措，乱作一团，争相逃命。这次战斗结束后粟裕抓了一些俘虏，缴了一些枪，胜利地回到了宿营地。当被活捉的敌人看到打他们的不是大部队而是一些机关干部时，一个个目瞪口呆。

战后审问俘虏得知，这是被陶勇三纵击溃逃窜的顽军保四旅一部。这股敌人在高粱地里躲藏着。不知道是临时休息，服务团长朱克靖以为要在这里住上一个晚上，就找参谋处的曾若空，要求给他们安排住地。曾若空告诉他们：“上级没有指示在这里住，只是暂时休息一下。”顽军听到了，就打起来了。

此次战斗，指挥部人员无一伤亡，但陈毅战后当场将警卫连长撤职。随后机关驻扎老叶庄。

那时吴强从军部调到苏北抗日军政干部学校当指导员。那天傍晚，吴强来到指挥部看望粟裕。他刚进屋，看到他的偶像粟裕在一张桌子前看文件。粟裕知道吴强分配在干校，看到他来了，便笑着问：“在干校开始工作了？”

吴强应了一声，看着粟裕消瘦的面容说：“两个多月不见，首长身体怎样？”

粟裕笑笑说：“这一阵，休息少一点。”

吴强说：“瘦了，这样的大热天，不要太累了。”

吴强看粟裕在忙，就没有多待。粟裕一边送吴强一边说：“韩德勤不让我好好休息呀！”

吴强说：“怎么样？他还想再跟我们较量较量？”

粟裕说：“较量还没真正开始哩！思想上要做好准备，说不定有大仗打。”

虽然中原局给苏北指挥部的指示很明确：只有在韩德勤攻击陈毅、粟裕情况下，新四军才可以对韩德勤采取军事行动。也就是说，如果韩德勤不进攻新四军，那仗就打不起来。但因为何克谦部在名义上归属韩德勤管辖，而陈毅、粟裕二人歼灭了何克谦，估计韩德勤也不会善罢甘休。从苏北在国共两党的战略地位来说，韩德勤负有守住苏北、限制共产党新四军发展的责任，所以肯定会对陈、粟采取政治和军事行动。在事态尚未明朗之际，粟裕就看到即将到来的这场军事冲突及其对苏北命运的作用，体现出其不凡的战略眼光。

第二天，陈毅、粟裕率指挥部开往黄桥。指挥部机关人员到达黄桥镇郊后，陈毅下令各部检查军风纪律进入黄桥。

因为何克谦部对黄桥地区的人民征收苛捐杂税，绑票勒索，无恶不作，百姓恨之入骨。有个军官赌红了眼，用拉出了弦的手榴弹向当铺当银元。有个团长应地方士绅招待宴饮，团长的马弁却钻进后房强奸了士绅的女儿。所以这支队伍被消灭后百姓拍手称快，新四军入驻黄桥受到老百姓的热烈欢迎。

新四军进驻后，出安民告示，组织镇政府、民众团体和自卫队。

《抗敌报》发表了陈毅同记者的谈话，大意是：国民党投降派在江南向新四军进逼，顾祝同、上官云相的军队尾追我军之后。我军为团结抗战，多方忍让，避免摩擦，因此到苏北沿江一带继续抗战，觅求抗日之地，而何克谦部阻我东进抗日之路，故解除其武装。

进入黄桥后，苏北指挥部机关设在镇东一所中学里。这座青砖大瓦的工字形两层楼，是黄桥最气派的建筑物。

8 月 10 日，陈毅向中共中央报告："我占领黄桥以后，便分兵发动群众，清剿散兵游勇，委派了泰县、如皋、靖江、泰兴、江都五县县长，筹建苏北临时行政委员会，成立苏北军政干校，出版石印的《抗敌报》(苏北版)；建立四个税卡，十天内扩大新兵一百余名。"

粟裕则命令部队向南至沿江一带搜索，乘胜攻取靖江东北的孤山、季家市、西来镇等日伪军据点。

西来镇上有一个 40 多人的日军小队和一个连的伪军，负责攻打西来镇的是一团二营，指挥是团长乔信明。

乔信明以四、五两个连攻打西来镇，六连负责阻击从长江来增援的敌人。战斗在夜半时分打响，战至天明，日军大部被歼灭。来援的一股日军则被六连阻于长江边。

随着惠浴宇、陈同生、梁灵光、刘万里分任泰县、泰兴、如皋、靖江四县县长，泰县、泰兴、如皋、靖江等地政权的宣告建立，以黄桥为中心的根据地已初具规模。

当地百姓兴起一股参军热潮。后来粟裕召集各纵队司令开会，检查 8 月份参军人数，结果各部分人数均有增加，具体为：一纵扩大了 120 多人，二纵 280 多人，三纵 500 多人，师直属队 150 余人，共增加 1200 多人。江南指挥部人马已由 6000 多人增加到 7200 多人。以后又把部队散开做民众工作，努力扩大自己。同时建立地方武装，通如靖泰行政委员会警卫队有 200 多人，如皋县有 200 多人，靖江县有 100 多人，泰兴县有五六十人，区里建立有二三十人的武装组织。

韩德勤在军事失利的情况下与陈毅、粟裕划定防区，韩部驻姜堰、曲塘、海安一线不再南下，新四军驻黄桥、蒋垛、营溪、花园桥一带不再北进。但韩德勤实则调兵遣将，调整兵力，补充弹药，同时在北边阻断八路军南下的通道，准备消灭立足未稳的陈毅、粟裕。得到情报的刘少奇电示陈毅、粟裕：省韩集中 20 个团向你们进攻，望你们尽可能固守。

第二十二章
后发制人，为通粮道取姜堰

韩德勤虽然顶着江苏省主席和二十四集团军总司令的头衔，但实际控制的只有 6 个县；属他指挥的国民党军兵力有 10 多万，但他的嫡系部队只有八十九军和独立六旅合计不到 20 个团，其余李明扬、李长江的部队，陈泰运的部队及 10 个保安旅并不完全听他摆布，都各自为政。虽然如此，苏北地区除了日伪外仍属韩德勤实力最强。新四军过江后为避免与韩德勤发生冲突，也没有进入到韩德勤的实际控制区域。黄桥的何克谦名义上属韩德勤指挥，实际是自霸一方自成体系。长江北岸南通、如皋、海门、启东这些地区也非韩德勤嫡系部队控制地区。

但当时形势下，韩德勤与新四军的冲突实际避免不了。

此时国际国内抗战形势发生了变化。日本对国民党方面从军事进攻转为政治诱降；美英等国也开始援助中国抗战。日本政策方针的改变使国民党内部投降派抬头，以前主张抗战的一部分人也因此倾向与日和谈；美英对中国抗战采取支持的政策使主张抗战的一部分人把抗战胜利的希望寄托于美英等国的援助，主张一方面抗日，一方面借美英势力反苏反共。苏北国民党军进攻新四军并非完全是地盘争夺，实际是国民党方面统一部署的反共行动。韩德勤受命依靠优势兵力在苏北下手解决新四军，得手后国民党军再解决皖南新四军。

实际上中共方面也认识到冲突已经难以避免。不是会不会打的问题，而是要不要跟他打的问题。

军部项英的意思是不能跟韩德勤打；刘少奇主张打，但他的意思是开打后新四军和八路军联手打。陈毅说："我们打，有人帮忙最好，没有人来帮，我们就单独解决韩德勤。"

粟裕知道韩德勤肯定不会善罢甘休。从兵员数量上说，韩德勤算是兵多将广，手下直接和间接控制兵力的有十万之众，新四军苏北指挥部所属部队只有7000多人，战斗部队只有5000多人。因此粟裕在参与领导根据地建设各项工作的同时，加紧招兵买马，严格整训部队，一有空就对照着军用地图，一一实地核对黄桥及其附近地区的桥梁通道、村舍、房屋、树林、田畴等等，对黄桥地区的地形特点从宏观到微观都有了准确的了解和把握，随时准备在黄桥地区同韩德勤进行一场大的较量。

粟裕刚到江北，迫切需要更精确的地图。为加强力量，指挥测绘室通过三纵副司令陈玉生将秦叔瑾调来。秦叔瑾报到后便一直留在指挥部做制图工作，跟随粟裕南征北战十年之久。秦叔瑾有记日记的习惯，1940年8月19日这天，他写道：因我部袭击了孤山、季家市的日军，为了防止敌人袭击，指挥部移往大界沟。

过了两天，陈毅和粟裕从税警团陈泰运那里得到情报：韩德勤在东台司令部下达了分左、右两翼向黄桥地区新四军进攻的作战命令。韩德勤任命李明扬为“进剿”军总指挥，李守维、李长江为“进剿”军副总指挥，“二李”、陈泰运及省保安三旅为右翼军，李长江兼右翼军指挥官；八十九军一一七师、独立六旅、省保安一旅为左翼军，八十九军参谋长郭心冬为左翼军指挥官。韩德勤要求各部于8月30日集结完毕，9月2日起开始攻击前进。

陈毅赶紧致电中共中央，要八路军、新四军四、五支队配合解决韩德勤。但韩德勤料定北边的八路军和新四军会支援陈毅和粟裕，已下令封锁北面的运河、旧黄河、射阳河等水道，阻断了八路军和新四军支援陈毅和粟裕的通道。陈毅和粟裕只能单独完成决战任务。

不过仗还没开打，韩德勤的左右两翼已经让陈毅砍掉了一翼——陈毅争取了李明扬、李长江、陈泰运的中立：接受韩德勤命令而不执行。

9月2日晚上，为了应对韩德勤的进攻，指挥部在晚上移往任家庄。

次日战斗打响，韩部左翼军从黄桥东北方向进攻营溪、古溪。先头部队是省保安一旅薛承宗的两个团。因为不是韩德勤的嫡系部队，他们也不卖力，一交火就退缩。

顽军攻打营溪时，指挥部移往古溪。粟裕是前敌指挥，留在营溪，随二纵队行动。当时的作战方针是诱顽左翼深入新四军防区，然后集中三个纵队采取以退为进、诱敌深入、后发制人、分别围歼的战术歼灭韩德勤主力一一七师和独立六旅，最后把曲塘、海安夺下来。

9 月 5 日，保安第一旅占领营溪，同一天，一一七师打到古溪北面，随即猛攻古溪。炮弹在古溪镇上到处爆炸。部队医院、修械所都挨了炮弹。

按陈毅的意图，新四军退出营溪，到古溪后还要再退十里。如果还要向后撤退十里，古溪的坛坛罐罐就得大搬家，还得组织群众转移。

那时，部队士气正高，求战心切，尤其是王必成、陶勇和叶飞几个纵队司令好战好胜心与普通士兵相比，有过之而无不及。保一旅占营溪后，有人（叶飞估计是王必成）就撺掇粟裕立即出击。

粟裕征询王必成、陶勇和叶飞的意见，三个司令员都同意出击，说有把握。粟裕请示陈毅的意见，陈毅听说都有把握后就同意了。

粟裕令部队当夜出击。部署是：5 日夜，以一纵队为迂回部队首先攻克营溪，先解决保安一旅，然后向西迂回到一一七师和独立旅的后面，以切断韩军主力的退路；二纵和三纵则于 6 日拂晓一同从古溪正面出击，准备在前后夹击中，歼灭韩军主力四个团。

当夜，一纵按预定计划出击营溪，将保安一旅那两个团全歼。当天晚上八十九军参谋长郭心冬见营溪被新四军攻克，心里慌了，用少数部队火力掩护，带主力一一七师迅速缩回曲塘、海安。

第二天，二纵、三纵在营溪一带夹击一一七师留守部队。战斗中二纵九团长徐绪奎发现顽军的电台天线和重机枪火力点，估计是顽军的指挥部，当即身先士卒冲上去，将顽军打垮，但在搜索残敌时不幸中弹牺牲。

徐绪奎和王必成都来自第四方面军，他和王必成一起参加了长征，抗日战争爆发后，又一起从延安来到新四军，是在战火中结成的生死兄弟。王必成接到徐绪奎牺牲的报告后，十分悲痛。粟裕得信后和王必成一起来到徐团长的遗体前。

粟裕心情沉重，两眼湿润，说："徐团长是个能打仗的团长，不但能打，也能带兵，也做过政治工作，是一个文武双全好团长。可惜呀！太年轻了！他是我们挺进苏北后牺牲的第一个团长。"他抹了一下眼睛，看到团政委罗维道仍在失声痛哭，立即严肃地说："哭什么！要赶紧处理好后事，我们要为徐绪奎同志报仇！"回过头又对王必成说："一、找副好点的棺材给徐团长；二、对徐团长的牺牲要暂时保密；三是要稳定部队，准备打大仗！”又指着警卫员金山说：“金山，你是警卫员，你要高高兴兴地照样牵着团长的马行军打仗，要让大家知道团长没有牺牲。”

此战付出了较大代价，歼灭了顽军两个团，应该说这是一个胜仗。但陈毅不高兴，说是打早了，不然可以全歼。

为了继续争取薛承宗，陈毅指示将被俘官兵释放，晓以大义，发还全部人枪，并给薛承宗一封亲笔信，希望薛承宗以大局为重，与新四军合作抗战。9日，指挥部移往严徐庄，随即准备攻打姜堰。

姜堰是运盐河上的重镇，是周围有名的粮、棉、盐、油主要进出地。驻守姜堰的原本是陈泰运的部队，但韩德勤为了攻打新四军，把省保安第九旅张少华调到姜堰。韩德勤命令张少华：一定要把姜堰筑成坚固堡垒，然后再逐步向南推进；一定要严密封锁运盐河，绝不允许有一粒米运进黄桥。要卡住黄桥粮食通道，让新四军没吃的、没喝的。如果战场上打不赢新四军，就用经济和政治手段把新四军逼出苏北。

张少华在姜堰镇南的运盐河突击构筑了以36个碉堡为核心的防御工事，加设了电网，挖掘了深壕，封锁运盐河。

营溪战斗的同时，天长、六合等县及津浦路苏皖段沿线敌伪相继增兵，天长、六合两据点的日军已增加到1500余人，骑兵数百。9月5日，即韩顽进犯营溪的前夕，日军攻陷了马家集、竹镇集、舜山、半塔、汊涧等地，每到一处，抢掠烧杀，无恶不作，与韩顽遥相呼应。

张少华封锁姜堰后，新四军几千官兵的粮食供应成了大问题。

面对这种状况，陈毅写信给韩德勤，请求解除粮禁。同时，召集社会各界人士共商对策，表明新四军愿与各方合作、和平解决纷争的立场。此举赢得了社会各界人士的同情和支持，海安的名绅韩国钧联络苏北一批著名士绅并领衔发电报给国民党当局，要求其电饬江苏省政府韩德勤，“改善统制食粮，实行调节民食，唯有严禁输出，保护内地流通”。但韩德勤对这些协调置之不理。

至此，要想打通粮道，解决军需民困，只有武力解决姜堰。

韩德勤在姜堰有6个团，粟裕手里有9个团，打下姜堰是没问题的，但伤亡一定很大。因此粟裕派出一部佯攻海安，威胁如皋、海门、启东；一部向东北佯动。粟裕的意思是韩德勤在姜堰的兵力太多，请韩德勤“调开”一部分。结果韩德勤真就像听粟裕的命令一样，把姜堰的兵调了一部分去保卫海安，只留下了2个团。

9月13日，三纵挑选两个排的优秀战士组成“勇敢队”，由参谋长张震东带领下水渡河，自镇东北方向突击，打下了几个碉堡，从碉堡群的缝隙中猛插进去，很快就打掉了保九旅张少华的司令部，然后由内向外，四面冲击。

城外担任主攻的是王必成的二纵。王必成在三天前公开了徐绪奎团长牺牲的消息，战士们一听全红了眼，高呼口号要为徐团长报仇。王必成二纵由外向内攻击，张震东三纵在里面接应，仅一昼夜就攻克姜堰，歼敌千余，缴获一大批军用物资。少将旅长张少华化装逃走。三纵也付出了代价，曹耀能、王金明营长牺牲。

第二天，陈毅、粟裕率新四军苏北指挥部机关进驻姜堰，姜堰人民敲锣打鼓放鞭炮，热情欢迎他们的到来。

苏北新四军占领黄桥以来，虽然只有两个月时间，可是黄桥地区群众得到了很多利益，譬如免除了苛捐杂税，进行了二五减租，工人增加了工资等等，过去那些军队虐待民众的事没有了。正因为这样，新四军所到之处都受欢迎，海安、兴化等韩德勤统治区域的群众都希望新四军去。但陈毅在占领姜堰、打开粮源之后，再次表明新四军停止内战、团结抗日的初衷不变，只求救国有份，抗战有地，派朱克靖等人四出奔走，联络各界绅民代表继续呼吁韩德勤，重开谈判，以求合理解决纠纷。

苏北八县各界代表找到韩德勤，韩德勤说谈判可以，但新四军要先退出姜堰，退出后才好谈。又说新四军最不讲信用，绝不会退出姜堰，要那些请愿的各界代表不要多费心血。

从军事上说，打下姜堰后因为没有乘胜占领大、小白米，姜堰成为整个阵势的突出部分，两翼是暴露的，西边受“二李”的威胁，东边受税警团的威胁，北边有韩德勤的威胁。尤其在左右侧后有许多空隙，黄桥有被攻击的危险，战役上态势极为不利。为了避免大的危险，同时在政治上争取优势，9月30日，陈毅、粟裕率部退出姜堰，撤回黄桥。但陈毅没有将姜堰交给韩德勤，而是交给李明扬、李长江，同时送给“二李”100多支枪。这一手争得了日后黄桥决战时“二李”的中立。

几十年后粟裕回忆说：“我军自攻取黄桥到让出姜堰，把军事仗与政治仗、自主的原则与以退为进的策略结合得十分巧妙。尤其是姜堰，如不夺取，便没有让出的文章可做。而让出姜堰，对我是‘一举三得’，既揭露了韩德勤积极反共、破坏抗战的罪恶阴谋，在政治上赢得了社会各阶层的极大同情，造成我党我军完全有理的地位；又加深了苏北国民党军队内部派系之间的矛盾；还使我适时集中了兵力，在军事上对付韩顽的进攻处于有利地位。这些处置是陈毅同志对党的斗争策略的杰出运用。”

部队从姜堰撤出后，韩德勤认为新四军怯懦，一面集结部队部署进攻，一面通过“二李”向新四军提出更加无理的要求：新四军一定要撤出黄桥退回江南才可谈判。

此时蒋介石已电令各部进攻苏北新四军，其具体部署是：山东于学忠部南下夹击进犯之“异军”，速派部队增援苏北；李品仙部进出津浦线，派出部队增援苏北，苏北稳定后，再回师消灭山东境内的“异军”。

韩德勤接令后立即以 26 个团 3 万多兵力南下进攻黄桥。

第二十三章
诱敌深入，调兵遣将布战阵

韩德勤最担心的是八路军和新四军会师。他决心采取先南后北的作战方针，先在黄桥附近解决陈、粟的新四军，再回师北上解决南下的八路军。

据传八十九军军长李守维召集各部官兵和政工人员讲话，进行宣传，说：……在抗战时期全国必须在一个政府，一个主义，一个领袖之下，绝对统一，绝对的团结，绝对的服从命令……共产党新四军不服从蒋委员长的军令政令……从江南乱窜到苏北侵占国民党军队防地，蒋委员长命令要把共产党新四军打回江南，我们当军人以服从命令为天职……又说：新四军到苏北来的仅有三四个团，立足未稳，粮食和武器弹药不足。而我们的有利条件是武器精弹药足，有中央政府、地方政府支持。只要我们官兵上下一心，团结战斗，一定可以收复黄桥，消灭共产党新四军。

在国民党方面看来，新四军没有在规定防区作战，还袭击友军，制造内战，包藏祸心。共产党方面则认为，国民党消灭新四军之心一直不死：最初想借整编南方红军游击队的机会分化和瓦解红军游击队，未得逞后将南方红军游击队改编的新四军放在日本侵华中心城市南京附近是借刀杀人；在新四军没有被消灭反而迅速发展壮大的情况下，国民党方面指责新四军打出防区，不断向新四军军部施压，借此限制新四军发展。新四军在江南是一面临敌三面受围，过江实乃迫不得已。现在新四军只求抗战有份、抗战有地。

双方都觉得自己理由充分，于是抗日战争爆发以来发生在国共之间最大规模的军事冲突即将在黄桥打响。

韩德勤尚未发动进攻，但其进攻部署已被陈、粟二人掌握。韩德勤以其嫡系第八十九军和独立第六旅为进攻的主力，有 1.5 万余人，组成中路军进攻黄桥北面和东面阵地。以“二李”和陈泰运部，1.2 万余人，组成右路军，以 5 个保安旅组成 7000 余人的左路军，掩护其主力之两翼。第八十九军军长李守维是这次战役的前线总指挥，他率领军部直属队及三十三师、一一七师从东北方向进攻黄桥。韩德勤目标是占领黄桥，消灭陈、粟主力，保住他在苏北的领导权。

陈、粟的目标与韩德勤的目标是相对的，那就是守住黄桥，歼灭韩德勤的主力，夺取苏北抗日的领导权。

韩德勤右路军在陈毅的争取下保持中立，左路军非韩德勤嫡系部队，作战不会积极。但苏北新四军总兵力只有 7000 多人（作战部队只有 5000 多人），与韩德勤进攻主力部队相比在数量处于劣势。八路军和新四军对敌作战严格遵循毛泽东军事思想的一个原则，那就是——在战略上以少胜多，在战役上、战斗上是以多胜少。但以当时形势，陈、粟在战略、战役、战斗都不得不以少胜多。

战场摆在黄桥，这是陈、粟二人精心的选择。

陈毅和粟裕首先分析了歼灭韩德勤主力的可能性。新四军军政素质强于韩德勤的部队，且处于“哀兵”的地位，“哀兵必胜”。然后明确了黄桥不能放弃，决定采取以黄桥为轴心、诱敌深入各个击破的作战方针。作战方针既定，两人又一反先打弱敌的作战原则，把韩德勤主力最强的翁达独立六旅作为首战歼灭对象。在商议中，陈、粟二人把日军因素考虑进来。两人估计在韩德勤进攻新四军时，日军会采取坐山观虎斗的态度，而韩德勤也不敢公开要求日军直接参与对新四军的进攻。此战若能速战速决，日、顽联合攻击新四军的局面就不会出现。在兵力部署上，两人确定以陶勇三纵守黄桥，以叶飞一纵和王必成二纵突击，同时令江南罗忠毅、廖海涛抽出新二支队主力部队过江北上驰援黄桥。

两人计议既定，于 10 月 2 日将各纵队干部召集到黄桥苏北指挥部。陈毅脸色凝重地把形势和新四军部署方案讲解后，请粟裕下达作战命令。

粟裕站到军用地图前，用一根小竹竿在作战图上指划部署：……以陶勇的第三纵队为黄桥守备队，加紧构筑工事，并派出约一营兵力进至分界以西地区，用散兵战积极阻击敌人，迟缓其行动，疲劳其兵力，在不得已时，由黄桥东面撤回黄桥。以叶飞的第一纵队、王必成的第二纵队为突击兵团，如敌人于 10 月 4 日进攻黄桥，该两纵队则于 5 日拂晓前，从敌人右侧后实施猛烈突击，配合第三纵队将进攻之敌消灭于黄桥阵地之前。出击路线：第一纵队由横港桥经高桥以南之何家桥、太平桥向刘家堡之线进行突击；第二纵队由顾高庄推进至申家庄，取道高桥、八字桥向分界突击，在占领分界后，由东向西，沿分界至黄桥大道，尾敌之后攻击前进。特务营为总预备队，集结于严徐庄附近，在突击兵团出击后，该营则进至高桥附近，准备于黄桥战斗胜利后，即由总预备队改为追击兵团，经古溪、营溪直取海安。……

此时粟裕脸上惯有的微笑不见了，不过还是那么从容不迫："兵不在多，而在精，将不在勇，而在谋。我们虽然人少，装备差，颇有拨拉不开、捉襟见肘之憾，却是正义之师，矢志抗战，背水自卫，只有死战。常言道：逢绝处而后生。只要各级指挥上不出毛病，我们是能够以一当十，以少胜多的……自古以来，总是以多胜少的多，但也有以少胜多的。这一回我们要以少胜多，一个打他两个三个。可是归根结蒂，我们又是以多胜少，因为我们有成千上万的群众参战……"

"敌人，顽固派军队，兵力众多，但有弱点，常年不打仗，怕打仗，班长以上都有眷属，有的还抽鸦片……他们兵无斗志，士气不高。我们呢？斗志旺盛，战斗经验丰富，可以说个个生龙活虎，郭村战斗，上次打黄桥，克姜堰，不都是士气高涨吗？还有，那是我们大家知道的，西北方向的友军保持中立，也是我们的有利条件……"

说到这里，他的脸上又浮现出那惯常的微笑，断然说："这次决战，我们是具有获得胜利的充分条件的！"

叶飞认为陶勇兵力太少，提出由一纵抽一个团给陶勇。陈毅认为这会削弱突击力量没有同意。粟裕提出自己坐镇黄桥，陈毅表示同意。会议最后决定陈毅坐镇严徐庄掌握全局。

叶飞、王必成、陶勇相继表态誓死保卫黄桥，坚决打好这一仗。散了会，叶飞、王必成立即出发做战前准备去了。

敌众我寡，新四军若打输了得退回江南。而当时日军已封锁长江，新四军不一定退得回去。所有人都有破釜沉舟的打算。陈毅临行紧紧握着粟裕的手不放，似乎所有胜利的希望都寄托在粟裕身上。

粟裕笑笑说："你放心吧！"

陈毅点点头，叫过陶勇和张震东嘱咐一番，末了对张震东说："震东同志，你可要抓紧学习啊，我还要检查呢！"

张震东出身贫苦佃农家庭，不识字，陈毅特地给他派了一个读过几年私塾的警卫员，张震东就拜他为师，每天学一个字。张震东喜欢舞刀弄枪，却驾驭不了几寸长的毛笔，有很多次张震东都想甩笔不学了。但作为一个新四军高级军官怎么能不识字呢？所以陈毅常常过问他学文化的事。

陈毅对张震东这样说，实际是要陶勇和张震东二人既要要守住黄桥，又要好好保护自己。

——三纵人员不足两千，但面临八十九军两个师的进攻。三纵战士成员新，拥有的武器和弹药也不利于防御作战，战斗肯定会相当激烈。陈毅担心的是敌人把他二人打急了，他们会不顾身份打冲锋。陶勇和张震东都惯使大刀，急了就操起大刀一马当先猛打猛冲，完全是不要命。

交代完陶勇和张震东，陈毅又交代陈丕显、韦一平、陈同生等几位地方党政负责同志："你们利用最后的时机，立即用各种方式做好战前的宣传鼓动工作，要密切依靠当地群众，把工事修筑好，组织民兵队、担架队，抓好支前工作。既要协助部队坚守黄桥镇，又要保障外线突击队打歼灭战。"

同时，派出朱克靖等人赴中立的李明扬、李长江、陈泰运及各保安旅，巩固统战成果，保证他们在战争发生时不与新四军为敌，从而稳住了韩德勤左右两翼1 7万人。

陈毅走后，陶勇在黄桥中学召开三纵连以上干部会议，作了具体部署和进一步动员。陶勇说他已向陈、粟首长立了军令状，有三纵就有黄桥。干部们一致表示："上级把黄桥交给我们了，有我们三纵队就有黄桥，子弹打光了拼刺刀，刺刀折断了拼枪托，说啥也不能叫韩德勤进黄桥。"

陶勇将手中指挥刀和驳壳枪向桌子上一扔说："既然大家也表了决心，谁放韩德勤一兵一卒进黄桥，要砍头、要枪毙你们自己挑！"

陈丕显、管文蔚、韦一平、陈同生等地方领导召集黄桥乡镇的保、甲长和地方士绅开会，又分别召开了群众大会。黄桥人民纷纷表示坚决支持新四军的正义自卫。家家户户都把粮食拿出来，交给供给部登记，保证部队吃饱饭。青年们组织起来抢运伤员，妇女们组织了看护队。本来只要3000名民工，可是前来报名的有7000多人。

粟裕和陶勇一起作更详尽的战斗部署。

黄桥周围，全长约两公里。防御兵力不足，只能保证重点，机动部署。从当时的敌情出发，西边、南边不派部队，由后勤、伙夫担子担负警戒；北门只放一个班；其余兵力全部集中在东门一线。

黄桥河流多，粟裕要陶勇各部把船只封锁起来，把桥梁拆了，以增加敌人行动的难度。

陶勇遵照粟裕指示，以八团守东门，参谋长张震东坐镇指挥，抵挡八十九军三十三师和一一七师，又以三团放在东南，面对几个保安旅，主要任务则是待机出击，随时支援八团；七团作为机动力量，放在黄桥镇上，兼顾西南、西北方向的敌情。北面，对独立旅进攻方向只放了少数警戒，形同排哨。西北郊面对“二李”和陈泰运方向，只安排一些机关勤杂人员警戒，纯属“空城计”。在打响之前就做了两手准备：战斗不利，就逐次动用手中的大量预备兵力，反复拼杀，“硬顶到底”；战斗顺利，则预备兵力大举出击。

部署妥当后，粟裕披了蓑衣，戴上斗笠，与陶勇前往东门检查工事构筑。走出苏北指挥部，沿途所见，黄桥镇工抗会组织的工人武装纠察队在维护社会秩序。青抗会和学抗会除组织人员参加巡逻外，还成立宣传队，张贴标语、散发传单。烧饼店日夜开工为战士们准备干粮。担架队已做好各种准备，随时可以上前线抢救伤员。

粟裕几次亲临前线阵地视察。来到黄桥东门，几千名群众正在帮助新四军挖战壕、修工事、筑圩子。因为有老百姓的支持，战士们情绪高昂：弹药不够，可以少放枪，多用手榴弹和拼刺刀。部队中流行着一句话：“绑腿扎得好，跑得快；钢枪擦得好，打得快；刺刀磨得好，杀得快！”

本来留给黄桥守备部队修筑工事的时间很仓促，但由于连降大雨，韩顽不得不放慢行军速度，甚至停止开进。所以三纵得以从容修筑工事，建立稳固的防御阵线。

雨还在淅淅沥沥地下，估计顽军在4日之前是不会发起进攻的，陶勇乐呵呵地说：“连老天都在帮我们！”

“‘得道多助，失道寡助’嘛！”粟裕的眼里透着智慧、坚毅与自信，“顽固派的军队勾心斗角，如今又从远道而来，战线长、地形不熟、补给困难；而我们深得人民群众的真心爱戴和支持，同仇敌忾、团结一致，有充足的粮草，军民一条心，在家门口作战，有根据地，有大后方。他们进攻黄桥，是自取灭亡。”

第二十四章
决战黄桥，以寡击众夺全胜

10 月 3 日，顽军八十九军各部开始向黄桥外围进攻。王必成二纵两个营在顽刘漫天一一七师必经的营溪、古溪、加力一线预设了防御阵地，各抗击一阵后主动后撤到下一个阵地再阻击；叶飞派出一个营化装进入敌后，配合地方武装袭扰敌人，使一一七师与顽孙启人三十三师拉开约 10 公里的距离。打了一整天，直到傍晚，顽三十三师才进到黄桥。

但李守维给韩德勤通电话时还信心满满：“陈毅指挥的新四军就是全部在黄桥也不过五六千人，他们弹药也少，我们比他们多两倍以上的兵力，打下黄桥是不成问题的。”

华中的危险态势引起毛泽东的高度重视，他电告在重庆的周恩来，要周恩来告诉何应钦停止韩（德勤）的行动，否则八路军黄克诚部将南下阜宁、盐城支援陈毅。方针是：“韩不攻陈，黄不攻韩；韩若攻陈，黄必攻韩。”

4 日凌晨，三十三师在八十九军炮兵团的掩护下开始攻击黄桥东门的防御阵地，前锋部队在小焦庄与姜茂生八团接上了火。

这时，苏北各种政治势力的注意力都集中到黄桥。保持中立的李明扬和陈泰运派人到战场附近了解战况，泰兴的日军探子进到黄桥以西七八公里的石梅观战，黄桥周围汉奸队伍也在密切注视黄桥动态。在以黄桥为中心的苏北战场上，出现了一幕两方对战、多方围观的奇特局面。

坐镇黄桥的粟裕对形势了然于心，新四军必须迅速歼敌取胜。一旦黄桥守军作战失利，那些围观者难保不会趁火打劫。他命令陶勇：第三纵队以全力阻止敌人进攻，至少要支持到第二天拂晓。

顽军三十三师先用大炮猛烈轰击姜茂生的阵地，然后用小部队冲锋，一来试探虚实，二来消耗新四军的人员和弹药。到了中午，顽军认为新四军已被他们消耗得差不多了，开始以整营整团兵力冲锋，而且三个团轮番冲锋。

经过激烈的争夺，八团驻守的小焦庄失守，发电厂失守。有些地方，顽军已突破了镇边的河沟，手榴弹都甩到了黄桥的街头。

这时苏北指挥部经济科长曾若空来向粟裕报告：“黄桥西面发现小股顽军！”

粟裕镇定自若，说：“不要紧，你赶快回去带人员向这里靠拢，我马上派一个连去阻击。”

就在这时，突然一发炮弹飞到指挥所上面，粟裕叫他们迅速卧倒，并顺手把曾若空按倒在地上，警卫员很快用身体掩护粟裕，司号员也用身体掩护曾若空。一瞬间屋子上的瓦片、泥土塌下来，把他们都压住了。幸好无人受伤。

战事紧急，粟裕把指挥所包括炊事员在内的全体人员编成突击队，亲自带队跑步冲往东门。三纵前线指挥所在严复兴油坊的小楼里，粟裕问陶勇：“守得住吗？”陶勇回答：“三纵队在，黄桥就在！”

此时前方枪声炮声响彻云霄，猛烈的炮火将三纵防御工事大部摧毁，战士们伤亡很大。三十三师一部居然在尘土硝烟中突进了东门。

粟裕的脸上现出一丝焦虑的神色。如果黄桥失守，他的部队在完全无预备队增援的情况下，将无法达到围歼敌李守维的目的。不仅战役任务不能完成，几个纵队势将被敌人分割，被迫分散活动，形成打游击的局面。

正在这时，有报告说奉命增援的江南部队一个主力营已到达离黄桥仅 10 公里的季家市。

粟裕闻讯振臂高呼：“同志们，江南增援部队过来了！”

陶勇将上衣一脱，挥动指挥刀向敌人冲去。张震东和张文碧几个人也拎着马刀紧跟其后冲向敌人。八团战士一看司令员带头冲锋，士气大振，纷纷跃出工事向敌人反冲锋，硬将敌人逼退，架起机关枪堵住了东门。

陈丕显得知东门危急，带了一队民兵来支援陶勇。上小楼，没看到陶勇，只看到粟裕那里和前沿通话，这时几颗炮弹连续在附近炸开，震耳欲聋，气浪把窗玻璃震得“嘎嘎”响，使整座木结构的小楼晃动起来，而粟裕镇定自若，继续下达他的作战命令。

陈丕显等他打完电话嚷道：“你怎么跑这里来了？太危险了！快回你的指挥部去！”

粟裕若无其事，高兴地告诉陈丕显：“老陶脱了上衣，光着膀子冲上去拼刺刀了！……”

打退敌人对东门的攻击后，陶勇从望远镜中看到由七团一营防守的一个小庄子有部队正在后退，马上命令张文碧赶快过去夺回阵地。张文碧一手拎马刀，一手拎驳壳枪迎着退下的部队跑过去。当时一营长正一面挥动指挥旗阻止部队后撤，一面也不由自主随着部队向后退。张文碧冲上去，一把夺过指挥旗，厉声责问一营长：“干什么，想到长江喝水去啊！”一营长还未缓过神来，又被张文碧用指挥旗敲了几下。张文碧一面敲一面叫一营长跟着他一起冲，一营长立即跟着张文碧冲向敌人。一营已撤退的战士看到张文碧和营长已带头冲向敌人，也都立即回头向敌人反冲锋，很快将冲入阵地的敌人消灭，夺回了阵地。

黄桥守卫战的胜利，为新四军实施对第八十九军的迂回和围歼赢得了时间，准备了战场。

下午1时，三十三师撤至离黄桥二三里的胡家堡、小二房庄一带休息，准备第二次总攻。从江南赶来增援的四团三营进到黄桥三纵的防区，营长舒雨旺进到镇内向粟裕报到，粟裕喜出望外。

顽军退后时，枪炮声渐渐稀落，但冷枪冷炮仍不时沉闷地响起，一直没有停息。利用顽军休整的机会，黄桥百姓赶紧将大饼等吃的东西和枪弹送往前线。

4日下午3时，粟裕正在陶勇的指挥所和陶勇、陈丕显、管文蔚等人分析战况，侦察员报告翁达独立第六旅前锋已抵黄桥以北两三公里处。

翁达独立第六旅是此战第一个歼灭对象。陈毅和粟裕选择了翁达旅作为首战歼灭对象的主要根据，一是拉开“二李”、陈泰运同韩德勤的距离，保证他们继续保持中立。二是打开韩德勤中路军的缺口，使新四军可以实现对韩军主力的包围与迂回。三是歼灭翁旅可以严重打击敌军士气，并使其他杂牌军不敢乱动。首战歼灭翁达旅对战役的转变会起决定性影响。

为了进一步判明情况，把握最有利的出击时机，粟裕决定到北门亲自了解情况。临行他命令陶勇等人：“你们应以全力阻止敌人对黄桥的突击，尤其要打破敌人黄昏时的第二次总攻，为求先发制人，以一个团左右的兵力先敌出击，击破其黄昏时的总攻。”

随后粟裕离开陶勇的指挥所，带着随身警卫直奔北门，站到高处观望。粟裕见北面两三公里远的大路上，有许多群众惊慌地向西南奔跑。粟裕据此判断：

翁达独立第六旅的先头部队确已来到。

按战前部署，消灭翁达旅是用“黄鼠狼吃蛇”的办法，多路向其突击，将它斩成几段然后各个包围，力求首先歼其首脑机关。现在摆在粟裕面前的是选择什么时候突击最为有利。

如果突击过早，只打到它的先头部队，而没有打到它的要害，顽军不但可以退缩、避免就歼，而且还会暴露新四军的部署和意图；如果打迟了，翁达旅势必从北打进黄桥，要知道陶勇全力以赴在城东阻击三十三师，在北门只有一个班，肯定守不住；更严重的后果是观战各方可能会争先扑杀过来。

粟裕计算：翁达旅采用一路行军纵队前进，如果两人之间的距离为一米半，全部三千多人的队形将是长达四五公里的一路长蛇阵。从黄桥到高桥的路程约七公里半，其先头部队抵达黄桥以北两公里半时，后尾必然已过高桥，完全进入叶飞的伏击地段，叶飞此时出击，正好可以将独立第六旅拦腰斩断。

粟裕立即回陶勇的指挥部打电话给在严徐庄司令部的陈毅：

“喂喂，陈司令吗？”

“是我。”

“翁部已靠近黄桥，估计他已全部进入我伏击圈，后卫部队也可能已过高桥，请速命叶飞出击！”

“我马上告诉叶飞。”

粟裕把电话听筒放下。不到片刻，从远处传来猛烈的机枪声，接着就是连珠炮似的手榴弹爆炸声，夹杂着隐隐的喊杀声……

叶飞第一纵队在高桥、周家庄之线如猛虎下山似的冲向顽军，将其截成数段，打得顽军乱哄哄地逃窜。三个小时后，翁达旅大部被歼灭，残余部队退守高桥西南一带继续顽抗。

战事告一段落后，陈毅打电话告诉粟裕：“翁达的一字长蛇阵已被我一线截为数段。一小时左右，翁达的旅部已被消灭。接着，其余部队也先后被解决。”

掩体指挥所内陶勇、陈丕显、管文蔚几个人站在粟裕旁边，已经从通话中听出了一些大概，内心里有说不出的高兴。

粟裕愉快地说：“叶飞这一仗打得很好！这下好了，翁达的独立旅全部解决。叶飞一纵打得及时，打得勇猛。敌人还没有来得及弄清是怎么回事，就做了俘虏，翁达可能捉到了，也可能被打死了。北边战事已告一段落。”

他看着地图，若有所思："夜里黄桥东面可能会遭到敌人猛攻。我们一定要守住。守不住，就没戏唱了。今晚王必成可能拿下分界，现在王必成二纵正急行军通过李守维部，尚未到达古溪附近地区。我们拖住黄桥之敌，使其不得后撤去对付我二纵的进攻。二纵拿下分界，明天即可向三十三师后方猛攻。那时我们就可前后夹击，吃三十三师。那时，估计李守维率一一七师也可能到达古溪以西之野屋基一线附近，向黄桥进攻。其时李守维听到翁旅及三十三师已被我歼灭就不敢再前进。一个可能是迅速逃跑，另一个可能是固守野屋基，向韩德勤求救。李守维与韩德勤来往商量，至少得半天时间。我军如能在明天下午解决三十三师，则二纵就可不顾一切，迅速把李守维的后路堵住，从背后方向攻击之。我一纵、三纵即从西侧将李守维团团围住，吃掉它。"

翁旅被歼后，战场重点立即转到黄桥城下及其以东地区。三十三师集中三个团准备向黄桥作第二次猛攻。陶勇按粟裕的指示以一个团兵力先行出击，以攻为守，打破了敌总攻计划。

下午6时，叶飞仍然在高桥附近与独立第六旅残部纠缠，而第二纵队进至八字桥后行动不明。黄桥东面之敌三十三师正在集结，准备于5日拂晓总攻。

当晚粟裕在黄桥镇北米巷一幢较大的房子召集指挥员们开会。依据情况，粟裕下达新的作战命令：一、令第三纵队于4日晚12时，以两个团兵力出击黄桥东面之敌，以打破其拂晓的总攻击，并配合我突击兵团夹击该敌；二、令第一纵队将围困于张家庄之顽独立第六旅残部交由指挥部特务营负责解决，该纵主力立即全部南下，经何家桥、太平桥向刘家堡、野屋基之敌侧后攻击。

粟裕对第三纵队的指挥员说："你们要很好地做好准备，乘敌人后路混乱时，猛烈出击，协同兄弟部队消灭来犯的全部韩顽主力。"

陶勇站起来宣布："大出击时三团从东南方、八团从正东方向一起打出去。"

八团是一支比较新的部队，又经过一天的激战，正愁缺少冲击力量。所以陶勇把江南增援的舒雨旺营配给八团。

当下散了会，各指挥员赶回到阵地连夜做出击的准备工作。12点，三团和八团按计划出击黄桥东面的三十三师。

5日凌晨3点，黄桥以东之西官庄附近枪声甚密，估计是第二纵队已经抄袭敌后，但未取得联络。粟裕急令第三纵队已出击之两个团迅速猛攻。在第二、三纵队的勇猛攻击下，韩顽拂晓总攻又告失败。

李守维预感大事不妙，急将第八十九军大部集结在黄桥东北一线，企图最后猛扑黄桥或固守待援。到5日8点，他们已被新四军团团包围。

此时粟裕得到情报，韩军增援部队约八个团已进至黄桥东北不远的地方。粟裕原本打算在5日黄昏发起总攻。现在情况发生变化，顽军增援部队虽没有八个团，但两三个团或有可能。为在其增援部队到达之前，先解决当面之敌，粟裕决心尽量提前实行总攻。

这时需要第二纵队派兵一部向分界方向阻止敌增援部队，主力迅速向西攻击。但第二纵队直接联系不上，派人去也太迟。

情急智生，粟裕命令陶勇的三纵以小部队向黄桥以东之敌佯攻，引起敌人回击，形成密集枪声。战场上，枪声就是命令，听到枪声猛烈，叶飞当即令第一纵队迅速南下，王必成则令第二纵队迅速西进，两个纵队如猛虎一般直扑进攻黄桥的顽军。

粟裕得到第二纵队插到如黄公路分界一带，切断了顽军归路的情报时，幽默地对陶勇说："我们今晚就要消灭韩的嫡系八十九军军部和一一七师。你们纵队趁顽军混乱时，从黄桥东门及其两侧地区全线出击，配合第二纵队聚歼第三十三师，狠狠地打，这样韩德勤就输得连裤子也要送进典当铺子喽！"

5日上午11点半，陶勇从守备部队中抽出力量，把包括炊事员在内的所有人员都组织起来，从黄桥的东门及其两侧地区打了出去，活捉三十三师师长孙启人。到晚上9点，在王必成和陶勇东西合力突击下三十三师大部被消灭，少数残部向东北突围，与其军部及第一一七师靠拢，企图待援或于黄昏后突围。

顽第三十三师昨天还在猛攻黄桥，气焰不可一世，今天却已是兵无斗志、溃不成军。师长孙启人被活捉后说："不瞒长官，我看过《霸王别姬》的戏，有十面埋伏、四面楚歌，我今天尝到的滋味，比那还要严重得多！"

敌败局已定后，陈毅回到黄桥镇上。粟裕和镇守黄桥几位党政负责同志简单地向陈毅汇报了各自分管工作情况。未几，叶飞派人报告，说顽八十九军军部已被彻底歼灭，军长李守维下落不明（后李明扬派人向新四军联系，在黄桥以北五里的八尺河岸边从溺死人员的尸体中找到了李守维的尸体，陈毅和粟裕命人将其装进棺材送往兴化）。

此时敌人大部主力已被解决，整个战斗可说已初步结束。陈毅和粟裕当即研究追歼顽敌的计划和部署。然后由粟裕下达如下追击命令：第一纵队从西向东往海安进击。第二纵从南方向海安进击。第三纵队绕攻海安东北，截断海安顽军向东台之退路。粟裕强调各部应不顾疲劳，不惜一切牺牲，不重缴获，而在于乘胜追击以占领海安。

比时江南赶来的第二支援军刘亨云营赶到，他们来不及休整就按粟裕命令向海安进击，与叶飞、王必成、陶勇各部主力争先前进，逢水过水，见桥夺桥，边打边追，直取海安。

第二十五章
立足苏北，红旗十月满天飞

海安历史悠久，建县之始在东晋，称宁海县。南北朝时期，因海水常浸淹农田，遂取名海安，为“永不扬波”之意。

先头部队抵达海安时，海安城内顽军望风而逃。粟裕随追击部队进入海安入住广福寺。

时著名爱国民主人士、民国两任江苏省长韩国钧及海安各界人士倡议举行隆重仪式，欢迎陈毅及新四军苏北指挥部驻海安。韩国钧此时年过八十，德高望重，他和南通的张謇被誉为苏北的两大名贤。粟裕得讯连忙派参谋将这消息报给陈毅。第二天，陈毅派钟期光来到海安帮助粟裕做指挥部入城的准备工作。当天，朱克靖代表陈毅到韩国钧公馆慰问。

10 月 7 日，粟裕和钟期光在海安西南五里庙附近迎接陈毅，向陈毅汇报了海安城里的情况，然后陪同陈毅进入海安县城。当陈毅一行到达海安西门的一座木桥时，管文蔚、黄逸峰、朱克靖、陈同生等人以及海安商会会长、国民党区长等各界代表在桥头迎接。韩国钧因年老不易步行，乘黄包车在西街等候陈毅。

陈毅一见韩国钧行后辈之礼，一再说明黄桥一仗是新四军被迫反击自卫，事非心愿。韩国钧连连点头，抱怨韩顽不守信用。

受韩国钧的邀请，陈毅入住韩国钧公馆。苏北指挥部驻在广福寺。机要人员和粟裕一起住在东寺庙西北角，特务营驻扎在东寺庙四周，司令部部分作战、测绘人员及卫生处和医院驻在西寺庙（即祇树禅林）及其附近，电台总队驻在中坝。

第二天粟裕指挥部队乘胜扩张战果，所部风卷残云，占领富安、安丰、梁垛、东台。同一天，进占东台的王必成部第二团与黄克诚率领南下的八路军第五纵队先头部队胡炳云团会师于东台县白驹镇，黄桥战役宣告胜利结束。

黄桥战役是新四军在苏北与顽军进行的一场前所未有的大战，对中共中央开辟苏北、发展华中抗战局面的整个战略任务起了决定作用，史称“黄桥决战”。

因敌强我弱，局势复杂，黄桥一仗打得十分艰险。当吴强来到指挥部时，粟裕笑着握着他的手说：“好险哪，捏着一把汗哪！”

这一仗新四军连下东台、盐城等十多个城镇和串场河两岸的大片土地。全体指战员都有功，苏北指挥部特犒赏每人两块大洋以示奖励。当吴强离开指挥部时，粟裕笑着说：“你可以去找服务团的‘小皮球’他们大吃一顿了，告诉他们，有肉吃了，我不请他们吃狗肉了。”吴强大笑起来，粟裕也笑起来。

此时陈、粟二人兵力不够分配，各种干部也极为缺乏。两人联名致电军部和中原局及中共中央，请求八路军迅速南下负责东台以北地区，并速派大批干部南下。

战事缓和下来后，各部的战果统计后报到粟裕这里来。此役新四军以 7000 多人抗击顽军 1.5 万多人，以伤亡千余的代价歼顽军 1.1 万余人。顽军八十九军团以上主官（旅长以上军官为黄埔军校三期、四期、五期、六期）无一漏网，有的被打死，有的被淹死，有的自杀，另有 10 人被俘。下级军官被俘的更高达 600 余人，士兵被俘 3200 余人。

战事结束后，粟裕在崔义田陪同下到战地医院慰问伤病员。战地医院原来只能收治 200 多人，当时已收治 500 多人，伤病员分散住在附近各村镇。粟裕到各处看望了伤病员后，立即派人将黄桥战斗中缴获的衣服、食品送到医院，分发给伤病员。因为医院伤病员多，医务人员少，粟裕就指示政治部派战地服务团的人员到医院，照顾伤病员的生活，为他们演出文艺节目。

医院还收容了一批俘虏伤兵。从进黄桥以来，打了几次仗，抓了不少俘虏。打何克谦时，因为何克谦部系土匪基础上建立的，成分复杂，粟裕看不上，放了；后来和陈泰运的税警团打，和薛承宗的保安一旅打，抓的俘虏也是成百上千，陈毅为了统战，也放了。现在一下子抓了三四千人，不是个小数目，而且这些人当中很多是三四年的老兵，军事技术比新四军好。譬如做工事，陶勇的三纵队在黄桥做了三天，还有四五千群众帮助，可是还没有做得很好。而类似的工事，顽军一个晚上就可做好。再说这些下级军官和士兵打内战本来就不太乐意，也是韩德勤骗来的，逼迫的，内心里更想的是打日本。所以粟裕这回是不打算放了。他指示："对俘虏伤兵，能够治疗的给予治疗。生活待遇除不发负伤费以外，其他待遇都和我们的伤病员一样。同时，你们还要对他们做思想政治工作。"

崔义田按照粟裕的指示，认真做好俘虏伤员的治疗、生活照顾和思想政治工作，许多俘虏伤员心情非常激动，纷纷报名要求参加新四军，打日本鬼子。

这一仗全歼顽八十九军炮兵团，新四军缴获了不少重武器。计有迫击炮 59 门、山炮 3 门，其中一门是太原兵工厂造的 75 毫米口径一三式山炮。陈毅和粟裕看了又看，摸了又摸，高兴得不得了。

"韩德勤大概知道我们打鬼子据点没有大炮，所以这次送大炮来了，"粟裕说，"我们新四军还没有大炮，不管环境怎么艰难困苦，这门炮一定要保存好，将来反攻的时候可以发挥作用。"

俘虏和武器装备好处理，但韩德勤不好办。陈毅和粟裕拿着韩德勤犯难，当时想了三个方案：一是召集韩德勤、李明扬、陈泰运召开四方和平会议，共同分区抗战，保证新四军的领导地位；二是联合李、陈二人驱韩；三是单独打下兴化赶走韩德勤。将方案电告中央军委，中央军委指示："为了对付日军进攻，为了巩固国内团结，华中摩擦在韩失败后，应设法暂时缓和一下，采取完全自卫的方针。我应加紧开展地方工作，建立抗日民主政权，扩大和整训自己的部队，对韩不应进攻，而应在韩再向我进攻时，各个反攻击破之……"

当陈毅把中央的电报给苏北指挥部众人看时，粟裕想了想说："通如、海启这一大片地方，我们必须完全控制下来。中央叫我们暂停攻兴化，不是要我们不再扩大战果。除兴化外，一切可以攻占的地方，我们还应该去占领。通如、海启地区，韩德勤还有三个保安旅和县的保安队，估计共有三万多人。国民党的专员、县长等大多没有逃走。我们要控制那里，必须很好运用统一战线这个'法宝'，尽量争取地方实力派，政权工作也是如此。那地区的专员季强成，国民党员，政治态度属中间派。他是李明扬的参谋长季方的堂弟，季方的态度是进步的，一直与我们保持着秘密的联系。现在可以请他去通如、海启，负责那里的工作，并去争取他的堂弟。……我考虑，是否可以派陶勇和刘先胜、卢胜率三纵全部东去。政治上由吉洛（姬鹏飞）负责，军事上由陶勇、卢胜负责。"

陈毅对粟裕的提议表示同意，并指示具体部署由粟裕、钟期光、陈丕显、管文蔚开会研究。

随后陈毅、粟裕下令停止进攻兴化地区的韩德勤部队，令陶勇三纵东进通如海启地区。这一地区成为后来苏中抗日根据地最重要的一个分区，也是唯一和平建立的一个分区。

战事一停，粟裕在海安西寺干部会议上作了战役总结。

在这个总结中，粟裕首先阐述了黄桥战役胜利的意义。黄桥战役使中国最进步、抗战最坚决、革命最彻底的八路军、新四军联合起来，奠定了苏北抗日民主根据地的基础，增加了中国抗战和革命胜利的有利条件；其次，为中共及新四军夺取了苏北抗战的领导地位，也使得新四军能在苏北地区建立比较稳固的根据地。

粟裕在这个报告里，对黄桥战役前国际国内的形势，对苏北的政治情况、群众条件、敌我双方的情况作了深刻的分析和研究，在此基础上拟定积极、自主的作战方针和三个作战方案。他对三个方案的好坏作了对比，说明为什么要采用以全力依托黄桥采取攻势防御将顽军消灭在工事前的方案。随即又对作战部署和经过作了极为详细的讲解。

随后，粟裕从三个方面点明对黄桥战役的收获：一、达成了歼灭战的任务。敌我双方力量对比为 3∶1，但新四军以少胜多，一个人打他三个人，打得顽军完全丧失了再向我们进攻的能力。二、占领了海安、东台，使南通、如皋、海门、启东也完全在我控制之下，等于占领了四个县，这是极大的收获。三、缴获了大批武器弹药和装备。

这次战役的优点在政治上，政治动员与我党的号召极为成功，得到了群众有力的配合，得到了上层士绅和地方实力派的同情与拥护，干部党员冲锋在前、退却在后，都起了最好的模范作用。军事上的优点是各兵团基本上完成了各自的任务，达成了歼灭战的总任务，防守兵团和突击兵团协同配合，一般说还好。第三纵队虽然武器差、弹药少，但是很好地完成了防守任务，值得表扬。第一、第二纵队也找到了敌人的弱点，达成了突击任务，同样是很好的。追击动作还好。部队三四天没有睡觉，整天没有吃饭，非常疲劳，跑不动了，四小时只跑了十里路，但无论如何也坚持追到了海安、东台。

相比对战役优点的肯定，粟裕对战役存在缺点的分析更为细致，深刻。他指出了各部在侦察、通讯、射击、行军能力、军需供给、缴械、追击过程等七个方面共同存在的问题，其次是指出各纵队首长在指挥上存在有配合不到位的现象。针对存在的问题，他一一指出改进办法。他特别强调在战斗没有结束的时候，要绝对禁止各部报告伤亡数目。从猛打、猛冲、猛追三项要求来讲，猛打、猛冲做到了，猛追还不猛，还要学。

两军对阵，不仅是兵力、火力、士气的较量，也是双方指挥员谋略水平和指挥艺术的较量。黄桥战役的胜利是新四军官兵浴血奋战的结果，也是陈毅和粟裕杰出指挥的结果。

综观全局，陈毅是黄桥战役的总指挥。当韩德勤主力即将对苏北新四军大举进攻，而黄克诚率领的八路军南下部队距黄桥地区尚远，没有条件进行战役配合时，是陈毅经过审慎研究后下决心以劣势兵力同国民党顽固派韩德勤部决战。战前，陈毅争得了老百姓的支持，取得了苏北社会上层的同情；在决战过程中，又是陈毅在统战工作中争取了苏鲁皖边游击军李明扬、李长江部、曲塘一带的税警总团陈泰运部和保安旅薛承宗部1万多人的中立，才使得新四军与顽军兵力对比不致过于悬殊，从而使粟裕集中兵力在局部上占优，先以一纵和二纵合歼翁达的独立六旅，继而以二纵和三纵合歼三十三师，后围歼八十九军军部和一一七师。

但在军事上，粟裕作为一线直接指挥官，对黄桥决战以少胜多夺取决战胜利起了关键性的作用。他在军事部署、战机把握、兵力使用上展示出卓越的军事才能，此战是他成功指挥兵团作战的发端，也是他成为一个成熟的战略家的重要标志。

黄桥战役结束后，管文蔚找三十三师师长孙启人、三十三师九十九旅旅长苗瑞林、一一七师参谋长张沼英谈话，问及韩德勤的部队为什么失败时，张沼英说："贵军用兵如神，大兵压境还竟敢全力用分割包围之法，实在出乎我们意料。"

三纵三营六连长黄辉说："我当多年红军，第一次打这么大、这么硬的大胜仗。"二排副排长刘兴也说："我在红军时就听说粟裕打仗，仗仗胜，但没有见过。这次在他指挥下，次次打胜仗。愿意永远在粟司令指挥下，次次打胜仗。"

粟裕虽然创造了黄桥战役以少胜多的军事杰作，但他运筹帷幄的实际内情在当时并不为外人知晓。最后还是由陈毅公开。

当时参加战后大会的有张玉成。他在会上听陈毅介绍粟裕说："大家一定要问哪里来的粟副指挥？告诉大家，粟副总指挥早就来了，过去因为统战关系，没有公开。因为他们（指苏北各方势力）说我陈毅是诗人、文人，是来宣传抗日统一战线的。如果把粟裕同志公开了，他们一定说：你们把军事干部带来，是否准备来打仗啦！这样，就不利于做统战工作，因此过去没有公开。粟副总指挥，是很强的军事指挥员，他指挥打了好多漂亮仗，这次黄桥决战，我们决定后全由粟裕同志指挥的。”

从洋洋洒洒1.5万多字的总结，可见粟裕注重研究和把握战争规律，显示了从战略的高度运筹战役，缜密谋划，叠筹选拔，果敢用兵，出奇制胜。

黄桥战役结束后，粟裕每天面对墙上的地图，分析着当时的形势。他担忧：这些日子他和陈毅把前来进犯的韩德勤打得大败，国民党方面势必不会善罢甘休。国民党方面韩德勤目前在江苏北部对他和陈毅是不能怎么样的，但军部处在国民党的包围之中，国民党如果向其报复发难那就非常危险。

10月31日，粟裕和陈毅联名向军部叶挺、项英和中央军委毛泽东、朱德发电报：

> 希夷去上饶，以求得移皖北为最好，次则移苏南，如留皖南极不利。在长江以北归我控制之下，将来南渡大举发展皖南是极便利的，可无多考虑。我们建议如此，请速决定。

11月7日，中原局书记刘少奇和曾山及八路军第五纵队的领导黄克诚来到海安。刘少奇此行是与陈毅在海安筹备组建华中新四军、八路军总指挥部。为了给即将诞生的华中总指挥部献礼，陈毅和粟裕决定拿驻守如皋的日军开刀，打一个胜仗来迎接华中总指挥部的成立。

当时是陶勇三纵在海安南与驻守如皋的日军对峙。该部日军隶属日本中国派遣军第十七师团。决心已下，粟裕离开海安，亲自到三纵指挥部与陶勇等制定了歼敌方案。

几天后，如皋城出来200多日伪军向新四军挑衅，三纵前沿部队按照部署预先在如皋北边的戴庄、油坊头四叉河口一带设下伏兵，然后派出少量人员与敌周旋。接火后骄横的日伪军穷追不舍，追到戴庄、油坊头四叉河口。这时三纵设下的伏兵突然猛烈开火，当场打死打伤日伪军30余人，其中还有一个中队长，其余日伪军仓皇逃窜。参战部队打扫战场，当天将战利品送往海安。

战利品送到海安后，由陈毅代表参战部队将一件日本军用大衣和一把指挥刀送给刘少奇做礼物。

刘少奇连连称赞指战员打得好，笑着说：“天天照这样打，小鬼子连老本都要赔光哩！”

11 月 17 日，华中八路军、新四军总指挥部在海安成立，叶挺任总指挥，陈毅任副总指挥，刘少奇任政治委员，在叶挺到达苏北前，陈毅为代理总指挥。一个星期后，刘少奇同陈毅率华中总指挥部机关离开海安，移驻盐城。

第二十六章
新四改编，好男不吃分家饭

1941年元旦过后，华中总指挥部通知粟裕、管文蔚、叶飞和陈丕显等人前往盐城参加会议，讨论组织华中机动突击兵团和苏北各部队主力统一整编问题。粟裕等人得讯后立即赶往盐城。

到盐城后，粟裕即与陈毅会面。八路军苏鲁豫支队的宋维栻也在场。粟裕和陈毅已有两个月没见面了。

当时新四军部正奉命北移，已于1月4日离开云岭北移，按计划应该在当月到达盐城。谈到军部北移之事，陈毅面色沉重："凶多吉少！"陈毅把军部行军路线告诉了粟裕，粟裕大惊，连声说："糟了糟了！"他预感军部将会遭遇国民党军的袭击。

1940年底对新四军军部来说是多事之秋。10月，军部受日军"扫荡"。当时日军调集了第十五师团、第十七师团和第一一六师团等各一部兵力共1万余人，在空军配合下进犯皖南，皖南国民党守军一触即退，使得其中一路日军直扑军部所在地云岭。军长叶挺亲自率领部队阻击进犯的日军。经过一星期的战斗，毙伤日军1000余人，成功将敌击退。10月19日，国民党政府以参谋总长何应钦、白崇禧的名义强令华中以及长江以南的八路军、新四军在一个月以内撤到黄河以北地区。为了顾全大局、团结抗日，叶挺、项英等奉中央军委命令率军部及直属队9000余人北移。最初军部打算走繁昌、铜陵北渡长江，但很快被国民党方面得知，他们在《前线日报》和电台公开了新四军军部要北上抗日的消息，并在繁昌、铜陵沿江地区张贴"欢送新四军渡江"的标语。日军得到情报后立即封锁长江，把所有大小渡口的船只全部烧毁。在这种情况下，军部只得于1月4日向南绕道茂林、三溪、旌德，沿天目山之宁国、郎溪，到溧阳待机北渡。现在蒋介石调集大军部署在军部必经之路上，在粟裕看来就是图谋不轨。

粟裕一向认为云岭不是军部久待之地，一直主张军部迁出皖南云岭，和陈毅多次发报给中共中央和军部建议军部转移，但一直未能实现。现在情况危急，只能听天由命。万一顽军进攻，军部免不了厮杀一场，杀出一条血路方得求生。

不出粟裕与陈毅所料，1 月 7 日，当军部北移至太平、泾县间的茂林时遭到顾祝同部第三十二集团军 7 个师 8 万余人的围攻，处境十分险恶。当时军部与中原局联系未断，但在盐城的刘少奇和陈毅直到 1 月 9 日才得到叶挺和饶漱石的电报："今日晨北进，又受包围，现在集全力与敌激战，拟今晚分批突围北进。项英、国平□□□□于今晨率小部武装上呈而去，行方不明。我为全体安全计，决维持到底。"

"皖南事变"发生时，粟裕和管文蔚、叶飞、陈丕显及当时新四军其他各部领导在盐城南门附近的文庙参加总指挥部召开的会议。刘少奇表情非常严肃，用极沉痛而又悲愤的声调宣布："同志们，军部在茂林地区被顽四十师、新七师、五十二师、一〇八师，一四四、七十师共 7 个师包围！战斗正在激烈进行，我军伤亡惨重！"

正在开会的人无不感到无比惊骇。霎时间，群情激愤，现场喊打之声如雷震天。连一些平素比较坚强、身经百战的老将，此刻也禁不住默默地流泪。许多人请求带兵开赴皖南，与顾祝同一战……

陈毅说："我们回电要他们全力突围走苏南，已命令苏南的新二支队接应。"

粟裕心头涌起强烈的悲愤却又无可奈何，现在他和主力都在苏北，鞭长莫及，想帮也难，实在无力护卫军部。

打响"皖南事变"反击国民党顽军第一枪的是粟裕原二支队黄火星的三团，主要由福建籍的指战员组成，是红军三年游击战时期保存下来的骨干。三团在丕岭纸棚村遭受顽四十师拦阻，当下坚决反击，将进攻的四十师打退，后受顽军优势火力的拦阻，损失惨重。

"皖南事变"发生时日军正将原驻防镇江地区的独立第十二混成旅团调到苏中沿江和运河沿线，又加紧引诱泰州地区的国民党苏鲁皖游击总指挥部副总指挥李长江率部投降。日军准备李部投降后，立即大举进攻海安、东台、盐城等地，歼灭新四军军部和新四军苏北主力。

此时的日军兴奋异常，加紧向华中各根据地"扫荡"。1 月 11 日，3000 多日军占领黄桥，下午又派出16架轰炸机轰炸盐城。盐城上空顿时防空警报大作。

当时粟裕正在盐城中学参加会议，听到防空警报后，他和与会人员陈丕显、叶飞及张鼎丞、彭雪枫、黄克诚、罗炳辉、谭震林等人迅速散开。这些人身经百战，都忙而不乱。抗大分校的学生有的隐蔽在校园内，有的转移到旧城墙脚下的防空壕里。轰炸机飞得很低，低到可以看清座舱里飞行员的脸。日军飞机连续不断扔炸弹，轮番俯冲扫射，持续了半个多小时。

粟裕隐藏在校园内，看着肆无忌惮、如入无人之境的鬼子轰炸机苦笑：城里和乡下区别很大，将总指挥部建立在盐城这样一个县城肯定有好处，但抗日战争是长期的、残酷的。在敌强我弱、又完全没有制空权的情况下，走农村包围城市，坚持游击战争的道路才是不败的真理。以前新四军、八路军隐藏在农村里，日军的飞机大炮全无用武之地。现在好了，他们全可以用上了。

盐城中学被炸塌了几幢房子，总指挥部所在地文庙也被炸多处。刘少奇、陈毅当时都在文庙焦急等待着皖南和延安的电报，没来得及做隐蔽，被炸弹掀起的泥土溅了一身，幸无大碍。有一名炊事员被弹片击中牺牲，房屋也有损坏。西门登瀛桥附近的民船，被炸弹炸毁数艘，死伤百姓十余人。

12日，粟裕参加总指挥部在盐城郊区仓头召开的旅长以上的干部会议。此时军部已经被围困几个昼夜了，弹尽粮绝，面临全军覆没的危险。刘少奇和陈毅决定将主力分为南、北两线展开。北线由八路军张爱萍、梁兴初率部对付由山东南下的反共军，南线重建新四军苏北指挥部，由粟裕率领回驻东台以应付南线严重局势。当天刘少奇和陈毅致电中共中央，建议由八路军山东部队准备包围沈鸿烈部，新四军苏北部队准备包围韩德勤部，与国民党谈判作为交换条件解除军部的压力。电报发出后，粟裕等人焦急地等待中共中央的回音。

第二天，陈毅在会上宣布："中央已同意我们的意见，限十天内准备完毕，待命攻击。"

那时消息很多，中共中央以朱德、彭德怀、叶挺、项英等八路军、新四军将领之名发表通电抗议国民党的反共罪行："我八路军新四军前受日军之'扫荡'，后受国军之攻击，奉命移防者则遇聚歼，努力抗战者则被屠杀，是而可忍，孰不可忍！"坚决要求国民党中央"力解皖南大军之包围，开放（叶）挺等北上之道路，撤退华中之剿共军，平毁西北之封锁线，停止全国之屠杀，制止黑暗之反动，以挽危局，以全国命"。文化界著名人士邹韬奋为了表示对国民党的抗议，发表了向国民参政会的辞职电。在香港的宋庆龄、何香凝、柳亚子等，也致电蒋介石及国民党中央，要求“撤销剿共部署，解决联共方案；发展各种抗日实力，保障各种抗日党派”。

此时皖南电讯突然中断，军部下落不明，与会者无不万分焦急，焦急化为怒火。

这时刘少奇和陈毅分外冷静。

1月14日，毛泽东、朱德、王稼祥致电八路军、新四军各将领，宣布“中央决定在政治上军事上迅即准备作全面大反攻，救援新四军，粉碎反共高潮”，要求苏北、山东我军待命消灭韩德勤、沈鸿烈部，要求华北我军提前准备机动部队对付严重事变，同时向国民党提出了严重抗议。外敌未除，大规模内战一触即发。

从15日收到的情报得知，皖南军部及直属队9000余人，除傅秋涛、江渭清等同志率2000人突围外，其余大部分壮烈牺牲或被俘。叶挺军长在奉命与国民党谈判时被扣；副军长项英、副参谋长周子昆突围后惨遭叛徒杀害；军政治部主任袁国平突围时负重伤，含恨自尽。

消息传开，许多人听了失声痛哭，会场秩序几乎不能控制。

陈毅不停地大声喊：“冷静！要冷静！听候中央指示！”

刘少奇是中央代表，在他看来，日军入侵，大敌当前，国共两党理应枪口一致对外。鹬蚌相争，渔翁得利。一旦国共两党再度开战，自相残杀，只会给日本以可乘之机，加速中国的灭亡。再说不顾民族大义，同室操戈，制造皖南暴行的只是国民党内部的顽固派，与其跟国民党全面开战，还不如将国民党政府与国民党顽固派区分开来，以争取多数，孤立少数，避免统一战线的分裂。同时在政治上争取主动，开展大反击，争取民主党派、进步人士及全国人民的同情与支持，收聚民心民气。

他一面教育华中党和军队的干部要“沉着、坚定、勇敢”，“遵守党的纪律，等候中央命令”，不要提“打倒顽固派”的口号；一面向党中央指出现在军部已被消灭，交换条件不存在了，目前进攻沈、韩两部没有必要，提议“以在全国主要的实行政治上全面大反攻，但在军事上除个别地区外，以暂时不实行反攻为妥”。

从中共中央与新四军来往的电文可知，中央得到刘少奇电报后仍打算在军事上实行大反攻，但后来根据多方情报还是做出了调整，改政治上、军事上全面反攻为政治上全面反攻、军事上取守势的斗争策略，避免了国共两党更大规模的内战和全面分裂。

16 日，华中总指挥部召开干部大会，刘少奇宣布：总指挥部已向党中央报告了目前华中工作的部署，准备在盐城以苏北指挥部为基础重建新四军新军部，由陈毅同志任代理军长。战略区成立师建制，下辖旅、团。新四军全军 9 万多人编为 7 个师。粟裕任第一师师长，下辖苏北指挥部所属部队，改纵队为旅，辖叶飞、王必成、陶勇三个旅。留在苏南的廖海涛部编为第六师，谭震林任师长。

17 日，蒋介石在重庆发表通令和谈话："……国民革命军新编第四军自上月以来，在江南地区集中全军，扰乱战局，阴谋不轨。本月自泾县向南移，竟于四日胆敢明目进攻我前方抗日军队阵地，危害民族，为敌作伥，丧心病狂莫此为甚。我前方被袭各部队，对此不测之叛变，若不忍痛还击，不仅前线各军之将士无心自卫，而且整个抗战之国策，亦被其破坏无余。瞻望前途，痛愤不已。为应付危急，伸张纲纪，不得不为紧急处置……新编第四军抗命叛变，劣迹昭彰，若不严行惩处，何以完成国民之使命，着新编第四军番号立即撤销，该军军长革职，交军法审判，依法惩处。"蒋介石的话在盐城除了激起正义者的愤怒之外别无用处。

刘少奇和陈毅将总指挥部陆续由文庙迁至盐城南郊的熊氏宗祠，开始代行军部职责，履行抗日的神圣使命。那时军部已得到李长江将要投降日军的情报，刘少奇和陈毅任命粟裕为总指挥，率军讨伐。

粟裕临走时，已升任代军长的陈毅亲自到他的住处送行。

苏北指挥部机关的干部绝大部分分配到新四军军部，分配到第一师机关干部只有包括粟裕在内的 24 人。有政治部主任钟期光，机要员楚青，作战科长吴肃，科内有毛瑞有、张宗仁、秦叔瑾；侦察科冯伯华，通讯科李景瑞，管理科有刘德胜、王家兴等人。

陈毅问粟裕："怎么样，人太少了吧？"

粟裕爽朗地回答："好男不吃分家饭嘛！军长放心，哪里有群众，哪里有敌人，哪里就有我们的发展。"

陈毅听了很高兴，连说："好！好！"

当下粟裕离开盐城，返回东台。

第二十七章
讨伐叛军，里应外合克泰州

东台是个出英雄的地方。1938 年 3 月，日军进攻东台。仅半个月的时间，日军便在台城、安丰、三灶、唐柳灶等地烧毁房屋 2000 余间，杀害群众 80 余人，强奸妇女 50 余人。面对日军的烧杀抢掠，英勇的东台人民自发抗敌：唐柳灶的百姓用钉耙等农具，将下乡奸淫掳掠的 6 个日本兵打死了 5 个；钱家尖、袁梅舍和头灶村的农民，在日军汽艇巡逻必经的岔河口水下打暗坝，阻滞敌人的行动，敌人累拆，他们累建，给日军造成很大的破坏。

1941 年 1 月 17 日，粟裕到东台后，把师部设在东台城东二里桥一座古庙里。这时，军部教导总队训练处处长薛暮桥率领东进北渡大队支队抵达东台。东进北渡大队支队由军部教导总队、后方机关和医务人员组成，受命先行撤离皖南。这个支队有 1000 多人，他们在过青弋江时受到国民党第三战区第五十二师的拦阻。因为军部才是国民党军的目标，顽五十二师怕打草惊蛇，放过了这支队伍。

薛暮桥带来了一批干部，他给粟裕留了一批，然后去了盐城军部。

也就是这个时候，周蔚昌、罗湘涛和李桂英夫妇、朱庭光、严振衡等人先后被选调到一师司令部。

1 月 20 日，新四军新军部在盐城成立，粟裕正式成为新四军第一师师长。那一天，侦察科长冯伯华因人手紧缺来找粟裕。“能不能将人事教育科的朱庭光分到侦察科工作？”

朱庭光是新四军宣传部长朱镜我的儿子，而朱镜我已在“皖南事变”中牺牲。如果朱庭光去侦察科的话，那他会经常深入敌后，随时可能为革命牺牲。粟裕想要为朱家留一条血脉，就说：“朱部长的儿子还是先到作战科当技术书记吧！”

这样，侦察科除了科长冯伯华就只有新来的严振衡了。

严振衡时年 18 岁，参加过军部收复泾县的战斗。粟裕对他很满意。因为他总是拿着材料对着地图看，把资料和地图装在自己的头脑里，没有做笔记的习惯，是个做侦察兵的料。侦察兵要深入敌后，战斗中牺牲负伤是常事，情报装在脑子里，身上无片纸只字，只要他不说，敌人什么都得不到。

粟裕将苏北指挥部下属 3 个纵队改编为第一师 3 个旅，又利用黄桥战役和曹甸战役中缴获的 3 门 75 毫米口径山炮，创建了苏中军区第一个炮兵连。

“皖南事变”以来，国际国内的政治和战争形势风云变幻。由于国民党控制了舆论，普通百姓不易得知事变真相，但得知真相的部分国民党高层，国际上美国、苏联、英国都对国民党顽固派攻击新四军进行抨击，纷纷向蒋介石施压。

国共反目是日本人最乐于见到的事。不过这次日本人并不十分高兴，陆军本部关东军参谋长东条英机在东京发表演讲说：“蒋政权内部打仗，固然不能抗战，但日本决不依赖国共纠纷，而是依赖自己力量解决中国事件。华北是日本人的根据地，蒋介石要驱逐华中共产军去华北，将破坏日本的利益。”

日军在“皖南事变”后再次表现出他们的骄横。他们一方面于 1 月下旬集中 5 个师团以上的兵力，分数路包围汤恩伯、何柱国、李仙洲、李品仙诸军约 15 万人于平汉路以东地区，发动了河南战役，打得国民党军溃不成军。另一方面在苏中聚集兵力，威逼、诱降苏中地区的国民党游击部队，试图乘新四军在苏北、苏中立足未稳之际，摧毁新四军首脑机关，寻歼新四军主力部队。

为引诱李长江投降，汪精卫派一个叫缪斌（前国民政府江苏省民政厅长，后任汪伪中央政治委员会委员、立法院副院长）的人在泰州泰山庙里和李长江秘密接头。日军与汪精卫许诺李长江：一、李长江部改编为和平军第一集团军，由李长江任中将总司令，一切费用武器装备由日方供给；二、在日军解决苏北新四军及韩德勤后，由李长江任江苏省主席。

李、缪二人的会面本来是秘密行动，但这个消息被新四军部的情报系统得到。

李长江原名永发、又名德标，江苏南京人，年轻时做过瓦工，因不堪工头虐待而投军，曾在枪林弹雨里将副师长李明扬背出五六里路使其得以脱险。后因作战勇敢，屡立战功，职务从班长一直晋升到团长，后任国民党鲁苏皖边区游击总指挥部副总指挥，拥有对这支武装力量的实际控制能力。

新四军军部对李长江部在政治上仍然做争取工作，在军事上则加紧进行作战准备。根据军部指示，粟裕将主力隐蔽集结于海安至曲塘之线的区域内，准备待其叛国面目暴露后一举歼灭之。

日军在苏中的部队原是第十七师团的一个联队，分布于长江沿岸和沿通扬运河的南通、如皋、靖江、泰兴、扬州，并沿大运河北延伸至邵伯、高邮一线。这一年为加强进攻新四军的力量，日军从江南调来独立第十二混成旅接替第十七师团在苏中的防务，其旅长是南浦襄吉少将，辖有5个步兵大队和1个特种兵大队，共5600余人，武器装备好，战斗力比同等的日军部队强些，有单独执行战略任务的能力。但要用一个旅团控制整个苏中，南浦的兵力显然过于单薄。为弥补兵力不足，便对国民党军队施行诱降、压降政策，拉拢国民党武装当伪军，以达到战略上控制苏中的目的。

2月11日，情报显示李长江投敌的态势已经明朗，粟裕要师部做好出发准备，作战科的秦叔瑾开始整理地图。12日，开始下大雪，下了一天一夜，四野积雪盈尺，13日雪又下了一天。13日那天李长江与其一支队司令丁聚堂、二支队司令颜秀五、六支队司令陈才福、七支队司令秦庆霖、十支队司令范杰率所部8个支队共1万余人在泰州公开投敌，汪精卫将该部编为“和平建国军”第一集团军，李长江为总司令。

李长江向来与李明扬连在一起，但李明扬是讲民族气节的，他拒绝投降。李长江投敌后，李明扬率侍从室、参谋处、副官处等愿随其下乡游击者和电台报务人员99人离开泰州到下河叶甸、边城一带。随后，同样不愿做汉奸的李明扬部属陈中柱率四纵队，丁作彬率教导队，邱立祺率县保安团和其他不甘当亡国奴的官兵也随后赶往叶甸，在李明扬的领导下继续抗日（同年3月，日伪对李明扬部发起扫荡，陈中柱在对日作战中阵亡）。

陈毅和粟裕计划趁日军未到之机先消灭李长江部队。陈毅乘汽船从盐城来到东台参加指挥作战。

14日下午，粟裕要秦叔瑾拿两张兴化以北地区五万分之一的地图过来。秦叔瑾送来地图后，陈毅和粟裕等在火盆边查阅泰州一带地图，分析着各方动向。两人估计日军占领黄桥后，将继续攻占曲塘、海安、东台等主要城镇和交通干线，然后日伪配合，李长江由泰州经兴化向东北，日军由东台向北，合击盐城。

16日，下着毛毛雨，部队开始行动。

这时，机要科有位同志的手腕上长了个疖子，感染后红肿化脓，胳膊肿得老粗，疼痛难忍。由于军医在手术前给他做了全身麻醉，致使病人两天两夜昏迷不醒。卫生部意见送后方医院治疗。粟裕不同意，说："他不能离开部队，部队到哪里，我们就把他带到哪里！"这是因为后方医院经常受到日军的骚扰袭击，伤病员很不安全。再则，脱离了部队，治好了伤，还不知能不能及时、安全地返回机要科。部队正准备出征讨伐伪军李长江部，如果机要人员出了问题，情报泄露的后果更不堪设想。

随后，陈毅和粟裕率指挥部坐上汽船向海安方向进发。第二天，他们接获军部刘少奇发来的急电：李长江已公开投敌，野心很大，海安、东台及兴化均在其阴谋计划之内。此贼不除，后患甚多，望集全力迅速解决之。

到海安以西的邓家庄后，粟裕加紧部署。他叫来侦察科的严振衡和作战科的毛进。

粟裕对他们说："你们去查明从海安向西经过曲塘，一直通往姜堰和泰州方向的李长江部架设的电话线有几路，看他们架线的方式是怎样的。一旦战斗打响，对这些电话线我们或将其破坏，或为我所用。完成任务后到姜堰后方，侦察李长江部队的情况。千万不能打草惊蛇。有什么困难没有？"

两人说："没有！"

两人领命而去，完成任务后向粟裕复命。此时李长江在泰州通电换旗，就任伪军第一集团军总司令。粟裕立即在邓家庄召集营以上干部举行讨逆战役誓师动员大会。

粟裕说："李长江是国民党在华中第一个公开投敌的高级将领，影响极坏。老百姓觉得天好像都黑了，看不到希望了，我们新四军不能不有所表示。我们的口号是'讨伐李长江，反对投降派'。我们打他不只是气愤，主要是为了树立人民的信心。如果对降敌行为不进行严厉打击，更多的国民党军可能步其后尘，投入敌人的怀抱，严重削弱抗日力量，为日军采取以华制华的手段提供条件。"

他下令一旅攻克姜堰后直取泰州，二旅、三旅从南北两翼围歼李长江主力。会后部队沿海（安）泰（州）公路及其两侧向姜堰、泰州攻击前进。

19 日，王必成首先率部攻克姜堰，叶飞、陶勇分率第一、第三旅击溃陈才福和颜秀五，迂回包围泰州，进展神速。当日午夜，粟裕带着周蔚昌、严振衡、秦叔瑾等参谋和通讯人员前往泰州城东门的东山寺指挥作战。

粟裕身先士卒，向枪声密集的方向走去。当时子弹飞越头顶，声音尖锐刺耳，没有上过战场的周蔚昌有点紧张，两腿行走也不自然。过了一会儿，突然一阵子弹扑扑地打在他们的身旁。粟裕立即要他们离开高坎走低洼地，疏散前进，而粟裕自己仍不慌不忙地在原路上前进。粟裕镇定自若的神态驱走了周蔚昌的惶恐心理，他很快适应了战火纷飞的环境。

泰州东门东山寺附近的坟园里，粟裕从望远镜里看了看泰州城，城内漆黑一片。粟裕命令王必成以一个主力团的兵力利用暗夜突入城内，直捣李长江的指挥所，打乱敌人的指挥体系，使其丧失组织抵抗的能力，然后与其他攻城部队里应外合攻克泰州。粟裕同时命令严振衡接山炮连，于 20 日赶到泰州支援。

接到粟裕的命令后，王必成令一个主力团隐蔽接敌，第二天拂晓时从相距仅一百几十米的两座碉堡之间悄无声息地顺利进入城内，迅速打到李长江的指挥所。无正义则无士气，那些士兵因为自己成了伪军，本来就抬不起头，现在又是猝不及防，乱作一团。李长江自知不是新四军的对手，当下翻墙逃跑。

泰州城东面，三旅七团政委吴载文指挥一营强攻，夺取敌人前沿阵地，俘敌 100 多人。下午，山炮连未到，但各部已攻入泰州。李明扬撤到泰州以北，伪李长江部向泰州西南方向逃窜。

日军为援救李长江部，日伪军 7000 余人分别由扬州、高邮、如皋等地出动“扫荡”苏中，乘虚侵占海安、东台，并向泰州急进。第二天，敌机不断在泰州上空盘旋，可能辨不清目标，没有投弹。

泰州离南京、扬州很近，又是苏北的中心城市，为日军必争之地。泰州四面平坦，无险可守，新四军在这样的地形与装备精良的日军打起来十分不利，再则随日军行动的还有上万伪军，不好对付。所以粟裕在给李长江部以歼灭性打击后决定撤退，于 21 日下令叶飞部向塘头扩张战果，王必成部向港口方向追击残顽，陶勇所部向东掩护后方机关往海边转移。

当日，新四军军部发表通告，申明新四军毅然讨逆的行动，“证明本军绝不因重庆当局取消本军番号之无理命令，而稍变更本军抗战保卫人民之初衷”。

22 日凌晨 3 点，指挥部撤出邓家庄开始向姜堰转移。天黑不见五指，风吹在身上很冷。但不久即出现月光，可见村庄、路边的杨树。到了石家垡天已微明，看见前面有电光亮了三次，位置在姜堰方向，判断敌人已占姜堰镇。一会儿有许多老百姓从姜堰镇方向逃来，说日本鬼子已占姜堰。部队当即向陈家垡以北转移。快到中午时到达夏家庄，饭后乘汽船经青浦到张游庄宿营。据报，敌人一部由海安向北占领了安丰、梁垛、东台；一部向西占领了姜堰，今晚可能占领泰州。

23日，指挥部东移周家溪，第二天到达邓庄，晚上经虞家庄、贲家集通过通榆公路，到达早家庄。当天部队冒雨到韩家洋宿营，27日下午到娄子头，晚上又下雨。

泰州一战攻克泰州城及姜堰等重要据点，俘虏李长江叛军3000多人，并争取2个支队（团）的叛军反正，沉重打击了叛国投敌的民族败类和日本侵略者，警告了投降派、亲日派，而日军南浦旅团则利用此机侵占了海安、东台、泰州三城及其沿线许多集镇。

第二十八章
移师沿海，创建三仓中心区

撤出泰州后，粟裕率部转入农村，将一旅部署在泰州、海安线以南地区，二旅在海安、李堡线以北地区，三旅在海安、如皋、南通线以东，海安、李堡线以南地区休整。

3 月 2 日，师部转移到唐家洋。二旅军需官黄志远找到师部。

原来二旅打泰州时缴获了许多武器、弹药、粮秣和医药等物资，黄志远负责打扫战场、转运物资。在四团参谋长俞炳辉领导的一个营的掩护和帮助下，黄志远率供给部工作人员连夜将战利品运出泰州城，经两昼夜抵达曲塘地域的莫家庄，但他与二旅失去了联系。他们在莫家庄的一个村子隐蔽了十多天，每天派人四出寻找，始终没有联系上他们的部队。几经周折，黄志远找到师部，通过师部的电台才联系上旅长王必成。

黄志远是新四军的人，他都有半个月不知自己部队的去向，那日军对新四军的去向就更摸不着头脑了。

南浦襄吉攻下黄桥、海安、东台、泰州等城镇后，将泰州作为其司令部驻地。他兵力有限，打下的每一个城镇都得分出兵力加以伪化并构筑工事巩固，还得看住刚投降的李长江的几千人，一时也就无力顾及粟裕他们了。

3 月 19 日，华中局正式划定苏中区范围：东台、兴化以南，长江以北，运河以东，黄海以西，面积 2 万余平方公里。其中，新四军统治区约占 47%，敌占区约占 32%，友军（国民党军）占 3%，游击区约占 17%。苏中分为 4 个行政区，相应地成立了军区和军分区。第一分区包括江都、高邮、宝应 3 个县；第二分区包括兴化、东台、台北、泰东 4 个县；第三分区包括泰兴、泰州、如西、靖江 4 个县；第四分区包括如东、如中、通中、通西、通海及海启 6 个县。为消除李明扬、陈泰运的疑惧心理，陈毅和粟裕在新四军与李、陈部队之间建立缓冲地带，成立鲁苏皖边区游击总指挥部直属纵队、鲁苏战区游击指挥部第三纵队联合抗日司令部，简称“联抗”，活动于顽友我接合部的兴东泰地区。

这个时候，摆在粟裕面前的首要问题是苏中抗日根据地的基本中心区放在哪里。苏中抗日斗争需要一个比较稳固的后方，这样才能保证领导机关在任何严重的形势下都能对全区进行不间断的指挥，才能办学校培养干部、办医院收治伤病员、办工厂进行军需生产，才能集结和训练主力兵团，形成有力的拳头。

粟裕对着地图分析各区的形势：

一分区国民党顽固势力较强；二分区的兴化、东台、泰县三地接合部是中共与国民党协商的缓冲区；三、四分区是日军重点控制的地区。这几个地区都不适合做根据地的中心区。最后，粟裕把基本区（新四军经常活动区域）择定在第二分区东台以东到黄海的滨海滩涂地域。

这块地方以三仓镇为中心，有东西南北各约 15 公里的沙荒滩涂地带。这里辽阔贫瘠，人烟稀少，交通闭塞，不便于敌人活动；东边的黄海因为水浅，日军舰（尖底，吃水深）无法进入。同时这里北靠军部所在的盐阜区，东临大海，西接水网，南有第三、第四分区为屏障，有利于新四军回旋，还可以成为新四军向海上发展的依托。

决心一下，粟裕叫来参谋秦叔瑾，指着地图上三仓地区说：“秦叔瑾同志，我们准备在这一地区活动，这里地广人稀，交通闭塞，不利于敌人活动，我们要将这一带建成我们根据地的中心区。你的任务是调查这一地区的地形，将这块地图放大一倍，图上要具体标明各村庄之间的距离，每个村庄的草房、瓦房数，河流宽窄深浅，哪些地区隐蔽，哪些地区开阔，哪些地段低有积水。你们要熟悉路线，尽量做到夜行军能不找向导自己走。辛苦你了！”

秦叔瑾领命而去。

三仓一带距县城较远，地域空旷，有利于东进部队整顿训练，伤病员疗养亦极为适宜，所以过了两天，粟裕又要秦叔瑾到三仓河以东地区调查地形，选择后方医院地址。他给秦叔瑾加派了人手，有一个姓周的副官和六个全副武装的通讯员，并交代秦叔瑾：“这一带一向土匪多，人民觉悟也不高，对我们不是很了解。你们要小心，要防止坏人袭击。”

当时从长江口到连云港一带海盗横行，常常登陆抢劫。三仓地区土匪、海盗活动尤为猖獗。他们不仅祸害盐民、渔民，有的还与新四军为敌。他们称新四军为“四老爷”，认为新四军不能下海，放话说：“四老爷有种海上见！”

如东是陶勇三旅的活动区，陶勇闻知海匪挑衅，针锋相对地放话：“海匪一定要平，四老爷就是要有种和海匪海上见。”

因为时代背景的关系，土匪成因复杂。针对不同情况，粟裕对土匪区别对待。对当地以恶霸地主吴其海为首的土匪和作恶多端的黄少卿为首的海匪采取打击和消灭的政策，对那些贫苦家庭出身又具有民族意识的土匪和海盗则采取分化瓦解、争取改造的政策。

陶勇按粟裕指示，先将吴其海和黄少卿消灭，又将海匪头目孙二虎抓获，正在争取改造。

因为工作紧张，人手缺乏，司令部各科室都极需优秀人才。作战科长吴肃很中意侦察科的严振衡，就向粟裕要这个人加强作战科的力量。粟裕没有多想就同意了，严振衡就到作战科做了参谋。

侦察科长冯伯华不乐意了，又不好明着找粟裕要人，就借酒发牢骚。粟裕知道后，想了想说：“作战科有四个参谋，侦察科一个也没有，严振衡还得留在侦察科！”于是严振衡又回到侦察科。

严振衡挺能干，后来一直在侦察科工作。一师流传着粟裕有“四根台柱子”的说法，严振衡是其中一根（其余三人为测绘参谋秦叔瑾、管理科长王重、通讯科长李景瑞）。

师部在唐家洋待了不到一个星期后转移新河边。三天后，陈毅要返回盐城。临行，他交代粟裕：“打垮了李长江，我放心了。这里就交给你了！现在我们处在日伪联合围攻之下，只能做占据乡间长期坚持的打算。我们的目的是要打走日本人，不是占领海安、东台、泰州这些城镇。这一点你要跟同志们讲清楚。你们要把工作中心转入农村，做在农村坚持长期斗争的准备。”

陈毅走后，奥地利人罗生特和一批医疗工作者在沈其震的率领下从上海来到新河边，经新河边到盐城新四军部去。粟裕热情接待了他们。

罗生特是一个蓝眼睛、高鼻子、身材高大的犹太人，战士们都叫他“犹太人医师”。罗生特从上海出来时化装成外国传教士，穿着传教士的黑袍，戴着主教的高帽，胸前挂着十字架，手里捧着一本《圣经》。他来时带了一些医疗器械和特备的药品，全部装在一个铁箱里，遇上日军拦截检查，他就站出来阻挡，说是教堂的特殊圣物，任何人不得亵渎。那时新四军的地下交通直通上海，就这样，他们平安地进到新四军控制的区域。

罗生特离开新河边后到达盐城。如果被俘后加入新四军的日本人不算，罗生特应当是第一个加入新四军的外国人。为了照顾罗生特的生活习惯，粟裕令交通员定期在上海购买咖啡、奶粉和优质香烟送到军部给罗生特。

三仓地区濒江临海，粟裕以军区后勤机关一部和山炮连、警卫分队为基础，在如东县北坎附近的何家灶港组建了苏中军区海防大队，调作战参谋凌海波任大队长。海防大队负责保卫苏中军区在海上的活动，其具体任务是控制苏中根据地沿海的港口，并力求深入近海开展对敌斗争。

粟裕交给凌海波一项特殊任务："大敌当前，抗日为重，策反海匪，化敌为友。"接受任务后，凌海波和警卫员潘和明两人深入海匪驻地。（当年初秋，凌海波收编得海船30多只，海员300多人。）

海防大队成立后，粟裕率师部机关人员到海船上体验海上生活和进行海上战斗演习，这是他第一次面对大海。

这一年春天，日军中国派遣军总司令部提出了以长江下游为起点，逐次进行"清乡"的方案，企图通过军事"清剿"与政治欺骗、经济掠夺、思想奴化等所谓"综合战力"，在其占领区内彻底"整顿治安"，"肃清"抗日力量，强化汪伪政权，将华中地区变成继续进行侵华战争和太平洋战争的重要后方基地。

汪伪政府也将"清乡"定为"国策"，成立"清乡委员会"，由汪精卫自任"委员长"，陈公博、周佛海任"副委员长"，李士群任"秘书长"。随后日军华中派遣军第六十师团在小林师团长率领下对谭震林的第六师发动"扫荡"，开始在苏南"清乡"。苏中南浦的独立十二旅团则裹胁李长江部"扫荡"苏中。苏中、苏南形势空前恶化，国民党军及所属的游击部队纷纷叛国。

随李长江之后，军统下辖的"忠义救国军"一部由蔡鑫元（抗战前任江苏省泰兴县蒋华区区长）率领在江苏泰兴投敌，与长江沿岸的保安纵队陈正才、张松山部被汪伪政权合编为伪暂编第十九师。紧接着，江苏省保安第八旅杨仲华、国民党第二十四集团军八十九军三十三师副师长兼团长潘干丞、鲁苏战区独立团团长刘湘图、保安第四旅田铁夫投敌，所部分别被改编为伪暂编第二十二师和伪暂编第三十六师。苏北伪军迅增到13个师、3个旅、42个正规团和11股杂牌部队，共达3.7万余人。

此时苏中地区的矛盾已经转化为新四军与日伪的矛盾，新四军的作战对象也转变为日军和伪军。作战对象的变化决定了作战原则和战术发生相应的变化。对国民党军，虽然数量多，装备好，但其他方面都不如新四军，所以新四军可以展开采取歼灭战、运动战；日军装备技术比新四军强，新四军暂时还只能与其打游击战，根据苏中地区的地形和敌情，游击战的规模较江南地区来说可以大一点。

当时新四军内的老兵因较长时间与顽军打正规战、运动战打顺了手，对游击战变得生疏；新兵则还没有打过游击，缺乏相应的经验。反顽战斗的胜利，越来越多的人参加了新四军，部队逐渐变得庞大；而且新四军吸纳了顽军的俘虏和反正的国民党军官兵，部队成分也不再像以前那么单一。同时，很多人盲目乐观，认为打日本人不过小菜一碟；另有一部分人有一种模糊观念，只要不去刺激敌人，就可以避免敌人的“扫荡”；还有个别人看到国民党军纷纷叛国投敌和日伪军大举进攻的紧张形势，希望离开斗争第一线，到安定的地区去。经调查，不只部队存在此类问题，地方工作也存在不少问题。

针对以上情况，粟裕于 4 月 10 日在角斜旧场召开干部会议作了由正规战向游击战转变问题的讲话，动员苏中全党全军转变思想、组织、工作、战术，提出一切工作深入农村，一切工作扎根基层，一切工作适应游击战争，一切工作为战争胜利服务。

他说：“现在敌人占了城镇和交通线，广大农村仍然在我们手中，广大人民群众站在我们一边。我们要适应新形势，深入农村坚持长期斗争，把游击战打得热火朝天，像春节放鞭炮一样遍地开花、处处响枪。这样，敌人虽然占据城镇和交通线，却无异于把圈套套在自己脖子上。我们要下定决心，坚持斗争，积小胜为大胜，夺取最后胜利。我们要把眼光放远一点，充分认识苏中抗日斗争的深远战略意义。苏中处于长江下游，面对敌人的统治中心南京、上海，隔着一条长江同敌人唱对台戏。这个对台戏是很精彩的，我们这里打一个胜仗，消息很快就传到南京、上海，政治意义太大了。将来大反攻时，我们要像打鱼一样，在长江口上张开一张大渔网，把从长江逃跑的敌人统统收罗起来。”

讲到战术时，粟裕强调：暂不采用兵团战斗，暂不使用猛打猛攻猛追战术；反对游而不击，反对“跑扫荡”“躲扫荡”，要做到游而必击、扰而必乱；消灭敌人与消磨敌人，有决胜把握就应以大打小，如无胜利把握则以少打多，予敌人以杀伤，速战速决，积小胜为大胜。

江苏、上海、浙江是当时中国教育最发达的地区，随着抗日浪潮的高涨，大批知识青年参加了新四军，给部队注入了新鲜血液。粟裕特别重用知识分子。他把大部分知识青年派到部队当政治指导员、营教导员，有的先放到基层做文化教员，使他们在基层、在战火中锻炼并发挥聪明才智，然后再提升他们。知识分子比例大是新四军第一师的一个特色。

4 月 20 日，苏中军区在如东县栟茶镇成立，粟裕兼任军区司令员。苏中军区所辖区域居长江下游北岸、黄海之滨，起着向北护卫新四军军部，向南直接威胁日伪的南京、上海的重要作用，加上本地棉花、粮食等战略资源丰富，苏中军区成为中共抗战一个重要根据地，也成为中国革命的一个战略基地。其重要性也使这一地区成为新四军与日伪的必争之地、恶战之地。

这时的粟裕集苏中党、政、军权力于一身，为保卫苏中、建设苏中、发展苏中而努力奋斗着。

那时日军宣称要以“闪击战打击陈毅及其重建之军部”，汪伪也在南京公开宣扬要“完成皖变未竟反共之功”。

为保卫军部南大门的安全，粟裕以二旅刘别生四团摆在盐城以南、通榆公路上的刘庄、伍佑地区，以张强生五团守东台以东的三仓河地区，刘史明（原名吴宝二）六团守东台以西的兴化东区，三个团呈品字形展开，把守通往军部的通道。同时他要求部队主动积极地打击日伪，力争把敌人吸引在苏中。

经过一个月的休整，粟裕发动了对日军的攻势作战。首先在第三分区向泰州、靖江地区之日伪据点发起攻击，连克古溪、蒋垛、苏陈庄、大泗庄、孤山、老庄头、姚家堡等据点。在姚家堡战斗中，击毙日军泰兴城防司令以下 20 余人，生俘日军 2 名。在兴化梓辛河伏击战中，击沉日军汽艇 1 艘，歼敌 1 个小队，生俘日军 2 名。

此时粟裕不分昼夜地工作，常常在昏暗的油灯下，阅读电报，对照地图，拟草作战方案，直至黎明。

第二十九章
调敌回防，围魏救赵护军部

1941 年初夏，粟裕的师部在新河边、留园、缪家庄、老坝头这些地方活动，6 月份回到新河边。新河边有条小河，闲空时候粟裕常到这条小河里游泳。

这天黄昏粟裕来到河边，师部通讯科训练班一个叫汤聿文的战士正在他的队长廖昌林教导下学习游泳。汤聿文未下过河，只敢在齐腰深的水边上“扑腾扑腾”地练习。粟裕看到后指点说：“小鬼，你胆子要大一点，只有到深水里去才能真正学会游泳。”

粟裕自小就喜欢玩水，他的家门口就有一条小河，后来又在沅江之畔常德读书，常在水里泡，所以善游泳。花样也多，蛙式、仰游、自由式，潜入水中还可以一口气出去 20 多米。

汤聿文当时只有 15 岁，身高一米五，还是一个少年，但却有将近一年的军龄了。粟裕手下小战士极多，像机要科的译电员大都十七八岁，有些只有十五六岁。粟裕兴趣广泛，爱好颇多，战斗间隙、工作之余，经常和司令部的小战士们一起唱歌跳舞、游泳、打排球。三仓地区治安形势也很好，一师报上曾登载旧场乡儿童团长万幸与团员吴志静在老坝头查粟裕路条的消息。那时候粟裕外出只带着一个警卫员就大摇大摆地在三仓地区走来走去。

此时北边盐城的形势很紧张，据可靠情报，日军不日即进攻盐城。军长陈毅和政委刘少奇制定了一个反“扫荡”的计划，令抗大五分校副校长、盐城卫戍司令洪学智负责将卫生部、财经委员会等 4000 余人，外加抗大五分校 2000 多人带往盐东县盘湾、龙王庙一带疏散。又电令粟裕一师配合黄克诚三师反击日军。随后，刘少奇、陈毅带领一部分机关工作人员转移到在湖垛东北约 10 里的北左庄。

7 月 20 日，南浦襄吉率独立第十二混成旅团及李长江伪军共 1.7 万余人，配备装甲汽艇百余艘，在飞机的掩护下，从东台、兴化、射阳、陈家洋四路合击盐城。日伪曾在南京夸下海口：“要以闪击战打击陈毅将军即今重建的新四军军部及其主力”。

粟裕摆在军部南大门的王必成此时直属军部指挥。王必成受命在盐城以南，对自东台北犯盐城之敌节节抗击，予以杀伤和歼灭。其在伍佑、刘庄、白驹、西团、小海作战，以连为单位层层阻拦进攻之敌，击沉敌汽艇 20 余艘，配合三师掩护军部撤出盐城。从东台、兴化、射阳、陈家洋四地到盐城距离仅 100 公里左右，因为一师二旅和黄克诚三师的阻击，日伪军进击速度缓慢。

日军攻打盐城时，盐城新四军军部机关早已撤离，只余抗大五分校副校长洪学智率领的一个大队的学员，他们完成阻击敌人任务后也撤出盐城。

日军于 7 月 22 日占领盐城。王必成指挥部队分散兵力专攻日伪军侧背，在串阳河两侧神出鬼没地打击日伪军，破袭盐城至东台交通线，打击其来往部队，阻止敌伪在盐城、东台间建立联络点。

这个时候，负责保卫军部的新四军三师受韩德勤 6 个团的夹击，在保卫军部的职责上出现了空洞。军部仍处在日伪进攻的危险中。

日军不甘心失败，也估计新四军部撤出盐城没走多远，于是调来许多特制的装甲汽艇在飞机配合下四处搜寻撤出盐城的新四军部，陆地上则投入一部分骑兵和大量步兵。当时正遇上下雨，河水暴涨。日军汽艇活动非常便利，在水网上横冲直撞。

这让陈毅和刘少奇非常被动。因为他们暂驻的北左庄四周都是小河沟，日军的装甲汽艇一遍又一遍地在河上搜寻，随时有被发现的可能。后来军部利用日军懈怠的机会向西北方向转移到达仁家桥宿营。

这时传来消息，鲁迅艺术学院华中分院的戏剧系、音乐系和普通班在一个叫北秦庄的村子遭到日军袭击，有 60 多人被俘，30 多人遇难，包括戏剧家许晴、作家丘东平。

噩耗传到一师部，粟裕、钟期光及师部一些在江南指挥部、苏北指挥部跟丘东平共过事或是看过丘东平写的小说的人都十分悲痛。丘东平正在创作的小说《茅山下》，是以苏南茅山地区的抗日根据地为背景，描写了新四军在茅山下与日军、汉奸、地方顽固势力等所进行的复杂斗争。本来要写成长篇的，牺牲前只写了五章。

得知军部危急，一旅叶飞急了。他决定调集一团、二团在三分区主动进攻敌伪军中心据点古溪，调动日军回防，以配合盐阜区反“扫荡”。他一面部署战斗，准备晚上7时发起攻击，一面将作战计划上报军部、师部。

收到叶飞的电报后，粟裕复电不同意一旅攻击古溪的战斗行动，主要理由是：攻坚不利，易遭受重大伤亡，且未必能攻下据点。

叶飞收到复电后十分矛盾。打，违背师部的命令；不打，老军部才被国民党搞掉，新军部又面临被日伪“剿灭”的危险。

他决定听听下面的意见，于是召集一团长王萱春、政委曾如清，二团长廖政国、政委李一平开会。会上众人认为师部不赞同打是因为担心伤亡太大，如果少或是没有伤亡就不会有意见。叶飞反复权衡，觉得有把握，最后决定打，他做了更细致周到的攻击部署。最终以伤亡不到100人的代价一举攻下古溪，全歼伪军1个团。

叶飞组织这次进攻古溪违背了师部的命令，叶飞本人也认为这是不对的。他估计会受到师部的批评，但师部对此并没有指责和批评之意。

当时保卫盐城是军部统一部署的，叶飞攻击古溪目的是牵制日伪军以保卫军部，战前也将作战部署上报军部。也许在粟裕眼里压根就没有抗命一词的说法。再说粟裕不赞成打古溪，主要怕一纵“攻不下来，伤亡一大堆，偷鸡不着蚀把米”（叶飞原话）。现在叶飞以很小的代价成功歼灭古溪守敌，粟裕自然乐见其成。

没有指责和限制，就等于让叶飞放手出击，以牵制、调动敌人，配合盐阜区反“扫荡”。

叶飞打下古溪后越发挥洒自如，率两个主力团，加上地方武装、民兵，浩浩荡荡，一路横扫，收复黄桥、季家市、加力、孤山、石庄等地，先以主力和地方部队包围泰兴城，后留地方部队围泰兴，以两个主力团包围南浦旅团部所在地泰州城。因为泰兴和泰州城池坚固，攻城会付出很大代价还不一定打得下来。所以这一回叶飞围而不攻，坐等南浦旅团南调回援以解军部之围。

当时军部及庞大的后方在硕家集、陈家集、殷家桥、岔头一带转移，危险万分。刘、陈考虑到情况复杂，为了保证在严重情况下指挥不间断，决定两人分开行动。刘少奇由军参谋长陪同，率一个连及直属队转至东北方向活动，以便指导整个华中工作。陈毅则留下做善后工作。

司令部被围，南浦襄吉南北不能兼顾，于 8 月初率 1 万多人从盐城、阜宁地区南撤，转向苏中进行报复“扫荡”。

陈毅正在忙于处理后方，忽然接到一师发来的电报，说他们围攻泰兴城，继续作战，缴获甚多，日军已南撤转向苏中“扫荡”。这样一来，军部之围自然化解。陈毅十分高兴，立即向刘少奇报捷。

此时刘少奇正在一个叫大高庄的村庄里研究机关单位如何分散隐蔽的问题，收到陈毅军部包围已解的来电后，十分欣慰。大部日伪既已南下，军部机关就无须再分散隐蔽。刘少奇立即宣布散会，然后与陈毅会合一起商讨如何反攻的问题。

陈毅、刘少奇一面直接向叶飞旅全体指战员祝贺胜利，并予嘉奖，指示叶飞要当心回头敌人的进攻；一面令三师的两个团、一师王必成第二旅、军部特务团和抗大，分别袭击湖垛、上岗、伍佑、刘庄、岗门、南洋岸的日伪军，以彻底粉碎日伪此次针对军部的“扫荡”。

南浦旅团刚离开盐城南下回援泰州，王必成就在盐城附近发动攻势，攻歼伍祐、刘庄、岗门等地守敌，同时配合三师攻歼湖渠、建阳、上岗之敌。

当南浦回援离泰州城还有半天路程时，叶飞撤了泰州、泰兴之围，主力向根据地腹地古溪、营溪地区隐蔽集结，待机应敌。扑了空的南浦旅团由泰州出发向东“扫荡”，企图寻叶飞主力决战。叶飞待南浦旅团东进至古溪、营溪附近，于夜间以急行军向西，转至敌背后，一举攻克敌据点姚家岱，歼敌一个小队。南浦闻讯，又从东向西追击叶飞。叶飞待敌迫近，又于夜间由姚家岱急行军向南，经靖江地区，向东返回根据地南部集结。

利用日伪军顾此失彼的时机，王必成率部奔袭盐城东南裕华镇。裕华镇虽然是个小镇，但地理位置却十分重要，是联系苏中、盐阜两个根据地的南北交通要点，日伪军在这里构筑有钢筋水泥的防御工事，沟深垒高，设防严密。

王必成将手中的三个主力团部署如下：四团攻打裕华镇，五团和六团分别负责阻击东台和盐城方向大中集的日伪援军。

8 月 15 日，刘别生四团在王必成指挥下对日伪军实施三面攻击。驻守伪军被全歼，日军集中于炮楼固守待援。因为没有重武器，第二天，王必成命令部队找来四张桌子、十几条棉被，将棉被放到水中泡湿包在桌子上，桌腿装上轮子，做成“土坦克”。然后突击队员将棉絮浇上煤油，把手榴弹捆成集束弹，推着“土坦克”冲向守军碉堡，用集束手榴弹将碉堡主门炸开。但堡内守敌仍负隅顽抗，使我久攻不下。此时两个突击队员将浇上煤油的棉絮缚在身上，迅速钻进碉堡，各自舍身拉响最后一束手榴弹，将大部分日军炸死。日军被迫退守碉堡二层。“敢死队”随后实施火攻，大火引发了手榴弹和子弹爆炸，日军死伤累累。剩余 9 名日军从三层楼跳下，结果摔死 6 名，摔伤 3 名。

接着，刘别生四团从西、西南和南面三个方向杀向残敌。终将驻守裕华镇的 2 个小队的日军和 600 余人的伪军全歼，其中日军被击毙 70 余人，生俘 7 人。

裕华守敌被歼时，东台出援第一批日伪军被张强生五团歼灭；来自大中集方向的日军被刘史明六团击退。

打下裕华镇后，王必成抓住战机调整部署，令刘别生四团、张强生五团全速抵达大中集，与刘史明六团合力围歼日伪援军。战斗打响后，各团向敌发起猛攻，与敌展开白刃战，使敌陷于混乱。战至 17 日下午，除有少数日军在核心炮楼顽抗外，其余全部被歼。

裕华镇攻坚是典型的攻城打援的战法，此战共歼日伪军 470 余人，活捉日军 7 名。在这次作战中，新四军首创用桌子铺湿棉絮制成“土坦克”攻坚，也出现 2 位舍身炸碉堡的英雄。

裕华战斗胜利后，盐阜地区敌伪极为恐慌，南浦被迫将已南下“扫荡”苏中的兵力又抽出一部北调，以保持其占领地区的安全。这样一来又缓解了苏中根据地的压力。

8 月初，南下回防的日伪军向泰东区和四分区“扫荡”，一路由金沙、北刘桥北犯，另一路由丁堰东犯，占岔河、潮桥，相继会攻丰利、掘港。第三旅陶勇部将敌击退，先后在北刘桥、林梓、丰利、石港、潮桥、环港、浒零、孙家窑、双甸等地与日伪纠缠游击，一个月作战 10 余次。

此次反扫荡因为南线叶飞旅在泰兴、泰州发动凌厉攻击，迫使南浦南下回防；当南浦南下时，又有北线王必成旅及黄克诚三师乘机大举反攻，打得南浦顾此失彼。南浦北边得地盘占便宜，但南边吃了亏；等他南下，北边所得的又不能保全。8 月 13 日，南浦集 1 万多兵力针对苏中发动“扫荡”，于 8 月 20 日终止针对盐阜地区的“扫荡”。

此次日伪军对盐阜区大“扫荡”，历时一月零两天。他们要消灭的新四军军部仍巍然屹立在敌后。

据军部战报，此次反“扫荡”新四军与日伪作战 135 次，毙、伤、俘敌伪军 3873 人（其中日军伤亡 1100 人，生俘日军官兵 15 人、伪军官兵 1074 人），击沉敌汽艇 13 艘，缴获平射炮 2 门、轻重机枪 25 挺、步枪 3324 支、子弹 2 万余发。

苏中区凌厉的攻势作战，策应了第三师和盐阜区的反“扫荡”，防卫了华中局、军部的南大门。

日寇痛感苏中区抗日军民的威胁，不得不暂时放弃摧毁新四军军部的企图，转而寻歼苏中主力部队。

第三十章
保卫三仓，十团大战反“扫荡”

因为一师围攻泰兴、泰州，南浦在尚未结束针对盐阜地区的“扫荡”就发动针对一师苏中根据地的“扫荡”。

南调回防的南浦襄吉寻歼叶飞一旅未果后，于8月中旬集结日伪军1万多人向苏中地区进行“扫荡”。

8月13日，南浦襄吉率日伪军从南通、如皋、海安、东台等据点出发全面“扫荡”苏中抗日根据地，袭击苏中党政机关，所到之处大肆烧杀淫掠。

此时在粟裕的领导下，一师已经建立了完善的情报网，日伪军的一举一动、兵力部署都在掌控之中。

南浦襄吉一出动，一师各部已做了相应的准备。粟裕率师部离开新河边，晚上转移至芦家河宿营，隔天又移到张家灶。各部则与敌周旋，运用游击战法打击“扫荡”的日伪军。

16日，粟裕将师直机关分为前后梯队，自己只带一部电台和一个加强排为前梯队，在“扫荡”区与敌周旋，当夜宿马家墩子。

每到一个宿营地，粟裕总要亲自过问针对敌情的侦察活动布置和警戒分队的配置情况。他对在每个地点停留的时间都有严格规定，要求警戒分队必须完成警戒位置上的战斗设置，以随时应付敌情。粟裕告诫管理部门，机要科驻地一定要安全、隐蔽，并要求警卫连派出卫兵警戒。又叮嘱机要员：“密码一定要保管好，绝对不能丢失。备用的、现用的要分开，随时准备应付紧急情况。”每当天快亮时，他会检查对有敌情顾虑方向上流动战斗小组的派遣情况。就这样，在长江下游的平原上，粟裕带着小分队从一个村庄到另一个村庄，在敌人的间隙中穿插过来迂回过去。

18日到公界庵。20日到周家仓，半夜里得到情报，说日军已占李堡，又移转到富家套。

21日，粟裕率师部于拂晓前到达周家洋。刚刚安顿下来，人员也才躺下不久，外出买菜的炊事员气喘吁吁地回来向粟裕报告，说南面一里路赵家墩子发现日军，还放了信号枪。几乎同时，哨兵也发现情况不妙前来报告。粟裕立即命令已躺下的人员赶紧起床向北转移。

一般情况下，担任掩护任务的或是作战参谋周蔚昌，或是侦察参谋严振衡。但这天两人另有任务都不在，参谋人员只有秦叔瑾在身边。但秦叔瑾一向担任书记和测绘工作，缺乏战斗经验。

于是，粟裕令秦叔瑾带电台及一个班向北转移到新街，他带两个班打掩护。当天晚上师部住在丁家灶，23日晚上到达何家灶，24日移张家灶。据悉，敌"扫荡"已快结束，所以在张家灶住了两天。28日到芦家河，30日到兔儿塘与后梯队会合。

此次反"扫荡"中，粟裕所部连续作战42昼夜，战斗130多次，毙伤日伪军1300多人，活捉日军14名、伪军800多名，毁敌汽艇30多艘。在此期间，粟裕带着师部与秦叔瑾、严振衡等人在周围皆有敌人的情况下活动。在与敌人紧张的周旋中，敌来我去，敌去我来，往往他们紧紧跟在敌人后面前进，同走一条路，同奔一个方向，甚至敌人在海堤上面走，他们就在海堤下面潜伏着，令人称奇的是，竟没有发生一次意外情况。

到了9月份，在"皖南事变"中被俘的陈茂辉从上饶集中营跑出来到达苏中地区，粟裕闻讯喜出望外。陈茂辉作为军部的巡视员曾和粟裕一起在韦岗伏击过鬼子。粟裕接见了陈茂辉，并将他留了下来。

当时一师正在执行扩大地方武装、主力部队地方化的方针。各旅保留一个或两个主力团，其余成建制调配部队和大批干部加强和建立县独立团、警卫团、区大队等地方武装。

粟裕正缺少干部，他就派陈茂辉去如东警卫团担任副团长。临行前粟裕嘱咐陈茂辉：如东是苏中四分区通往盐阜地区军部的要道，到那以后一定要搞好工作，特别要重视团结孙二虎。

当时三仓地区形势暗波汹涌，日伪的"扫荡"使局面更加复杂。孙二虎在陶勇的感化下加入新四军行列，由营长升为团长，但此人一时匪性难改，收编不受调。此次日伪军大“扫荡”后，形势骤然紧张，孙二虎手下的吴道生率部分人员背叛海防团，孙二虎只剩余两个连。

粟裕说：“孙二虎虽然只有一二个连，部队没有你们多，但他对当地情况熟悉，有一定影响，你们千万不可瞧不起人家，要同他‘平起平坐’，尊重他，团结他。”

不止孙二虎，还有更多的复杂因素左右着三仓地区的局面和形势。

9 月 21 日出现日全食。当时天空变暗，太阳慢慢地由圆变缺，一个小时后太阳完全没有了，四周围绕着一圈珍珠似的奇异光环，大地完全被黑暗笼罩。过了几分钟，太阳开始出现，弯弯的像镰刀，一个小时后太阳才完全恢复原来的圆盘形。

这天是农历八月初一，天相异常，不识天文地理的人都相信必有不可预知的灾害和祸患发生。未几，二旅王必成报告“大刀会”利用日全食散布“大难即将临头”、“新四军长不了”、“入了大刀会就能刀枪不入”的谣言，裹挟不明真相的上万群众发动暴乱，分数路包围了三仓镇。师政治部组织了 27 人的工作队与“大刀会”众交涉，竟然被全部扣留，其中 25 人被绑架至阵前用火焚烧活埋。

粟裕召开苏中区党委紧急会议，说：“‘大刀会’是一个封建的、迷信的、反动的暴动组织，其指使的政治力量是国民党顽固派。总头目申三（申修桂）就是国民党，骨干是‘青帮’分子、流氓、兵痞等社会渣滓，以妖言邪说蛊惑民心，其目标是东台县设在三仓的党政机关，各级党政军要予以坚决的武装镇压，并广泛清查，直至击溃整个暴动，同时扩大反大刀匪宣传，形成统一战线，避免与那些不明真相而又迷信落后的群众对立，动员广大人民群众一起打刀匪。”

驻三仓的是二旅五团一个营和东台县总队，他们动员镇上群众迅速平息了暴乱，召开群众大会，揭露顽固派阴谋，取缔“大刀会”组织，救济、安抚受骗、受害群众，迅速安定了人心。

就在“大刀会”暴乱之际，日军石井大队百余人、伪第一集团军丁聚堂等部千余人从富安、李堡、潘家镴三路出击，合围东台县三仓镇。因镇内百姓还未疏散，三仓镇内新四军各部只得于 28 日晨退出三仓，在镇子西面修筑工事进行防御。另一股日军经方塘进到大坝头、角斜。随后，日军占领三仓镇。

南浦襄吉在“八一三大扫荡”以后，先后占领李堡、栟茶、掘港、马塘、双甸、岔河、石港、三余、大中集、潘家镴等集镇，因为要分兵保守据点，机动兵力减少了，没有力量再进行万人以上规模的全面“扫荡”，便从一个地区的各大据点拼凑机动兵力，实行局部性“扫荡”，或依靠据点，乘虚突进，以扩大伪化区，限制、分割、缩小新四军活动区域。

日军夺取三仓镇的目的是打通东台、潘家镦至三仓镇的公路，同时日军还计划攻占如东县的丰利镇，使公路经由三仓、丰利，向北连通潘家镦、东台，向南向东与李堡、角斜、海安相联结，进而阻断新四军第二分区同第四分区、第四分区同第三分区的联系。

日伪军这个计划如果得以实现，那新四军活动区域会被分割、被限制，粟裕也将丧失之前建立的以三仓为中心的后方基地。为此粟裕提出了“保卫三仓”、“保卫丰利”的口号。

粟裕率指挥机关跳出日军的包围圈后，命令陶勇三旅七团保卫三仓。七团团长严昌荣领命后率部首先破坏了东台至潘家镦公路，使三仓陷于突出、孤立境地，尔后实施两次进攻，夺回了三仓。

夺回三仓后，粟裕率师直机关一直在三仓地区移动，中秋节时从弶港出海坐船在海上漂了三天。中秋过后，师部移至如东县丰利镇附近。

11 月中旬，日伪军三路分进合击，着重“扫荡”如西县，合围点为芦港、高明主一带，企图聚歼一旅旅部机关和主力部队。当时一旅二、三团由张藩副旅长率领去了江都、高邮、宝应地区开辟“同情区”，叶飞手头主力团仅有一团。叶飞先避敌锋芒，率一团转移到如皋以南隐蔽，使日伪军连连扑空，疲惫不堪。等日伪军无功而返时，在如西高明镇高明庄将撤向黄桥的一路日伪军包围。这一路敌军有 100 多日军、500 多伪军，由日军加藤大队长率领。

11 月 14 日下午战斗打响。一团三营出击，一营和二营分别从南北两面迂回，战至 15 日凌晨，击伤加藤，击毙日军八九十人，歼伪军 300 多人。加藤只得带着残兵狼狈溃逃。

12 月 7 日，南浦襄吉集结 3000 多人从南北两线进攻三仓和丰利。粟裕再次下令保卫三仓和丰利。

南线进攻丰利的日伪军实行分进合击的战术。一路由西南向东北经丰利坝进攻丰利，一路从马塘往北直奔丰利，东南一路有一个中队的日军和一个团的伪军。

西南和马塘两路日伪军先行出动以吸引新四军的注意。东南一路隐蔽向新四军一师师部所在地进发。

接到情报后，粟裕令三旅七团攻击从西南和马塘方向来的两股日军，不料从东南方向来的日伪军已悄悄接近师部所在地。

当时拱卫师部的七团已奉命出击，其余主力离师部很远，粟裕身边仅有特务营两个连，一个侦察排，一个侦察通讯连。这些兵力也不能全部出动，要留一部分保护师部，所以能抽出去的兵力只有两个连。

当时情况十分危急，粟裕急令侦察参谋严振衡和特务营长李安邦、副营长李贵臣阻击进攻丰利之敌，同时调三旅八团增援。严振衡、李安邦、李贵臣带着特务营两个连往南跑去，在一个叫双灰山的地方附近找了一个易守难攻的有利地形。那里有一排房子，房前有一条十多米宽的小河。严振衡几个人占据那排房子，在河边筑起工事，掐住日伪军进攻的必经之路。

上午 10 点战斗打响，日伪军几次强渡小河，都被严振衡等用机枪和手榴弹打了回去。身后就是师部和粟裕，严振衡、李安邦和李贵臣几个做好了就是死也不能让日伪军过去的准备。战至中午，日伪军仍未渡过小河。一个中队的日军和一个团的伪军硬生生被两个连的新四军死死顶在河对岸。

三旅八团因为路途遥远还没有赶到，粟裕不知道严振衡能不能挡住，派了一个叫钮韦的参谋去前线了解情况。严振衡让钮韦回去报告粟裕能挡住日伪军的进攻，请首长放心。严振衡顺手从白衬衣上撕下一块布，用一根红蓝铅笔把敌人的位置、我军的阵地、双方的火力配置、地形、地物绘成图交给钮韦，让他跑步回去报告，以让粟裕放心。

此时战场呈胶着对峙状态。日军打不过来，新四军也不打过去。双方都等着自己的援军。

下午 3 点多，粟裕派组织部长刘文学告诉严振衡三旅八团二营快到了，要严振衡他们做好出击准备。

下午 4 点多，增援部队八团舒雨旺二营在日军背后打响。严振衡听枪声一响立即率师特务营冲了上去。日伪军见势不妙夺路南逃，被特务营和八团二营前后夹击，死伤惨重。战斗中，伪军团长被打死，南浦襄吉的督战代表小野大山及 30 余名日军被击毙，气焰嚣张的“皇军”被打得丧魂落魄，羽田分队长和士兵 4 人屈膝缴枪，另有 10 多名士兵弃枪逃窜，有 200 多伪军官兵被活捉。日中队长林芝七逃回去后羞愧自杀。战俘中有 2 人因伤重而死，一名叫松野觉的日后参加新四军敌工部的反战同盟。

在北线，进占三仓的日军石井大队和千余伪军立足未稳，就遭到粟裕3个主力团及抗大苏中大队的围攻，被迫窜回原据点。

南浦知道粟裕师部在丰利后，先后五次进攻丰利。粟裕与日军争夺丰利的目的是策应三仓的争夺战，以此吸引日伪的火力，迫使日伪把争夺重点南移，从而保持三仓地区的稳定。这是古兵法中的“围魏救赵”。

第五次进攻丰利时，南浦襄吉亲自出马指挥，从南通、如皋、东台、兴化调兵增援，妄图将粟裕包围在丰利镇消灭之。粟裕不等日伪军合围，乘天黑率师部机关撤出丰利，经角斜旧场到了三仓地区。经过五昼夜激战，日军虽然暂时占领丰利，但付出伤亡800多人的代价。

日伪军对三仓大规模进攻前后有七次之多，但始终未能在三仓安下据点，也未能修通三仓到潘家锹的公路。经过七次大战，三仓基本成了一片焦土，很难找到一间完整的房子，但三仓群众毫无怨言。

在三仓、丰利争夺战中，一师10个主力团相互配合连续作战一个月，攻克掘港、临泽，袭击了如皋、古溪、李堡、栟茶、余西、二甲、双甸、岔河、时堡、福镇庙、王家营等据点。

比役号称“十团大战”，是粟裕自抗战以来对日作战中用兵规模最大的一次。

第三十一章 遍地狼烟，豪情满怀真男儿

南浦旅团在苏中地区加紧“扫荡”粟裕一师时，小林师团也在苏南疯狂“清乡”，导致了谭震林六师的失利。

1941年11月28日，日伪军3000余人袭击第六师十六旅司令部驻地溧阳塘马村，旅长罗忠毅和政委廖海涛以下270余人壮烈牺牲。日军敬佩罗、廖二人军人本色，用棺材厚葬二人。江南新四军遭遇前所未有的损失，后谭震林率十八旅撤到江北，十六旅留在苏南。随即军部六师划归第一师建制，归粟裕指挥。一师的活动范围向北扩大到盐城，向南扩大到江南京沪铁路以北的镇江、丹阳、武进地区。

敌人打三仓前，粟裕将后方医院转驻到南通的三乐仓、六子甲和汤家园等地。战斗结束后，后方医院的伤病员和医务人员及药物器械全搬到了海船上。平时，这些海船只停泊在近海，部队派船定时送粮食、蔬菜和淡水；遇有敌人来“扫荡”的紧急情况，这些海船就驶向远海，隐蔽在烟波浩瀚的黄海深处。

没了后顾之忧，粟裕自己率师部在日伪的包围缝隙里转来转去，指挥全师向“扫荡”的日伪军发动反击。

乘南浦襄吉集中兵力与新四军反复争夺三仓和丰利之时，粟裕以攻为守，调动主力部队北自东台，南达长江，西至泰州、兴化，东抵黄海，纵横数百里，向日伪军据点如皋、古溪、李堡、栟茶、余西、二甲、掘港、双甸、岔河、临泽、时堡、福镇庙、王家营寺主动攻击。

12月26日，粟裕的师部驻在如东县一个叫石家庄的小村庄。那天粟裕和平时一样，穿着那套普通的灰布棉军装，腰束一条阔皮带，上面别着一支大号“勃朗宁”手枪。事实上这一天是他和楚青喜结良缘的大好日子。但粟裕对他的婚事秘而不宣。

粟裕的家乡会同是一个民风淳朴的地方，结婚有很多礼数。男方接亲时要吹吹打打、热热闹闹地将姑娘接到家中，杀猪宰羊，下大红帖子请亲朋好友吃三天。现在粟裕是不能像在家里一样了。但他有请客的打算。他计划先借过元旦请师部机关人员会餐，春节前后再请他们吃一顿，到时正式宣布他和楚青的婚事。

31日，机关工作人员发现食堂里加了菜，以为是庆祝元旦。

那天一旅一团原团长乔信明也在石家庄。他从华中党校第一期学习毕业后带着妻子于玲、刚出生两个月的孩子、警卫员和一匹白马回师部报到，等待分配工作。

傍晚，乔信明和妻子带着孩子进了食堂，钟期光、严振衡等机关人员已坐好。突然有人站起来说："同志们，你们知道今天会餐的意义吗？一个是过年，一个是粟师长和楚青同志结婚。"

钟期光知道内情，在那里笑。而乔信明和其他工作人员则十分意外而惊喜。

乔信明是湖北大冶人，原来在彭德怀红三军团当兵，1935年和粟裕一起在红军北上抗日先遣队工作。抗日先遣队在怀玉山失利时，粟裕随方志敏率先头部队杀出重围，乔信明因弹尽粮绝而被捕入狱，三年后在徐特立的营救下重返革命队伍。这些年一直在粟裕的领导下打击日本侵略者，乔信明对粟裕怀着一种崇敬和爱护的心情，现在粟裕结婚，乔信明心里格外高兴，偕妻子上前祝贺。

粟裕容光焕发，开心地说："本来你们可以多吃一顿，这么一宣布，倒叫我省下了。"

饭后，粟裕笑着对楚青说："真可怜，结婚没有举行仪式，想补请一次客的机会也没有得到。"

吃完年饭，师部立即转移。

一年来南浦旅团对抗日根据地进行了3次万人规模的"扫荡"，上千人规模的"扫荡"是十天半个月一次，虽说占了些地盘，但是并没有杀伤新四军的有生力量。南浦襄吉感到窝火，去打新四军，新四军无影无踪，等不留神时新四军又突然冒出来，手里的近50门大炮等重装备完全无用武之地。后来南浦襄吉坐在他泰州的司令部里冷静地想了想，决定来个"擒贼先擒王"，他下令各部联合行动，全力寻歼粟裕的指挥机关。除武装出击外，南浦还布置了一个情报网配合行动。

面对新婚妻子，粟裕一脸歉意。因为这美好的夜晚粟裕得带着他的新婚妻子在苏中大地上游走奔命。

粟裕还惦记着乔信明的孩子。

乔信明正为他的老婆和孩子发愁。她们刚来还没安顿好就遇上转移，师部机关轻装简从，仅留一个警卫营与敌人周旋。为了行动更加敏捷，更加隐蔽，更加机动，防止马蹄印被敌人发现，来去沿途不留任何踪迹，所有人包括粟裕都取消了行军时骑用的马匹。而乔信明带了马匹，还有老婆和孩子。老婆孩子放在附近百姓家里嘛，他们在这里人生地不熟；跟着走吧，实在是给部队带来麻烦。

乔信明看到粟裕后立即迎上来，敬了一个军礼。粟裕还过军礼后，问："孩子呢？"

孩子在于玲的手中。粟裕从于玲手里把孩子抱过去，亲切地吻了一下孩子的脸。

"好乖！——带着她走吧！"

"这样好吗？"

"难道在这种时候我们还能把她们母女扔下？！快准备吧！"

乔信明夫妇十分感激。于玲暗下决心：行军决不掉队，途中决不让孩子哭一声。

第一晚，从师部所在地如东转移到东台七灶附近，约走了七八十里路，半夜才到宿营地。休息了两个钟头，刚打算做晚饭，北面又发现敌情，便回头再向南走，敌人就追到了，"轰隆轰隆"几炮一打，接着就是机枪扫射。

粟裕带着机关部队边打边撤，一口气跑了七八里路，忽然前面出现一条河。乔信明跨上他的白马对粟裕说："回头叫它来接你！"

粟裕点了点头。

乔信明两腿在马肚子上紧紧一夹，把缰绳一拉，白马就撒开四个蹄子跃进了水里，奋力向前游着，不一会儿，就把他驮到了对岸。乔信明急忙跳下，手一挥，白马掉头又跃进了水中，一会儿它就上了岸，低垂着头，驯服地站着，等候渡人。粟裕一见白马顺利回来，便要于玲立即骑上去，于玲不肯，这时枪炮声又紧起来，粟裕急了，大声命令于玲："快上去！"

在这前有大河、后有追兵的形势下，于玲只好服从命令听指挥，抱着孩子迅速骑了上去。于玲和孩子刚上岸，乔信明跑过来大叫。

"谁叫你先过来了？！"

“粟司令！”于玲答道。

“我先过来，因为要找船，这又是我的马，它听我指挥。粟司令先过来要指挥部队，你先过来有什么用?！”

于玲委屈得哭了。粟裕过来时于玲脸上还挂着泪水。粟裕知道乔信明责怪了她，就转身对他说：“你不要怪她嘛，她和孩子先过来，我就放心了。至于我，没有你这匹马，也一样会过河的。”

粟裕弯下腰去，用力挤干衣裤里的水。呼啸的北风已把严冬午夜的温度降到冰点。

“可你的手不行啊！”乔明信说。

粟裕左臂重伤致残，右臂也负过伤，子弹尚留在里面，要在冰凉的河水里游泳过河是十分困难的。乔信明也来不及多说，赶紧组织人将河对岸的机关人员渡过来。

由于敌人往返穿梭“扫荡”，他们没有时间做饭吃饭，几十号人常常饿着肚子转移。这对于玲来说，面临的困难就更大了，奶水越来越少。夜里行军，乘大家坐在田埂上休息的时候，于玲就抓紧时间给孩子喂奶、换尿布，没有奶水也只得把奶头塞进孩子的小嘴巴，防止她哭出声音来。帮于玲带孩子的阿姨到附进河沟舀碗冷水来，于玲一小口一小口喝着，勉强把带有薄冰片的冷水咽下去。

粟裕惦记着孩子，他走过来看看，把别人给他的一把炒玉米送给了于玲。坐在不远的钟期光，也在黑暗中把他口袋里仅有的炒玉米掏给了她。

元旦过后，粟裕带着师部在启东、海门县以北、南通中部和如皋东部一带活动，和敌人周旋了约半个月之久，敌人一次又一次扑空。1 月下旬，粟裕率领前线指挥部转移到第二分区三仓与弶港之间休整。粟裕通知乘渔船在海上隐蔽活动的师直机关人员上岸与他们会合，一起过春节。

粟裕曾想年前打下栟茶镇，于是派严振衡去那里侦察，严振衡回来画了一张图给粟裕。栟茶镇很大，日伪军构筑了坚固的工事，若强攻，新四军势必付出很大的代价。时机还不成熟，粟裕暂时放弃攻打计划。

粟裕想乘春节打击日伪军，日伪军也想利用春节“扫荡”粟裕的新四军。

侦察科冯伯华和严振衡得到日伪在周围李堡、角斜几条线上增兵的情报，赶紧将情况报告粟裕。粟裕判断敌人要在大年三十“扫荡”三仓地区，决定敌进我进，立即率领师直机关连夜向敌人来路富安、安丰方向行动。

经过一夜行军，师部于第二天拂晓时到鲁家灶村。村北有条由西向东的小河，河南岸有一条通向富安、安丰的小路。粟裕估计袭击三仓的敌人可能会经过这条路，要部队转移。当时队伍已行军一夜，很多人已经很疲累，想就地宿营。

粟裕一听急了，说："不行！敌人'扫荡'不光走大路，也会走小路。这里不安全，一定要过河！冯科长，你带侦察连占领西南那个村庄，掩护机关过河！"

果然，机关人员刚过河，侦察连就同从安丰出动的敌人接上了火。部队交替掩护有秩序地全部过了河，但目标已经暴露。部队只得赶快北移。

中午到达四灶，炊事班埋锅烧饭，买鸡买肉，准备吃顿好的，岂料饭菜还未熟，又响起枪声。原来敌人也学乖了，分路分梯次行动，前面走过去，后面又跟上来了。粟裕拉起队伍，带上饭菜又继续走。

凌晨到达张家灶。因为敌人刚从这里袭扰而去，所以这个地方应当相对比较安全。粟裕让侦察科派出侦察员向几个方向警戒，让其他人休息。

不久侦察员跑步回来向粟裕报告："唐家洋的鬼子集合在场上，指挥官正在训话。一部分鬼子把抢来的东西装上小车、担子，押回李堡据点去了。"

粟裕沉思了一下，说："通知机关、部队赶快集合，立即行动！"

当时有人说："嗨呀，还走呀？'扫荡'恐怕结束了吧，敌人都将辎重押回据点了。"

粟裕说："敌人不是收兵回据点。你们想一想，如果敌人要回据点，为什么不等天亮以后带着抢来的东西跟部队一起回去呢？行李和部队在白天走不是更安全吗？为什么黑咕隆咚地站在那里训话，为什么派一部分鬼子把抢到的东西押回据点去？这说明敌人带着东西打仗不方便，说明敌人有作战行动，敌人要杀回马枪。通知部队立即转移！"

粟裕找来了廖政国，交代了任务，通知集合队伍，继续向南走，打算越过海安到丁家所的公路，跳到如东汤家园地区去。

过公路时，粟裕带着侦察科的严振衡和作战科的邢纪刚跑到尖刀组。粟裕用小手电筒照射路面和公路两旁观察情况。他突然叫道："严振衡，找根棍子来！"

粟裕身边的邢纪纲随手折了根树枝给他。原来粟裕发现路边有一堆人粪。他用小树枝一挑，发现粪还是软的。

粟裕说："这是鬼子刚拉的，里面还有热气。你们看，路上还有许多皮鞋印。

说明敌人刚过去不久，说不定后面还有敌人跟进。我们要抓紧这一间隙，命令部队跑步通过！”

正在过路时，日军援兵乘8辆汽车从海安方向赶来。粟裕令所有人悄无声息地俯卧在公路两侧。他们可以清楚地看到车灯下日军在寒风中缩着脖子坐在车厢里。等敌人通过后，他们才越过公路，渡过丁埝东的大河，于第二天清晨跳出敌人合击圈，安全到达汤家园。

傍晚，留在张家灶附近的侦察小组回来报告说：“我们离开张家灶后，敌人果然杀了个‘回马枪’，又四路合击张家灶。不过他们扑了个空。要不是首长及时让部队转移，那可就糟了！”

这次行动经过一天两夜，反复行程100多公里。

粟裕的师部与日伪周旋的同时，苏中区党委、行政公署也同样在同敌人周旋、游击。

在粟裕的领导下，1941年一师在军事上取得了丰硕的战果。在苏中二分区，仅1至11月，共作战334次，毙伤敌伪军官兵5300人，俘虏敌伪军官兵3890人。同时，粟裕领导下的苏中区党委、行政公署取得的成绩在新四军全军中也最为瞩目。

1942年2月，中共华中局书记刘少奇在华中局第一次扩大会议上做报告时指出：

> 我一师几年来工作是获得了最大的成绩，在抗战中建立了最大的功劳。在我全军中以第一师部队作战最多，战果最大。……一师与苏中地方的党，基本上正确的执行了统一战线政策，团结各阶层人民共同抗战，建立了根据地（去年收入公粮三十万六千余石，税收一千五百八十七万元，人口约五百一十余万），并初步的发动与组织基本群众（农会会员五十万人）进行减租减息，建立了不大的人民武装（十三万八千人），发展了地方军（现在六千七百余人），开始了敌伪工作。在财政上帮助了其他根据地（约四百七十万元）……

进入1942年后，在粟裕领导下，苏中抗日根据地已经奠定了坚实的基础，由此进入苏中抗日根据地的全面建设时期。

第三十二章
一师东进，粟师长名扬启海

粟裕原本打算以东台三仓地区作为一师的后方基地，但此时南浦在东台县北边的潘家镦，西边的安丰，海安县的南边角斜、李堡等集镇摆下了重兵，企图消灭新四军驻三仓地区的一师首脑机关和主力部队。三仓地区现在是北、西、南三面受敌，东临黄海的态势。苏中党政军及后勤单位处在极度危险的境地。

根据这个形势，粟裕令陶勇三旅从陆上东进海门、启东地区，随后，粟裕率领师部机关租用 18 艘渔船，乘船从东台弶港出发东移启东、海门地区，于 1942 年 2 月 22 日抵启东县吕四港镇，在一个叫彭家套的地方上了岸。

据启东地方史志记载，为了保守秘密，一师部对外称新十八团，粟裕称十八团团长。

师部先后在郭家园、北坎、包场、六甲镇、中央镇、沈家仓、龚家镇等地移动。

粟裕来到启东县、海门县一带后，日伪军尾随进犯。日伪军沿通吕运河线和范公堤，分成南北两路向东进攻。其中一路于 2 月 28 日占领包场、六甲镇，并向吕四进犯。

在师特务营掩护下，师部机关人员及后勤部从包场经六甲镇坐船向海上转移。

当时吕四镇居民很晚才得到日伪进犯的消息，一时来不及撤退。为了掩护群众转移，在兵力悬殊、形势危急的情况下，粟裕仅率领一个排的兵力西出吕四阻击来犯的日伪军。

粟裕率领这个排隐蔽在念九总通吕运河南线芦苇荡丛中，等航行在通吕运河上的日军汽艇靠近时，先用集束手榴弹一顿狂炸，然后用机枪隔河向陆路的日伪军先头部队扫射，当即杀伤一批敌人。等日伪军开枪还击，粟裕率领部队边打边撤至念一总渡口，在那里又阻击日伪军一个多小时。

战斗进行中，粟裕一直站在念一总彭家屋侧现场指挥作战。直到部队完成阻击任务，他才率领部队撤出战斗。

当北路从范公堤来犯的日伪军进入吕四镇时，在北三官殿又受到粟裕派出的另一部的阻击。在这次战斗中，粟裕只用了很少的兵力就牵制了敌人，为吕四镇群众的安全转移赢得了宝贵时间。日伪军占领吕四镇后，粟裕派出部队进行骚扰性打击。日伪军不得已退出吕四镇，经六甲镇退回四甲坝。

3 月 9 日，四甲坝、三余镇守敌有所增加。随即一股日伪军占领余东镇，然后采用分进合击的战术兵分两路，一路经六甲镇、吕四港进犯通兴镇，另一路经聚兴镇、中央镇、海复镇、吕四镇与通兴镇之敌会合。

日伪军来犯时，粟裕将师部分为前后梯队，令后梯队到草棚镇隐蔽，自己率前梯队进到中央镇打击来犯之敌。

3 月 12 日，粟裕率前梯队与三旅八团合击通兴镇之敌，日伪受此打击，不得已退回四甲坝。粉碎此次日伪军“扫荡”后，粟裕率师部移至海复镇，将师部设在海复镇通海垦牧公司。

海复镇原本是块荒地，近代实业家张謇按股集资在这里创建通海垦牧公司。公司在这里兴建市镇，历经五六年建成，取“沧海复桑田”之意，定名海复镇。

粟裕来海复镇后，这个地区也成为一师机关司令部、政治部及后方勤务部、海防团、卫生部及军工部等所有生产单位的集中地。因为这一带尚未为日军重视，而且沿海水浅，日军舰进不来，即使日军来攻，机关及人员也有时间坐船往海上转移。

苏南敌情严重，第六师部和主力十八旅从去年开始就已经陆续由苏南撤到苏中，苏南隶属一师管辖，第三师在盐城地区的部分防务也由第一师接替。到这时中央军委电令新四军第一师与第六师正式合并（对外番号不变），粟裕为合并后的第一师师长，谭震林为政委，但谭震林没有到任，他的担子还得由粟裕挑着。

三旅人事上也有变动。旅长陶勇调华中党校学习，由刘先胜任旅长。陶勇走后，海防团的孙二虎以为陶勇是被削了职，吃不开了。孙二虎加入新四军全是看在陶勇的面子上。他和陶勇结拜为兄弟，尊陶勇为大哥。孙二虎想，陶勇大哥不在，他待在新四军里就没意思。于是就把自己带来的人全拉走了。

这时，启海地区发生了严重饥荒。某天，部队开饭时发现当地群众已经断炊，指战员就把饭分给群众吃。粟裕知道后立即与海启县委联系商议解决办法，又发出号召动员师旅机关部队节约粮食支援驻地人民，组织百姓生产自救，帮助他们度过春荒。

此时的日伪致力于分割和压缩苏中抗日根据地的空间。日伪军加紧修筑如皋到黄桥、启东到海门公路，以割断三分区和四分区之间的联系。他们用烧杀政策胁迫民众修路，拆毁沿途民房填充河沟修路。同时，日伪军每占一地后，立即利用伪军构筑据点，设置障碍，架起铁丝网，抢修工事，然后立即昼夜不停地构筑碉堡。

这一时期，粉碎日伪进攻、巩固和发展根据地成了苏中抗日军民的紧要任务。

粟裕发现在拔除伪军把守的据点时日军很少支援，如果战斗发生在夜晚，那日军更不可能增援；日军胁迫民众修路时，担任掩护任务的日军也不多。

针对敌伪这种情况，粟裕令各主力团放手打击顽固的伪军，同时不停歇地打击掩护筑路的日军，破坏已修筑的公路，拖延公路修成的时间。受此影响，如黄公路一直无法通车；启海公路仅 20 公里，比原计划已延期两个月。

4 月 10 日，伪军第三十二师长徐承德率 200 余人入侵占领海门县悦来镇。粟裕指令第三旅第七团第一、第三营及海启警卫团攻打悦来镇，击毙徐承德，毙、俘伪军 180 余人。

悦来镇战斗后不久，二分区一仓镇地方绅士得知粟裕在四分区海复镇一带后，王冠生、吴宝松、郑达俊、王亚陆等 10 多人一行，专门雇了船来苏中军区，代表一仓民众向粟裕请愿，要求拔除伪军设在一仓镇的据点。

先前日伪军“扫荡”三仓地区时，日军 300 多人和伪军何韵生团一部占据了一仓镇。二分区司令梅嘉生接粟裕命令带二旅五团夜袭一仓，日伪军措手不及逃出一仓。梅嘉生缴获一批物资后于天亮撤出。日伪军得知新四军撤离又重返一仓。但日军害怕新四军再来进攻，指令何韵生营固守。伪军重返一仓镇后，昼夜不停地抢修防御工事。他们先挖战壕，砌圩子，然后在镇东、南、西、北构筑了 4 座碉堡。为了造工事，伪军强拉民夫、强拆民房，挨门逐户驱赶百姓，叫嚣“留房不留人，违者格杀勿论”，搞得民怨鼎沸、哭声连天。

一仓镇敌伪据点筑起来后，形成了一道南接李堡、北连潘家锹的南北向约70里的封锁线，牵制了一师在东台沿海一带的活动，给一师在黄海路东西两侧活动增加了一定的难度，粟裕早已开始酝酿彻底拔除敌人钉在根据地中心区的这个钉子。现在当地乡绅和百姓代表找上门来请愿，粟裕遂即指令三旅长刘先胜和二分区副司令员乔信明联合指挥，由三旅八团两个营和东台独立团及几个区游击连围攻一仓据点。

27日晚，刘先胜和乔信明率领八团两个营分别从东南、东北两个方向对敌人发起猛攻。经过7个小时的战斗，击毙伪营长，歼敌80余人，拿下了东、西、南3处碉堡。北向的碉堡因无重武器而无法拿下。天亮后新四军撤出战斗。残敌借机急忙带着众多伤病员逃往潘家锹。伪军撤出一仓后，三仓地方政府立即组织群众扑灭大火、平毁工事，安置一仓百姓。

一仓战斗中八团牺牲3人，负伤30多人，但打击了伪军，使日伪军分割三仓地区的阴谋破产，也保护了群众，给老百姓壮了胆、撑了腰。

与此同时，海复镇一带也引起了日军注意。日军派出特工侦察海复一带新四军的兵力部署情况，暗中调兵遣将准备突袭海复镇。其中一个特工因形迹可疑在栟茶镇以南被民兵抓获，并被送到师部侦察科严振衡那里。那人是个哑巴，穿着破棉衣，蓬头垢面，手上裂着口子，赤脚穿着一双草鞋，两脚满是厚厚的老茧，头顶一个破草帽。

严振衡问他话，他装作听不见，只是一个劲地“啊，啊”叫。严振衡仔细打量后觉得这人不像是农民，怀疑是日军的特工，于是请来敌工科的李德武一起审问。

李德武是朝鲜人，精通朝鲜语、日语、汉语。日军发动全面侵华战争后，李德武被日军征召入伍，成为日军侵略中国的帮凶。一次战斗中，李德武被新四军俘虏，经过教育成了反战人士，还担任了师部政治部敌工科的副科长。

严振衡点子多，为了确定此人是不是在装聋作哑，他一面悄悄嘱咐侦察员去买炮仗，一面继续审问。侦察员买来炮仗，趁“哑巴”不注意在他身后点燃了炮仗。“砰”的一声巨响，“哑巴”吓得跳了起来。在场的人一见禁不住大笑。“哑巴”明白过来，也跟着笑起来。

十聋九哑，是哑巴的一般都是聋子。这个人能听到炮仗响还有灵敏的反应，说明他不聋。严振衡心里就有底了：逮到的这个家伙可以肯定是日伪派来的特工。

于是，严振衡就向他说明新四军优待俘虏的政策，问他是哪里人，是谁派他来的，来干什么。

“哑巴”被说服后张开他的嘴巴让别人看，众人这才发现哑巴不能说话是因为舌头被人割掉了，没有说话能力。

严振衡问他会不会写字，他点点头。严振衡当即给他纸笔，他飞快地在纸上写了几句话。旁边的李德武眼睛一亮：这是朝鲜文。

李德武当即翻译给严振衡，大意是：我是朝鲜人，是日军派来的特工人员，日军怕我被新四军抓住后提供口供，就先把我的舌头割掉了。我是绕了很远的路来的。

后来严振衡又问，他又写，李德武又翻译。

原来这个特工是保田大队长派来侦察海复镇新四军部署的，又指着地图比画着，意思是有几个中队的日军要来“扫荡”海复镇。

这时，情报站也送来报告，说日军据点正在增兵。日军为了掩人耳目，卡车开进开出，有时车上装些麻袋，人趴在车底下，让人搞不清拉来多少人。但很多商铺有新四军的线人，他们专门注意日伪伙事员的采购情况，摸清了敌人的真实兵力。

严振衡立即将日军会有大行动的情报上报粟裕。粟裕当即命令机关和老百姓撤出海复镇。

日军以为粟裕还在海复镇，采用分进合击的战术，几路日军包抄了这里。谁料“扫荡”扑了空。日军气急败坏，他们看到镇上哪幢房子好，摆设漂亮，就在哪幢房子涂上糜烂性毒剂。随后撤离海复镇窜回原据点。

日军一走新四军就返回海复镇。有几个士兵摸到了毒剂，立即感到皮肤刺痛，并发现开始腐烂。情况报到师部后，粟裕下令部队不得随便进入房屋，又组织人员挨家挨户消毒，免得老百姓回来后受毒害。同时把情况报到军部和中共中央，并登报揭露鬼子的罪恶。

师部只有粟裕的一匹黑马，所以保田的特工和部队就跟着这匹黑马。结果只要黑马在哪儿，日军就会跟着在哪里出现。粟裕利用日军的这一心理，故意领着日军在海复镇兜圈子，以减轻其他地区的压力。而敌人总是扑空。敌人一走，粟裕又回到海复镇。

这年春天，一师共作战168次，以袭击战和交通战为主。

除巩固已有地区外，粟裕派出部队恢复江南的丹北地区、澄锡虞地区、苏常太地区。

这个时候，太平洋战争爆发，日本为把中国变为进行太平洋战争的后方基地，加紧了对大江南北的控制与掠夺，军事、政治上的进攻变得更凶狠、更残暴、更毒辣。苏中敌后抗战进入了最艰苦的阶段。其中三分区和四分区形势又尤为紧张。在三分区，日伪军修筑如黄公路，增加据点。海安、如皋间，泰州、口岸间碉堡密布，每隔三四里就有一座碉堡。日伪在四分区除修筑公路、增构碉堡外，还调盐东地区的伪杨仲华部南移四分区，以加强对四分区的控制。

第三十三章
发展苏中，积蓄力量备反攻

苏中抗日根据地地处日伪统治核心区，粟裕领导下的抗日军民面临的困难更多，局面更复杂。但苏中区在作战、群众工作、粮食及财经上都是华中区做得最好的。所以 1942 年 2 月在华中局召开的第一次扩大会议上，苏中区得到了刘少奇的高度评价。

面对表扬，粟裕表现得十分谦虚和冷静。

4 月中旬，粟裕在海复镇主持召开了苏中区军政党委员会第二次扩大会议，指出除了中央和华中局的正确领导和人民群众的支持，苏中区取得成绩的原因在于“全体同志们的努力”。接着又指出这些成绩还赶不上客观形势发展的要求，存在很多缺点和弱点，并提出改正这些缺点的措施和办法。

粟裕在江南指挥部时即已认识到苏中地区在抗日战争中的重要地位，时间验证了粟裕当初对苏中地区的认识是科学的。时隔两年，粟裕在这一总结中再次系统论述苏中的特殊战略地位和战略任务。

从经济上说，苏中区战略资源是十分丰富的，所以成为日伪、顽、我三方必争之地。苏中区在华中抗日根据地中又显得更为重要。因为在华中敌后几个根据地里，苏中区物力和人力资源最为丰富。仅粮食一项，一年可产粮 100 万石，每石价 100 元计，则总值 1 亿元。除了能满足苏中区自己需要外，还能给其他根据地以有力支援。

从军事上说，苏中区地处长江水道北岸，直接威胁上海、南京。到战略反攻阶段，动用强大的兵力可将长江封锁，长江上游的日军将撤不出来。如果有更强大的兵力攻打上海、南京，能直接调动长江上游的日军。

然而当时主力 1 个师有 3 个旅，计 1.37 万余人（1942 年 2 月一师上报华中局数据），地方武装1万余人仅4000多支枪。敌方驻苏中区日军为1个混成旅团，共5个大队，约5600人（苏中地处交通要道，是日军调动的过往之地，所以随时有日军机动打击苏中新四军的可能）；伪军共10个师，约3.2万人；建有168个据点。另外苏中区尚有既抗日又反共的国民党军计张星炳部约2500人、1000支枪，“忠救”部有2个支队共约2000人、1000支枪，韩德勤残部等3股力量存在。以上仅从武装力量对比就可见，一师要想完成粟裕设想的战略使命任重道远。

根据中共中央、华中局的指示和苏中的实际情况，粟裕在这次会上提出既要坚持原地斗争，粉碎敌人的一切进攻；又要积蓄和加强力量，准备和迎接反攻。

为了长期抗战，改善部队的武器装备，补充弹药，粟裕指示各县要建立榴弹厂，在旅和军分区建立兵工厂，在师部成立军工部。

其时新四军军部撤销军工部，将人员、设备和材料分散到二师、三师。粟裕得知后将军工部工务科长程望调到一师。

程望是同济大学的学生，是粟裕在浙南创办的闽浙边抗日救亡干部学校的学员。他的到来让苏中军工部面貌顿然改观。

师部之前有个修械所，设备简陋，只有老虎钳、锤子和土造的锉刀。修械所有一台车床，但没有人能用。程望来到苏中后设法修复了这台车床，并用于切削迫击炮弹壳、自制专用机床以及车制大件。修械所员工有30多人。这些人有的是苏区时期的修枪工人，有的是乡镇手工业工匠，多数是从国民党顽军或起义部队过来的修械工人。他们能加工各种机步枪零件，但远远不能满足一师对日作战的需要。

粟裕正式组建军工部后，先令参谋处队列科为军工部配备读过大学和有专业技能的人才。队列科受令后给军工部调了十多名大专院校的学生和数名技术工人。粟裕又先后从延安抗大和苏中大队调来几十名干部和技术人员。

军工部由罗湘涛任部长兼政委，程望任副部长兼工务科长，顾吉祥任副部长兼总务科长，吴本翔任材料科长。下设修械所、子弹间和榴弹间。

其时一师所属各旅中，叶飞旅及三分区、陶勇旅及四分区有制造手榴弹、枪榴弹和子弹的能力，二旅及各县正在筹建榴弹厂。粟裕对军工部的要求是：除制造消耗量大的地雷、子弹外，还要负责研制各旅不能制造的迫击炮弹，修理技术要求较高、难度较大的枪支和火炮，制造小迫击炮。

为解决军工部原料问题，粟裕把后勤部军需科长张渭清叫到办公室，要他成立一个小组秘密进入上海购买部队紧缺的军用物资。

张渭清接令后到垦牧公司找到程望，说粟师长派他到上海为军工部采购物资，让程望开列货单。程望开出了采购车床、刨床、钻床、刃量具、玻璃器皿、温度表、水银和其他难买的材料，以及一批机械、铸冶、化工、火药、武器等中外文书籍的目录。

程望虽然给张渭清列出货单，但对张渭清能不能买得到货单上的东西并没有信心。因为这些都是战略物资，苏中本地没有，要从上海买，而日军封锁很严。在程望看来，这些物资买不到也运不到苏中。

程望以前在军部工作，在师部算是新人，他不知道张渭清的能耐。

张渭清是上海人，他利用本地人的优势，硬是从日军的眼皮底下购买到日军禁止买卖的战略物资，又与一些具有正义感、愿为新四军出力的运输个体户和一些不愿与新四军为敌、希望赚点钞票的“忠义救国军”小头目建立了联系，通过这些途径突破日伪军的封锁线，将物资顺利运输回苏中。

据统计，张渭清领导的这个小组先后从上海买来130多船军用物资。其中专供军工部的有20多台机床设备，300段两种口径的炮管材料，以及大批五金工具与化工原料。除了物资，张渭清还从上海的几家机械厂和船厂挖来几批有经验的技术工人——这些技术人员日后成为军工厂的技术骨干。

在粟裕的领导下，一师很快就建成了拥有50多名干部、200多名工人的相当正规的兵工厂。到抗战后期，这个兵工厂已发展到具备制造迫击炮、月产1万发炮弹的生产能力。

程望学的是船舶制造专业。因外敌入侵，他所学的专业知识在当时无用武之地，所以暂时改行造武器。他后来研究设计了一种具有曲射、平射两种功能的迫击炮，在对日作战中大显神威，被日军误认为“俄国造的新式武器”。在他的努力下，军工部最大限度地为一师提供了弹药和枪械，从装备上有力地支持了粟裕一师的对日作战。

为了应付日伪“扫荡”，粟裕成立后方勤务部。后方勤务部长由罗湘涛兼任，所辖军工部、供给部、后勤部、兵站、卫生部、海上炮兵部队（一师有一门75毫米山炮，因转移不便，所以将那门山炮装在船上。粟裕在他《苏中海上游击部队的情况》电文中霸气地称之为“海上炮兵部队”）全部安置在海船上，对外称“渔民自卫队”。一旦日伪来袭，后方勤务部就向海上转移。

几乎在军工部成立的同时，粟裕着手对抗日军政大学苏中大队进行改造，将校址设在海复镇“通师侨校”。为了高质量地且卓有成效地为部队和地方培养优秀干部，粟裕为抗大九分校搭建了一个强大的领导班子。粟裕本人亲自担任校长兼政委，又从区党委和师政治部选调一批能力强的干部担任领导工作。副校长由刘季平担任，教育长由张日清（后杜屏）担任，政治部主任谢云晖（后张崇文）担任。

这个领导班子成员中的大部分在当时属高学历，阵容十分强大。刘季平出自江苏省立第二师范学校，谢云晖出自北京大学，张崇文出自上海大学。其他领导成员姚耐、鲍汉青、杨芝均有留学日本的经历。

抗大九分校教师队伍中还有一位日籍人士。这人叫冈本进，是粟裕在芜湖附近伏击日军时抓的俘虏，后参加反战同盟。他在九分校教日语、刺杀和武器知识。

同时，苏中军区党政领导叶飞、钟期光、管文蔚，四分区地方领导季方、梁灵光等人都参与抗大九分校的建设。他们亲临学校指导，有的还直接承担教学工作。

学校设军事队、政治队、参谋训练队、青年学生队、地方武装队、电台训练队、会计培训队等 7 个队，另附设 1 个医务干部训练队，全校教职员共 600 多人。

粟裕对办学方针和教育措施做出指导，强调九分校的教育教学要从实践需要出发，从学员的具体情况出发。

粟裕那时很忙，但经常去学校听课。有一次他听课时发现某教师讲战术课时照本宣科，讲得太宽太空，课后便找这位教员交谈，指出讲课一定要分清团营干部和连排干部不同对象，不能照搬教材，要有所取舍，使学员听得懂，用得上，求精、求实、实用。

在粟裕的重视下，九分校对教育方式和内容进行改革，在教育教学中根据不同的对象有所侧重。对有实战经验的学员，学校就帮助他们提高理论水平，特别侧重近战、夜战的教学。在教学方法上，野外演练多于课堂讲授，研究战例、总结实战经验等。对文化水平偏低的学员，九分校便用 50%甚至 80%的时间对他们进行文化教育。除教语文识字外，还教算术、历史、地理、自然常识等课程。这使学员们得以掌握了初步的文化知识，从而获得了学习军事政治和专业知识的钥匙。

经过一段时间的筹备，抗日军政大学苏中大队于 5 月份正式改称抗日军政大学第九分校，简称“抗大九分校”。

抗大九分校共举办 5 期，在近三年的时间里培训了 3300 多名军政干部。这批干部成为一师和六师的军事骨干，不仅为夺取抗日战争的胜利做出了巨大贡献，还为解放战争、抗美援朝战争及新中国的建设做出了巨大贡献。

除在武器装备和干部储备上着手外，粟裕还进一步重视和加强了日本反战同盟苏中支部的工作。

这个由日军战俘组成的反战组织归敌工部陈超寰领导。里面有一个叫松野觉的。日本人讲武士道精神，加上军官有意欺骗士兵，说共产党新四军抓到日本兵，是要挖眼睛、割鼻子、剥皮的，所以日本士兵往往拒绝投降。松野觉也一样。他是日本广岛人，是三旅八团在保卫丰利时抓到的。被抓住时松野觉死死地钉在地上大声叫喊：“打死我，打死我！拿枪打死我！”未几又伸手抓住一个战士身上的手榴弹，差点拉开了弦线。为了保证他的安全，十几名战士一起按着松野觉，把他结实地绑在一块门板上，然后抬着送到团部。

日本俘虏开始一般都想方设法逃走，但两个星期后就不跑了。因为过了两星期，即使跑回去也要被自己人处死。松野觉不跑了，但思想上顽固不化，陈超寰多次教育，旅长陶勇也曾亲自出面教育，但效果一直不好。当时师部集中的其他战俘都身穿新四军服，积极地参加反战工作，只有松野觉仍穿长衫，袖手旁观，郁郁寡欢。

虽然松野觉顽固不化，但陈超寰对他一如既往的善待，帮助他认识侵略中国的罪行，唤醒他的良知。去留也由他自己决定：愿意留在新四军就给他学习、工作的机会；不愿留在新四军就给费用安全释放。

后来，松野觉被新四军的仁义彻底感化，还宣誓加入了新四军，成为一名国际共产主义战士。

当时抗日战争仍处在艰难时期，为了更进一步坚定部队战士和广大群众战胜日本侵略者的决心和信心，粟裕利用通州师范学校在“五四”青年节举办运动会的机会，让师部教导队在操场上举行阅兵式、团体操表演和刺杀比赛，为全体师生和当地群众表演。表演时学校附近的大路上都挤满了观众。雄壮的队伍、整齐的步伐显示了强大的军威，也坚定了广大群众战胜日本侵略者的决心和信心。

在海复镇，粟裕先后在《目前形势与苏中应采取方针的建议》《苏中区反“清剿”的准备和部署》《结合苏中实际，贯彻精兵简政》《实行精兵简政的决定》《日伪军“扫荡”企图及我之注意事项》《对日伪军基点争夺的作战方针和主要经验》等一系列报告中，为巩固、发展苏中抗日根据地，积蓄力量迎接战略反攻做了准备和部署。

5 月中旬，日军调集 12 万余人发动浙赣战役打击第三战区国民党军主力。在苏中，日伪军加紧修筑横穿启东的公路，企图割裂苏中军区第四分区。为延缓启海公路的建成，粟裕命令第三旅第七团攻击这条公路上的据点三阳镇。

第三十四章 争夺三阳，引蛇出洞战斜桥

1942年春以来，为打破日伪军分割、紧缩苏中根据地的企图，粟裕令各旅发动袭击战、交通战。一师各部先后攻克的据点有三阳、久隆、圩角、三仓等20多个，破坏了如黄公路和启海公路。

此波袭击战中，很多镇的争夺战十分激烈，多次易手。如悦来镇前后有四次易手。几次发生在海门县三阳镇的战斗既有据点袭击战性质，又有交通战特征。其中三阳镇斜桥的伏击战是此期破坏交通中的经典一战。

三阳镇既是海门东部重镇，又是进入启东的咽喉。粟裕进入启海之前日伪军在这里设有据点。粟裕决定东进启海后于1月间派兵打下三阳镇，争取一个伪军团反正。日伪军随即两次进攻三阳，但都被击退，战斗持续了半个月。

5月间，南浦旅团第五十二大队一部在伪军的配合下再度占领三阳镇，然后强拉民夫，赶修三阳—久隆段公路，妄图打通海启公路，将四分区一分为二，以缩小一师回旋的空间。粟裕令三旅七团拔除三阳镇这个据点。

5月19日，七团长严昌荣率七团夜袭驻守三阳的日伪军。战斗中，日军凭借镇内三阳镇小学固守。七团无平射炮等攻坚武器，其他武器弹药也少，打了一个晚上无果而撤出战斗。此战虽然毙伤日军30余人、伪军40余人，七团也受到损失，还牺牲一名营长。

粟裕对七团此战的表现不满意。他把七团长严昌荣、参谋长朱传宝等人召集到师部，一起总结经验教训，研究改进战法，要求七团狠狠打击日军，把敌人的嚣张气焰打下去。

粟裕说："三阳镇这一仗，部队打得英勇顽强，杀伤了不少敌人，应当说打得还是好的。但是必须指出，我们的消耗确实也不小，并且没有捉到俘虏，也没

有缴到枪。我们打仗，不能单同敌人拼消耗。过后大家要好好想想这个问题。现敌人正为三阳镇的伤亡而恼怒，急于寻找我军报复。你们要利用敌人骄狂求战的心理，引蛇出洞，消灭敌人于运动之中。”

七团在攻打三阳镇时缴获了一具日军的八八式掷弹筒，粟裕要严昌荣送来看看。严昌荣回去后让一个叫陈应洪的战士将掷弹筒送到师部。

掷弹筒是一种单兵携带的小型迫击炮，有效射程在300米左右，这个距离刚好可以弥补迫击炮和手榴弹之间的火力空白，射速也快，一分钟可以打30发，可以隐蔽在障碍物后发射，也可以打击隐藏在障碍物后射击的敌人。

粟裕觉得这东西好，要程望组织技术人员仿制。程望组织人员成功仿制了这具掷弹筒。受加工设备和条件限制，他们无法给抛射筒刻上膛线。为了不影响射程和射击精度，他们加长了炮管。从此粟裕的一师有了曲射炮。从这个意义而言，七团算是立了一功。但严昌荣并不满足。回到七团后，严昌荣根据粟裕的指示，又率部伺机伏击三阳的日伪军。战后七团一部与三阳镇守敌相距三里对峙着，他们常在日军的眼皮底下出操。七团的意思是：虽然我打不下三阳镇，但你也别想顺顺利利地修好这条公路。日军也不把七团放在眼里，依然我行我素，每天强捉民夫修筑公路。日军白天修路，七团晚上破路。这样的对峙与交手，在中国抗日战场上也算是很奇特的一幕。

严昌荣接受任务后深入地领会粟裕的意图，把握引蛇出洞的战术要领。上一回打三阳镇，日军有工事，好比蛇在洞里，不好打，打不了它的要害。如果日军离开三阳镇的工事，好比蛇出洞，相比它在洞里会好打一些。但还不够，还要引它到自己好打的地方再打，才能得到理想的战果。

七团长严昌荣和参谋长朱传宝两个人首先琢磨放哪儿打，同时派出侦察兵多次潜入三阳镇敌据点，以掌握日伪军的一举一动。

两人通过细致的侦察，最后把战场选在离三阳镇十余里的斜桥，然后做了周密的部署，同时把部署上报旅部和师部。

斜桥的公路呈东西走向，与公路并列的是一条约50米宽的河流，西侧有一条南北走向的运河，公路北侧有一东西走向的村庄。河边是一米多高的芦苇，田野里种着玉米、棉花。

七团的具体部署是：一营担任主攻任务，在斜桥以东至塌水桥之间利用河网与村落交叉的有利地形设下伏击圈，并确定侦察兵引诱敌人进到伏击圈；二营负责打三阳镇出动的援敌，并协同一营歼击圈里的敌人；三营为机动部队，负责阻击其他可能增援之敌。

一营接受任务后派人到斜桥，清除影响作战的一些地形地物，为歼敌扫除障碍。

6月2日，严昌荣得到日伪军将出动维修被破坏公路的情报，立即令部队做好出击准备。当日半夜，朱传宝率领一营指战员悄悄进入斜桥以东的伏击阵地，二、三营也分头出发，进入预定位置。到3日拂晓，七团已在斜桥设下一个大口袋，只等日伪前来。

3日上午，三阳镇出动日军70多人、伪军130多人，携带九二式平射炮1门，由警备队长新野（也作新井）率领，押着一群民夫，沿公路往东至斜桥修路。因为民夫太少，新野令本来应当护路的伪军也参加修路的工作。

侦察兵化装成农民在桥东北公路旁的田头干活，诱日军来抓。日军来到斜桥后，这些侦察兵做出害怕的样子丢下锄头就跑，将日军引向伏击圈。

新野见状立即派出十几个日本兵和伪军捉拿这些逃跑的“农民”。“农民”在前面跑，日军士兵在后面追。这样，这股日伪军就闯入了三连的阻击阵地。

日伪军进入三连武器的有效射程后，三连长刘海山下令开火。架在屋顶的机枪突然开火，追在最前面的几个日军当即被打倒在地，其他日伪军被打得蒙头转向。

随行的伪军是伪三十二师徐承德的残部，徐承德被打死后，他老婆带着这些残兵败将一直想向新四军寻仇。但枪一响，这女人就尖叫：“兄弟们，我们上当了，快向后跑啊！”

于是伪军只放了几枪，一溜烟向后逃之夭夭，只剩下日军负隅顽抗。日军号叫着端起三八枪，弯腰弓背地向三连阵地发起冲锋，三连指战员沉着应战，等日军靠近后即扔出一颗手榴弹。只听“轰”的一声，日军被炸得人仰马翻、血肉横飞。日军吃了亏，不敢再向前乱闯，就卧倒在地继续向三连阵地射击。三连指战员不紧不慢地以冷枪回击，将敌人拖住，引诱其余日军前来增援。

这时，奸猾的新野听到前面枪声后并不急于增援，而是用那门九二步兵炮向三连阵地轰击。炮弹在三连阵地连连爆炸，但三连指战员沉住气，不撤离，也不还击。新野据此判断遭遇的新四军不是主力部队，就留下10多个日军守炮，率领其余30多个日军向三连阵地猛扑过来。

日军终于进了严昌荣精心设下的包围圈。日军全部进入包围圈后，营长郭志伟立即下令：“狠狠地打！”

西北面一、二连阵地上的重机枪率先开火，东面的三连阵地上几挺轻机枪也紧接着一齐向日军猛烈扫射。轻重机枪组成交叉密集火力一齐向日军怒吼，打得敌人晕头转向。日伪军利用河岸、公路等就地顽抗。这个时候，战场呈敌正面有三连，左有一、二连，右有较宽的河流，日军有如入笼的野兽。

战斗一打响，严昌荣率二营一部从三阳镇方向扑过来，堵住了日军退路。严昌荣伏在朝南的屋脊上，用缴来的三八式重机枪猛向日军扫射。战士们纷纷转告：“严团长上来了。”

严昌荣到来的消息振奋了一营指战员的士气。

战斗进入僵持状态后，一连长胡步福发现右侧河流对岸有一栋独立的茅屋，那里能对包围圈内的日军构成致命威胁，于是从一排抽调一个班泅渡过河钳制日军。

胡步福与一排长黄庆义携一挺机枪泅渡过河，占据了河对岸那栋茅屋。他们爬上屋顶，把从屋内找到的几床旧棉絮用水打湿铺在屋顶上，架起机枪，向敌后背射击。

这挺机枪只有三梭子弹（三梭子弹里还只有一梭是好子弹，其余两梭是根据地自制的土子弹，经常有哑弹出现），机枪手不敢放手打，而是在那里点射。但点射也打得日军大乱。一部分日军用掷弹筒向胡步福的阵地射击，先后打了五发，一发直接打在屋顶上，所幸胡步福这个阵地无人受伤。

趁敌人混乱之际，一营吹响了冲锋号。公路北侧的一、二连发起冲锋，冲进敌阵，与日军展开了白刃战，整个战场杀声震天。一部分日伪军泅渡河流经胡步福与黄庆义所在的茅屋两侧向三阳镇方向窜逃，后被二营围歼。

战斗中，中队长新野困兽犹斗，举着指挥刀乱砍乱杀，被两名新四军战士用刺刀捅翻在地，一命归西。

此时修路的民工一哄而散，公路上只剩下守炮的 10 多个日军。开始他们还东打一炮、西打一炮，威风得很。此时负责打援的二营除留一部分兵力监视三阳据点，其余战士迅速向斜桥方向包抄过来，与一营合击这股日军。日军发现情况不妙，拖起炮想往三阳镇逃。但为时已晚。

一营和二营的战士争先恐后地向这边冲过来，迅速歼灭了守炮的这股日军。

那门九二式步兵炮连同剩余的炮弹和引信被七团缴获。但瞄准镜被日军扔到河里了。战士们到河里捞了半天也没捞上来。

战斗结束后，新野以下 70 多名日军命丧斜桥，还有 5 名（一说 3 名）日军士兵被活捉。伪军死伤 70 多人，其余全部被俘。三阳镇日军兵力空虚，小股日军想增援新野，但被二营打了回去。

粟裕听说缴获了大炮非常高兴，就把这门炮摆在七团，让七团的人高兴高兴，然后再调给海上炮兵部队。（据军工部程望回忆，这门炮因使用不当炮膛胀大，放到海船上是让军工部修。联系瞄准镜被扔到河里，这门炮在被缴获之前疑已遭日军故意毁坏。后来程望修复了这门炮，在新四军与日军的一次海战中，程望用这门炮打退了日军的铁船。）

这一仗新四军方是一个主力团，弹药不足火力不济；日军是一个中队，另有伪军 100 余人，且装备精良，有曲射的掷弹筒和平射的步兵炮。由于严昌荣在引蛇出洞的战术上做足了功夫，所以这股日军以被全歼告终。严昌荣打得干脆利落，干净彻底，使素来吹嘘不丢尸体的日军连拖尸体回去的人都没有了。

旅团长南浦写信向七团长严昌荣乞求送还尸体。经请示旅部和粟裕，严昌荣送还了日军的全部尸体，日方负责接收的军官还打了一张收条。

斜桥伏击战结束后，南浦指令保田想方设法找回丢失的那门炮。按照日本军律规定，丢失重武器的指挥官要受到严厉惩处。他们四处寻找这门炮的线索，还到处张贴告示威胁新四军，声称："新四军如果不送还步兵炮，皇军就要大'扫荡'。"

严昌荣理都不理他，把这门平射炮送到六甲镇，作为苏中战场最新战利品放在广场上公开展览。同时与这门炮摆在一起的还有近 40 支三八式步枪、轻机枪、2 具掷弹筒、望远镜、指挥刀以及日军旗。

前来参观的群众达数万人之多。群众纷纷赞扬："七团真厉害，能把日本鬼子全部消灭。"慕名前来参军的热血青年也越来越多。

威吓不成，南浦亲自给严昌荣写信讨还，说："贵军三阳镇伏击，可谓英勇神速，殊堪钦佩。如蒙归还皇军前所丢失之平射炮，尔后贵我两军当和睦相处。"

南浦是苏中地区日伪方面的最高长官，严昌荣不过是苏中区的一个团长，两人不是一个级别。南浦给严昌荣写信颇有"屈尊纡贵"的味道。

严昌荣把这封信转给粟裕。粟裕看过信，笑嘻嘻地对严昌荣说："这一下，你们七团可把南浦揍痛了，我们师部在海复镇也住不成了，只好搬家喽。"

求炮心切的南浦乞求不成，集结400多日军和一个团的伪军由五十二大队长保田率领一连数日"扫荡"寻歼七团。寻歼未果，日伪军便在所到之处的墙上写标语：新四军还我炮来，两具掷弹筒不要了。

七团与日伪军打起了蘑菇战，忽东忽西。保田紧紧尾追，紧咬不放。严昌荣采用敌驻我打、敌动我行的战术，与这股日军持续打了一个星期后才转移到敌后通中地区去。

在斜桥伏击战的同时，师特务营、海启警卫团一部配合一师主力一部围攻汇龙镇、五仓港。新四军在汇龙镇缴获了一批物资；在五仓港歼敌两百多人，缴获了电台等物资和武器。

第三十五章
坐镇启海，机动灵活反“清剿”

1942年6月，为削弱苏中区的新四军，同时掠夺这一地区的人力和物力资源，南浦受命对苏中地区进行分区“清剿”。

南浦组成以日军1500多人、伪军2000多人的机动突击大队，配以大批特务，企图寻歼启海地区的新四军主力，彻底摧毁抗日地方武装和基层政权。为此，日军提出了“三分军事，七分政治”的口号，成立了“清乡”队，准备了大量的传单和画报。

“清剿”发动之前，日伪军先行在包场、六甲、吕四等地增筑据点，加修四甲坝到吕四的公路，与海启公路构成平行线，从九门闸至青龙港、四甲至吕四建立起一道封锁线。同时在江上、海上增派汽艇巡逻，封锁水路交通。日军的目的是先将新四军困在启东、海门地区，然后集中兵力攻打，一举将这一地区的新四军消灭。

面对严峻的形势，粟裕将后方机关经三甲由海道北移二分区王家舍地区；抗大九分校先行结业，经二分区北移盐东地区。机关分为前方指挥机关和后方梯队。由粟裕指挥前方指挥机关，而后方梯队一时没有合适的人来指挥。粟裕即调三旅张震东来当一师参谋长，由他指挥后方梯队。

12日，日军开始对第四分区海门、启东地区进行第一期“清剿”。日伪军自西向东兵分六路齐头并进，稳扎稳打，每到一地就留下一些兵力修据点。

参谋长张震东刚走马上任时，师部驻在一个叫陈家酒店的村庄。他才到任，日伪军就三面围了上来，想把师部一锅端。粟裕乘敌人包围圈尚未合拢，当即率部向缺口转移。

那天行军路线是侦察科严振衡拟定的，也得到粟裕和张震东的批准。到了下午2点，眼看敌人就要追上来了，严振衡引领部队进入一条小路，路两旁是高高的芦苇，十分隐蔽。但张震东看了看地图，突然发起火来，命令部队停止前进，对身边的参谋喊："走错了，快把严振衡叫来！"

严振衡接到命令赶紧跑过来向张震东解释说没走错路。粟裕听两人在嚷嚷，快步走了过来。严振衡指着地图说："敌人已三面围了上来，很快就要到达这里。我们从这条小路直接插到齐安镇南面，跳出包围圈。"

粟裕头脑里有一幅活地图，说："这条路我走过，没错！"

于是继续前进，安全冲出包围圈。突围后，粟裕命令张震东带机关后方梯队跳出海启地区，转移到敌后通中地区去。

张震东走后，粟裕带着作战科长周蔚昌、警卫连、特务一连、侦察排的一部分短枪班、一部电台、两个给养员仅 50 余人留在"清剿"区内，领导全区的反"清剿"斗争。

日军每到一个地方，就留下一些兵力修据点。一天一夜，就可以修成一个有两米高围墙的据点，每个村子都会修这样两三个。据点设下后，日军以一部分兵力据守，另一部分兵力"扫荡"，每日轮换一次。

不到一个月，日伪军把通如、海启地区能占领的重要城镇都占了，据点由以前约 130 多个增加到 200 多个。

南浦除了进行军事"扫荡"，还从政治、经济多方面着手以彻底摧毁抗日地方武装和基层政权。

据点构筑好后，日伪军在据点成立办事处，特务和"清乡"队进入各村庄反复搜索、清查户口、编制保甲。

日伪军对上层士绅一律采取争取政策，如下委令、送聘书，高薪请士绅当参议；伪造士绅反共谈话在报上发表，挑拨离间新四军和士绅的关系。对乡保长则笼络争取，查问公粮下落以及抗属、农抗人员情况，对不从者以烧杀来威胁。对农抗会员采取逼其自首政策，迫其为敌工作，若拒绝工作或工作做得不好即行杀戮。对抗属中的干部家属，先利诱之，要其迫使子弟回来为敌工作，对不从者就以烧杀威胁；对战士家属则大肆烧杀。对地方武装采取内奸政策，派奸细打入地方武装，组织拖枪逃跑与集体叛变，有时甚至绕过新四军主力专打地方武装，以达到消灭地方武装，孤立新四军主力的目的。

为了离间新四军与老百姓的关系，日伪特务及"清乡"队向老百姓宣传日军"只打新四军，不打老百姓"，"不交公粮给新四军，皇军就不来扫荡"，"赶走了新四军才能得太平”，“中国人不打中国人”，并夸大日本在太平洋的战绩，造成日军战无不胜的假象来迷惑民众。日伪还把新四军的战绩列了一个表，但在每次胜利底下都画个“?”，用东台、盐城、海安、丰利等地已被日伪占据来暗示新四军丧师失地，民众跟着新四军没有出路。

日军所到之处大捉壮丁，同时设立“统制委员会”掠夺物资，只要是日伪可利用的东西就全部抢去，甚至桌子等家具也运往上海，没用的就地销毁，甚至将门板、屋梁拿去填坝塞河。还在某些地区实行“三光”政策。

为了进一步欺骗民众，他们把抢掠来的物资或从日本运来的大批日货进行倾销贱卖，而且宣传说：“新四军打走了，才有便宜货买，民众才有福利。”

20日，粟裕根据敌情，以苏中区党委、一师、苏中军区联合名义提出反“清剿”的总方针：立即全面动员，团结党政军民开展以反“清剿”为中心的群众运动，以政治重于军事的原则，坚持苏中斗争，争取反“清剿”胜利，粉碎敌人的“清乡”企图。

粟裕让身边的参谋带上侦察员分别下到武工队里指导工作，并了解和收集“清剿”区内的情况。留在启海地区的三旅七团、八团和南通警卫团按粟裕的指示就地坚持，展开游击战打击敌人。七团和八团与敌人捉迷藏，反复纠缠，不断予以袭扰，常常以连、排为单位尾随在“清剿”的日伪之后，捕杀日军和伪军小股部队或掉队落单的士兵、特工人员和汉奸。日伪军白天出击，却找不到新四军的影子，只看到空旷的田野和坚壁清野的村庄。等一松懈，开始撤回据点时，新四军却找上门来，迅速吃掉他较弱的一股，日伪被打得焦头烂额、首尾不能兼顾。等日伪的增援部队赶来，新四军早已无影无踪。南通警卫团在梁灵光率领下化整为零，打游击战。敌人搞堡垒政策，他们白天修据点，新四军就晚上破据点。

为了粉碎日军的“清剿”计划，粟裕又命令各部队向日伪军发动一次反“清剿”的总攻势。二分区部队袭击了李堡、角斜的据点。25日，三分区一旅二团和三团攻克泰东唐洋区的小灶据点，毙伤日伪军60余人，俘日军1名、伪军60余名。28日，四分区南通警卫团在政委张文碧和团长梁灵光的率领下，以4个连的兵力冒雨奔袭海门县城茅家镇，并攻入城内。毙敌伪近百人，俘伪军警70余人，日本商人2名，缴获枪械数十支。此战抓的伪军俘虏经教育后全部放掉，日本商人则送到军区。

经审问，两个日本商人中一个是日本某大财阀的儿子。一师以此与日方谈判，成功用这个日本人换取了一大批紧缺的战略物资（此事据当事人张文碧回忆）。此战胜利打击了敌人的嚣张气焰，扩大了我军的影响，创造了新四军抗日地方武装攻入县城的先例。

这仗打完没几天，政委张文碧被一个电报召到师部。

粟裕对他说："张文碧，交给你一个新任务。中央、华中局决定开辟浙东敌后战场，谭启龙已去主持创建根据地工作，你去配合他工作。"

粟裕在6月5日发了一个给华中局及军部建议电，建议发展的地方也不止浙东，还有皖南、苏南、浙西、浦东。军部收到粟裕的电报后十分谨慎，于21日报中央，认为"目前仅可准备，不宜轻动，看清大局再动"。24日，中央复电新四军部："所见甚是，皖南浙西只可发展游击，我主力不可南进。"随着浙东局势明朗，军部经过研究后采纳了粟裕发展浙东的建议，决定从军部、一师抽调干部加强浙东的领导力量。

昔日在江南指挥部时，粟裕反对新四军向浙江发展，是因为其时浙江境内第三战区国民党军实力雄厚，去浙江会与国民党军争地争利；现时势转变，从浙江沿海到福建再到广东，沿海都被日军占领，成了敌后地区，现在去浙东是向日军要地。将来一旦扎下根来，在反攻时直接威胁宁、沪、杭。有战略眼光的粟裕自然明白其中利害。

华中局做出开辟浙东敌后战场的决定后，粟裕在苏中区尚极度缺乏干部的情况下抽出得力部将予以支持。除张文碧外，粟裕抽调的干部还有刘亨云、余龙贵、罗百桦、余旭、张季伦、张浪、戈阳等人。他们在军部抽调的何克希率领下踏上了奔赴浙东的征途。张文碧、刘亨云也没有辜负粟裕的期望，他们配合谭启龙、何克希对浙东敌后战场的建设起了极为重要的作用。

在抗日军民的打击下，日伪被迫于7月初停止对海启地区"清剿"，将重点转向三分区。

7月6日，粟裕作出组织第二次攻击战的部署，令三分区按其原有部署以一团一部配合地方武装原地坚持，二、三团转移到适当地区休整准备在二分区范围内对敌发动攻击；三旅准备向敌反攻，王必成二旅、温玉庭十八旅做好准备配合行动。未几，日军集中6000兵力于7月10日开始对第三分区靖江、如皋、泰兴地区进行第二期"清剿"。8月9日转至一分区江都、高邮、宝应地区进行第三期"清剿"。

如此一来，四分区又只剩下保田大队了，四分区顿感压力缓解。三旅发动反攻以策应其他分区的反“清剿”斗争。

8 月 9 日，七团和南通、东南警卫团向石港守敌伪第三十二师曹立江部发动攻击。经过两天一夜的激战，俘伪该部副团长以下 500 余人，缴获轻重机枪 6 挺、长短枪 345 支、电台 1 部，拔除据点 16 个，将碉堡全部平毁，同时击退金沙、马塘、孙家窑增援之敌。

这个时候，身处启海“清剿”中心区的粟裕处境极其危险。一天晚上，粟裕带指挥所隐蔽在一个村子的一角，村前村后都有敌人在行进。日军还跑到粟裕住房后面一户人家，砸开房门，抓了一个人当向导。粟裕不动声色，你不挑门帘，我就不打。

到了 9 月，粟裕决定带七团跳出敌人的“清剿”圈。他率七团经过一夜的急行军，来到了六甲镇东北方的范公堤边上，在那里休息了一天，准备晚上转移到二窎镇休整。

傍晚时，侦察参谋来报告粟裕：海面上发现敌人的几艘大帆船，还有钢板划子，在急速向范公堤开进；与此同时，六甲镇据点的敌人，集结了三四百名，也有出来骚扰的征兆；西北方向的大同镇，敌人也增加了 200 多名。

粟裕一言未发，沉思片刻，断定这是敌人想从水陆三面合围我军。此时，新四军在堤内，日军在堤外，当中只隔着一条范公堤。这时谁先占领大堤对谁有利。粟裕立即命令七团抢先占领范公堤。

6 点左右，日军靠岸登陆。粟裕在堤上一声令下，刹那间，枪声大作，打得日军纷纷倒地。日军也向堤上猛烈开火，掷弹筒发射的炮弹在堤里、堤外爆炸，子弹在空中尖叫着乱飞。七团占着有利地形，居高临下；而日军没有任何可以掩蔽的地形和工事，因而死伤惨重。

战斗中一颗子弹击中了作战科长周蔚昌的膝部，在他腿上穿了一个洞。粟裕听说周蔚昌受了伤，先是一惊，知道没什么大碍后才放了心。等到枪声渐稀，粟裕登上大堤举起望远镜一望，海滩上日本兵倒下一大片，剩余的日本兵还不死心，正组织再次冲锋。这时，侦察员又来报：“大同镇、六甲镇的敌人也已出动了。”

粟裕让七团集中轻重机枪向海滩射击，然后全团悄悄撤出范公堤，继续向二窎镇进发。粟裕让受伤的周蔚昌骑上他的小黑马过了“清剿”区，顺利转移到二窎镇。

第三十六章
战谢家渡，还敌尸骸聚人心

1942年中秋节前，粟裕率前线指挥所和七团从启海地区转移到南通二窎镇附近休整。师部前线指挥所与七团参加反“清剿”斗争持续时间长达三四个月，打了很多胜仗，又遇上中秋节，准备把庆祝胜利和中秋节合起来热闹一下。

日军针对启海地区的“清剿”已告失败。日伪军“清剿”启海地区时，粟裕指挥苏中各分区互相策应，互相支援，紧密配合，攻势作战此伏彼起。主力部队一旅、二旅、十八旅等部队在外围进行机动作战，特别是向敌人后方和敌人的弱点发起进攻。在几个月的“清剿”中，四分区地方武装损失了四五十人，但又发展了好几百人；主力部队只损失了几个人。而在整个苏中区“清剿”作战中有4000多日伪军被抗日军民毙伤或俘获。

损兵折将、劳而无功的南浦在无奈中结束了对海启及靖泰地区的“清剿”，各部退回原防加强工事，休整部队。但其在南通的部队并没有放弃针对粟裕师部的袭击。

粟裕到二窎镇后，日军的侦察兵很快就发现了他的小黑马。日军知道粟裕的坐骑是一匹黑马，所以怀疑粟裕到了通中地区。情报上报大队长保田，保田据此推断粟裕司令部已转移到南通二窎镇。

保田分析：新四军连续作战，早已兵疲马乏，又正值中秋节，一定疏于防范。若利用这个时机进攻新四军，新四军一定措手不及。

9月25日上午，保田集结一个中队的日军及伪军一部共400余人，分两路从江苏省通中三余镇出发。其中一路200余人，经湾头镇向白龙庙进犯；另一路200多人由保田亲自率领，向二窎方向进犯。保田一出动，其举动就被一师部侦察科掌握。粟裕得到情报后决定消灭这股日伪军。

粟裕将战场摆在二窎镇南的谢家渡（也称夏家渡，疑“夏”为“谢”的音误——编者注）。谢家渡是敌进犯二窎的必经之路，附近地形也有利于隐蔽行动。作战任务则交给三旅七团，引诱和分散敌人兵力的任务交给南通警卫团。不计南通警卫团，单七团9个连的兵力就是这股日伪军的好几倍。

南通警卫团在白龙庙地区待命诱敌。七团长严昌荣按粟裕的指示作了周密战斗部署：二营四连进至北兴桥以南地域，诱敌向谢家渡、二窎方向进犯；六连派一个战斗小组在横港桥南侧向白龙庙方向警戒，引敌入网；其余各连队隐蔽在谢家渡两侧，待机歼敌。

七团则将指挥所设在二窎镇东南方向的一个砖石结构的碉堡里。部署既定，团长严昌荣、政委彭德清、参谋长朱传宝几个人一边等着消息，一边围着地图琢磨如何吃掉保田。

七团与保田直接交手多次，一直都想吃掉他的队伍。现在几个人一心想要抓住机会消灭保田。

彭德清说：“保田像个玻璃球，滑得没角没棱，只下一个套子，怕套不住。”

严昌荣说：“一个套子套不住，我们就多下几个。来了就打，跑了就撵，一定在运动中打垮他！”

彭德清表示赞成，又说：“有一条，我们不跟着他打转转！”

几个人正做着计划，不料二营长派通讯员来报说保田大队没有上北新桥，去向不明，担任诱敌任务的四连正在跟踪寻找。

严昌荣一听连忙让二营通讯员去通知四连停止追踪，仅派出少数侦察员进行侦察。

一会儿，通讯员来报：保田大队在二窎镇以南出现！

未几，一个侦察兵来报：保田大队占领余西。

严昌荣一听急了。因为余西距三旅部所在的刘家园很近。严昌荣想：莫非保田大队想端的不是师部，而是旅部？情急之下，他想立即调动部队保卫旅部。还没下令，旅长刘先胜派人送来指示：保田在虚弄刀枪，不要被他迷惑，要稳住。

原来狡猾的保田没有直接攻打二窎镇，而是声东击西，时南时北。他在北兴桥附近发现有新四军活动，便折向西南，与另一路伪军会合。12点左右，两路日伪军到达白龙庙东侧，与南通警卫团接火。南通警卫团的任务是分散日伪军的兵力，所以与日伪军激战一小时后，向西撤离，诱敌分兵追击。保田派出一路佯装追击。

不多久，二营侦察兵又来报保田继续西进。

彭德清说："保田搞的是调虎离山计，它继续向西，是调动我们离开二窎镇，然后突然掉头回来再进攻二窎镇！"

严昌荣说："这个鬼东西，就是给我们'刷坛子'（开玩笑）！"

严昌荣看了看地图，断定保田大队一掉头必定经过谢家渡，立即派人通知二营做好战斗准备。

半小时后，保田果真掉头会同白龙庙同伙急速向二窎方向前进，在横港桥南侧与担任警戒的六连接火。六连边打边向谢家渡方向转移，将保田引入设在谢家渡伏击圈。

来到谢家渡后，保田停住马，用望远镜向四周打量一番，随即下令用机枪向可疑的地方扫射，除飞出几只麻雀外，没有发现新四军动静。直到下午3点多钟，保田才下令日伪军向北渡河。

七团的指战员们埋伏在阵地上，浑身热汗直冒，襟上、地上湿了一大片。他们沉着气，子弹上了膛，刺刀出了鞘，手榴弹揭了盖子，只等命令一下即行攻击。

日伪军一小半队伍渡过河，尚未立足时，隐蔽在北岸的二营五连战士，突然以暴风雨般的枪弹射向日伪军。只一会工夫，上岸的日伪军即全部被歼。五连占领渡口北一线，与南岸之敌对峙。

战斗打响时严昌荣、彭德清和朱传宝正在七团指挥所吃早饭。枪响后，几个人饭也不吃了，出了指挥所分头上了前沿阵地。

朱传宝来到正面阻击保田的二营五连阵地。其时保田已展开阵势，用机枪和小炮压制五连。因阵地被硝烟笼罩，朱传宝爬上旁边一栋房子的屋顶观察战场动态，发现保田大队一边进攻，一边做工事掏枪眼。保田也有一个如意算盘，能吃掉五连就将五连吃掉，啃不动就固守。朱传宝立即跑回团部报告。此时旅长刘先胜、政委吉洛、师长粟裕均在团部。

原来听到枪响，粟裕在师部坐不住了，带着严振衡等几位参谋和警卫员找到七团指挥所，居高临下地观察战斗动态。

这时下起了大雨。粟裕放下望远镜对严振衡说："你看，下大雨了。路地、稻田都是泥泞的，这种情况敌人没什么准备，老天帮忙。他兵少，又没有援兵，我们一定要消灭他！”

根据战场情况，粟裕与刘先胜、吉洛、严昌荣、彭德清制定了作战方案：将五连阵地前的敌人分割切成两截，集中兵力各个击破。同时密定分割包围的信号为开饭号。一次号为准备，二次号为行动，三次号完成包围。

部署既定，命令也传下去了。三次号也吹了，各部正出动，又听到了停止前进的号声。

原来严昌荣后来发现保田要跑，又调整了部署。

保田此次行动在战后被彭德清总结为“来得刁、打得滑、守得稳”。但这回保田算是撞到墙上了。来的路上保田虚晃了几枪，本想调开七团的兵力，没想到没有能调开一兵一卒，还把自己折腾得半死。等到咬上五连，本想一口吃下五连，没想到五连防守严密，他无懈可击，就打了退堂鼓。

这边严昌荣见包围还没有形成保田就想跑，就及时吹号令部队停止前进。保田正打算开溜，见七团压得不紧，又留了下来。严昌荣见保田中计，令三营两个连加紧将西南方向的缺口堵上。三营接令后立即出动攻占西南方向的民房，将敌人西南方向的退路截断。

到了下午 4 点钟左右，保田率部左冲右突，几次寻找突破口，企图夺河而逃，但被七团猛烈的火力压制在一些茅屋里。到黄昏时，保田已被七团严严实实地包围在谢家渡。

晚上，七团三个营长来到指挥所，严昌荣重新分配了任务，提出三个要求：“一要狠，二要稳，三要猛。我们跟保田斗了三年了，他天天挖空心思搞我们，我们也想搞他，今天在这里算总账。告诉战士们，要擦亮刺刀，干硬的！”

彭德清要指战员不要马虎大意，他强调：“狗急会跳墙，保田越到死处，越要拼死挣扎。”

会后各连迅速完成攻击准备。随着一声令下，各连向敌人发起猛攻。

保田见身陷包围，耍了个诡计，他用密集的火力构成一道火线封锁东、西、南三个方向，不让进攻的新四军靠近，单单留下北向没有动静，放任对岸的五连往上攻。

严昌荣见势不妙立即派人通知五连停止前进。其时已晚。因为二营教导员柴如奎已率领五连泅渡过河占领了南岸。五连接到严昌荣的命令刚停下来，天空突然出现很多照明弹，接着日军倾全力居高临下攻击五连。一时枪弹齐发，硝烟弥漫，阵地一片火海。

严昌荣赶紧一面令号长调机动部队增援五连，一面令其他方向的部队乘机往前攻。

五连背水奋战，柴如奎、五连长彭家兴、连指导员都受了伤。保田孤注一掷集全部兵力压向五连。彭家兴负伤不下火线，他半蹲半跪地顶在那里，向战士们大叫："共产党员们！顶住！坚决顶住！决不放走保田！"

突然一个提军刀的日军扑向彭家兴，彭家兴往旁上一闪，抱住那个日军一起滚到水里，将这个日军按在水里淹死。他捞出军刀，继续上岸指挥战斗。

打了十多分钟，增援五连的部队跑步赶到，与五连合力将敌人击退。在五连与敌激战的时刻，六、七连从两侧猛攻，三、八、九等连也向纵深发展围歼敌人。

最后，几十名顽抗的日军被压到几间独立的茅屋里。新四军战士向茅屋投出一排手榴弹，在激烈的爆炸声中，草房立即着火燃烧。最后，屋子里只有三名受伤的日军逃了出来。战士问他们保田哪里去了，一个断腿的日军指着着火的房屋用结结巴巴的中国话说："他的死啦死啦……"

战斗进行到第二天凌晨 3 点宣告胜利结束。400 多日伪军除少数残敌在烟幕、毒气掩护下乘隙逃跑外，其余悉数就歼。

枪声停了下来，战场上硝烟未尽，七团战士打着火把连夜打扫战场。战后清点，缴获军刀 4 把、歪把子机枪 10 多挺。第五十二大队长保田中佐以下 110 余人在这个中秋之夜陈尸谢家渡。

此战在粟裕著述里被称为"二窎战斗"，一般称"谢家渡战斗"。这一仗粟裕预设了一个战场，又亲自指导作了周密的部署；战斗进行中，七团干部能不墨守成规，根据敌情不断调整作战部署，最后取得一场酣畅淋漓的胜利。

第二天，严昌荣把缴获保田大队长的军刀、肩章、手枪、机枪以及其他各种武器等战利品进行了展览。四乡群众为了庆祝新四军的胜利，抬着猪，挑着月饼、螃蟹等慰劳新四军指战员，军民一起补过了一个胜利的中秋佳节。谢家渡战斗的胜利成了七团最好的节日礼物。

庆祝之余，粟裕做了一个人们出乎意料的决定。他让严昌荣把保田装进一口上等棺材，连同其他几十具日军的尸体一起装了三船，派人送回日军据点麒麟镇，同时以严昌荣的名义附信一封，警告日军不要再屠杀中国人民，否则难逃保田的下场。

这一举动不仅极大鼓舞了新四军的士气，而且让日军内部深受感动和震撼。收到新四军送回的尸体和严昌荣的信后，南浦写回信表示感谢，上写：“贵军战后归还战骸，宽仁厚德，诚贵军政略之胜利”。

日军普遍认为新四军十分厉害，是用武力不能战胜的敌人。南浦手下第五十四大队队长垣马平日就流露出厌战情绪，保田毙命后他更加绝望，于9月30日酒后切腹自杀，另一日军军医同时服毒自尽。保田之死对伪军的震撼也很强烈。有些伪军高级军官表示：日军两三百人及其司令都被消灭，我们“和平军”（伪军）哪里是新四军的对手。日军特务机关也不得不承认新四军在政治上取得了胜利。

归还敌骸固然是针对日军的一种政治手段，是一种攻心战，但这一举动彰显了粟裕非凡的气度和宽厚的胸怀，更深层次地体现粟裕的人道主义精神。

收拾日军尸体时，战俘松野觉内心受到了极大的震撼。他在随师部转移时目睹了战争给中国人民带来的巨大灾难，现在看到那100余具尸体，明白战争给日本人民也带来了巨大痛苦。至此，粟裕彻底征服了这个顽固不化的日本军人。

保田命丧谢家渡后，南浦从盐城率领日军200余人、伪军1个师赶到南通。他在南通召开军事会议研究对策，并整编第五十二大队，命令石原接任大队长。同时扬言要与新四军决战，问新四军敢不敢和他决战。严昌荣得知后一笑说：“有问必答，建议敌工科的同志给南浦回个条子，告诉他，决战是要决战的，时间、地点将由我们安排，叫他等着吧！”

随后，南浦纠集了如皋、黄桥、海安、南通等地的日军1300余人和大批伪军，对掘港以南地区进行疯狂的报复“扫荡”。粟裕率领师部和三旅主力在南浦报复“扫荡”发起前撤出了二窎镇，转移到南坎镇一带。

七团屡立战功，经粟裕提议，这年10月20日，新四军军长陈毅授予七团“老虎团”的光荣称号。

第三十七章
整编一师，韬光养晦待反攻

粟裕到苏北已差不多两年，他率领下的新四军一师官兵在军事上沉重打击、削弱了敌人。敌我力量的对比由两年前的敌强我弱转化为敌我相当。日伪在苏中有550多个据点，看起来占了上风，但广大农民都是新四军的支持者。

对日伪方面的南浦而言，粟裕是值得敬重的对手，但更是狡猾强悍的敌人。作为军人，消灭粟裕和他的部队是他南浦的职责，但凭他现有力量想要逼走或打垮粟裕已不可能。

南浦的第十二混成旅隶属日本中国派遣军第十三军，其司令官是下村定中将。一方面，南浦既要面子，又不想其他同僚插足苏中，所以不肯向下村定请求增援；另一方面下村定也一时抽不出力量来支援他——下村定的第十五师团、二十二师团、七十师团还在料理5月份发起的对顾祝同、冷欣的浙赣战役的后事，第六十师团正在苏南"清乡"。所以维持现状是南浦的最佳选择。

粟裕也不想过分刺激南浦。新四军凭现有力量要反攻打垮苏中区的日伪军也做不到。依粟裕看来，如果刺激或者打击过分，南浦就会感到无法维持现状。他就可能向下村定请求增援，或是南浦离开换一个人来，也许会比南浦更凶，会打破现有相对稳定的局面。

当时的国际形势发展很快，粟裕估计希特勒的残余力量到明年春季或夏季就能被彻底解决，美、苏、英等同盟国向日本发起的反攻在明年秋季可能就大举开始（史实证明，这个估计过于乐观）。反攻是要付出代价的，凭粟裕一师现有力量要收复苏中500多个日伪据点是不可能的。粟裕手里只有正规部队2.8万多人，其余是战斗力不强的民兵，而日伪仅在三、四分区的据点就近200个。假如一个据点消耗100人，那么单打下三、四分区这200多个据点，粟裕所部的力量也就消耗得差不多了。

这还只是对苏中区一个部分，并不是苏中区全部。而且作为华中、全中国和全世界反法西斯战场的组成部分，苏中区抗日军民的任务绝非仅仅是打垮南浦和苏中区的日伪军那么简单。

粟裕着眼的是以充分的准备配合美、苏、英等同盟国向日本发起的反攻，着眼的是配合全国人民建立一个新的中国。这个配合不是喊一句空话就行的，需要有雄厚的力量才能做到。

粟裕目的是保存现有的力量，培养大批的后备力量等待反攻时刻的到来。

南浦“扫荡”后总结发现“扫荡”失败与他控制的伪军大有关系，就一面对伪军实行缩编强化，裁汰老弱和不稳分子，一面关注他在苏中开的贸易公司。粟裕则利用这个相对稳定的局面加紧精兵强政以壮大力量。

经华中局和新四军部批准，粟裕首先对全区武装部队进行了精简整编。

当时一师存有一些问题：一是主力部队长期频繁作战，消耗过大，兵员不充实，缺少整训；二是地方武装数量虽已超过主力，但较多用于执行警备任务，较少用于进击敌人，还不能独立地担负起坚持原地斗争的任务；三是除第二分区北部外，其他各区部队过于拥挤，存在“塘小鱼大”的矛盾。精简整编工作势在必行。

对部队的精简整编是精兵简政的一个组成部分。精兵简政是 1941 年 11 月由党外人士、陕甘宁边区政府副主席的李鼎铭等人提出的。精兵的目的是提高战斗力，简政的目的是提高政府效能。二者最终目的是在一定程度上节省开支，减少浪费，从而减轻百姓的负担。这个提案得到中共中央的采纳并统一部署于同年 12 月实行，并将这个作为 1942 年全党全军的中心工作之一。

粟裕根据中共中央和华中局精神，结合苏中实际于 5 月间组织党政军贯彻精兵简政。部队的精简整编对象为一师三个旅，主要精简了师部和旅部机关。各旅削减了老弱人员，充实了机关下来的干部，但编制基本不动。全师有一、二、四、五、七、八团共计 6 个主力团，另有三团（属一旅）、六团（属二旅）2 个小团。

9、10 月间的这次精兵简政，粟裕指出：在节省人力上要提出一个人做两个人以至三个人事的口号，在节省物力上要提出一个钱当两个钱用的口号。

此次精简整编的对象，据粟裕在 1942 年 11 月 5 日发军部《第一师精简整编情况》看，粟裕整编对象除一师一、二、三旅外还有六师十六旅、十八旅。

此次精简整编在编制上，各旅仅保留一个主力团。主力团兵力和装备配备情况为：下辖步兵营三、特务连一、机枪连一、特务队一（通讯排一、侦察排一）。每个营辖3个步兵连，每连9个班，每班12人。每连配轻机枪4～5挺。每个团配重机枪6挺，重迫击炮2门。每营配小迫击炮2门。全团计1800余人。

这种主力团相对整编之前，数量上减少了，但质量提高了；相对其他地方化的部队，武器配备是当时最全最好的，是精锐部队，是拳头部队。其性质和作用类似于现在的快速反应部队。

精简整编后各旅主力团情况如下：

一旅主力团为一团，团长廖国政；二旅主力团为四团，团长刘别生；三旅主力团为七团，团长严昌荣；六师十八旅主力团为五十二团，团长陈挺；十六旅主力团为四十六团，团长黄玉庭。各旅成立有特务营。其余主力团实行地方化，与各县地方武装合并，建立了乡有民兵自卫队、县有警卫团、分区有独立团的地方武装体制。同时成立担负培训干部和师部警卫任务的师属教导团，团长为张震东；组建担负海上斗争任务的师属海防团，团长由三旅长陶勇兼任。

根据实际需要，部队归属有小幅调动：一旅三团归二分区管辖，十八旅五十一团调归十六旅管辖。武器装备上也有小规模调配：一师调轻机枪16挺、重机枪4挺、迫击炮2门给十八旅五十二团，五十二团有16门小迫击炮，自己留6门，其余给一、四、七团。

各主力团以六个月为期限进行训练。一团在石港以东岔河以北流动整训，必要时向三分区转移。四团在盐城原二旅驻地整训，并掩护师属后勤及工厂、抗大九分校，同时有警卫军部的任务。

这次整编使一师和苏中军区有主力在手，随时可以对重要方向实施突击；而各分区各县也都有较强的武装作为机动兵力，配合游击队和民兵，担负坚持原地斗争的任务。同时，主力部队得到了轮流作战、轮流整训的条件；地方部队则大为加强，并在斗争中逐步上升为新的主力，大量半脱产和不脱产的民兵，则成为群众性抗日游击战争的伟大力量和补充壮大主力军、地方军的不竭源泉。

10月26日，华中局、新四军部电令一、六两师正式对内合并，粟裕任师长兼政委。随后粟裕联名谭震林、钟期光将部队精简整编情况上报军部。

精简整编部队的同时，粟裕于10月下旬在如皋（今如东）县南坎镇主持召开苏中区军政党委员会第三次扩大会议。根据中共中央和华中局决定，这次会议建立一元化领导体制，撤销苏中军政党委员会，建立中共苏中区委员会，作为苏中区的最高统一领导机关，粟裕任书记。随后，又在第一、二、三、四分区和兴东泰特区分别建立中共地区委员会。

在为期近一个月的会议上，谭震林代表华中局参加了会议并作了形势报告，陈丕显、管文蔚分别作了《开展三冬运动》《苏中精兵简政的方针与实施步骤》的报告。

粟裕作了工作报告和会议总结，总结反"扫荡"、反"清剿"工作的成绩和不足，商讨关于敌伪顽战术特点及我对敌之策。

会上，粟裕总结了半年来主力军、地方军和民兵工作的成绩和不足，然后在这个客观和全面总结的基础上对日后军事工作提出意见。

粟裕向来认为游击战争绝不是一个单纯的军事问题和军队行动，而是与政治和人民密不可分的战争。他认为：只有广大的群众加入了武装斗争，建立起了地方武装，才能开展广泛的群众游击战争，才能防止日伪的力量侵入到农村里面，才能慢慢地转变敌我力量对比，而最终驱逐日寇出境。所以在这个总结中，粟裕仍然强调要加强主力部队、地方武装与民兵结合的工作，完善人民武装体制。

粟裕作为苏中党政军的最高领导人，对党政工作都有精辟的论述和指导，这里仅从军事上就粟裕根据日伪军的变化而作的军事部署作阐述。

粟裕在对日后工作的指导有一个重要的内容是伪军工作。

在苏中区的军事斗争中，早期日军以第十五师团、第十七师团和第十一旅团各一部接替第十二混成旅团在长江北岸及运河沿线各据点的防务，然后由十二混成旅团组成机动部队与新四军作战。自江苏境内的大批国民党军降日之后，苏中区伪军达到一个惊人的规模，此后在日军与新四军之间的军事斗争中，一般由日军组成机动部队攻击新四军，伪军则担任警备和牵制新四军的任务。伪军充当日军以华制华的工具。之前为了打击降日的气焰，也为了夺取其武器装备，一师主力部队和地方部队在把对日作战放在首位的同时，也不间断地对伪军予以打击，曾击毙伪师长、伪旅长及许多下级军官。从军事上和政治上制服了伪军。

虽然打击了伪军，改善了装备，但也消耗了自身的力量。所以粟裕提出今后只打击最坏的和有反共政治背景的伪军，而且打了以后还应不放弃使用"拉"的手段。

总结半年来对伪军工作的经验教训，粟裕指出：对一些原韩德勤部被俘虏后参加了新四军，后嫌新四军生活太苦又开小差过去当伪军的这一部分要改变对待方法，改变视之为反动分子或是叛徒而杀之的办法，用不再杀，放他回去的办法感化他们；如果伪军固守碉堡或拒不投降，就召集和动员伪军家属喊话以瓦解其军心；采用日军对伪军分而治之的办法，只打击顽固不化的伪军；根据情况分别对待反正的伪军，不采用大批反正的手段，而是采取分批反正的办法：对一定要反正的伪军就给其地盘使其不致垮台，再加以改造和巩固，同时不过分刺激日军；对反正过来不能控制的部分伪军采取长期埋伏方针。

在提高部队的战斗力问题上，粟裕把提高干部的军事技术和战术水平放在首位。他提议把一些有战斗经验的政治干部转为军事干部，同时在原有军事干部中加强培养教育。

在这个总结中，粟裕开始关注技术兵种的问题，提出应努力训练一批技术兵种干部，以利将来发展。已开办了无线电、锄奸、医务、会计、敌工等训练班，在教导队和抗大九分校培训军政干部，选派了二三十名知识青年去学习炮兵。

粟裕让自己的警卫员去学炮兵，这个警卫员不肯去，说我们炮都没有几门，学了有什么用。粟裕告诉他：这倒不用着急，因为将来反攻，敌人首先丢的就是大炮和重武器，所以不怕没有武器，只怕我们不会使用武器，到时候不会使用那就糟糕了。

粟裕在对陈丕显报告中的“三冬”运动提出指导意见时，将中国有过的三种兵役制度进行了比较。第一种是雇佣兵制，粟裕认为这种制度不可靠，用钱买来的兵战斗力不强，苏中区也没有那么多的钱来买；第二种是志愿兵制，粟裕认为这种兵质量虽好但数量太少，不够用；第三种是义务兵制，粟裕认为义务兵制虽然带有强制性，但这是目前苏中可取的兵役制度。粟裕借鉴察晋冀地区的先进经验，指出实施这种兵役制度的前提是加强政治动员，同时必须进一步改善人民生活才能顺利进行。“三冬”工作要以冬防为中心，训练出大批的民兵，作为部队的后备力量。

会议期间，粟裕接华中区电报，传日军增调三个师团到华中地区，这使得华中形势变得十分严峻。为了配合陆地上的军事斗争，粟裕在这次南坎会议上提出在苏中海防大队的基础上建立海防团，得到与会者的赞同后，粟裕立即着手海防团的组建工作。

第三十八章
背水作战，白手创建土海军

粟裕组建海防团有一个长期的准备期。这个海防团区别于之前陶勇三旅的海防团。

1941 年 3 月，为巩固通如、启海根据地，陶勇设想创办海防部队，建立海上根据地。他和刘先胜商量后向粟裕汇报。粟裕立即复电，大意是：提议甚佳，积极赞同。陶勇见到复电后，将掘港独立团改编为海防团，由朱坚任团长。这个海防团因无船只，不能下海，其性质还是一支陆军部队。后来陶勇收编这一地区的海匪孙二虎（又名孙二富，后改名孙仲明），将其编为海防团特务营，后升为三旅海防大队。8 月上旬，海防团所属一、二、三大队与八团合编，海防大队编为海防团，团长为孙二虎，驻何家灶。这个海防团有一定的海上作战能力，堪称中国海军的雏形。陶勇“东海伏盗，创建海军”指的就是这个事。

海防团除朱坚和警卫外，其余全是孙二虎的原班人马。这些人成为新四军后仍有一部分人匪性未改。因为孙二虎过于讲义气，对部属约束不严，所以海防团纪律松散。10 月，海防团吴道生背叛新四军，背着孙二虎，纠集自己的心腹和海上部队，拉到启东吕四投降敌伪，当了伪军小头目，而且常常下海抢劫。

吴道生一走，孙二虎只剩下了两个连，军心更加不稳。12 月上旬，孙二虎手下崔广胜、崔广发等人非法设卡收税，在丰利北十八总将粟裕用来换取武器弹药的皮棉劫持。护送皮棉的人员再三说明情况，并出示通行证，但崔广胜、崔广发蛮横地夺去了通行证，还说什么：“有钱便有路，皮花不留下，休想过去！”“什么师长不师长，老子只认钞票不认人！”据说军区供应部长到现场说明情况，还带来粟裕写来的亲笔信，但崔广胜、崔广发两人都不买账，影响极坏。

为了维护新四军声誉，严明纪律，粟裕指示三旅将将孙二虎的部队集中苴镇西辺刘家园解除武装（孙二虎及警卫员二人武器保留），然后将其整编为海防中队，由任彪任队长。但海防中队队员大部分离队回家，孙二虎本人也离开了新四军。

比次缴械的原因另有一种说法：1942 年 1 月，有人塞给孙二虎一封信。当时陶勇在场，孙二虎不识字，当即交给陶勇看。陶勇看后面色一变，把这封信放进口袋里。孙二虎问什么事，陶勇说没什么。其实这是一封来自海匪袁某的策反信。陶勇匆匆返回司令部，把这封信交给粟裕后就返回盐城党校学习。粟裕看了信之后，立即召开了党委会，宣读了信的内容，说“此人（指孙二虎）不可靠”。因此粟裕指示三旅将海防团缴械。这种说法中缴械发生的时间与朱坚回忆的时间不一致，真实性尚有待考证。

三旅海防团虽然散架，但开创了新四军建立海防部队的先河，为粟裕建立海防部队积累了经验和教训。

就在三旅海防团成立的同时，粟裕也着手建立师属海防部队。

从启东县吕四港到盐城东长达 400 多里的沿海地段上，西起海岸向东到深海有 100 余里的范围都是沙滩。这里曾是古长江的入海口。古长江带来的泥沙在这里淤积，形成了复杂的港汊。这片海面水浅，便于平底的、吃水浅的木帆海船活动，而不利于尖底的、吃水深的日军汽艇和军舰行驶。加上这一地段在当时为日军所忽略，没有在这里设置据点，即使有据点也封锁不了所有海面。这里成为一师机动的最好区域，从而为一师提供了一个相对稳定的后方。

为把这一带开辟为苏中区海上抗日根据地，1941 年 4 月，粟裕在如东县北坎附近的何家灶港，组建了苏中军区海防大队，大队长是师部作战参谋凌海波。

建立海防大队后，粟裕又马不停蹄地着手组建海防团。9 月 12 日，粟裕从驻东台县弶港镇的警卫团抽调一个连，由苏北区行政委员会保卫处副处长吴福海率领，从弶港出发到北坎镇开始组建海防团的前期工作。吴福海抵北坎后，沿着黄海海岸线逐港调查摸底。秋月，粟裕亲自带队进行水情和港情的考察。在听取吴福海的汇报后，粟裕将海防团驻地设置在如东何家灶。

何家灶处于吕四到盐东的中间地带，利于南北兼顾。该地经济、地理、人文环境都非常理想：（1）何家灶盐渔业发达，素有“金何家灶”之美称。（2）这里地理环境好，海边长有茅草、芦苇、盐蒿儿便于隐蔽，海神庙三官殿内能容纳几百人。（3）人文环境好，老百姓抗日热情高，陶勇部队在海上有威信。这些因素为新四军海防部队的生存与发展提供了极为有利的条件。

随后，粟裕带师部首次作了为期三天的海上演习。演习非常成功，粟裕便将印刷厂、山炮连都转移到海船上工作和练习。

年底，粟裕又先后从弶港、吕四抽调部队下海，控制了弶港、何家灶等港口，肃清和招抚海匪。新四军下海后海匪活动受到限制，渔民的生产安全远强于之前，所以老百姓对新四军的海上行动非常拥护，并在多方面给予了实质性的帮助。

随即粟裕再抽调警卫团一个连，由何振声率领前往北坎与吴福海会合，搭起海防团架子。

何振声临出发，粟裕将他叫到师部明确交代苏中海防团组建后的三大任务：（1）打通苏中到浙东和山东的南北交通；（2）发动、组织苏中沿海的渔、盐民群众和建立自己的武装，保护自己的利益，巩固苏中海防；（3）保护转移到海上的军区后勤各单位和一个山炮连。

此时粟裕头脑里对海防团构建的设想已基本成熟。

据何振声回忆，粟裕对他说："苏中部队主要在陆上战斗，由你再带警卫团一个连和吴福海同志首先搭起海防团架子，以后再发展扩大。三旅旅长兼四分区司令员陶勇兼任海防团团长，吴福海为副团长，军区后勤部长罗湘涛兼团政委，李中兼团副政委，你为团政治处主任。"

陶勇当时是三旅长，粟裕让他兼海防团长是因为陶勇有办海防团的经验，更重要的是陶勇在黄海沿海的海匪中有威望，海匪闻陶勇之名就退避三舍。

1942 年初，粟裕做出决定："立即抢占近海区，发动群众，建立海防武装。……我们要面临'背海作战'的形势，为了夺取主动权，我军必须建立一支海上作战武装，控制、占领沿海海面。"

春日，粟裕派二十多条船在斗龙港、龙王庙一线试航。4 月，为了加强海上部队的领导，应付敌人的"扫荡"，粟裕组建后方勤务部，对外称渔民自卫队。这个时候浙赣、盐阜、山东、胶东等地区海上交通全已打通，沿海均可来往运输。

这个后方勤务部还不是粟裕要组建的拥有海上作战能力的海防团。它的主要任务是保障后勤和军工部的生产，同进积极打通与浦东的联系，并与胶东八路军和浙江取得联系。其时军需科长张渭清成立小组到上海为新成立的军工部秘密采购的枪支弹药、电信器材、车床、无缝钢管、药品、纸张、印刷机等物品，也是由这个后方勤务部组织船只运回苏中。日伪军对启海地区“清剿”时，后方勤务部征用四五十条船集中到何家灶分组编队，将兵工厂、被服厂、医院、药库、印钞厂、印刷厂等后勤机关的物资装上船，由吴福海负责护送，在海上行驶了六七天，最终安全送到盐阜地区。

1942 年初夏，海上部队控制下的港口，北边有东台的弶港、王港闸；南边有如皋的北坎、何家灶等地。各沿海渔民、盐民、农民的抗敌会已有初步组织，抗日民主政权已开始建立，弶港一带已成立了滨海区委。至此，苏中军区海防团成立的条件成熟了。

11 月 5 日（一说 12 月），粟裕、钟期光来到如东县何家灶三官殿，宣布苏中军区海防团正式成立。

三官殿是一座建于唐代的敬奉海神的大型庙宇。主殿坐北朝南，是一座有六间宽的大殿，殿前两侧建有厢房，殿后两侧为僧寮及斋堂，有近 20 间房舍。殿前厢房外辟有开阔的庙场，是理想的训练场所。

粟裕抵三官殿时，海防团官兵列队欢迎。见到列队的海防战士，粟裕高兴地称赞道：“这是我们的土海军！”

在成立大会上，粟裕对全体官兵说：“我们创建的是中国人民的第一支土海军，你们来干，一定要干好。”

海防团规模不大。从粟裕当年 12 月发给军部的电文中看，这个海防团创建时的规模为 3 个连，1 个山炮连、1 个机枪队（6 挺重机枪），有 35 艘船，800 余人。这个海防团是当时新四军、八路军部队中唯一的一支海上部队。

粟裕赋予海防团的任务如下：维持南通、浙江、山东之海上交通，保护南来北往商民，培养海上部队，训练出一批机枪人才。组织生产贸易，自行捕鱼并进行贸易，以增加生产改善部队生活。

海防大队升为海防团后，“土海军”这个词汇首次出现。这个名词是粟裕在三官殿庙堂检阅海防团时发表的谈话中出现的，随后又在成立大会上对海防团干部做指示时再次讲到，并要海防团干部努力做好建设“土海军”的工作。

“土海军”说它是海军，是因为这支船队有炮、重机枪，有水兵性质的武装部队，从而拥有一定的海上作战的能力；说它“土”，它没有当时已经出现的驱逐舰、护卫舰、鱼雷艇、潜艇、飞机等现代化装备，甚至连机动船艇都没有，拥有的只是一些江苏近海特有的木制帆船。

“土海军”算是白手起家。在船只和人员方面，海防团前身海防大队第一任队长凌海波起了很重要的作用（凌海波于1941年秋成功策反一名王姓海匪，为海防大队搞到30多只船和300多人）。船队的指挥方面，吴福海起了很重要的作用。

粟裕在海防团成立前曾多次亲自下海，调查研究沿海滩涂、港汊情况及气象、潮汐等方面的规律，对苏中沿海的地潮汐、气候，各港口潮汐时间说得上是了如指掌。如巴斗山东有沙滩叫两合水，这里要有大风大汛才好行船。

粟裕积极探索海上活动的有关问题，并与陶勇、吴福海等干部研究海上作战的经验，对海上战斗中船队的编组和运用、火力组织、战术手段、通讯、联络等进行了总结和指导。

兵力组织上，每船兵力4~8名，步枪5~6支，每个兵要能打仗又能驾船；三只船为一组，每组配机枪一挺，船上要用铁板、棉被、装土的麻袋和蒲袋构筑防御工事；队形依据作战海域的情况使用一字形或三角形。

通讯联络，旗语用的旗子颜色要鲜明，要大；旗语事先要约定好，在某一地区内行动的船只记号要统一；白天用旗子或船具，晚上用红绿灯、电光（手电）、火把。

船队航行时要派出侦察船，侦察船要用轻快的、经过伪装的船，与船队距离不能超出十里。宿营时要注意港口水流和地形，要按一定次序，绝不许密集一体，以免目标太大，引起敌空军注意；要防止陆地上日伪军的夜袭。

与敌船作战时，要从上风、上水的侧面进行包围，便于追击和发挥火力；200米突然开火；掌握艄公，控制船的行动；攻敌掌舵位置，先打死艄公，或打断敌船樯桅。

1942年这个冬天，粟裕利用反“清剿”胜利形成的相对稳定局面，大刀阔斧地对部队进行了整编，同时做出一系列指示推进了苏中党建工作和政权工作。这个时候，爱国文化人、“七君子”之一邹韬奋从上海去延安路经苏中，在苏中进行了几个月的参观考察。邹韬奋的苏中行展示了当时苏中区的政治文化的真实面貌。

第三十九章
实行民主，施行仁政得民心

南坎会议刚结束，有人来报告说邹韬奋来到苏中，已到达靖江。

当时粟裕正与陈丕显、管文蔚几个人在一起，一听到这个消息都喜出望外。粟裕立即派苏中行政专署文教处长刘季平代表苏中区委去迎接邹韬奋。

邹韬奋是一位民主运动人士，先后在上海、武汉、重庆等地主编《大众生活》《生活日报》《生活星期刊》《抗战》《全民抗战》等进步刊物，在全国民众的心目中享有很高的威望。

粟裕是邹韬奋的忠实读者。还在浙南打游击时，粟裕、刘英领导的挺进师被国民党严密封锁，与中央完全失去联系。《八一宣言》《十大纲领》的内容及红一方面军胜利抵达陕北的消息、国共合作的消息都是从邹韬奋主编的《大众生活》等杂志上得到的。通过这些信息，粟裕和刘英对全国的政治形势和党的总路线有了一个基本的了解，在此基础上适时地调整政策和斗争策略，顺应了历史潮流，推进浙南红军游击队的斗争和根据地建设。

会议期间，粟裕已接到华中局关于邹韬奋要到苏中来的电文，电文中华中局还特意嘱咐苏中区“确保安全，热情款待”，并要苏中区党委转达陈毅对邹的歉意和问候，希望以后能在盐城见面，共同商谈华中抗日根据地的文化出版工作。粟裕得知邹韬奋要来的消息时，邹韬奋尚在上海到靖江的途中，没想到来得这么快。

邹韬奋抵靖江后，在叶飞旅一部的护卫下，经三分区如皋县，绕了一个圈子抵达四分区。

邹韬奋身穿新四军的蓝色军大衣，清秀而瘦削，鼻梁上架着深色边框的眼镜，文人气质很足。其时的邹韬奋，日本人迫害他，因为他笔下文章的杀伤力比军人手中的枪炮还大，日本人恨之入骨；国民党也要置他于死地，因为国民党消极抗战并违背民意，他写文章批起来不留情面，国民党当局密令特务机关“一经发现，就地惩办”。1941 年 12 月，日军占领香港后，流亡的邹韬奋被日军通缉；1942 年 1 月他和茅盾、何香凝等人一起被东江游击队从香港救出，转移到深圳龙华羊台山里隐藏了几个月。后因广东省委出了叛徒，羊台山也成了危险之地。后来在周恩来的周密安排下，邹韬奋离开深圳羊台山，先后在广东的梅县和上海隐蔽，现在是要经过苏中奔赴延安。

粟裕和陈丕显、管文蔚等热情接待了邹韬奋，转达了陈毅向邹韬奋的问候和愿望。接着又告诉邹韬奋：目前敌伪军正在对盐阜地区进行大“扫荡”，陇海路不能通过。希望他在苏中逗留一段时间，可以在这里走一走、看一看。

邹韬奋说：想在苏中区做一些调查采访，写本书，向全国、全世界展示共产党领导下抗日根据地的面貌。

粟裕当即表示：绝对欢迎，对邹先生全部开放！找谁、到哪里采访都可以！

邹韬奋发自内心地说：“真好呀！走遍了半个中国，国统区也好，日占区也好，都没有行动的自由，没有讲话的自由，更没有写文章的自由。到了这里，一切都自由了，连呼吸也舒畅。”

粟裕当下指派刘季平全程陪同，另抽调 50 名武装战士保护邹韬奋。管文蔚则给邹韬奋配了一匹马。随后，邹韬奋前往二分区三仓河东部垦区一带进行实地采访考察。

其时东台县许墩乡正进行民主乡选工作，陈丕显和管文蔚陪同邹韬奋前往，并在墩塘庄召开有千余群众参加的盛大欢迎会。

会场布置得十分隆重，到会群众格外兴奋，邹韬奋颇受感动。他同到会的干部、战士、农民群众见面，做了精彩的演讲，并回答人们提出的问题。他畅谈大后方民众致力于抗战救亡和民主运动的事迹，热情勉励苏中军民建设好根据地，并带头振臂高呼：“把日本帝国主义赶出中国去！”

会议结束，邹韬奋稍稍休息了几天，又到许墩乡参加了几次干部、群众、中小地主座谈会。

在刚刚结束的南坎会议上，粟裕提出了改造基层政权问题。他指出：苏中抗日民主政权工作中存在的最严重缺点是区以下的机构不健全，大部分乡、保政权还未经过改造，是“新民主主义的头，半封建势力的脚”，“改造政权，不但对今天在根据地内实行民主政治有重要意义，而且对将来的战后建设新中国时更有绝大的重要意义”。改造基层政权就是将政治民主交到群众手里，让人民自己来推选有威信的领导人。

为此，粟裕特意嘱托陈丕显，要他与管文蔚、宋日昌等共同商量研究，先在二分区搞试点，摸索出经验来，再在全苏中大力推广普及。根据粟裕的提议，苏中区党委做出《关于改造基层政权机构、加强民主建设的决定》，然后在二分区三仓一带进行试点。

其时苏中抗日根据地区以上的政权已彻底实行“三三制”——在工作人员中，共产党员占三分之一，非党的进步人士和中间人士各占三分之一。现在改造基层政权就是实行民主政治的深入。乡长、保长由老百姓自己推选，对当时的老百姓来说算是稀罕事，也搞不懂。

选举的方法视选区文化普及程度而定。少数文化较普及的地区采用票选法，而大部分地区则采取举手表决、捻筹子（用竹片做成筹子，写上候选人姓名，放在候选人后面，供选民去捻）。

民选乡长、保长，极大地鼓舞了老百姓参政热情。在选举方法上，苏中区选民创造出一种烫香洞和投信任豆的方法。烫香洞是选民用点燃的香，在候选人名单上烫一个洞表示投一票；投信任豆，是在各候选人身后放一只空碗，让选民向候选人碗中投豆粒的方法进行。

新选了乡长、保长，那原来的怎么办？这个事没处理好也容易出问题。因为当时的乡长、保长有的是地方有实力的人，搞得不好会把他们推向日伪或敌对的一方去。不过粟裕已经考虑到这个问题。他在南坎会议总结中明确指出，对撤换下来的乡长和保长，应当保证其身家财产的安全。

当邹韬奋看到这一幕时无比感慨地说：农民群众能投票选举乡长，只有在共产党领导下才能做到。这在中国历史上是空前的创举，也是中国的希望所在。他还说，自己过去从事的民主运动，与此相比只是隔靴搔痒，如今在抗日根据地才亲眼见到真正的民主政治。

在参观考察的那些日子里，邹韬奋对新四军有了更深刻的认识。每次转移出发前，各级干部都要仔细检查，看看借群众的门板有没有送还，地有没有扫干净，老乡家里的水缸有没有挑满水等等。每次出发时都要唱《三大纪律八项注意》的歌曲。部队在天黑后总要集合起来，由参谋长或秘书长讲讲话，进行教育。邹韬奋看到这些情况，非常感动。他对管文蔚说："这样的军队，是无法战胜的！"

离开三仓河以后，邹韬奋由刘季平陪同，继续参观考察根据地的民兵、妇抗会、儿童团、学校。

一路上刘季平向邹韬奋介绍根据地开辟建设的过程、现状以及办学情况，陪同参观了设在温家桥的南通中学、"联抗"地区的紫石中学、十总店童甸小学。邹韬奋在参观了粟裕指导创办的骑岸中学时说："能办出这样一所中学，真是不简单。"

12 月 14 日，邹韬奋参加了当时苏中四地委在十总小学召开的报告会。到会的有地委、专署、分区机关的主要领导、地方干部、十总区附近几个区的教师、开明士绅和民主人士五六百人，其余是部队的同志，共两三千人。陪同邹韬奋入场的有专员季方、秘书长夏征农等人。粟裕做形势报告后，把邹韬奋介绍给大家见面，请邹韬奋做讲演。

在演讲中，邹韬奋指出战胜日寇必须坚持统一战线；说来到苏中区后看到中共党和新四军坚决抗日、建立了广泛的统一战线和巩固的民主政权，施的是仁政，深得民心。他说：我憧憬的自由民主在共产党领导下的抗日民主根据地实现了，打败日本侵略者，建立新中国这一伟大任务，将由信念变为现实。还说到沦陷区的许多爱国同胞都不愿做亡国奴，他们把整个中国的希望都寄托在中国共产党和全体抗日军民身上等。

邹韬奋早年办的《生活》周刊在全国各城乡、各阶层人士中的影响很大，根据地的不少老中青大小知识分子都知道他，也非常仰慕他。离开前他进行了富有激情的演讲，所到之处抗日热情更加高涨，民众抗日斗争的信心倍增。一个伪营长闻讯辗转托人送来"邹韬奋先生亲启"的信，说他是《生活》周刊的多年读者，一向敬佩邹韬奋先生，后来是不得已才跟着投敌，现在保证不做卖国残民的坏事。

邹韬奋在骑岸镇待了半个月后去了盐阜地区。后来又经过苏中转赴上海治病。苏中之行给邹韬奋留下了深刻的印象。

到盐阜地区后，邹韬奋接受了《盐阜报》记者的采访。当记者问及邹韬奋对苏北根据地的印象时，他不假思索地答："很兴奋。我有两个最深刻的印象，第一是共产党对于抗日民族统一战线的忠实，充分而周到地照顾各阶级、各阶层人民的利益，使全根据地人民紧密地团结起来，坚持了敌后抗战；第二是民主政治的实现和‘三三制’的彻底实行，使民主政治真正成为人民大众自己的政治，真使人兴奋极了。我看到老百姓热烈拥护政府，使我对于十余年来为民主政治而奔走的信心更加坚定。”

到上海后，他在撰写的《对国事的呼吁》一文中写道：“当我在敌后抗日民主根据地，亲眼看到民主政治鼓舞人民向上精神，发挥抗战力量，坚持最残酷的敌后斗争，并团结各阶层以解决一切困难的情形，我的精神极度兴奋，我变得年轻了。我对于伟大祖国更看出了前途光明。我正增加百倍的勇气和信心，奋勉自励，为我伟大祖国与伟大人民继续奋斗。”

邹韬奋本人很希望参与根据地建设。他想写一篇长篇报告文学《苏北印象记》，准备办一个刊物，但因为耳病，加之日伪的大“扫荡”，这些愿望都没有能实现。后来在给陈毅的信中谈起苏北之行时，他说：“过去十来年从事民主运动，只是隔靴搔痒，今天才在实际中看到了真正的民主政治。”信中，他表达了向往苏北，要求重返苏北的愿望。当时他已经知道他得的是癌症，治愈的希望不是很大，但仍向陈毅恳求：“我死，要死在苏北，死在抗日民主根据地。”

邹韬奋是一个有骨气的文人。日军的屠刀和国民党当局的暗箭都不能使他屈服。他对新四军和抗日根据地的评价是发自内心的，邹韬奋对新四军的了解主要是通过粟裕领导下的苏中抗日根据地得到的，他的话虽然说是苏北，但实际上反映了粟裕领导下的苏中抗日根据地政治文化方面的面貌。

粟裕切实执行中央民主政治建设的精神，从苏中抗日斗争的实际出发，全面推进苏中根据地的政治、经济、文化建设，并把建立真正的抗日民主政权工作摆在重要地位，保障了社会各个阶层的利益，从而也团结了社会各个阶层。

苏中区的地主、资本家一开始对抗日民主政权能否持续存在是表示怀疑的，对参政会是不信任的。参加了参政会的参政员也采取旁观态度不愿发表意见。现在完全不同了，士绅都希望参政，没有受到聘请的还不高兴。他们多数人对抗日民主政权有了相当的认识，说：“其他的政党是要等群众起来斗争时，看到群众力量强大，才不得不讲民主。而共产党则在自己当政时就自愿给人民以民主。”

苏中区原来逃走的地主、资本家现在看到苏中区形势好了，也逐渐回来，连在上海受日本资本家挤压的一些资本家也来苏中参观，对“三三制”政权有了进一步认识。他们看到自身的利益有保障，就想到苏中抗日根据地来投资工商业，希望与新四军搞好关系。

因为坚持不懈地实行了既减租减息又交租交息的土地政策，进行了救济灾荒、兴修水利等工作，农民特别是贫雇农的经济生活得到很大的改善。同时通过参选参政提高他们的政治地位。在文化教育方面，苏中区创办了各种学校和识字班，广泛开展文化教育、社会教育、民主教育，迅速提高了广大农民政治觉悟、文化素质。他们积极参加农抗会、工抗会等各种抗日团体，开展各种抗日活动，并由经济斗争发展到政治的、武装的斗争。

苏中的党政军民亲密无间，情如鱼水，筑成了苏中抗日的铜墙铁壁，使得苏中区在对日伪作战中立于不败之地。

第四十章
攻曹家埠，乱敌部署震伪军

1942 年冬，传南京方面敌人对南浦旅团和李（长江）、杨（仲华）伪军在苏中的“扫荡”、“清剿”连遭失败大为恼火，准备调三个师团的日军和参加过苏南“清乡”的伪和平建国军与南浦旅团共同对付苏中抗日军民。

12 月 1 日，汪精卫以“清乡委员会委员长”的名义，发出《民国三十二年度上半年清乡工作训令》，决定对苏中地区实行“清乡”。

“清乡”是日伪对抗日军民继“扫荡”、“清剿”之后采用的一种新手段。所谓“清乡”，日方负责军事，汪伪负责政治，综合运用军事、政治、经济、文化、特务等手段，彻底肃清苏北、苏南的中共势力。

苏中区新四军的发展引起了日伪方面的高度重视，连东京的报纸上都说“扫荡长江下游之匪军是十分必要的”。日伪“清乡”工作委员会确定 1943 年除在苏南继续进行“清乡”外，还将“清乡”扩展到苏中、浙东等地区，并以对南京、上海和长江下游威胁最大的苏中区为重点。

苏中区之所以受日伪重视，除了长江下游富有食盐、棉花、粮食等战略物资外，还与日军的新战略有关。

1942 年下半年，日军制定了一个进攻四川以促使国民政府屈服或崩溃的“五号作战”计划。但由于太平洋战场的失利，为了保障太平洋战场的兵力配备和物资供应，日军于 12 月 17 日中止“五号作战”计划，令各军加强治安，确保占领区。

日伪方面在决定针对苏中区“清乡”后，苏中区南浦旅团开始做“清乡”的前期准备。南浦除了修筑公路，集结兵力，从各地征集用来构筑封锁线的毛竹外，还有一个大的动作——提出强行整编伪李长江和杨仲华的部队。伪军的动向顿时成为焦点。

伪军成分复杂，内部山头林立，上下内外相互矛盾，相互斗争，纪律败坏，战斗力也弱。这些伪军打家劫舍祸害百姓倒还得力，但打起仗来贪生怕死。南浦命令他们分进合击，他们常常分而不进，或合而不击，看到新四军转移也不敢打枪。有时阳奉阴违，两面讨好。有的伪军奉日军命令去抓夫修筑公路，他们对老百姓说："你家两个壮丁，白天一个去修路，留一个晚上去破路。"这样做两边都不得罪。

南浦旅团调到苏中后被新四军前后消灭的累计有 5000 多人，虽累经补充，但只剩 3800 多人。现在凭这些人，既要对付新四军，又要控制庞大的伪军，肯定是两者不能兼顾。为了笼络和利用伪军，南浦采用放纵腐化和分而治之的办法。结果一方面使伪军在辖区内无恶不作、有恃无恐，人民对其反感日益强烈，反抗情绪更加高涨；另一方面又形成伪军的割据，使伪军之间的矛盾越来越大。加上日军对伪军暴戾骄横，恣意侮辱，日、伪之间矛盾日益加深。南浦左右为难，伪军不强化就不能"清乡"，一强化就会吓跑；又不能加以威胁镇压，因为他不过 3000 多人，而李长江和杨仲华有 3 万多人。

太平洋战争爆发后，一些伪军对日本侵略战争能否最后胜利逐渐产生怀疑。南浦对伪军缩编强化、裁汰老弱和不稳分子已经给伪军带来了危机，影响了伪军的地位。现在南浦提出强迫伪军整编，加剧了伪军的恐慌。伪军动摇后走向两面，一面是靠向新四军，这是其中较少部分；另一面向国民党方面的韩德勤靠拢，向李明扬、陈泰运、张星炳靠拢，这是多数。伪军中有相当一部分是打着"曲线救国"旗号投降日军的国民党军，如李长江部。李长江与李明扬不仅有着密切的联系，还暗中给李明扬提供子弹等军需。再者大部伪军军官都是些贪利之辈，腐化堕落，想的只是升官发财，他们了解新四军，新四军虽然讲信义，但生活太苦，纪律太严，不能升官发财。

1943 年元旦，南浦集结兵力 3000 多人，突然向东台西乡的国民党江苏省保安第三旅张星炳部及姜堰以北的税警团陈泰运部发动"扫荡"。

那天下午，粟裕在周家店给机关做《坚持原地斗争，保持有生力量》的动员报告，晚上得到南浦"扫荡"张星炳、陈泰运的情报。粟裕当即急电各部提高警惕，严防敌人突袭，同时密切监视敌伪和遭袭国民党军的动态。

可能是张星炳和陈泰运二人完全没有防备，南浦突袭得手，张、陈二人被打得落花流水。六天时间，张星炳被南浦歼灭2个主力支队共2000多人，陈泰运则损失3个支队，被俘几百人。

就在南浦发动对张星炳、陈泰运打击的同一天，汪伪苏北地区“清乡”主任公署筹备处在苏州成立，拟定《苏北地区第一期清乡工作总纲》，明确规定“清乡”的范围是：西从天生港沿运盐河（通扬运河）到丁堰，北从丁堰沿串场河经掘港再东延至南坎，东抵黄海岸，南至长江边。这个地区面积为3600平方公里，人口270余万。同时，日华中派遣军司令畑俊六任命六十一师团长小林信男为苏北“清乡”地区最高指挥官。参加“清乡”的日伪军有第六十一师团，汪伪和平建国军第二十二师、三十三师、三十四师，共计1.6万余人；另有3个警察大队和大批特工、行政人员。确定1943年4月10日开始“清乡”，以苏中四分区作为“苏北第一期清乡地区”，对三分区则实行“清剿”；第一步军事“清乡”2个月，第二步政治“清乡”4个月。

参加此次会议的伪三十四师副师长施亚夫是新四军的人。会议一结束，施亚夫就将此次会议的全部有关情报和“清乡”计划、方案经交通员送到粟裕手中。粟裕立即根据情报相应地调整部署。

这个时候的粟裕夜以继日地精心研究敌情，包括江南“清乡”的许多资料，以及日伪军的战略部署和战术特点。他发电给中共中央，指出：“今后苏中形势将空前严重，但在总的有利的形势下我们有充分条件克服困难”，“但为粉碎敌人‘扫荡’、‘清乡’，达到坚持原地、原地保存，仍应从坏的方面作充分准备”。

为断伪军后路，南浦继续发动针对国民党军及其游击部队的打击。春节前后，南浦派一部佯攻一旅叶飞的旅部，对三、四分区进行小规模的“扫荡”，同时散播日军3个特种师团将来苏中“扫荡”的消息，造成“山雨欲来风满楼”的效果，暗里却从二、三分区抽调石井、宇土、木村、加藤等大队的大部分、苏中伪军3000多人北上，与日军第十七师团4个联队、第十五师团2000余人合力进攻韩德勤部。一个星期不到，日军就将韩德勤部彻底打垮。随即日军“扫荡”盐阜地区的新四军部和三师，但没有得手。

南浦在北线给苏北地区国民党军歼灭性打击时，粟裕先后驻四分区周家店、西亭家园、沙家坝、六总张宅、周家园等地。南浦在北线对国民党军的进攻使粟裕和四分区反“清乡”斗争得以从容部署。

华中局对日伪“清乡”高度重视，给粟裕发来电报，明确提出反“清乡”

必须坚持原地斗争的总方针，后又指示“苏中只要能控制了大部分伪军就能取得反‘清乡’的胜利”。

事实上伪军也的确是关键。

如果任南浦整编伪军，淘汰老弱病残，清洗流氓地痞，势必会增强伪军的实力，增加其牵制和打击新四军的力量，从而达到以华制华的目的。为了使已有矛盾的日伪之间关系更加恶化，达到分化瓦解敌伪关系、孤立南浦的目的，粟裕立即作出部署，提出“维持现状，反对改编”的口号，帮助伪军想办法出主意，鼓励伪军反对调防整编，策动伪军离开据点，不参加“清乡”，并划定适当区域让其生存，以达到离间日伪的目的。

李长江和杨仲华手下的伪军官怕整编，害怕失去升官发财的本钱。即使整编后侥幸保留职位，也会被派去“清乡”，要挨新四军的打，还可能被调到南太平洋当炮灰。哪条路都是死路，所以他们千方百计抗拒整编。

到了 2 月份，张北生到四分区视察，令通、如、海、启四县的伪县长、区长去苏州受训。这引起原来的伪组织——苏北行营的不满。苏北行营的头目以命令的形式禁止伪县长、区长参加受训。各伪县长、区长也怕张北生借培训之机削弱他们的权力或撤他们的职，也群起与张北生对抗。李长江和杨仲华及下面的伪军官乘机更激烈地抗调抗编。

正当粟裕分化南浦和伪军关系稍有进展时，南浦突然改变了主意。原来日本中国派遣军总部提出“清乡”时，南浦也深感“清乡”之必要，十分支持，他想借此一手把持苏中军政大权。可是日本中国派遣军总部与南京汪伪政权商讨的结果是四分区的“清乡”由汪精卫代表张北生来主持，必要时还要派新的部队来从事“清乡”工作。南浦对此十分不满。因为南浦本人在江北公司内有巨大投资，占有江北公司全部资本的五分之三。四分区富庶，油水多，南浦属下的各级军官也同样不想有人来插足分肥，更怕新的日军调来后要调他们到太平洋作战，所以更想维持现状。

此时东条英机到南京视察，听说南浦、苏北行营与张北生发生矛盾，就将南浦召到南京亲自调解说服。事后决定军事归南浦管，政治党务归张北生管，南浦仍极不满。张北生对原有伪军也构成权力上的威胁，所以他们也反对张北生。粟裕不失时机地提出“反对新派（指张北生），支持旧派”的口号，成功地进一步分化了伪伪之间的关系。南浦希望伪军帮他反对张北生，也不再提整编伪军的事。

伪军退路被断后，对新四军的敌意和行为有所收敛。不过南浦对伪军整编的事一松，一部分伪军又嚣张起来。

为了打乱敌人的部署，鼓舞群众的斗志，粟裕决定采取先发制人的策略，发动一轮针对最凶狠最反动伪军的攻击波。

攻击的第一个目标是在四分区与三分区南北交通通道上的曹家埠。由张震东的教导团负责攻坚，严昌荣七团打援。因为曹家埠工事坚固，粟裕决定动用山炮。

战前，粟裕亲自给教导团作战前动员："现在敌人'清乡'尚未准备就绪，强攻曹家埠可以打乱其计划，挫伤其士气，迟滞其行动，造成其混乱。群众在过去很多次反'扫荡'中，已认识了我们的战术。敌人'扫荡'开始，我们转移；敌人'扫荡'结束时，我们就重重打击敌人。因此过去反'扫荡'中，群众都怀着胜利的信心期待着我们打击敌人。可是这次'清乡'不是一个月两个月的事，而是长期的斗争。同时伪军守据点也比过去强了。伪军在'清乡'过程中，等了很久看不到我们的行动，便以为我们已无力量而会再次靠拢敌人。群众则可能在长期紧张状态下坚持而失望。这些对我们都不利。我们要打就要打狠，能使其他参加日军'清乡'的伪军感到震惊，不敢轻易下乡单独活动。我们拂晓进攻，必须于当日上午一定拿下，否则敌人的增援部队就会赶到。"

2 月 23 日夜，张震东率领特务团踏着白霜进入指定地点。天亮后，山炮连对进攻路上的碉堡连轰了三炮。山炮连放的第一炮只在碉堡上钻了个洞，将伪军营长炸死。第二炮炸毁了敌人的机枪。第三炮将这座碉堡炸塌。随即教导团发起冲锋。

因为还有数道障碍未能破坏，伪军依仗工事拼死反抗。战士们攻不进去，只得又退了回来。张震东到前线用望远镜观察伪军的阵地时又遭敌冷枪射击而负伤，只能暂缓攻击。

中午，粟裕听说进攻受挫，张震东受了伤，立即带着作战科参谋周蔚昌、薛元恺跑到前线亲自指挥。他察看了地形，调整部署，将山炮转移到伪据点以南，同时令部队进行土工作业，掘战壕向敌人迫近。教导团再次做好进攻准备。

下午 3 点，山炮连再次发威，连发六炮，为进攻的战士开出一条道路。教导团的战士冲进据点，将一个营伪军全歼。

晚上，粟裕和钟期光就住在曹家埠。第二天，老百姓烧掉曹家埠的伪据点，彻底拆毁了碉堡。师直机关也从曹家埠转移到兴隆灶秦宅，过两天又转移到双墩。

曹家埠战斗后，第一旅一团和第三旅七团乘胜相继攻克孙家窑、三阳镇、悦来镇等日伪军据点12处，摧毁敌军碉堡40余座；还以部分兵力挺进长江北岸，掩护群众烧毁日伪军用以构筑篱笆封锁线的大批毛竹。同时加强对伪军的分化瓦解工作，促使南通伪军500多人逃亡，海门伪军中立。

这一系列凌厉的军政攻势，虽不能阻止日军“清乡”计划，但震慑了伪军，增强了苏中军民反“清乡”斗争必胜的信心。

这时，日本中国派遣军总部终于认识到：以南浦现有的力量和南浦保持现状的态度，南浦要主持“清乡”工作是不能收效的。他们当即调整部署，由新编的小林信男第六十一师团派4个大队到四分区负责“清乡”，由菊池联队长负军事之责，南浦旅团长则负责其他分区的警备、“扫荡”任务。

第四十一章
原地坚持，使木马计反“清乡”

1942年3月，日军第六十一师团长小林信男正式出任苏北地区“清乡”最高指挥官，指挥部设在南通县城。

小林信男是造成苏南抗日局面险恶的祸首。此人心狠手辣，诡计多端，特别重视特工和情报工作。他在太湖地区“清乡”时，首先派出大批密探潜入根据地，目标直指新四军第六师师长谭震林。当时谭震林住在常熟一个叫董浜的小村子，头天住在董浜哪一家、患了什么病、晚上喝了几碗粥都被日伪特工侦察得一清二楚。幸好谭震林机警果断，率十八旅边打边撤，在小林信男赶到前一个小时安全渡江北撤。

小林信男到南通城后，着手成立“清乡主任公署”、“特工站”、“政治工作团”等一系列“清乡”机构，同时在南通集结兵力。

小林师团所属的菊池联队陆续从太湖地区渡江北上调来南通，月初到达的有2000余人，3月下旬到达1000多人。伪军方面，伪三十四师一部驻马塘掘港一线，伪三十二师调南通。日伪在通、如、海、启四县集结的兵力已达1.5万多人。伪江苏省省长李士群在苏州训练的2000多名特工也将全部调到南通执行“清乡”任务，海启地区伪政府组织全部由张北生派来的人替代。

整个3月，日军忙于解决“清乡”障碍，如调整日伪军的强弱搭配和部署，筹集建立封锁墙用的木桩、竹子、铁丝网等大量物资，并未采取大的军事行动。

粟裕利用这个机会，进一步分化日伪、伪伪之间的关系，同时指导四分区破坏日伪的“清乡”准备。粟裕指示号召全区军民紧急动员起来，一切服从战争，一切为了反“清乡”的胜利，每月每乡杀一个敌人，不让敌人打篱笆，不替敌人筑碉堡修公路，在河里筑暗坝，把大路挖成小路。

陶勇派便衣队焚毁破坏日军运来的做篱笆的竹子等材料。日军运来的很多竹子还来不及上岸，在江边就被三旅的便衣队解开顺水流掉。对已经打好的篱笆墙，陶勇组织群众用绳索套在固定竹篱的木桩上把竹篱成片拉倒，在竹篱上扎油箍放火焚烧。当时流传的民谣说："插篱笆，硬分家，南边田，北边家，有粮有菜收不到它。老百姓，本领大，你插下，我来拔，扛起毛竹回到家，编篮子，做扁担，用处实在大得野！"

在"清乡"的中心区，三旅事先组织了短枪队、射击组（新四军的土狙击手）准备打击敌人、镇压特工。为保卫中心区，粟裕分兵从南北向沿江地带和曹甸地区发展。同时考虑到日伪军可能继续进攻李明扬和陈泰运部队，粟裕也做好了接应友军的准备。三旅地方部队穿便衣与民兵一起掩护群众将通中地区的交通彻底破坏。

3 月 21 日，南浦五十四大队岗琦中队配合伪徐容部进犯弶港，受三旅地方部队围攻，日伪独木难支只得退出。22 日，小林信男在南通召集日伪军官及伪政府头目宣布了他针对新四军的指挥机关和三旅主力的作战计划。会议一结束，伪三十四师参谋长施亚夫就将情报送往粟裕师部。

根据敌情，粟裕作出的部署是：陈丕显率领党委机关驻第一分区，管文蔚率领军区行政公署、军区司令部、政治部驻二分区东台复太港一带；三旅主力团七团转移到二分区，准备随时突入"清乡"圈内掩护和配合群众斗争；原地坚持的部队掩护民兵和群众破坏敌人交通。

汤家园突然间清静下来，师部包括粟裕在内只有十多人。军长陈毅闻讯发电给粟裕，指示粟裕要迅速转移，以免遭日军突然袭击。粟裕说："我不走，小林又不知道我在汤家园。"

小林信男的确不知粟裕在汤家园。3 月 29 日，小林信男按原计划联合南浦的五十二大队发动"扫荡"，结果扑空。这一波"扫荡"来得快，去得也快。

此次"扫荡"是六十一师团与南浦旅团为换防而打的掩护。南浦的五十二大队调到如皋县，原防区由小林师团菊池联队接管。南浦因为在苏中的军政大权被小林信男夺了心里不快活，无处发泄内心的失望和怨恨，便下令手下不配合小林信男。五十二大队走时把原有的工事、铁丝网都破坏了，有些地方不等菊池联队的人来就开走，让四分区民兵不费一枪一弹白捡了这些据点。

小林信男"扫荡"扑了空，就猜测粟裕已经往北转移了，各据点内的敌人也纷纷传说粟裕已经率部北去。这个情报在 4 月 1 日由四分区敌工科的吴强汇报给粟裕。当时粟裕已率部从骑岸镇转移到汤家园，因夜行军移营，师部工作人员和警卫部队除了值勤以外都在酣睡。当吴强找到粟裕的住屋前与门卫说话时，粟裕听到了吴强的声音，就走了出来，招呼他立即进屋，问他从哪里来，得到了什么消息。

吴强说："昨天上午 9 点，'清乡公署'主任张北生，在日军一个分队和保安大队一个中队的护卫下，乘车由南通城赴四甲坝省亲扫墓。原定 4 月 1 日开始的'清乡'军事行动改在 4 月 15 日开始。"

粟裕听后说这个情况很重要，随手拔出胸前的钢笔，亲自将吴强报告的情况写了一份电稿，让吴强核对了一下，然后让机要员将电报马上发给各旅和军分区。

吃过饭，吴强又来见粟裕，说："敌人据点里纷纷传说师长已经率部北上了，'清乡'不需三个月就可成功。"

粟裕笑了笑说："这是敌人在说梦话。日本人、汪伪都落入了极度困难的深渊，败局已定。但他们还要穷凶极恶地进行垂死挣扎，我们还要同他们做艰苦的斗争。"

吴强说："我意识到这场反'清乡'斗争将是艰苦残酷又复杂的，我将在这场斗争中经受锻炼和考验。"

粟裕点点头，握着吴强的手说："战斗部队的主力绝不离开这个地区，将随时抓住有利时机打击敌人。师部今晚将转移到串场河畔，观察敌人的动静，根据情况的发展变化行事。这是斗争的重要时节，我们需要及时掌握敌情，你再到金沙或茅镇敌人据点去，进一步了解敌人动态。"

吴强立即向他告别，出了村子，吴强回头望了望，粟裕站在一行高高的白杨下面也正向他望着，还向他扬了扬手。

吴强走后，粟裕也离开了汤家园。日伪的情报机关查到粟裕踪迹，近千名日伪军于 4 月 11 日突然扑到汤家园一带"清剿"。同一天，小林信男集结几千兵力突然袭击国民党游击部队陈泰运和张星炳部。

得到这个情报时粟裕正在汤家园几十里外的一个树林里隐蔽休息。

小林信男此举意在彻底斩断伪军后路，稳定伪军军心，同时打垮国民党军后也可以集中力量对付新四军。粟裕立即给二分区管文蔚发报，要他严密监视日军和国民党军的行动。如果陈泰运和张星炳撑不住，各部要做好接应友军的准备。

日军攻势凌厉，4 月 12 日，保安三旅张星炳部七纵队在沈家仓东西区域被打散，旅长张星炳只身逃走，其二总队司令张良才率残部 200 多人投敌。副旅长胥金城决心抗日，于危急之际率部投向新四军。粟裕指示管文蔚，不接收他的部队，把他们作为友军以礼相待，供应粮草，帮助他回到原来的地区坚持抗日。税警团受打击时总指挥陈泰运在慌乱中率少数人逃跑，军中失去了指挥，乱成一团。幸得“联抗”领导人黄逸峰的接应和掩护，税警团得以脱离险境，转移到二分区三仓河一带休整。

就在粟裕对受小林信男“扫荡”的国民党游击部队伸出援手之际，国民党军却在江南溧水一带进攻王必成的十六旅。

4 月 12 日，国民党军五十二师、一九二师、挺进军、“忠救军”、保安纵队等 13 个团 1.5 万余人围攻第十六旅于芝山、观山地区。江南王必成和江渭清连发两电给粟裕，报二人决定集中优势兵力歼灭其一部。粟裕回电同意，要他们在自卫后向敌后转移。王必成和江渭清率部完成既定任务后转移到溧（水）武（进）公路以北敌后地区。粟裕特别惦记南下的抗大九分校，发电报命令他们立即渡江北上。九分校对外称特务团，以干部为主，学员们级别都很高，有个连全是营级干部。粟裕指令他们想尽办法渡江北上到达淮南集合：可以丢掉枪及其他东西，决不能丢干部。这次战斗九分校牺牲了百余人。因为粟裕的急电，九分校没有恋战及时撤出，从而避免了更大的损失。

汤家园一带“清剿”的日伪军搜索三天，一无所获，又转向南通县的双墩、十总、骑岸、二窎地区，进占东社、骑岸一线。日伪每到一处，就搜捕共产党员、抗日干部和民兵，征集壮丁，强拉民夫，奸淫妇女，抢掠财物，群众稍有反抗即惨遭杀戮。

日伪在军事上对粟裕的部队进行打击的同时，伪江苏省长李士群向四分区以灰色面貌存在的地方部队汤景延部伸出诱降之手。

原来伪江苏省省长李士群虽为一省之长，但并无实力。不用说李士群，就是汪精卫也有“命令不出南京”之说。李士群是做特务出身，手下没几个人，当省长也名不符实。但他野心勃勃，想拥兵称雄，将来独立于日军、共产党、国民党之外。于是他指使姜颂平公开利用“清乡地区统一建制”等借口，将伪七师二旅张圣北、季达君、赵伦仪部，以及平潮自卫团张自健、天生港自卫团朱天放等部编成“清乡警察大队”纳到自己旗下，由亲信张北生指挥。

姜颂平对通海自卫团团长汤景延的拉拢始于2月份。汤景延立即向四分区领导陶勇和吉洛汇报，陶勇和吉洛复将情况报与粟裕。

古希腊人使用木马计攻破特洛伊城，现在粟裕决定用一出“木马计”配合四分区取得反“清乡”的胜利：让汤景延诈降伪军，既躲避日军疯狂的“清剿”，又借机向伪军索取给养。

经军部与华中局批准后，粟裕将计划进一步完善：由汤景延率团打入伪军，搜集情报，牵制敌军，控制沿江，确保苏南苏北根据地的联系，保证我人员物资运输，配合主力部队里应外合打击日伪。

为了万无一失，粟裕亲自找汤景延谈话，打消他的顾虑；同时让陶勇把通海自卫团和崇明警卫团合并为一个团，仍以汤景延为团长，在军事上配备了军事干部沈仲彝任副团长，军区保卫部还指派梁皓担任联络员，派顾复生为不公开的政委。调走了一些不适合的人员，新调进了30多名党员干部。因为过于保密，干部和战士不知内情，在行动前不肯穿伪军的黄军衣。不少干部、士兵还哭诉：“参加部队为的是抗战，想不到现在竟要穿黄衣服当汉奸了！”无奈之下，汤团决定凡是政治上有保证的党员可以告诉他们真相。

团内的工作做好了，还要迷惑日伪。为打消日伪的怀疑，汤景延说现在苏中地区是日军及“和平建国军”的天下，他汤景延不能不为自己及手下出路考虑。姜颂平对这个回答十分满意，相信了汤景延。

4月16日，通海自卫团团长汤景延率领全团600多人开往南通郊外，向汪伪“特二总部南通特工总站”站长姜颂平报到。日伪方面立即重奖汤景延，给全团官兵发钱庆功，批准汤团为苏北清乡公署“外勤警卫团”。汤景延巧妙周旋，取得日伪的信任，站稳了脚跟。

随后，粟裕从报纸上看到汪伪为汤景延的投降发特刊的社论，题目是“欢迎汤沈两团长”。转移途中又从村庄的墙上看到陶勇和吉洛联名发出的“讨逆”布告。粟裕看到陶勇和吉洛煞有介事地号召军民打击“叛变投敌”的汤景延部队时，禁不住笑了。

这一时期，还有一件温馨的事：机要科的俞侠家里遇上了困难。他老家在上海宝山，日子本来还过得去，但战争让他的家庭变得一贫如洗。前些日子他的父亲过世，家里都揭不开锅了。粟裕得知情况后通过地下组织将 2000 块钱（旧法币）寄给上海俞侠的母亲，使那个贫困的家庭度过了最艰难的日子。俞侠浑然不知，随粟裕与四分区军民共同经受日伪“清剿”下最艰难的岁月。

此时，“清乡”区内各种情况通过各种途径送到粟裕的案头。

新四军方面，主力部队和军政机构没有受损，各县游击小组与当地民众完全打成一片，使敌人无法分辨。4 月 20 日深夜，南通政治保卫队在杨勇伟的带领下，潜入戒备森严的天生港，将如皋岔河大检问所主任凌月东击毙，接着又潜入四甲坝将作恶多端的第九区区长朱崇汉和伪保甲指导员梁振强抓出据点。南通城的供电线路也被破坏，整个南通城停电三天。

敌伪方面，日本华中派遣军总司令畑俊六、江苏伪省长李士群亲自到南通助威，畑俊六还在南通叫嚣：“要把新四军赶到黄海边统统消灭，造成‘大东亚圣战的华中确保区’。”由于受到新四军便衣的镇压，敌“清乡”人员胆战心惊，许多人开小差，请长假，躲在南通城里不敢上任。连“清乡公署”主任张北生也吓得惶惶不可终日，送客都不敢送出大门。

第四十二章
攻敌之短，数年缠战败南浦

1943年春天，小林信男对通中地区的军事“扫荡”于4月25日告一段落，4月20日发起的对海启地区的“扫荡”则于4月30日结束，随后在两地构筑大量据点，转入“清乡”的深入阶段。粟裕于4月底离开南通，来到东台县城东北一个叫石家湾的小镇。

南浦对调防之事耿耿于怀，他下令在其防区内停止或不主动攻击新四军，所以当四分区狼烟四起、鸡犬不宁的时候，苏中一、二、三分区都比较平静。现在东台县城北部地区成了苏中军区直属机关的避风港，粟裕的师部在石家湾，教导团、七团、卫生部、供给部、修械所、印刷厂、毛巾厂等单位分驻西团、小海、大桥、草庙一带。

粟裕到石家湾后刚好是五一国际劳动节，那天粟裕亲自到草庙三乐仓慰问兵工厂修枪所和榴弹厂的工人。那些工人是张渭清从上海请来的技术工、师傅，他们不算是军人，但也不纯粹是为了钱而到兵工厂做事。

日军得到粟裕到东台县的情报后，命令南浦集中兵力对东台地区进行梳篦式大规模“扫荡”和“铁壁合围”，寻歼新四军首脑机关及主力部队，以配合小林信男在四分区的“清乡”。因失去地处长江黄金水道、油水很足的南通，南浦心里有气。他消极怠工，按兵不动。

南浦到苏中已有两年多，除了抢掠，他还在这里开公司做生意。本人及其下面的军官都发了财，在当地有固定财产，和一部分“中国人”也结下了一些“深情”，成为“朋友”。在当地他们高高在上，是这里的“太上皇”。南浦手下那些小队长都可以指挥伪军的旅长、团长，一个中队长都可以骑在伪军师长的头上作威作福。小林信男到南通主持“清乡”后，南浦在苏中的地位不再是至高无上。

当小林信男在通中地区和海启地区“清乡”时，南浦在他泰州的司令部里心情复杂、郁郁寡欢。他冷冷地看着小林信男的“清乡”，甚至有些幸灾乐祸。因为小林信男的“清乡”很不顺利，寻歼粟裕指挥机关和主力的日伪部队屡屡扑空，反而不断遭受新四军和民兵的打击，“清乡”骨干和特工人员在一个月内被杀200多人。

此时，小林信男的防区内新四军没了踪影，好像蒸发了一样，他不去想那是粟裕的“扮猪吃虎”的战术，而以为是自己所向披靡，扫除了新四军。他雄心勃勃地在通、如、海、启四县构筑大量据点，每天将部队分成多路成梳篦式往返搜索新四军留守部队和党政人员。

从4月下旬开始，小林信男在“清乡”区外围，以天生港为起点，沿公路、河道直至黄海边的鲍家坝200多里的线上，构筑竹篱笆，建筑碉堡、瞭望哨，同时封锁大小口岸，只留少数通道，派兵把守。在东面，占领沿海市镇，封锁陆上与海上交通。整个封锁线上，设大检问所40多个，小检问所100多个，配备训练有素的检问人员450多人。扬言“篱笆打成功，清乡便成功”，“篱笆打好了，新四军跑不了”。

不过小林信男料想不到的是，他煞费苦心经营的这条封锁线被“投诚”的汤景延神不知鬼不觉地捅开了一个大豁口。

汤景延穿上伪军服后，团部移驻茅镇，所部分驻茅镇、姜灶港、张芝山一带，其实际控制的地区从过去的（南）通、海（门）公路以北一带向南扩展到长江边。4月下旬，汤景延又借用姜颂平的招牌在茅镇开了个“协记公行”，自任总经理，主要经营粮食、猪羊、禽类、八鲜、蔬菜等业务，并在宋季港、牛洪港、青龙港设立了分行。分行中，青龙港地处交通要冲，该行在做生意之外，主要任务是收集日伪情报。牛洪港分行以生意为掩护，侧重承担新四军地下南北包括军火、西药等日伪禁运的物资运送和人员来往任务。两港之间的宋季港，则见机行事，以分散日伪注意力。

在小林信男的军事“扫荡”中，一师主力及地方部队都未受损失，现在日伪的封锁线又被撕破，粟裕悬着的一颗心稍稍放下了一些。加上南浦的消极怠工，粟裕也不用昼伏夜行了。

小林信男比南浦凶狠，在通中地区“扫荡”时，他手下一次出动就抓走壮丁300多人，强奸妇女几百人，抢走财物不计其数。但仅从他构筑竹篱笆来围堵新四军即可看出，他并不是一个聪明人。

南浦更不是聪明人。这个时候，国民党江苏省长韩德勤和张星炳已被击垮，李明扬、陈泰运势力均已严重削弱，苏中只剩下新四军与日军、汪精卫的“和平建国军”之间的对抗，正是他协同小林师团和李士群消灭新四军的大好时期，但他却来了个作壁上观。

粟裕也适时转变对敌人的对策。他利用日伪之间、伪伪之间的矛盾，指令所属部队在“清乡”区内着重打击主持“清乡”的小林师团和张北生的新伪军，在非“清乡”区内对南浦旅团和李长江、杨仲华的伪军暂时不采取进攻动作，促使南浦旅团和李长江、杨仲华对“清乡”采取消极态度，以求得相对稳定的间隙时间来休整力量。但这一做法也使日伪从非“清乡”区抽出部队，集中全力对四分区“清乡”。

5月10日前后，粟裕得到可靠情报，驻苏中二分区的伪二十二师刘湘图受命再派一个团参加“清乡”，驻三分区的伪三十四师田铁夫则受命除师部留在如皋外，其余所有部队全部开往四分区。

粟裕闻讯致电一、二、三分区叶飞、管文蔚等领导，要他们集中力量对与新四军无关系或关系不可靠之伪军的留守部队如伪二十二师刘湘图部作猛烈进攻，对与新四军有密切关系（如伪三十四师田铁夫）的留守部队发动威胁性的攻击和民兵围困，使其无法抽调兵力前往四分区。同时命令各军分区组织一支由20～50人组成的短枪队，由各专署保安处长或部队锄奸部门得力干部负责率领，到四分区协助进行捕杀“清乡”人员及执行锄奸政策的工作，军区派周林（军区政治部锄奸部长兼行署保安处长）前往统一指挥。

接到粟裕的电报后，二分区的兴化独立团、台北独立团及调到二分区的七团袭击了伪刘湘图部所驻的黄庄、顾殿堡、大邹庄、安丰、钓鱼台等据点。三分区在叶飞、陈玉生的指挥下对伪三十四师田铁夫部佯攻，迫使其不能向“清乡”区增兵。

这一手起了连锁反应。受到新四军真真假假打击的伪军都向日伪高层求援叫苦。同时南下的短枪队在四分区给“清乡”人员以空前的压制。派往四分区的短枪队除了一、二、三分区各一队外，还有军区直属部队抽出的一个排，共计只有百余人，但日伪纷纷传言苏中军区要派一个短枪团到四分区。外来“清乡”人员哀叹：“‘清乡’无把握，生死不可卜。大家捞一把，赶快出苏北。”

面对上述情况，日军高层震怒，命令南浦立刻“扫荡”东台地区。南浦这回不敢再怠慢，于5月15日集中4000多兵力向东台南部开始“扫荡”，预定时间为1个月。

5月16日，考虑到“扫荡”东台南部的敌人可能转向台北地区，为求主动，粟裕率领师部离开石家湾，转到复太港，特务团移到三十户灶。

17日，日伪在东台北部地区潘家镢、大中集、西团都增加了兵力，师直机关经麻墩跳过东潘公路到施家墩，第二天因敌抵一仓河，移往房家舍，19日晚上又移将家坝。20日，潘家镢增敌1000多人，师直机关又移沈家舍。21日那天，教导团一部在七灶河伏击由大中集往刘庄之敌，歼日伪40余人。三旅七团一部攻克戴家窑，一部攻进草堰。

23日，粟裕已经摸清了此次南浦“扫荡”的意图和敌情，当即指挥教导团、七团及东台地方力量转入反攻，同时袭击戴窑、草堰、安丰、梁垛、富安、仇湖等地的日伪军。

24日，师部转移到西八灶时，200多日伪军在进犯何家灶时逼近师部的警戒线。其时，侦察科严振衡一面派人向粟裕报告，一面带特务队占领有利地形迎击敌人以掩护师部撤退。粟裕接到报告后带着周蔚昌和几个参谋跑到前线。严振衡劝粟裕不要再向前，粟裕说要给这股敌人以有力的打击，然后继续向前。严振衡见阻止不了就赶紧集合部队跑到粟裕前面。只跑出100多米，严振衡就跟日伪军打了起来。严振衡占了几间草房，架起机关枪，与敌人形成对峙。粟裕拿着望远镜观察这股敌人，发现这股敌有只有100多日军和100多伪军，粟裕即令严振衡率特务队正面阻击敌人，调2个连从特务队右侧出击，调东台独立团抄日伪军后路，准备将这股日伪军全部吃掉。但日伪军发现不妙，在包围圈合拢之前逃窜。严振衡即组织部队追击，向东追到十五灶。

师部当晚移麻墩。此后，师部移东复太港、唐马灶、徐墩子。

南浦的扫荡劳而无功，反而损兵折将，丧失据点，不得不调回兵力，加强防守，“扫荡”也以失败告终。

此战过后，日军军部认识到南浦到苏中以来，不但不能削弱或消灭粟裕的部队，反而受了很大的损失；南浦在“清乡”之前既不积极准备，“清乡”后又不积极配合，仅南浦现有力量要控制苏中地区已不可能，决定重新调整防务，并扩大南浦的编制——将武汉的第四十师团青木旅团残部调南京、镇江地区，所部改为第七十旅团，青木被调离，由一个叫岗村藤之的少将任旅团长，与南浦的独立十二旅合编为第七十师团，调船引正之中将任第七十师团长。南浦的独立十二旅改编为第六十九旅团，以一个叫岩切的少将担任旅团长，所缺兵员由从日本国内来的新兵补充。南浦则回国，所部暂由其副官负责。

南浦襄吉，1941 年春从江南调到苏中，他的成功之处在以 5000 多人的兵力控制三四万伪军，手下的国民党降将如云，著名的如李长江、杨仲华、刘湘图、张圣伯、吴刚、胡冠军、田铁夫、徐召南、徐承德等。当年控制的伪军就有 13 个师、3 个旅、42 个正规团和 11 股杂牌部队，共达 3.7 万余人，从战略上达到了控制苏中的目的。

但他是一个彻底的失败者。他最骄傲的是对伪军的控制，但这种控制只是表面上的。全苏中伪军数量庞大，号称有五万人，实数也有三四万人。但南浦并不希望伪军成为一个强有力的集团，所以对伪军采取分治政策，甚至有意识促成伪军集团间自相倾轧，以便驾驭，形成了伪军之间各自称霸割据、互相倾轧的局面，这种局面事实上对日军是不利的，同时南浦上上下下对各伪军官兵任意凌辱，从而给了新四军以分化离间的机会。1942 年下半年以前，苏中伪军几乎全部与新四军对立，但到 1942 下半年以后，相当一部分伪军倾向于新四军。特别是伪第一集团军李长江部就不完全在日军意志下面行动，也不完全甘心受日军驱使。

南浦在苏中最大的失败是在与粟裕领导的一师交战上。南浦旅团直辖 5 个步兵大队和 1 个特种兵大队，共 5600 余人，武器装备好，战斗力也强于同等的日军。在“扫荡”苏中抗日军民时，南浦旅团可以得到日第十五师团、十七师团、六十一师团，伪和平建国军三十三师等 13 个伪军师的配合。

他在苏中打国民党军可以说如砍瓜切菜、摧枯拉朽，但与新四军交手则屡屡败北。到苏中两年多来，他的旅团被粟裕的一师歼灭的累计有 5000 余人，5 个大队长中损失了 3 个（第五十二大队长保田在谢家渡被打死，五十四大队垣马因与一师作战失利厌战自杀，另一名殒命情况不详）。经不断补充，南浦旅团现在剩下 3700 余人，但已不再是从前那支战斗力很强的野战部队。而与他交手的这支新四军当初不过 7000 多人，但越打越多，越打越强，现在正规军有 2 万多人，民兵以 10 万计。正是他的失败才导致他的免职。

南浦应当是侵华日军中很另类的一个军官。在三阳，他的部队丢了大炮，他向新四军说软话，请求归还大炮；二窎谢家渡战后，七团受命将他那些被打死的士兵尸体送还时，他居然写信表示感谢；他在中国一面打仗，一面开公司做生意赚钱；小林信男在四分区“清乡”时他下令停止或不主动进攻新四军，暗中支持新四军反“清乡”。

南浦回国前夕，为了掩护其调动，也为了报复，对靠他最近的刘先胜十八旅所在的一分区发动“扫荡”。

6 月 20 日，南浦离开泰州回日本。在他回国途中，日本青木旅团及在上海训练的日本新兵 2000 人分别从武汉和上海往南京、镇江开拔。南浦的离开，意味着日本中国派遣军第十三军独立第十二混成旅从建制上消失了。独立第十二混成旅的消失、南浦的失败和免职，是苏中抗日军民的胜利，也是粟裕游击战术的胜利。

粟裕领导下的一师官兵避敌之长攻敌之短，在打败敌人的同时发展壮大自己，越战越强，越战越勇。

第四十三章
去黄花塘，履险如夷侦敌情

1943 年 6 月 23 日，正当苏中宿敌南浦襄吉黯然归国之时，粟裕也离开苏中前往军部黄花塘。

粟裕在 6 月上旬接到了华中局和军部要他前往军部参加整风会议的电报。他立即通知各机关单位准备上报军部的总结报告。同时，粟裕通知副师长叶飞回师部主持工作。叶飞接电后将一旅和三分区工作交给张藩，立即赶到三仓河与粟裕会合。工作尚在交接，6 月 17 日，粟裕又接陈毅、饶漱石等“望你迅速动身来军部”的电报。

粟裕决定立即动身。因为军部召开的整风会议会期在 7 月中旬，时间尚充裕，粟裕便有意识地选择路线，他想对沿途地形、敌情、民情进行实地调查。

粟裕打电话将严振衡叫到住处，看着地图对他说：“军部通知我去黄花塘开会，我准备 20 日以后动身，借此机会好好考察一下兴化以北直到江都真武庙地区的地形、敌情、民情。十八旅的领导同志、机关、部队一直没有机会见面，这次准备去看看他们，然后是兴化水网地区，我们要准备水上行军。戴家窑、大邹庄以西，兴化以北更是如此，而且都是新区，许多地方我们还从未到过。那里不仅有日伪顽势力，而且还有大刀会、护庄会等武装割据势力。我们这次行动必须严格保密。行军宿营和侦察警戒必须组织好，走一路还要做好一路的群众工作。我决定这次带你、管理科长王重、测绘参谋秦叔瑾去，再带两名机要员、一部电台。组织行军宿营、侦察警戒及日常参谋业务由你负责；王重带一名管理员、一名军医及炊事员，并备好钱、粮、药品等物，负责行政、后勤工作。秦叔瑾和你主要是负责沿途地形道路、河流、桥梁、村落的调查，对照地图进行必要的修正补充。你看，这次要带多少警卫侦察部队？人不要多，要精干，目标要小。”

严振衡想了一下，说："我建议从特务队带一个半班的便衣侦察员，半个班的通讯员和战斗侦察排，编成一个大排，此外带上特务团第一连就行了。我们将特务队的大排编入一连，由连长马长生、指导员吴炎领导指挥。我全力以赴集中精力组织整个行军、宿营，侦察警戒，保护好首长、机要员、电台的安全。"

粟裕说："行，你就按这个方案马上做准备。我们23日出发。"

严振衡做了周密部署，并着手出发的准备工作。当严振衡、秦叔瑾和王重在收拾行装时，薛元恺从四分区实地察看日伪封锁与抗日军民反封锁的情况后回到师部。

薛元恺问："又要转移吗？"

严振衡说："我们和师长要到军部黄花塘去。"

粟裕听到他们说话，从另一间屋子走过来，薛元恺连忙给粟裕敬礼，将四分区的情况向粟裕做了汇报。

日军和伪军用竹篱笆将南通、海门、启东及余皋县一部完全围了起来。他们将封锁线视为"清乡"的一个"法宝"，专门调集伪三十二师与三十四师担任警戒，不断沿封锁线巡逻，发现有人靠近就开枪，还恐吓群众："谁拔一根竹子，谁就是新四军"，"哪家田边少一根竹子，哪家就是私通共产党"，"竹篱笆通上了电，谁碰上就要被电死。"

薛元恺说："老百姓还真拿它没办法，诅咒说：可恨鬼子臭王八，竹篱笆，硬分家，粮田荒了没法种，有田有粮收不到它。后来四分区地方武装、短枪队、区队来了，给老百姓壮胆，教他们拔篱笆，如果鬼子和伪军找麻烦，让老百姓赖账，说是新四军游击队的干活。"

几个人笑了起来。

粟裕沉思良久，说："看来要想个办法给日伪致命一击。用火烧，行不行？"

"我看可以，有的地方群众用火烧，比用手拔快得多，而且省力。"薛元恺回答。

正在四分区的陶勇与粟裕想到了一块，在和吉洛商量后发电报向粟裕请示，粟裕立即回电同意陶勇的方案，并指示二分区和三分区积极配合四分区的行动（7月1日，陶勇率四分区军民一夜之间将篱笆烧了个精光）。

23日，师部从徐墩子移吴家桥。下午5点，粟裕一行出发。严振衡率便衣侦察组、特务队战斗排做尖兵；马连长率一连一排做本队，后面是粟裕、秦叔瑾、警卫班、机要员，一匹马，两辆自行车，再后王重带着电台及上交军部的物资和经费；特一连吴指导员率二、三排为后卫。

从吴家桥出发经七灶、四灶北上，越过台东、潘家镦公路，在草堰以东五里处登上小船。经过一夜行船，粟裕一行于凌晨抵达永丰圩。部队昼伏夜行，行军路线尽量避开日伪军和商旅船只的主要交通线，专拣农民种地时的通航小河行船。24日下午到汤家舍台北独立团驻地，25日到林葛庄兴化独立团驻地。

26日下午到安丰北边的野陈家。野陈家附近驻扎有三旅七团三营，负责人是七团参谋长俞炳辉。受小林信男“清乡”影响，四分区控制范围被压缩。为弥补损失，粟裕将七团调给十八旅刘先胜，要他们合力在淮宝、高宝地区开辟新区。七团从北向南打，十八旅五十二团从南向北打，然后两支部队又东西对进，把兴化以北地区打了下来。

粟裕一行在俞炳辉的营部附近待了两天。利用这两天，粟裕听取了俞炳辉和兴化县委对兴化地区的情况和工作的汇报，同时做出指示。严振衡和秦叔瑾则利用这个时间找当地的干部和群众，对照地图反复研究，选择比较安全的行船路线。

28日下午临出发，粟裕要严振衡将他们所在方位和下一步的行动计划发给十八旅，并要十八旅派人在约定的地点接应。严振衡立即到外屋打开军用地图，用笔和纸开始起草电文。俞炳辉做过几年的参谋工作，一眼看出严振衡特别能干，就想把他留在七团。

吃饭的时候，俞炳辉笑嘻嘻地向粟裕说：“师长，这个严参谋留给我们七团吧，我们这里重要！”

粟裕一听笑了，说：“你们重要，师部就不重要了？他年轻，有文化，打仗勇敢。师里有两个好的，你们就要，你们怎么不给师部送几个好干部？他不能给你们。再提也没用！”

因为要经过的地方地形复杂，日伪据点密布，敌情也极复杂。俞炳辉提出用一个营护送粟裕，粟裕坚决不同意。在俞炳辉的坚持下，由七团教导队队长秦镜护送粟裕通过这个地区。

当天夜间，粟裕逆风坐船连过两道封锁线，经官河、蜈蚣湖、平望湖，天亮时在司徒官庄南与刘先胜派来接应的人会合。

接应的是三名穿便衣的人，其中一位身材高大的人说：“你们辛苦了，我是十八旅部的沈一飞参谋，奉命来迎接粟师长的。到这里刚好遇上你们先头侦察船，他们正向临泽、兴化方向警戒，我就在这里等候了。这两个是我带的便衣侦察员……”

早饭后，沈一飞向粟裕概略地介绍江（都）高（邮）宝（应）地区的敌、伪、顽兵力分布，敌伪据点位置及主要交通线和封锁线，地方会道门、大刀会、护庄队的兵力分布；十八旅旅部、五十二团和各县武装目前主要活动地区、基本区和游击区的大体分布等情况。

粟裕对沈一飞的介绍很满意。他对秦镜说："谢谢你们的护送。代我向团首长问候，并希望他们更快地打通与淮宝地区的联系，并协助地方把基层政权工作打下基础。改造地形的工作也要抓紧。谢谢教导队的全体同志。我们今晚向江都、高邮地区行动，有特一连和特务队的兵力足够了，现在又有了沈参谋带路，不成问题了……”

29日夜，粟裕一行穿过临泽至兴化的大河，于30日清晨到达一个叫官筑的地方。30日下了一天的雨。船队只有两条是有篷船，粟裕决定先行。他把严振衡和王重找去交代说："大雨一下停不了，后面的路还很长。这里是基本区，群众条件好，干脆在这里多休息一两天，等雨停后再走。但是我不能等，我决定在沈参谋陪同下带警卫班，再带几名侦察员，秦叔瑾也跟我去，今晚就穿过高邮至兴化的大河和公路，到真武庙地区与十八旅旅部会合，好及早商量部署工作。我们十几个人有两条有篷的小船就可以了。过了二沟、三垛的封锁线，往南就有五十二团的部队，都是基本区，我们目标小，沈参谋情况、水路都熟，安全没问题。机要员、电台、物资、经费和其余部队都交给你们，有伤风感冒的赶紧治，让大家吃好、休息好。雨停后，你们再赶到真武庙地区与我们会合。我在十八旅旅部等你们。你们的情况可随时发报给十八旅转我。”

当晚，粟裕带由沈一飞和秦叔瑾2个参谋、7名便衣侦察员、10名警卫员组成的小分队，分乘两条小篷船从二沟、三垛之间穿过高（邮）兴（化）的大河，到达南代庄。次日下午过永安、八字桥公路抵杜家庄与十八旅刘先胜会合，随十八旅部移往谭家套。7月3日，与十八旅旅部一起转移到刁家庄，与严振衡等人会合。

7月4日，粟裕让严、王率一连先行，他与秦叔瑾在十八旅旅部与刘先胜研究开辟淮宝区问题。他将严、王二人找去，对着地图交代说："我在十八旅还有许多事要谈，要多耽误两三天。你们今晚即带电台和部队从车逻坝据点南边过公路、运河，再乘船渡过邵伯湖，在扬州城北15公里邵伯湖南岸的黄珏桥上岸。控制黄珏镇并严密封锁消息，做好群众工作，严格注意政策纪律，不要造成群众的恐慌，让群众认识到新四军是最有纪律的抗日军队。对伪维持会、商会、税收人员都要和气，和他们交朋友，做好争取工作，使他们不害怕我们，知道我们不会为难他们。通过他们也去告诉群众，要保密，不要让鬼子知道黄珏镇到过新四军，免得鬼子说他们'通共'、'知情不报'。在黄珏镇，你们可以向他们调查扬州以北、以西、西北地区敌人的据点分布，兵力多少等情况。你们到了那里，黄珏镇要照常开门做生意，只是暂时只准进，不准出，直到你们离开后，一切交通恢复正常。黄昏时，你们离开黄珏镇，向西越过扬州至天长的公路，到陈家集周围活动。要提高警惕，注意保密和安全，6号左右准备在陈家集以北与我会合。我西进时十八旅会派人掩护，你们放心。"

当日黄昏，严、王先行出发，于5日凌晨到达在扬州城附近的黄珏桥。王重乔装打扮成生意人入扬州城接粟裕的妻子楚青，第二天安全将楚青接回。当天夜里，严振衡率部队继续西行，过天长、扬州公路，到一个叫陈家集附近的村子宿营。严振衡带侦察小组侦察敌情、地形，等待粟裕的到来。

粟裕按计划于7月6日前往黄珏桥。刘先胜要派部队护送，粟裕坚决不同意，仅由十八旅作战科长蔡啸护送。通过昭关坝据点时，伪军关起门，佯作不知，放他们通过。过运河后粟裕乘船过邵伯湖，抵黄珏桥登陆，宿潘庄。7日，粟裕经杨兽坝过天长、扬州公路时，有敌汽车一辆从大仪方向而来。粟裕一行潜伏在豆苗中，等敌汽车通过后才继续前行。当夜粟裕抵顾家大庄，与先行部队及楚青会合。

会合后，谈到粟裕不要十八旅派部队保护，宿营时亲自看地形、定哨位时，秦叔瑾又是敬佩又后怕地对严振衡说："让首长带小分队在日伪占领区行动，南面扬州城、槐泗桥、十五里铺都是鬼子的据点，北面是高邮湖、邵伯湖烟波浩渺，西面是甘泉、大仪等日伪据点，万一出了事，我真是万死不能辞其咎啊！……我是搞测绘的，护送首长的担子实在重。下回得多学点军事，不然，首长还要倒过来掩护我呢……"

严振衡倒放心，他心目中的粟师长"不仅是打大仗、打胜仗的能手，更是游击战争的专家。他处变不惊，履险如夷，胆大心细，料事如神，早已是同志们心目中的偶像。”

此后，粟裕利用时机继续对扬州、仪征、六合、天长、来安、半塔、汊涧这一地区的地形、道路、敌情、民情做了一些调查。后因整风会议很快就要举行，粟裕将自己来不及调查的闵家桥、黎城一带地形和敌情交给严振衡完成。

粟裕不仅自己时刻注意调查地形和社会情况，还经常教育身边的工作人员：“作为一个革命军人、军事干部，每经过一个地区，每走过一条道路，每住过一个城镇或村庄，都要做个有心人，都要将主要地形特征、军事要点、山头、河流、道路、桥梁、渡口看在眼里，记在脑子里。有时间要亲临战场，里里外外转转，步量步量，有地图时要调查调查，对照对照，不对的、错漏的地方要修改补正。要注意调查社会情况、民情风俗，一旦要在这里打仗，心中早已有数，那就好办多了。”

7 月 12 日清晨，粟裕启程前往黄花塘军部汇报工作，参加整风会议。

第四十四章
回苏中区，舍近求远择战场

黄花塘是安徽、江苏交界地区的一个小村庄，当时属安徽省。这一地区大部为丘陵，地形起伏多变，进可攻，退可守，加上距国民党军基本作战区较远，摩擦较少，群众基础好，政治局面相对稳定。1943 年 1 月 10 日，陈毅、饶漱石率新四军部和华中局机关由江苏盐城迁到这里后，黄花塘成为新四军继云岭、盐城之后的指挥中心。

此时新四军已拥有苏南、苏中、苏北、淮南、淮北、皖江、鄂豫、浙东 8 个战略区的抗日民主根据地，横跨五省，与华北八路军形成南北呼应的战略态势。

新四军的 7 个主力师中，有一师、二师、六师和七师是原来的新四军发展起来的，黄克诚的三师、彭雪枫的四师是八路军四、五纵队发展起来的，李先念的五师比较特殊，他的部队既不是由原南方游击队组成，也不是由南下的八路军部队组成，而是师长李先念从延安带一部分干部过去自己发展起来的，名义上属新四军序列，实际上受中央直接领导。罗炳辉的二师、彭雪枫的四师、傅秋涛的七师 3 个师，在淮南、淮北、皖中三地互为犄角，鼎立江淮，东逼南京的侵华日军大本营，北扼徐州日军华北派遣军，西瞰武汉京广交通线，南控长江水上运输大动脉。黄克诚的三师、粟裕统一指挥下的一、六师则自北而南虎踞江苏。粟裕的两个师一北一南扼守长江口，直接威胁日伪统治中心南京和上海。

因为苏中区地理位置特殊，这里的军事和政治斗争最为激烈。粟裕在军部时，苏中区党政军主要工作由叶飞、陈丕显、钟期光和管文蔚共同主持。粟裕一直与苏中区保持电讯联系。

同时日军新的部署已于 7 月下旬调防完毕。日军第七十师团司令部设在扬州，第六十九旅司令部移驻东台，第七十旅司令部驻镇江，每个大队扩编为 5 个中队。第五十四、五十五大队开赴扬州整编，其防区由岩切直属队及各大队抽机动部队接管，五十二大队仍驻如皋、海门及靖泰线。五十一、五十三大队至盐阜区接防。伪军方面，日军为分散与国民党李明扬关系紧密的李长江部，在 7 月间调李长江二十四师颜秀五部去江都，二十五师秦庆霖部调泰州以东至姜堰线警备，令二十六师延伸至立发、柴湾、海安、丁所沿线。

通过一段时间的准备，8 月 20 日，日伪突然调集兵力，北自阜宁，西自高宝、江都，南自如皋，各地敌军由东台、海安等地，向二分区台南、台北地区猛扑，出动日军 4000 多人，伪军三十五师、三十三师、二十八师、二十二师各一部 4000 多人，总计出动 8000 多人，"扫荡"五天，扑空后分批退回，又转向三分区"扫荡"，仍扑空。

在敌情严重的四分区，日伪进一步增强对南通的"清剿"力度，但所有"清剿"计划全部落空。敌"清乡"人员及特工在新四军的打击和争取下纷纷向新四军自首，四分区反"清乡"取得了重大胜利，有迹象表明敌对四分区的"清乡"可能会告一段落。

粟裕发电报指示：四分区应抓住此次反"清乡"胜利，在群众中进行深入宣传教育，以提高斗争热情与信心；对各界人士应进行普遍慰问，以便更进一步团结他们，对蒙难民众应发动各阶层人士进行普遍救济；对伪军则应扩大我反"清乡"伟大胜利的宣传，以促其动摇。粟裕特别提醒他们："必须防止轻敌与骄傲，以防止敌人反袭。"

粟裕在军部参加整风会议，到二师参观，汇报工作，后在张庄治疗胃病。

粟裕在军部受到了特别的礼遇。他到军部后，秦叔瑾亲眼看到军长陈毅、政委饶漱石一起陪着粟裕视察军部各科；军部又为欢迎粟裕、季方特意举办晚会（新四军参谋长赖传珠在日记中写道："八月二十一日，开晚会欢迎粟师长、季司令。"随同粟裕前往军部的秦叔瑾也有写日记的习惯，他也有"军部开欢迎晚会，欢迎粟师长和季方司令"的记录）。

8 月底，粟裕开始布置回苏中的准备工作。他让秦叔瑾到军部领取华中、汉川、浙东的地图。其时七团长严昌荣在战斗中牺牲，粟裕向军部提出要一两个团级干部，又派严振衡通知刘季平、杜屏等人从抗大九分校选定 20 名军事、政治干部准备带回苏中。

月底，粟裕结束军部之行。临行，粟裕得知原苏中二分区副司令乔信明从上海治病回到军部疗养、临时住在招待所的消息。当时粟裕已定于当天下午出发，王重等随行人员都已做好准备，正在午休。为了不影响他们的休息，粟裕抽出午休时间，带了一些钱，一个人冒着酷暑匆匆前去军部招待所看望乔信明。

到招待所时，乔信明夫妻正在睡午觉。听到粟裕的喊声，躺在床上的乔信明急忙用手撑着身体坐起来，激动地喊了一声："粟司令!"

他真是做梦也没想到远在苏中的粟裕会来看望他，喉头就像被棉花塞住似的说不出话来。

汗水把粟裕的衣服都湿透了。乔信明的妻子于玲赶紧从水缸里舀了盆凉水给粟裕擦脸。天实在太热了。

"我这次是到军部开会的，因情况变动，今天下午就要走，所以只能抽中午时间来看看你了。"说着，粟裕从口袋里掏出一个信封，交给乔信明说，"这是我带给你的休养费，军部困难多，所以给你带一点钱，自己买些东西，补充营养，让身体快点好起来！"

乔信明是湖北大冶人，原来属彭德怀的红三军团，后与粟裕一起接受方志敏的领导。抗日先遣队在怀玉山失利时，乔信明因弹尽粮绝而被捕。此后，乔信明脚上铐着九斤半重的脚镣坐了三年牢，后在徐特立的营救下，重返革命队伍，走上抗日前线。他和叶飞率江抗二路孤军东进，攻占浒墅关，截断京沪铁路，火烧虹桥机场，杀得日军闻风丧胆。乔信明后任苏中二分区副司令员，具体负责分区的武装工作，领导东台人民建立了牢不可破的抗日根据地。

由于长期的艰苦生活和三年牢狱的摧残，身体垮了，连马也不能骑，只能坐在担架上工作，直到下肢失去知觉，才被迫离开工作岗位，潜往上海治病。然而治疗效果不好，只得回军部疗养。

乔信明想起以前驰骋疆场是多么的勇武神气，现在却被病魔捆住了手脚，上不了战场杀不了鬼子不说，还成了一个废物、累赘，顿时百感交集，忍不住失声痛哭。

粟裕理解他的心情，安慰他说："俗话说：'留得青山在，不怕没柴烧。'与牺牲的同志相比，你还有座青山。你好好休养，即使不能走路，革命工作还是有你做的！"

乔信明受到极大的鼓舞，心境豁然开朗，脸上绽开了笑容。

与乔信明夫妻握手告别后，粟裕回到张庄，和王重前往铜城，后到天长县龙岗镇。

粟裕一到龙岗，驻在这里的抗大九分校副校长刘季平、教育长杜屏等立即出镇迎接。粟裕是九分校校长和政委，但已有9个月的时间没和九分校的教职员工见面了。

九分校在苏中一直没有安定的环境从事教育教学。苏中抗日根据地是日伪的重点"扫荡"、"清乡"地区，战斗频繁，环境险恶。九分校的前身苏中抗日军政学校、抗大苏中大队都是一面打仗一面办学，在1941年10月至1942年4月的7个月中，他们参加过7次反"扫荡"战斗。1942年5月，抗大苏中大队在四分区海门县海复镇正式改名为抗大九分校后，6月中旬，海门一带即遭敌人九路"扫荡"，九分校跳出封锁圈后转移到二分区东台一带，但未几东台又逢日伪大举"扫荡"，九分校又转移至盐阜地区，再又返回苏中二分区。1943年1月，九分校渡江南下到溧水县一带，又受到国民党军的围攻，只好渡江北上转移到天长县的龙岗镇。

龙岗镇原为二师抗大八分校的校舍。一师抗大九分校到这里后，八分校另择校址撤离龙岗，将自己的校舍，连同学员养的猪、种的菜全部交给刘季平。

粟裕在龙岗看望了全体师生，跟大家一起过了中秋节。

这个时候伪军方面发生了一件大事。9月9日伪江苏省长李士群被日本人毒死，日伪内部出现混乱。四分区敌人不得不重新部署：汤家园等10余处据点的日伪部队全部撤走，日军除留2个大队布防外，其余全部集中到南通防备伪军发生动乱，菊池联队长也被调回日本。

四分区的形势大大缓和，但潜伏在伪军中的汤景延部却有了暴露的危险。原来汤景延的一个排长被海门特工站长收买，被汤景延秘密处决，引起了姜颂平的怀疑。汤景延被迫开往南通集训。粟裕得悉汤景延处境险恶后，发电报给陶勇，让他安排汤景延回归。

中秋节过后，接替严昌荣职务的张云龙带妻子严敏来到龙岗与粟裕会合。粟裕随即着手返回苏中的准备工作。

粟裕把严振衡叫到住处，对他说："这次来淮南，我们走的是南线，兴化、江都、高邮地区和淮南路东的南部、中部都去了一下，情况比较了解了。现在要回苏中了，我不想再走老路，想从北面绕回去，从龙岗坐帆船经闵家桥到黎城镇

（今金湖县）的淮河口，再视情况乘船或步行到淮安、宝应以西地区看看，争取在平桥以南、泾河附近过运河，再向南、向东南回三仓地区去。”

严振衡听了一愣：因为淮安、宝应以西地区和平桥以南、泾河附近地区敌情较为严重。回苏中可走的路很多，为什么首长要绕得这么远，而且专拣他们从来没到过、敌情和地形较复杂，而他们的地方工作较薄弱，甚至完全没有地方工作的地区走呢？

严振衡负责侦察和保卫工作，想得很多，疑问很多，但不便多问，也不好提意见，和秦叔瑾按粟裕布置带着一连移往铜城，只是暗自捏着一把汗。

9月19日，粟裕离开龙岗。队伍回去比来时多了楚青、张云龙夫妇、作家沈西蒙、九分校学无线电通讯的沈大卫等20名干部。

那天下午6点粟裕一行坐船出发，他们计划到达金沟宿营，但由于逆风，船行极慢，他们天黑才到了刘家尖。第二天黎明，船向闵家桥前行，后进入高邮湖。

一路上，粟裕利用做饭的时间带着严振衡和秦叔瑾上岸察看地形、调查民情。

9月21日上午，粟裕一行抵唐家圩，第二天下午过白马湖，从新河头上岸。当夜离开高邮湖到运河，向东经姜家庄、福兴桥抵张桥据点附近。

过公路时，张桥守敌向公路方向打了几枪。严振衡听到枪响赶快跑到张桥方向哨位观察敌情，听得身后有脚步声，一看是粟裕带了一名警卫员跟着过来了。严振衡要粟裕回安全地方去，粟裕不肯，说上半夜没有月光，什么也看不清。现在月光这样好，可以好好看一下张桥据点。

经观察张桥据点的敌人开枪不过是虚张声势，并没有行动。等队伍过完，粟、严二人就收回哨兵回到本队，天亮时抵达孙家庄。

严振衡安排好警戒哨位坐在草堆上想休息一下，粟裕过来要他写信派侦察员到附近找高宝独立团（据秦叔瑾日记，这支部队应为十八旅五十二团——编者注）。严振衡答应后从身上摸出纸和笔开始写信。因为此时严振衡已连续几天几夜没睡了，人极度困倦，写着写着就睡着了。警卫员要叫醒严振衡，粟裕立即制止，轻声说：“让他睡吧，谁也不要喊他。到下午再说。”

粟裕轻轻从严振衡手中抽出纸笔，写了联络信，派出侦察员去寻找高宝独立团，然后骑自行车将所有哨位查了一遍。

粟裕心疼严振衡太累，当即代替严振衡行侦察和警戒的职责，又让炊事班买了一只鸡，炖好后一碗给严振衡，另一碗给了张云龙夫妇。严振衡一觉睡到下午2点，醒来以为自己误了大事，惊出一身冷汗。没有责备，还有鸡汤喝，严振衡感动得热泪盈眶。

与高宝独立团取得联系后，粟裕一行东进鱼尾桥与高宝独立团会合。粟裕与高宝独立团团长进行了详谈，了解了这一带的情况。

晚饭后，粟裕一行继续前行。回苏中应当朝东南方向走，但粟裕率部队东进，向着敌曹甸据点附近的顾家庄行进。

出发后，天忽然下起雨来，粟裕和大家的衣服全被淋湿了，但粟裕没有因此改变行程。在雨中淋了5个小时，粟裕一行抵达顾家庄。粟裕找村内的贫雇农、保甲长谈话，还找地主、跑生意做买卖的人了解情况。他衣着简朴，平易近人，从周围水荡、田地和老百姓生活谈起，问到捕鱼、割苇子、跑生意的行情，再问到四面八方的水路、旱路怎么走，日军伪军下不下乡，周围据点有多少日军、伪军，车桥、泾口、曹甸一带买卖好不好做等等，问得很随便，答的人也没有什么拘束。

26日，经唐家湾、严家大桥，过汪洋湖到团庄，十八旅长刘先胜和七团的彭德清迎接粟裕。粟裕向彭德清详细了解了严昌荣牺牲的经过。

原来4月初严昌荣奉命带领七团跳出“清乡”圈后，在兴化、盐城之间，不断发动对伪军刘湘图、赵军山等部的进攻，使其不能向四分区增兵。七团先后攻克兴化钓鱼庙、大邹庄、古殿堡、草堰、戴家窑等日伪据点。9月7日，七团奉令攻打兴化县唐子镇。该镇四面环水，防御工事坚固，还有重兵把守，易守难攻。战斗打响后，敌人火力很猛，我出击船只屡被击沉，难以登岸。严昌荣向粟裕要来那门七三式平射炮，炮也架起来了。不过这门炮只有五六发炮弹，严昌荣舍不得用。为掩护部队冲击，严昌荣向围子里打日式掷弹筒。掷弹筒班的战士劝他不要亲自打，他不听，一发击中围子里的目标。战士们不让他打，他不听，又是一发。彭德清过来劝他不要再打，他说好，再打一发。就是最后这发出了意外。严昌荣不幸牺牲，时年29岁，彭德清政委头部也负了伤。

粟裕听了，盯着地图上的唐子镇半晌不做声。过了一会，他换了话题，与刘先胜探讨了车桥一带的特点和军事地位。

粟裕有一个想法：车桥一带原是国民党江苏省政府所在地，韩德勤弃守后这里被日伪占领。日军以车桥为中心，建有10余处据点。这里是新四军第一、第二、第三、第四师的接合部，也是日军徐州六十五师团与扬州六十四师团的接合部。如果一师集中兵力拔除车桥、泾口等据点，日军2支部队会因为是自己的边沿地区而互相推诿、观望，配合作战也不会协调。而一师得手后可以打通苏北、苏中、淮北、淮南4个地区之间的战略联系。

一旦得手，到时苏中区将有一块比较安全的地区。到时办学也好，完成中共中央练兵、生产和整风的任务也好，都有地方了。粟裕是审慎的人，当时时机尚未成熟，他没有将设想表露出来。

28日，粟裕一行到达七团团部驻地西花庄，张云龙留任七团副团长。

10月3日，粟裕回到了东台吴家桥师部。

第四十五章
反伪整编，武斗文攻奏成效

粟裕回到吴家桥几天后是 1943 年 10 月 10 日，中华民国成立 32 周年。

至此，粟裕的一师在大江南北坚持抗战已有 6 年。粟裕和一师诸领导对本师 6 年来的战绩作了一个盘点：作战 5386 次以上，毙伤日军 13541 人、伪军官兵 18000 多人，俘日军 96 人、伪军 11800 多人。

客观地说，从数据上看，这个战绩并不值得称道，因为国民党军在抗战之初组织的大型会战所取得的战绩便足以掩盖上面这个数据的光芒。但从作战双方实力对比来看，这支部队毙伤日伪军的人数是自身的两三倍（还不包括毙伤的反共国民党军），而且这个战果是在装备不全、军事技术上也没有很好训练的基础上取得的，所以，这个数字是值得骄傲的。

粟裕及一师官兵本着“军人守土有责”的精神，不畏艰险，成立没多久即向日伪统治的核心南京城下挺进，以一系列的积极攻势作战，在已处于无政府状态下的江南大地重启民族抗战的局面，发动人民武装抗战，粉碎了日军控制大江南北的迷梦。

此时，苏中军区反“清乡”斗争已进入新的时期。9 月份敌人没有什么大动作。原因有两个：一是小林信男和船引于 8 月 30 日到上海参加日华中派遣军总部召开的师团长级的会议，两人受命各自抽出两个大队的人马调往江南参加对国民党军的“扫荡”，并在 9、10、11 三个月内保证他们辖区内维持现状；二是日军上海宪兵队特高科长冈村将江苏伪省长李士群毒死，敌伪忙于处理内部矛盾，无法集中力量对抗日根据地进行“扫荡”。

据说李士群是国民党特工机关用了反间计借日本人之手除去的。对其死因众说纷纭，但粟裕认为是李士群个人野心太大，他借苏北“清乡”之机，想建立自己的军队，而且羽翼渐渐丰满，慢慢自成系统，日军无法容忍，难以控制，所以毒死了他。李士群是在上海被毒死的，但影响波及苏中，负责苏中“清乡”的张北生是李士群的亲信，李士群一死，张北生很快就失宠，据传将由一个叫项致庄的人代替张北生来主持苏中“清乡”事务。

敌人内部矛盾爆发对粟裕他们来说是一个机会。粟裕开始集中主力兵团及地方兵团开展冬季练兵，研究攻坚打援的战术。粟裕的部队长于野战、游击战，在攻坚方面积累的经验不多，在这方面不如八路军。从敌伪回归的汤景延部也在这时上调师部，编为新四军苏中“联抗”第二团。

姜颂平、张北生对汤景延产生怀疑后决定对汤团加以改造控制。当时反对日伪第一期“清乡”已胜利在握，汤景延长期打入日伪内部已无必要。为了避免造成损失，汤景延受命率部于 9 月 29 日夜暴动，胜利回到了根据地。

苏中四分区司令员陶勇在旅部驻地刘家园已为汤景延召开了祝捷大会，由于汤景延胜利归来意义非同小可，所以粟裕和苏中军政领导在师部再次召开庆功大会。

伪军的生活待遇比新四军好，差距还不只是一个档次。去时汤景延团上下衣衫褴褛，鹄面鸠形，回来后，穿着焕然一新，全吃得油光满面。

粟裕高兴地握着汤景延的手，风趣地说：“听说日军师团长小林气得要命，拿伪苏北清乡公署主任张北生和汪伪特工总部江苏实验区南通分区区长姜颂平出气，张北生、姜颂平受了严厉训斥不说，还几乎丢官丧命……”

小林信男的确气得差点吐血。李士群之死对他来说已是一个很大的打击，汤景延的“回归”对他而言更是雪上加霜。

小林信男在常熟地区“清乡”取得“丰功伟绩”与李士群密不可分。两人的合作可称日、伪合作的一个“成功典范”。李士群平时对小林信男唯命是从，颇得小林信男好感。李士群中毒后，小林信男不知道这是他们日本人干的，还曾带着他师团的军医官和华中铁道会社的一个铁路医官去看李士群。李士群不知道中了什么毒，是小林信男的军医检查并证实他是中了阿米巴菌的毒——这种东西是用老鼠屎培养出来的，只有日本有。李士群死后，日军华中派遣军总部命令各地严防李士群党羽暴动，小林信男下令南通全城戒严，事发当天还城门紧闭，禁止行人出入。不想还是发生了汤景延部的武装暴动。

汤景延在他这里白吃白喝几个月，还又吃又兜，带走了重机枪 1 挺、轻机枪 2 挺、步枪百余支、子弹 10 余万发。这些倒也罢了，关键是汤团曾是小林信男在四分区“清乡”成功的一个“典型”，曾大肆宣传，不料到头来却是一起诈降。小林信男主持的“清乡”本已受挫，现在局面更加难堪，伪军内部也是乱上加乱。国民党的特务在李明扬、陈泰运的掩护下乘机利用李士群死后伪军混乱的机会拉拢分化伪军。

这一时期，小林信男的同僚船引师团长同样为伪军的原因也大伤脑筋。

船引和小林都隐而不发，但到了 10 月 22 日，参加江南“扫荡”的日军回防苏中后，船引师团即对李明扬、陈泰运进行小规模“扫荡”，击溃陈泰运的特务团，击毙李明扬部二支队长杨善夫，警告二人不得乱动。小林信男师团则开始对四分区通西、通中发动“清剿”。11 月 3 日，又对海中地区进行“强化清乡”。三旅长陶勇率部反击，攻克丰利，全歼伪军 1 个团。4 日，小林信男集结兵力向丰东地区“扫荡”，企图追歼陶勇的部队，没有得逞，于 6 日收兵回防。

粟裕判断船引师团将对一、二、三分区发动“清剿”，对李明扬、陈泰运“扫荡”的目的不过是防止李明扬、陈泰运二人在背后捣乱罢了，随后小林信男对四分区的行动证实了他的判断。

船引师团兵力不足，要发动新的军事行动还得依靠伪军。粟裕先下手为强，动用主力部队打击最顽固不化的刘湘图、徐容、潘干臣等伪军，拔除了一些据点，以警告伪军不得与新四军对抗。对伪军的军事打击很快产生了效果，伪军对新四军产生惧怕心理，不愿与新四军对抗，并影响到船引师团的行动。

船引师团企图于 11 月初报复二分区，计划对盐东以南，岔河、马塘、掘港以北的如中、台南及台北地区发动“清乡”，并借机对二分区实行“屯垦”，已开始着手部署。但这个计划因为伪军不配合而实行不了。二分区是粟裕一师的领导机关和主力所在地，船引知道单凭他这个师团的力量要想在二分区实行“屯垦”是不行的，必须有伪军的支持。伪军数量虽多，但质量太差。船引与南京日伪头目商量后，决定先强化伪军，进行缩编。苏中伪军再次成为焦点。

12 月 23 日，日军在扬州召开伪军师长以上会议，宣布对二分区的“屯垦”计划暂停，强迫伪一集团军司令李长江去南京，取消伪第一集团军。苏北伪军编成第五集团军，辖 2 个军 7 个师，由项致庄任总司令。会后改编即行开始，限于明年 2 月份前结束。

在南通，小林信男开始整顿伪军的排以上军官，伪军的一切全由他说了算，一旦发现可疑分子，立即秘密处决。此时小林信男对伪三十四师参谋长兼一三五团施亚夫产生了怀疑，因为有人向他告密，说施亚夫早年当过红军十四军的营长。施亚夫确实是中共打入日伪的高级特工。打入日伪后不久便成了汪精卫家的座上宾和常客，后又任南通地区日伪军棋社社长，他认识汪精卫属下 72 个师的大部分头头，几乎参加了南通日军所有重要的军事会议，几乎每一次，他都把情报送给了新四军，使小林信男追杀新四军高级干部计谋屡屡落空。施亚夫本来还要继续潜伏下去，因敌人有所察觉，只好提前反正，于 1944 年 1 月 3 日率一团人马回到抗日根据地。

为了不让船引和小林顺利整编伪军，粟裕命令各军分区乘伪军整编调防的混乱时机开展新一轮打击伪军的春季军事行动。

在一分区，三旅第七团和十八旅第五十二团联合行动，攻克宝应县大官庄、高邮县王家营、永安镇等据点。三分区一旅攻克运粮河后，又收复蒋垛、张甸、古溪、季家社、钱家荡、南新街、鞠顾庄、丁家桥、港湾、孔家桥等地，解放土地面积 2700 多平方公里。二分区亦攻克西团、安丰、黄庄等地。15 日，全部伪军调防大致完成，打击伪军的军事行动告一段落。

“武斗”过后是“文攻”，16 日，粟裕以苏中军区司令员名义发表《告“和平军”将领书》：

> 汉奸是没有好下场的，当“和平军”也决无出路。……你们要知道，最近这次鬼子对你们的‘改编’，一半是为了要送你们到南洋去抵挡英美的飞机大炮，一半是为了要你们更积极地来和我们作战。不管是国内战场还是国外战场，总而言之，是为了要你们做鬼子的替死鬼。你们想一想吧：鬼子自己已无办法和我们作战，你们又有什么用呢？我们反“扫荡”、反“清剿”、反“清乡”的光辉胜利你们不会不知道吧？至于国内的战场，那就更不必说，如果去参加，你们就会弄得“回不得家乡，见不到爹娘”，连骨头也不会留下一根的。为了你们的前途，为了你们的生命财产，特别是为了你们不至于完全失去做中国人的资格，你们应即时猛醒，千万不要再上鬼子的当，不要再受项致庄的欺压蒙蔽，立即行动起来，反对“强化”、“改编”，拒绝“调防”，不接受作战命令，赶快和我们紧紧携起手来，重新回到中华民族的怀抱中来吧！

这些攻势过后，伪乡长、保长、自卫团和部分伪军纷纷向新四军靠拢。然而也有部分伪军因与日军混编，觉得靠山硬，嚣张依旧。

三仓以南 20 多公里的角斜、李堡、丁所、海安一带的敌伪军最为反动，常常下乡骚扰抢劫。三仓一带的老百姓都提心吊胆，家家锅不动、瓢不响，蹲在家里不敢外出，一点过年的气氛都没有。

粟裕了解这一情况后立即召开会议，决定打击伪军，让老百姓过一个太平年。距离根据地最近的是李堡、角斜，这两个集镇驻敌多，守备严，而李堡以南七八公里的丁家所，虽然也驻有上千名日伪军，但思想麻痹，防守不严。因此，粟裕决定避实就虚，攻打丁家所，从敌人的心窝里掏出这块“肉”。

腊月二十九，吴家桥一片草地上，鹅毛大雪刚停，草地上一片银白。粟裕站在用方桌垒起的高台上，对数千军民高声问道：

“同志们！你们知道今天为什么要开这个大会？”

“要打仗呗！”台下异口同声地回答。

“对！是要打仗，老百姓要过太平年，部队要打个漂亮仗。春节即将来临，群众巴望着过个太平年，敌人却掠夺更加猖狂，下乡抓鸡、牵羊、抢猪……闹得人心惶惶，鸡犬不宁。人民军队为人民，这就是我们的宗旨。赶走日本侵略者，打垮敌人，让人民过上安居乐业的日子！我们一定要给敌人一个下马威，让老百姓过个太平年。”

当天晚上，粟裕和陶勇带领部队摸黑出发，经过 4 小时的急行军，在天亮前全部分散隐蔽到丁家所四周的村庄里。粟裕在一户贫农家里住下来。

第二天上午，粟裕身披棉大衣，在村头转了一圈，发现还是没有一点过年的气氛。

回到司令部后，粟裕对陶勇说：“这样不行，要告诉老百姓，今天是大年三十，要跟往年一样蒸团蒸糕，敲锣打鼓，放鞭炮。”

陶勇派人分头传达，很快村庄里就恢复了节日的气氛。

天黑以后，各路部队纷纷向丁家所四周运动，截断了通往海安和李堡的公路、电话线。晚上 9 点整，3 颗红色信号弹飞向天空。霎时间，枪炮声响成一片。正在过年的日伪军遭到突然袭击，仓促应战，很快土崩瓦解。到拂晓时，仅剩下西南角上的一个大碉堡的敌军还在顽抗。

粟裕在丁家所东边的一个高坡上，用望远镜注视着战场的动态。他看到部队几次向那个碉堡发起冲锋，都没能攻进去，伤亡较重，立即下令调集几门迫击炮，一齐向碉堡轰去，将其彻底摧毁。

龟缩在海安、李堡等地的敌人，一动也没敢动，眼睁睁地看着新四军把丁家所的1000多伪军吃掉。

这一仗打得敌人胆战心惊，一连好多天都不敢离开据点，老百姓确确实实过了一个太平年。人们在欢度新春佳节时，无不称赞说："多亏粟司令带兵，掏了敌人的心窝肉，我们才能过上一个太平年！"

年底时粟裕做了一个盘点：从1943年4月1日开始，四分区军民经过了6个月的反"第一期清乡"（"军事清乡""政治清乡"）、3个月的反"延期清乡"和反"高度清乡"，共作战2100余次，毙伤敌伪军、镇压"清乡"人员2400余名，并争取了1700余名伪军、伪人员向我自首投诚。我军民也付出了巨大的代价，据不完全统计，群众死难上万人，县、区、乡干部牺牲104人，部队指战员伤亡近千人。

第四十六章
剑指淮宝，捕捉时机出奇谋

1944年春节过后，日伪继续对四分区进行“高度清乡”（也称“二期清乡”），同时开始宣扬并积极布置对江都、泰州、海安、李堡、栟茶线以南的一、三分区“扩展清乡”，对二分区东台沿海边实行“强化屯垦”。

得到情报后，粟裕盯着墙上的地图，心里琢磨着，决定将对车桥、泾口的攻势作战提到议事日程上来。

主意打定后，粟裕让参谋打电话把陈丕显请来。

陈丕显是苏中区委副书记，因为战斗频繁，他和粟裕时常是分开的，他实际担负着整个苏中的地方党政领导工作。陈丕显来时，粟裕一个人面对墙上的地图在那里思索、比画。

粟裕回过身来，和陈丕显在火盆边坐下：“今天只请你来，是我心里有一些想法和打算，想跟你私下里说一说，听听你的意见。”

粟裕长陈丕显9岁，但他非常尊重陈丕显。陈丕显与粟裕的第一次合作是黄桥决战。在黄桥镇，粟裕目睹了陈丕显的组织协调能力和领导才能。陈丕显领导苏北区委动员组织了7000多居民参加守卫黄桥，其中3000多青年直接参战。没有这些支援，粟裕和陶勇率领区区一个团2000多人哪里阻挡得了顽三十三师的进攻。在建设苏中根据地上，两人更是配合默契，相得益彰。

外面下着雪，天气很冷。两人一边烤火，一边交谈着。

粟裕说：“……如果敌人实行‘扩展清乡’、‘强化屯垦’得逞的话，台南地区必须做好容纳三、四分区领导机关的准备。敌人‘屯垦’重心在盐东及台北，因此二分区领导机关得向兴化转移。江都至泰州以南如果‘清乡’，则一分区机关部队亦须转移到高邮地区。在‘扩展清乡’遍及三、四分区全部及一、二分区之一部后，为便于各分区集中精力反对‘清乡’，各‘清乡’地区势必要撤退大批部队及干部出来，则其撤退之部队及干部当由区党委及师部负责直接领导，因此军区直属机关人数必然很多。这样一来，地区过于狭窄，部队拥挤，而大批干部亟待整风，也缺少一个较为安定的环境。如仍摆在台南海边，不仅难以进行整训，且有遭敌人重点打击的危险。我也想过借三师、四师的地方整风，但我们人员太多，领导分散且有许多不便。”

陈丕显听得很认真。粟裕思考的这些，也正是他所思考的。如果整个苏中各军分区机关要来一个大挪移，那够他忙活的了。还有，这些日子他正在筹备将抗大九分校扩大苏中公学，准备工作都差不多了，就缺一个相对稳定的地方办学。

粟裕的手在火上烘烤了一会，僵硬的指关节变得柔软，伸展自如。

“这些天我一直想着这个事。我心里琢磨着，如果我们拔除车桥、泾口等据点，打通我们和二师、三师和四师的联结部，这样的话我们可以获得一个相对稳定的地区，可以把领导机关移驻于此，集中干部开展整风运动，而不用那么紧张地搬来搬去。”粟裕的语气充满信心，“这想法在我心里放了有两三个月。当时主要考虑我们的部队在攻坚方面经验不足，还有打下车桥后可能会导致日军对我们采取大规模的报复行动。现在日军在中国战场大势已去，虽然失败的确切时间还不好说，但肯定已经是穷途末路了。日军为打通中国大陆交通线，陆续从华中地区抽调部队南下参加作战。现在驻苏中、苏北地区的日军兵力不足。许多训练有素的老兵，有的已被我们的部队消灭，有的已被调去应付太平洋战争，调来的补充兵员人数较少，又多是十七八岁的娃娃，士气越来越低，战斗力相应减弱。苏中敌我力量的对比上，我们的部队在军事及技术等方面虽处劣势，但也不是处于绝对劣势；在政治上特别是在群众条件上，我们还有着极大的优势。抗战七年来，艰苦的敌后抗战已将八百万苏中军民锻炼成真正的英雄。我相信，我们完全有能力向盘踞在自己家园内的日本侵略者发起一次强大的新攻势，给敌人以沉重打击。”

开辟淮宝区的设想是粟裕在对时势、战机、战场及敌我力量进行科学分析的基础上做出的。对此，陈丕显表示完全赞成。随后，两人又多次讨论此事，最后由粟裕把设想上报军部。

其时刘少奇和陈毅去了延安，军部和华中局的工作由饶漱石主持。饶漱石考虑后回电指示：还是不要打，打了会过分刺激日军。

粟裕考虑再三，于 2 月下旬在三仓河召开的中共苏中区党委扩大会议上将自己的想法公开，征集党政军其他干部的意见。

当时外面冰天雪地，寒风怒号，室内寒气透骨。会场当中用木炭燃起一盆火，陶勇、叶飞、刘先胜及各分区、地委负责人就着木炭盆取暖。他们的脸上带着胜利在望的自信心与喜悦。他们相信“今年消灭希特勒，明年打败小日本”已成定局。

粟裕用沉稳的语调说：“目前大的局势对我们敌后抗战十分有利，虽然苏中地区的斗争仍很复杂，战斗也极为频繁，但日军终不可能解决因战线延长和兵力薄弱所造成的基本矛盾，因此敌人无法摆脱顾此失彼、被动挨打的局面，这就为我们在局部地区转入反攻提供了战机。我曾与陈丕显等几位同志交换过看法，将苏中敌后战场的战略相持推入战略反攻。毛泽东同志说过，抗日战争时期我军所采取的战略，基本是游击战，但他也提倡‘不放松有利条件下的运动战’。所以，我们要在战略相持阶段，争取有利时间，推进局部的战略反攻。”

会场里完全静了下来。粟裕停了片刻接着说：“我们打算在一分区高（邮）宝（应）地区即车桥、泾口、曹甸地区组织一次大规模战役，主动发起一次强大的攻势，狠狠地打击敌人，破坏日军在我们根据地的‘扩展清乡’、‘强化屯垦’计划，以稳定、巩固我军的战斗力量。”

“一石激起千层浪”，会场气氛猛然活跃起来。

一分区地委书记兼分区政委韦一平兴奋地对专员惠浴宇说：“我们兴（化）高（邮）宝（应）地区最讨厌车桥、曹甸的日伪据点！如果能把它们打下来，我们一分区的发展余地就大了！”

叶飞说：“现在全苏中骨干武装力量已达 20 个团 3 万人枪。眼下部队士气正旺，尤其主力部队集中进行了冬季练兵，战术、技术都有新的提高。前些日子，我在北行练兵场上看过投弹手们大显身手，他们向模拟敌人碉堡枪眼的高达十米多的竹圈投掷手榴弹时，一枚枚铁弹凌空穿圈而过，比古人所说的‘百步穿杨’还要神奇。依我看，只要组织和指挥得当，车桥一役的胜利有很大把握。”

见大家意见统一，粟裕当即做出作战决策。随即，粟裕将团以上干部召集到吴家桥开会，具体研究制定作战方案。

众将在会议上各抒己见，提出 3 个作战方案：一是由东向西，先攻泾口后攻车桥；二是车桥、泾口同时攻击；三是先攻车桥，后取泾口。

经过分析比较，粟裕决定采用第三方案，原因有三：首先，打下车桥后，敌人可能放弃一大片地区，从而事半功倍，得到最有利的战役效果；其次，车桥处敌中心地区，是敌人的心脏，工事坚固又有日军驻守，敌人自以为安全，而这正是我最容易得手的地方，这是战争的辩证法，可以采取掏心战术，隐蔽接敌，突然进攻，必能收出奇制胜之效；再则车桥周围的地形也较有利于我。

车桥四周有高约 2 丈的大土圩，土圩外的壕沟宽一丈半，壕中积水深七八尺，且与界河相通。敌驻地附近四周还有 3 道小土圩，明碉暗堡 50 余座，镇西南还有个敌人的小飞机场。在车桥镇周围，还有包括泾河、张桥、曹甸、泾口、凤谷村等十几处坚固的据点互相拱卫，形成一个较完整的筑垒配系。驻守车桥据点原来是日军六十四师团 1 个大队、伪军 1 个大队，因日军华中派遣军从十一军、十三军中抽调 8 个师团参加湘桂作战，车桥的守备受到影响，兵力减少到 1 个中队。该中队又抽出兵力与宝应守军“清剿”在车桥与宝应之间骚扰的陈挺五十二团，此时尚未归建。这样，守卫车桥日军只有 1 个小队 40 余人，伪军约 500 人，车桥守敌力量正是最为薄弱的时候。

为了完成这一任务，粟裕计划用一师 5 个多团的兵力投入战斗。根据敌情，粟裕的兵力分配部署如下：以三旅第七团为第二纵队，担任进攻车桥的任务；以一旅第一团、三分区特务营、泰州独立团一个营为第一纵队，在芦家滩、韩家庄地区构筑阻击阵地，担任淮阴、淮安方向的打援任务；以十八旅第五十二团、江都独立团、高邮独立团各一个营组成第三纵队，在车桥以南崔河附近构筑防御阵地，担任曹甸、宝应方向的打援任务；另以师教导团和四军分区特务团及炮兵大队组成总预备队。此外，第三师兼苏北军区以部分兵力活动在淮安东北的顺河集、凤谷村一线，保障攻击部队北翼的安全。作战采取攻坚打援并举的方针，决心不惜牺牲，坚决攻占车桥；同时歼灭敌人的增援部队，各阻击部队坚决保障两天两晚之战斗警戒任务。

粟裕强调：这次战役安排打援的部队多一些，但并不是“以打援为主”，战役的目的是攻取车桥，解放这一片地区。过去对日军作战打的都是游击战，这次是游击战和运动战相结合，是具有一定规模的对日攻势作战，这在苏中抗日游击战争中还没有先例。

最后，粟裕要求此次会议内容要严加保密，只有到会的团以上干部知道。

作战会议结束，粟裕特意把主攻车桥的七团长兼政委彭德清、副团长张云龙和参谋长俞炳辉留下，斩钉截铁地说："成败胜负，关系重大，你们团一定要完成任务，哪怕敌人筑了铜墙铁壁，也要砸开它！"

彭德清坚定地表示："请首长放心，我们一定拿下车桥！"

粟裕又命令严振衡立即从作战科、侦察科、通讯科各抽调一两名参谋，带两名机要员和一部电台，挑选侦察员、徒步通讯员、电话员（带总机）各一个班，调师教导团第一连担任警卫连，由管理科配好行政和生活保障人员，安排一名得力的副官带领。这些人员编组好以后由严振衡统一管理和指挥，护送叶飞去一分区淮宝地区。

粟裕对严振衡说："尽量陆地行军，避免水上行军。路上一定要注意侦察警戒，昼伏夜行，严格保密，保证安全到达。"

粟裕回头让参谋长吴肃与新四军第三师联系。三师来电保证：车桥战役一打响，三师将立即攻克涟水、车桥间的朱圩子敌据点，保障一师作战部队北面侧后的安全。

粟裕没有把上述部署上报军部。一来"将在外君命有所不受"，二来粟裕不想因打不好出问题而连累上级。

部署既定，师部和各主攻部队随即派出得力干部，预先进入车桥和芦家滩伏击阵地作战前实地侦察。

完成对车桥战前侦察任务的是二旅参谋邹志成。他带了两个小战士化装成手艺人，肩上挑着货郎担，身上背着棉花弓，连夜出发，于第二天混入车桥，在日伪的碉堡周围，穿来穿去，兜售生意，摸清了车桥的地形、碉堡的分布和日伪军的兵力部署。七团根据侦察的情况拟定了详尽的作战方案，用最后半个月的时间模拟敌人和地形地物在黄海边演练攻坚战术。另外特制了一批攻坚器材，如连环云梯、单梯三角钩、爬城钩、麻绳、煤油、棉花、竹竿、土坦克、炸药、烟幕弹、沙包，还准备了火箭、灯笼、电话等通讯工具。

同时，陈丕显组织地方政府调集数以千计的民船，并配以船工，及时将部队、担架队以及攻坚器材等辎重秘密运到攻击地点附近。同时成千上万的民兵和群众破坏淮安与宝应，宝应至车桥、曹甸的大路。

3 月 3 日，距车桥战役发起只有两天，粟裕收到一份敌情通报：日军百余人、伪军千余人增至三仓河约 30 公里的安丰。伪军师长田铁夫也到了安丰，有向东“扫荡”模样；南边海安之敌一部进占了李堡，似企图向我台南地区“扫荡’。

时叶飞、刘先胜从盐城地区建湖县给粟裕和陈丕显发来电报，说：前线指挥所抵达车桥以北20里处的收成镇扁担城，参战各部队准时在曹甸、泾口一线以东之蒋营附近集结，拟于3月4日晚12点前各部进入预定阵地。据潜入敌据点的侦察员报告，守敌已产生我可能进攻泾口的错觉。

为了掩护北面的军事行动，加强车桥战役的突然性，粟裕将师直机关分为前后两个梯队，令苏中区行署主任管文蔚率后梯队北移，跳出“扫荡”圈；自己率前梯队向南转移，经三仓河、三十总套到薛家套。故意“示形”迎击“扫荡”之敌，吸引敌人注意力，麻痹敌人。

当日，李堡、安丰、潘家镟各路之敌，以一仓河、吴家桥为目标分进合击。粟裕于夜间12点从敌人空隙中由薛家套经许家河、十六总安全转移到五总。

此时，揭开华中战略反攻序幕的车桥战役即将打响。惯于亲临前线的粟裕带了一部电台，连同由侦察兵、通讯兵等二十余人组成的小分队，在程业棠特务团一营的保护下向车桥进发。

第四十七章
直捣车桥，攻坚打援建奇功

从东台县三仓地区到淮安市车桥镇有三四百里路。这个距离对摩托化部队来说不过几个小时就可到达，但在当时则需几天时间。

粟裕一行向车桥进发时一开始步行，后来坐船。为了加快行进速度，粟裕带电台和几个侦通人员坐在船上，部队轮流换人，用人拉纤的办法拼命赶路。时为特务团政治部主任的姚力回忆，这样日夜兼程夜赶路，他们也用了两天时间才赶到车桥。

到车桥附近时，接应粟裕的参谋长吴肃已带着人等在那里。随后粟裕等人来到车桥以东的指挥所。

此时车桥战斗已在 5 日凌晨打响。

粟裕交代程业棠：一营的任务除了警卫指挥所外，还要抽出一个连警戒东边泾口据点敌人的来路，同时作为战役的预备队，随时做好参加攻坚或打援的准备。安排就绪，粟裕就带了几个侦通人员朝战斗打响的方向走去。因为事前已确定叶飞负责战场指挥，粟裕此行只是视察。为不干扰叶飞的指挥，他到车桥时没有给七团任何任务和命令。他数度上战场视察，回指挥所后又派程业棠和姚力轮流到七团了解战情回来向他报告，以掌握着车桥战场的动态。

车桥本是韩德勤盘踞多年的老巢，还曾一度是江苏省府所在地。1943 年 2 月，日军扫荡淮宝地区，韩德勤被迫逃离车桥，车桥即被日伪所占。随后日伪修筑了更为坚固的工事，形成了完善的防御体系。日军曾扬言：车桥防御固若金汤，新四军若打下车桥，日军则自动退出华中。

3 月 5 日凌晨，叶飞一声令下，三旅七团按预定计划出击。

陶勇在车桥用五、八两个连打约 40 人的日军小队，用其余连队打伪军：

一、三两个连从北边向车桥进击；二连从西北、四连从西南向车桥进击；六连攻东南方向的碉堡。在陶勇的指挥下，邓若波的一营和林少克的二营扑向车桥。突击队员悄悄地、以迅雷不及掩耳之势泅水渡过外壕，架起数十架云梯，登上围墙。接着后续部队依次而上，整个过程都十分安静，配合默契，仅花了 20 分钟，体现了很高的战斗素养。

北面一、三连在伪军发现之前已经全部突过围墙。一连当即向围墙上的两个碉堡发起进攻，伪军守敌负隅顽抗。战士蔡心田发挥“百步穿杨”神技，飞步靠近碉堡投出手榴弹，手榴弹准确地从敌枪眼里飞进了碉堡，只听“轰”的一声响，碉堡内的敌人全炸蒙了。突击组冲了上去，全歼驻守伪军，接着又向伪军补充大队部发起攻击。

三连一举突进围墙，碉堡内的守敌以猛烈火力阻拦。战士陈福田冒着弹雨，一手抡十字镐，一手攀梯子，“噌噌”飞身爬上三丈高的碉堡顶盖，挖开一个窟窿，将一连串的手榴弹塞进去，将碉堡炸毁，全歼守敌。三连又乘胜攻击伪别动大队。

二营四连负责攻击伪公安局。伪公安局的碉堡距日军小土围子仅 30 米，日军暗堡火力可封锁进攻道路。四连指战员急中生智，在房屋的墙上开洞，一间接一间地一直打通到伪公安局，出其不意地从屋后突然冲进去。屋内的 20 多名伪警察不知所措，乖乖地举枪投降。

二连按计划应该从镇子西北发动攻击，但向导把他们带到了车桥的正西面，索性将错就错，从西面泅渡两道两丈多宽的外壕，突进围墙，消灭了伪第一大队骑兵排 30 余人，接着攻伪补充大队第二中队营房，得手后又在师炮兵大队的配合下进攻伪补充大队部。

二营六连泅水渡过壕沟时被伪军哨兵发现，但他们活捉了伪军哨兵，先后占领两个碉堡，随即跃过第二道围墙，攻击东南角碉堡，消灭伪补充大队部直属队和第三中队、一中队及骑兵排……

经过一日激战，该镇 50 余个伪军碉堡完全被七团攻破，500 名伪军全部被歼灭。车桥只剩下日军驻守的围子和碉堡。

天一黑，彭德清令八连、五连向日军守卫的小围子发动攻击。五连进攻受阻，但三营八连在师炮兵大队的火力支援下仅用了一两分钟且无一伤亡就占领日军的宿舍、伙房、仓库。剩余 10 多个日军逃进小围子的中心堡。随后八连在没有炮火支援又无攻坚器材的情况下发动小组突击，伤亡了 3 人，突击未成，与日军形成对峙。

为瓦解日军，日本反战同盟苏中支部宣传委员松野觉上前对日喊话。日军已无路可逃，松野觉本着挽救自己同胞的出发点对日军喊话，但日军顽固不化不为所动。松野觉十分恼火，从一个叫宋飞的战士手中拿过一支三八式步枪直接参加战斗，后不幸中弹牺牲。

松野觉是日本广岛人，1941 年 12 月在如皋县丰利镇花市街战斗中被陶勇七团俘虏。松野觉有一段时间随师部活动，粟裕和陈丕显都见过他，还知道这个日本青年酒量很大，连喝几碗也不见醉。在中日关系最黑暗的年代里，松野觉代表日本人民站到了正义这一边。

粟裕得知八连进攻受阻，带了两个警卫找到八连阵地，让连长张玉成带他去看一下中心堡。张玉成将他带到比较安全的北边围子门口。粟裕侧着身站，反复查看，他感觉还是看不太清。张玉成又把他带进九班驻守的地堡。

末了，粟裕问张玉成："你打算用什么方法攻下日军这个中心堡？"

张玉成说："还是用老办法，借老百姓的方桌，铺上几层棉被，制成土坦克攻打这个中心堡。"

粟裕问："中心堡里还有多少鬼子？"

张玉成回答："可能有十三四个鬼子。"

粟裕说："不能用'土坦克'的方法攻打这个中心堡。不能为了这十几个鬼子，再伤亡我们更多的同志。我们可以调炮过来攻打。"

粟裕说完就走了。

因为当时围子外面是河沟，炮兵大队的炮过不来。大约过了一个小时，粟裕再次来到八连突击队前沿阵地，详细察看久攻不下的堡垒，查清情况后，粟裕说："你们撤出围子，放鬼子出来，车桥战场这么大，你们这个连不打他们，其他部队可以在运动中歼灭他们。"

张玉成执行了粟裕的命令，撤出围子。后来那十几个日军果然逃出中心堡，在车桥以北地区被歼灭（一说在日援军的接应下逃走）。

粟裕作战中特别反对没必要的伤亡，遇到敌人依仗工事顽抗时就用"围三阙一"打法，三面进攻，逼他们从故意放开的口子逃走。敌人出来后，视战情或预设战场将其全歼，或将敌人赶跑。

车桥战斗一打响，三师第七旅就攻克朱圩子，保障了作战部队北面侧后的安全，同时迫使日援军从一团预设的阻击阵地向车桥增援。

七团进攻车桥时，当地民兵和地方武装同时把车桥周围10多个据点也包围了起来，并把据点与据点之间的道路、桥梁等全部破坏掉。有的敌人一出据点就被打回去，有的被民兵埋的地雷炸伤。战斗结束后，民兵和群众迅速将车桥据点里的碉堡、外围的工事拆毁。

当时七团正准备撤出车桥战场，民兵和当地群众尚在拆毁车桥工事。粟裕得知后立即打电话给七团，让他们晚一点撤出车桥战场，并向深远方向侦察，为还在拆毁敌人据点和工事的民兵和老百姓打掩护。随即，粟裕回三仓河。

车桥守敌受到攻击后向四周据点呼叫援兵解围。宝应县东北塔儿头、曹甸镇伪吴漱泉部反应最快，他们立即出动伪军百余人，当日午后进至大施河。但遭遇十八旅第五十二团拦阻，被迫退回。驻淮阴、淮安、泗阳、涟水的日军来不及集结就分批驰援车桥之敌。第一批从淮阴来援的日笹川大队240名日军分乘7辆汽车增援车桥，行至周庄、芦家滩一带，闯到了廖政国、曾如清预设的伏击阵地。

芦家滩地形复杂，东靠西界河，流水湍急，河床险陡，北为一草荡，宽一里，长二里，淤泥陷人，中间形成狭窄口袋形地域，是北路增援之敌的必经之地，也成为此次战役打援的主战场。

当日军进到设伏阵地前200米时，一团指战员掀开伪装，从地底下冒出突然出现在敌人面前猛烈开火。手榴弹一个又一个把鬼子炸得乱窜乱跳。敌人慌忙跳下车，一部分向新四军正面进攻，其余日军下车散开到公路以北坟地上。这块坟地是廖政国事先设下的地雷阵，闯入坟地的日军当即又被炸死炸伤60余人。残敌只得退守韩庄。

未几，六十大队长山泽指挥的第二批、第三批援敌进入韩庄与第一批残敌会合，向车桥方向驰援守敌。

山泽凶狠好斗，心狠手辣，每次战斗都亲临前线，动不动就对“扫荡”的村庄实行“三光政策”，当地军民恨之入骨，早就想将其消灭。一团的战士们谁也不知道山泽长什么样儿，为了彻底将他打掉，一团二营召集全营的神枪手，下令“只要见到身披呢子大衣、舞动指挥刀、大声暴叫的日军军官一律坚决给予消灭”。

晚上8点，一团攻入韩庄，毙敌60余人。在一间被炸毁的破屋里，二营通讯班长发现有一个被炸伤的日军军官正挥动着军刀负隅顽抗，当即将其击伤俘获。营教导员孙伯威得知通讯班抓了一个日本军官，立即就跑去看。他发现桌子上放着一张地图，旁边还倒着两个日军，看样子是日军的临时指挥所。被俘的家伙穿着一件高级呢制服，臂章、肩章都已撕去，已经看不出军衔，但他的佩刀为银鞘，镶有红绿宝石，还跟着一条一米多高的大狼狗，说明了这个人不是一般的军官。为了查清这个家伙的准确身份，孙伯威立即向团长廖政国报告。廖政国立即派懂日语的参谋押着两个被俘日军士官过来，那俩士官来到跟前，“啪”的立正，敬了一个军礼。原来这个人就是山泽。

此时山泽大队被一团打得伤亡惨重，溃不成军。敌兵四散逃窜，有的跳进芦苇淤泥里，有的窜到廖政国的指挥所附近，被警卫员、通讯员捉住。天色大明后，战士们仍在到处搜捕溃敌，“活捉鬼子呀！”“缴大炮啊！”的呼喊声，此起彼伏。

三批增援的日军共 400 多人，仅余 10 多人。正在此时，敌第四批增援部队赶到，120 多名日军乘汽车企图进至小王庄、韩庄之线，遭三分区特务营、一团二营拦路阻击，敌转身逃回周庄据点。听到汽车马达轰鸣，一群头发焦枯、脸目烧肿、浑身污秽的日军从躲藏的芦苇荡和民房的灶台下爬出来，没命地向公路方向逃跑，但被新四军战士跟踪追上，全部捉了回来。

此役敌人从淮阴、淮安、涟水等处调集的援兵达 1000 多人，担负打援任务的一团官兵连续作战极为疲劳。车桥战斗胜利结束后，叶飞令打援部队撤离休整。

8 日，粟裕将车桥战斗情况电告华中局、军部饶漱石、张云逸并报中央军委。后又以粟裕、叶飞、陈丕显的名义回电详细申述组织车桥战役的充分理由。

捷报传到延安，据说毛泽东当场欣喜地赞了一句粟裕：“这个从士兵成长起来的人，将来可以指挥四五十万军队。”新华社向全国播发关于车桥战役的消息：“我粟师以雄厚兵力”打了一个“大歼灭战”；延安《解放日报》发表社论高度评价车桥战役。

车桥战役结束后，曹甸、泾口、塔儿头、张家桥守敌退守淮安，新四军乘势收复杨恋桥、大吕舍、望直港、蛤拖沟、鲁家庄、蚂蚁甸、受河、周庄。淮安、宝应以东地区全部为新四军控制。

几十年后粟裕谈到车桥战役时说：车桥战役以游击战与运动战相结合的战役形态，以机动突击、单刀直入、分别包围、各个击破、秘密接近、迅速猛扑等战术手段，偷袭与强攻、进攻与阻击、分途开进与协同攻击、步兵单独作战和步炮联合作战、主战场与牵制战场、主力与人民武装等多种作战方式以及周密细致、机智果敢的组织指挥而展现光彩。

此战日军表面上看几路来援，气势汹汹，实战却打成了兵家大忌的添油战术。一师消灭日军 460 多人，伪军 480 多人，生俘日兵 24 名。此战是华中抗战史上对敌震动最大的一次攻势作战，标志着苏中敌我相持的平衡被打破，敌收缩据点采取守势。八路军总部公布："车桥战役，在抗日战争史上，是 1944 年以前我军在一次战役中俘敌最多的一次。"

车桥战役消息传开，驻东台的 12 名日军因绝望而集体上吊自杀，3 人剖腹自杀。驻平桥镇的伪军营长带 100 人反正。消息传到东京，日军本部承认："车桥战役，标志着新四军反攻的开始，日军从此向下坡滑行。"

日军正在走下坡路，但仍会负隅顽抗。为瓦解日军，粟裕决定亲自接见战俘。随即日军战俘被押到师部。当地居民和战士们闻讯前来围观战俘。战俘的脸上已全然没有被俘时的悲哀和恐慌。他们知道新四军不会杀俘虏，一定时候还会释放战俘。一个叫山本敬一郎的还盘算将来被新四军释放后，他到南京或上海开个澡堂或饭馆过日子。

山本敬一郎怕回去后受日军法审判，就化名山本一三。山本事前不知道进攻他们的部队是新四军的哪一部分，被俘后才知道攻击他们的是新四军第一师。日本人只服打败了自己的人，山本一三敬畏地说："你们的粟裕埃拉伊！埃拉伊！（日语'了不起'）！"

粟裕来时，陈超寰向战俘介绍说："这位就是新四军第一师师长兼苏中军区司令粟裕将军！"

"怎么，这个人就是粟裕？"战俘震惊不已，瞪大了眼睛，他们惶恐地站起来，恭敬地向粟裕弯下腰以示敬服。

战斗胜利后，叶飞、刘先胜、陶勇风尘仆仆地回到了师部驻地。

"打得过瘾，打得过瘾！"陶勇说，"守备战固然也是战，但比不上这次硬敲东洋鬼子的脑壳来得痛快。"

陶勇将缴获的一匹战马作为礼物送给粟裕。粟裕骑上去遛了遛，乐呵呵地说："好马！准备搬家！"

随后，测绘参谋毛湍洧带着秦叔瑾、黄毅、王祥林等人前往淮宝地区调查地形，为军区机关转移打前站。

第四十八章
准备反攻，北上曹甸建基地

1944年4月中旬，粟裕骑着陶勇送给他的那匹东洋大马离开东台县三仓河，踏着春风来到宝应县西安丰镇固晋村一户人家门前。

房东叫乐夕，没见过大官，初见粟裕有些拘束。

粟裕看他紧张，就请他抽烟，和他拉家常。警卫员和楚青将房子收拾好时，粟裕和房主两人已如同老朋友一般亲密了。

住在固晋村的还有陈丕显、叶飞、钟期光，其他军政干部如管文蔚、季方、刘先胜、朱履先、陶勇住在祁吉村。

粟裕住下来后，白天开会、训练，晚上批阅文件。测绘参谋秦叔瑾、毛瑞洧得知粟裕到固晋后，特意来向粟裕汇报了草荡、水网地区地形与地图严重不符的情况。

一般来说地形会有一些变化，但不会太大。秦叔瑾估计是以前草荡土匪很多，国民党国防部测量局的工作人员不敢或是不能实地测量，就估计加统计地画了交差了。

粟裕知道后要秦叔瑾他们集中力量调整测绘。因为除了苏中军区和一师机关单位外，还有一团、七团、五十二团等主力团近万人也要进入这个地区整训，迫切需要数据准确的地图。

秦叔瑾等人立即发动各乡有关人员通力配合，主要修正娄王庄、湖垛以西，沙沟、射阳镇以北，西安丰、涧河口以东，东沟、益林以南近十幅五万分之一地图。

随后苏中区党委、苏中行署、苏中军区暨一师师部等机关进驻西安丰镇后，苏中党校、《苏中报》报社、江淮印钞厂、华中印钞厂、华中军机处第一总厂、榴弹厂、香烟厂等近30个单位也迁入西安丰镇。西安丰镇成为苏中区新的政治中心和军事指挥中心。

各机关单位安顿下来后立即进行整风运动。区党委党校以抽调县、团级干部为主；各地委整风队以抽调区、营级干部为主；抗大九分校则以调训连、排级干部为主。领导干部先是学文件，交流学习心得和体会，然后是对照检查、自我反省。

学习的内容是毛泽东和刘少奇的22个文件。干部们除了学习规定的文件外，还相互传阅苏联作家肖洛霍夫的小说《静静的顿河》，考涅楚克的剧本《前线》。

粟裕多次和陈丕显去党校和九分校做辅导，与大家交流整风学习的心得体会，西安丰的原野留下了粟裕奔波的身影。粟裕的苦心经营，也使这个地区成为他日后渡江南下进军苏浙和转入抗战反攻的重要基地。

时值田里麦子黄熟，老百姓都在发愁。固晋村落后、百姓贫穷，眼下正青黄不接。再有就是小麦收获后该种水稻，老百姓缺少稻种。

粟裕得知后就和苏中区的“财神”朱毅一起为群众想办法。

朱毅是湖北汉阳人，时任苏中行署的财政经济部长。他这个部长是科班出身，曾在日本明治大学学习，专攻政治经济。“九一八”事变后，他弃学回国抗日。他财经知识渊博，办事豪爽，被陈毅称为“理财专家”。

朱毅受命成立工作组，从苏中区挤出资金，贷给老百姓，让老百姓买种子。

那时农业科技不发达，庄稼收成都很低，棉花只收几十斤；麦子有的100多斤，有的200多斤，收到300斤就算好的了；水稻一般300～500斤。为了减轻农民负担，根据中共中央“自己动手，丰衣足食”的指示，粟裕号召开展大生产运动。

大生产运动在其他抗日根据地早就开展得如火如荼，以王震的三五九旅和南泥湾最为著名，连毛泽东都在延安亲自种辣椒。但大生产运动得有一个条件，那就是稳定的环境。以前因为敌伪“扫荡”频繁，苏中机关驻地经常转移，环境很不稳定。现在估计在宝应至少可以住几个月不必移动，有条件进行生产。因此，粟裕和苏中区其他领导制定了《苏中区垦荒条例》，开荒种地一时蔚然成风，单苏中公学就开垦了50亩荒地。

粟裕自己动手，利用田边隙地种了一些西红柿、茄子、豆角之类的蔬菜，一有空就除草施肥。

附近百姓知道粟裕虽是新四军的高官，但人非常的和气，好打交道，而且西红柿是他们没有种过的蔬菜，所以常常来看稀奇。他们看到个子不高的粟裕始终精神十足，好像有用不完的劲，干起农活来样样在行时，常常流露出惊讶和佩服的表情。

粟裕很快就和当地百姓交上了朋友。他发现很多贫苦人家没有水车、农船。没有水车，生产有困难；安丰区地处绿草荡，七沟八叉，没有船等于一个人没有腿。他找到了村长乐立伟。

乐立伟说："有什么办法呢？买种子的钱都是贷款买的，哪里还有钱买木料夹车、钉船呢？"

粟裕说："我们一起想办法搞木料，给你们夹车、钉船。船钉起来，平时给你们种田用，打仗的时候给我们军队用，你看行吗？"

乐立伟一听高兴地说："行！行！"

粟裕微笑着拍拍乐村长的肩，嘱咐他明天派几条大些的船跟部队去装木料。

第二天一大早，粟裕集合一部，分派人员和船只，下令说："方圆几十里范围内，所有无人看管的寺庙、庵堂，统统给我拆光。木材我们自己留一点，其余给乐村长。"

"是！"

战士们四散而去，很快就将搜集到的木材装到乐村长派来的船上运回固晋村。

乐村长召集木工，将拆下的木材，能夹车的夹车，能钉船的钉船，小一点的打制成饭桶、水桶、面盆、澡盆等。结果一下子钉了好几十条木船，夹了几十部水车，全部分给最贫困的农户，解决了种田和交通的困难。

粟裕特意嘱托木工给每家打一把木锹，平时作为农具（小泥合子），战时作为划船的工具。

车桥战役结束后，粟裕想在二、四分区发起对日伪的新一轮反攻。他这是在做战前准备。

车桥战役后，驻徐州的第六十五师团长甲渊四郎恼羞成怒，曾派出部队进行报复。因为六十五师团被一师击毙大队长、中队长数名，且尸体都无下落。但他们行至离车桥几里路的地方，从望远镜观察到苏中部队正严阵以待，就不敢再向前走了，只是派来3架飞机到益林、东沟、凤谷村上空盘旋做侦察，随后对益林以东地区进行轰炸。第二天，又派3架飞机轰炸西安丰、马家铺、青沟等地。

此时苏中区敌人调动频繁，船引师团调走，取而代之的是山本旅团长，正在交接防务。东台集结敌人2000多，兴化、临泽至界首线集结敌人1000多，泰州海安线集结敌人达2000多，如皋、黄桥、靖太地区敌人亦大有增加，有于最近对苏中第一、第三分区进行大“扫荡”，并于“扫荡”后进行“扩展清乡”、对第二分区进行“强化屯垦”的企图。

粟裕说：“我认为敌人已无多大兵力增调苏中，我们对敌人的‘扩展清乡’、‘强化屯垦’应采取打破的方针。至于第四分区的反‘清乡’，则仍提‘坚持反清乡’，不提‘粉碎反清乡’，因为过早地提‘粉碎’容易引起轻敌和急躁，导致敌人的报复，使群众遭受不必要的损失。同时，这时我们的领导重心，已经转向准备反攻，第四分区形势如再度紧张，对全局会有干扰。”

为了稳定四分区的形势，粟裕将三旅七团和特务四团归建，回四分区参加反对敌伪的“扩展清乡”。

粟裕、叶飞将特务四团的程业棠叫到固晋，令程业棠率特务四团回四分区作战。

程业棠受命后率特务四团离开西安丰镇，南下插向四分区，突破日伪封锁线，进入串场河以南“清乡”区。5月19日夜间，天空飘着毛毛细雨。特务四团全副武装，不顾天黑路滑，靠着雨夜的掩护，一路急行军，不声不响地直插日伪据点——童家甸。

童家甸地处如皋、南通两县交界处，只有数十户人家。那里位置偏僻，反“清乡”斗争初期很少为外人注意，是如皋县掘马南区抗日军民秘密活动的中心和南通县警卫团经常落脚的地方。1944年初，日伪进行所谓的“高度强化清乡”后在此构筑碉堡。

午夜时分，部队到达目的地，团长程业棠亲自察看地形，立即部署战斗。

攻击开始后，整个战斗过程简直就是车桥战役的翻版。先是突击组员偷偷越过壕沟，突过篱笆缺口，冲进圩子。被敌哨兵发现后立即开火。经过三小时的激战，特务四团彻底解决了敌人的中心碉堡，守敌仅有6名伪军逃窜。童家甸战斗打响后，二窎日军警备队长中根正秋闻悉带领日军、伪警察12人，携带步枪8支、轻机枪1挺、掷弹筒1个，赶来增援。拂晓时分，增援的日伪军在童家甸以南陷入了特务四团预设的伏击圈，被全歼。

打下童家甸后，四分区东南警卫团攻克竖河镇日伪据点。但由于敌据点较密，敌各路援兵迅速赶到，特务四团和东南警卫团打下童家甸、竖河镇后又被迫撤出，敌封锁线被撕开的口子又被敌人堵上。

同日，二分区为了粉碎敌人的“屯垦”计划，台北独立团在东台七灶附近的河流拐弯处设伏打击敌人从东台经白驹、刘庄镇至大中集装运物资的汽艇。根据敌情，团长彭寿生的部署是，一连担负伏击敌汽艇的任务，二连两个排（欠一个班）阻击大中集可能增援之敌；西团游击连配合二连一个班埋伏阻击从白驹经西团可能增援之敌，小海游击连的两个班和团部侦察班阻击新团可能增援之敌，并在敌汽艇到来时，设法袭扰，迫其靠近南岸；团部指挥所随一连行动。

下午 1 点多，敌汽艇驶入伏击圈，团长彭寿生乘敌尚未上岸下达了攻击命令。战斗打响后，团书记申易一面用日语喊“缴枪不杀！”“新四军优待俘虏！”一面投出两颗手榴弹炸坏了汽艇的发动机。敌人在我军突然打击下，有的跳水，有的慌忙还击，还有十几个敌人上岸抢占滩头，妄图抵抗。副连长张新体带部队抢占汽艇，连长严明带部队解决上岸之敌。经半小时激战，击毙日军 13 人、伪军 22 人；俘日军 6 人，内有日棉统会东台库库长清水亥三郎、日特机关负责人浦和及翻译官柬俊卿，俘伪军 14 人，其中有伪东台县县长吕景颜、秘书、副官、伪军分队长等；缴获轻机枪 2 挺、步枪 21 支、快慢机 4 支、各种子弹 300 多发、指挥刀 4 把、望远镜 1 架、照相机 1 部、伪币 21 万、敌“屯垦”计划文件 2 包，还有很多其他物资。

随后，各县警卫团、区队、民兵攻克日伪据点 28 处，歼灭日伪军近千人。

这一天，侦察科严振衡向粟裕汇报最新的敌情：新来的山本旅团长 26 日到宝应巡视，如皋的伪第三十四师召开团长会议讨论“清乡”事宜，并决定该师每团抽一个营参加“清乡”。

粟裕说：“敌‘扩展清乡’何时到来虽未能完全断定，但我对其企图与部署已大致明了。为更有力地坚持苏中斗争与巩固苏中根据地，必须予敌以惨重打击，使其不敢轻易尝试‘扩展清乡’，进而完全打破其‘扩展清乡’的计划。”

6 月 3 日，粟裕发电给军部，提出以二、四分区力量组织一次较大的战役，军部复电表示同意。

抗战到了这个时期，反据点斗争是一切工作的中心环节。要用一切办法来达到反据点斗争的胜利，使敌人被逼放弃小据点，集中到大据点，并使大据点一个个处于孤立局面。

粟裕为此制定了详细的作战方案：战役以四分区的南坎据点为攻占主要目标，得手后可乘胜打下八总据点，最终目的是打开敌封锁线上的缺口。以彭德清和张云龙指挥的七团附炮兵连为主攻部队，程业棠的特务四团担任阻击歼灭掘港援敌的任务，吉洛、梅嘉生指挥二分区特务团担任阻击丰利出援的敌人的任务。同时，四分区挺进支队及各地方部队、民兵积极行动，适时乘机攻占“清乡”圈内薄弱据点。在如皋地区的部队应在掘港、马塘、岔河之线进行破击战，以阻挠如皋出援之敌。三分区特务团全部及如西、泰州两地方团在通如线上或如皋至石庄线上选择薄弱据点，同时实行攻击，使通如地区的敌人无法出援。联抗部队转向堤东，向富安、安丰之线攻击，使敌人不能向南增援。一团佯攻台南线之日伪据点。

粟裕原打算亲自指挥夏季攻势，因突然接到华中局、军部的电报，要求粟裕立即赶到盱眙的新铺去，商讨要事。粟裕决定原战役计划不变，由副师长叶飞按既定方案部署战斗。

第四十九章
再掀攻势，为开通道攻南坎

粟裕下达南坎战役作战任务时，主攻南坎的七团正在宝应县益林一带休整练兵。粟裕令七团归建三旅，由陶勇指挥参加南坎战役。

6 月 22 日，彭德清率第七团离开益林前往如东县苴镇地区，当天夜抵东台县李堡，第二天进入如中地区。

如中是四分区“清乡”的边沿，情况复杂，敌伪军时常出来“扫荡”。彭德清以一营为右梯队，团部率二、三营为左梯队，两梯队以战斗姿态并排前行，搜索前进。这样如果遇到敌人，七团可以左右开弓，各营互相配合，协同包围歼敌。

上午 8 点左右，七团两个梯队如两条长龙，奔驰在广阔的如中平原上。七团的左梯队以三营为前卫，团部、侦察连、教导队为本队，二营殿后。进到耙齿凌时，彭德清、张云龙、俞炳辉等人听到左前方传来了清脆的枪声。

“脚下已经接近‘清乡’区了，莫非有敌人前来骚扰？”彭德清一边想一边决定使用前卫三营打它一仗。他立即带侦察班策马加鞭赶到前方。然而走到前一看，没看到三营，却看到平原上黑压压的一片日伪军。粗略估计有一百多个日军、三四百个伪军。这股日伪军正在向西匆匆追赶，看情形像是在追击如东县的地方部队。

原来当天拂晓前，驻栟茶据点的日军加藤中队（隶属小林师团菊池联队）与伪二十六师欧阳志诚一部奔袭如东县警卫团及县大队，在大镇港、小镇港一带咬住如东县警卫团。如东县警卫团与敌接火后发现敌强我弱，即分数路边打边撤，在洋涨庵附近甩掉了尾追的敌人。日伪军循迹追到耙齿凌，与南下的七团狭路相逢。

七团打车桥时打得不过瘾，因为他们消灭的主要是伪军，不像廖政国的一团，打死的400多敌人全是日本兵，还抓了24个活的。彭德清想起这心里就痒痒。所以在前往南坎的途中，彭德清下令部队摆出战斗姿态，准备来一个搂草打兔子，活捉几个日本鬼子来弥补车桥战役的遗憾。看到日军和伪军的那一刻，彭德清兴奋了，机会来了。

彭德清决心咬住它，吃掉它。他立即派出三路侦察员传达命令，调右梯队一营由南向东北打，调后卫二营上前正面迎敌，命令前卫三营挡住敌北逃去路并回头打，合歼敌人于耙齿凌。

彭德清领着身旁仅有的警卫员和侦察员，加上来接应他们的女区委书记季玲几个人，登上一座独立家屋房顶监视敌人。

一会儿，副团长张云龙率团部人马赶到。彭德清一看二营还没来，派人通知团部后面的教导队跑步上来正面堵住敌人，团直机关人员则就地展开，占据有利地形。彭德清下令将机枪连的六挺重机枪全部架到前沿，向着日军和伪军"哒哒哒"猛烈扫射。

敌人被机枪一扫后立即缩进一片乱坟包内，随后派出一小队日本兵向彭德清所在的独立家屋杀了过来。一个军官挥着战刀，指着干沟，不停地号叫着。

那干沟横贯东西不见尽头，沟面很宽，沟底很深，两旁筑有高高的沟堤，是地方武装为掩护群众转移、便于对敌作战而挖出来的一条野战防线，也是一条很安全的交通壕。敌人一旦完全占领它，七团整个部队便要暴露在开阔地上，那就很被动了。

当时日军已冲到干沟南面，而二营部队还没有赶上来，幸好教导队队长秦镜及时赶到。

秦镜问清敌人的方向后，拔出驳壳枪，率教导队杀向日军。教导队是七团的骨干训练班，队员全是具有战斗经验的正、副班长。这一百多个队员如饿狼一样扑向敌人。日军用手雷炸他们，他们捡起来不及爆炸的手雷反炸日军。日军害怕了，退却了。那个军官挥着战刀，头也不回地逃到南面去了。

此时躲在坟包里的日军没有增兵干沟，反而派出两个小队，向东北、西南冲过去。

日军开始以为他们遇上的是新四军的地方部队，一交手，立即发现情况不妙，知道遇上了新四军主力部队，慌乱得像热锅上的蚂蚁，企图杀开一条血路冲出去。他们派出部队试攻东北、西南两方向，这倒给了七团一个分割、围歼的机会。

彭德清立即命令二营由西南向东北追歼日军，三营掉头负责吃掉向东北前进的一个小队，右梯队一营负责向西南方面前进的那个小队，教导队守住干沟不让日军脱身。

战斗激烈进行时，彭德清正全神贯注地用望远镜观察敌情，对面房子里突然冒出一个日本兵举枪瞄准彭德清。警卫员一边大叫“团长”一边举手用力拖了彭德清一把。彭德清回头一看，只听“噗啦”一声，子弹从彭德清耳边擦过去，将警卫员的手掌打穿了。其余的人一齐开枪还击，打死了那个日军。

日军全是一副顽抗到底的样子，战斗极为惨烈。

二营林少克指挥部队进攻一座有三个日军的草房。战士们用日语喊着，要他们放下武器。日军没有回答，但等战士们靠近草房他们就投手榴弹、开枪，死不投降。

逃到干沟南面的那个日本军官带着三个兵慌慌张张地向南逃跑时，被追上去的秦镜用手榴弹炸伤了三个。这三人在逃跑无望的情况下冲进一间火焰熊熊的房子集体自杀。剩下那个军官拉开架势瞪着秦镜，瞪了有一会儿后提刀与秦镜拼命，后被秦镜一刀击杀。

东南战场上，三营副吴景安带着九连的一个班去侦察情况，半路上和一小队日本兵遭遇。吴景安毫不畏惧，带着人杀了上去，在战斗中以身殉国。

所有战斗结束后，秦镜从挎包里掏出了那名日军军官的帽子递给彭德清。彭德清看看那顶军帽，发现里面绣着四个字：“加藤大尉”。

这一战打了不到三个小时，七团消灭加藤大尉以下 100 多日军、100 多伪军，生俘小队长以下日军 14 个、伪军 200 多个。

遭遇战枪声刚停，七团顾不上休息，直奔南坎方向。当晚七团绕过丰利，到达苴镇地区，在那里，彭德清将那顶日本军帽交给三旅长陶勇和政委吉洛。

陶勇和吉洛对七团这一仗十分满意。陶勇告诉彭德清：“内线同志报告说，日军召开了紧急会议，正在商讨如何加强防御问题。”

政委吉洛说：“这就是说，他们顾不得再搞什么‘扩展清乡’，快完蛋了。”

按战前部署，七团在南坎战役中的任务是攻打南坎，但陶勇告诉他，七团的任务改为打援，原来的攻坚任务由程业棠的特务四团担任，如皋警卫团负责解决鲍家坝和八总庙等伪军据点，掘东游击队和民兵则负责运送弹药、救护伤员等。

彭德清领了作战命令，快快地回到驻地部署下一步的作战方案。

按常理应当用七团主攻南坎，因为七团的攻坚能力是最强的。他们打车桥前曾正经八百地练过攻坚，又有打车桥的实战经验。陶勇和吉洛改变部署，估计是想让经过一场血战的七团有个缓气的时机，同时让生力军特务四团攻坚以增加胜算。耙齿凌一战，七团取得大胜，但也牺牲吴景安副营长以下 97 名官兵，另有 80 多人被刺刀刺伤。

特务四团接到作战命令后，团长程业棠、副团长舒雨旺、参谋长康昌荣等人，根据地方党组织提供的情报，对南坎据点守敌的兵力、工事设施、武器装备及地形，反复进行了侦察核实。

南坎靠近黄海，是一个有 200 多户人家的海滨小镇，也是日伪篱笆封锁线最东面的一个重要据点。这里设有一个大检问所，驻有日军一个小队，伪军一个连，兵力不到 200 人，加上一些伪“清乡”机构办事人员，共有 300 人左右。南坎敌人不多，但工事坚固，武器精良，弹药充足，加之东有鲍家坝，西有八总庙、七总、掘港，南有兵房、九门闸等日伪据点作为支撑点，互为依托，的确是颗“硬钉子”。

但程业棠胸有成竹，与舒雨旺、康昌荣召集连以上的干部根据情报排兵布阵。

1944 年 6 月 26 日天黑以后，程业棠率特务四团从苴镇、长沙一带悄悄插向南坎。到南坎后，各营、连按原定计划进入自己的阵地，开始悄悄构筑工事。

27 日凌晨 1 点，程业棠手臂一挥，三颗红色信号弹划破夜空，一营向日军碉堡、二营向伪军碉堡同时发起攻击。

敌人仓促应战，根本挡不住新四军的攻势。战斗打响后，二营五连攻占西北角的碉堡，四连攻克了东北角碉堡、东面一幢营房和镇东的大检问所。战斗至天亮时，伪军中心碉堡及南面两座高堡里的敌人固守待援，拼死顽抗，与二营形成对峙。

程业棠得讯立即派通讯员到二营传达命令，要求二营集中火力，迅速解决伪军的中心碉堡。二营长接到命令后，迅速调整了兵力和火力。两排战士用方桌和湿棉絮制成“土坦克”，顶着敌人的猛烈火力，奋不顾身地冲过开阔地，迫近中心碉堡。突击组的张诚架起竹梯，第一个登上碉堡，向射孔里扔进几颗榴弹，炸死炸伤数名伪军。伪连长见大势已去，遂率残敌投降。至此，伪军据点内碉堡被二营全部占领。

程业棠立即派人通知二营迅速撤下所有伤员，补充弹药，稍事休息，准备配合一营对日军碉堡发起总攻。交代完毕，便和参谋长康昌荣离开指挥所向一营阵地走去。

一营的阵地仍处于紧张的战斗状态，日军的几挺机枪交替扫射压制着一营。一营火力稍一暴露，敌人的机枪、掷弹筒立即跟踪过来，一营的任务是先拖住日军，不让他们腾出手来支援伪军。赵云鹤营长采取弧形包围，拉开距离，轮番向敌人碉堡射孔打冷枪，不让日军有喘息的机会。

程业棠一到营指挥所，赵云鹤便火急火燎地问什么时间总攻。看了看敌情，程业棠把总攻时间定在了下午 3 点。

下午 3 点，总攻开始后，一营阵地上所有的轻重机枪一齐向日军碉堡开了火，将敌人的火力压了下去，掩护迫击炮迫近 50 米向碉堡开火。连续几发炮弹打中了敌人的高堡，导致高堡起火。随后一营战士们端着刺刀，拿着手榴弹，如狼似虎扑向敌人的据点。

战斗打响后，驻掘港的日本警备队丹木中队长率 14 名日军和 1 名翻译赶来增援南坎。他们窜入南坎西南边，企图从背后偷袭特四团，不料进入七团的伏击圈。七团官兵先是击毙敌机枪手，后又将日中队长丹木打死，将余敌团团包围。七团官兵挺着雪亮的刺刀冲了上去，一个冲锋，不到 5 分钟，将 12 名日军全部刺死，将翻译活捉，缴获了 1 挺崭新的歪把子轻机枪及 10 多支三八式步枪。

一营经过血战，顺利攻下了南坎镇。此战成功将敌人的封锁线撕开了一个口子。

攻克南坎据点后，坚持在“清乡”区内斗争的军民极为振奋。7 月，活跃在吕四、环港一带的海防团以奇袭手段，缴获日军运输艇 2 艘，活捉日军 9 人。

为了防止日伪集结兵力报复“清乡”区的军民，粟裕命令一、二、三分区在其防区发动军事与政治攻势，以转移敌人视线与牵制敌人兵力，从而减轻“清乡”区的压力。

接到命令后，第三分区主力一部与如西独立团攻占石庄，俘伪军 150 多人。区队、民兵收复新市、新生港、攻势，以转移敌人视线与牵制敌人兵力，减轻

“清乡”区的压力。

第二分区于7月中攻克兴化南的戴家窑，俘伪军营长以下180多名，强攻西团伪屯垦警备第一纵队第五大队，击毙伪军30余人，俘246人，平毁了13座碉堡，接着又收复谢家庄、洪家垛、河口、墩头、湖北庄、万来庄、朱家舍等日伪据点。

这一轮攻势过后，日伪果真不敢从其他分区抽调兵力增援“清乡”区力量。后来敌在“清乡”区集中3000多的兵力向如（皋）中、丰（利）东地区进行报复，但只两天就草草结束了。

南坎战役和之后到8月底的一系列对敌攻击的战斗在新四军将领的回忆录中被称夏季攻势。6、7月间，“清乡”区内的南通、海门、如皋各地地方武装、民兵和群众5万余人，发动了为时20多天的大破击战，破坏公路700余公里，炸毁桥梁50余座，连克八总店、鲍家坝、六甲等地，敌人被迫放弃兵房、三余、北新桥等据点。

“清乡”区各地敌伪异常恐慌，纷纷加强防御工事，深居简出。伪组织方面中层极为动荡，南通地区一天就有7个伪区长辞职，伪乡保政权、伪自卫团大部瓦解，很多人向新四军自首，并帮助新四军攻打敌人据点，汪伪派给老百姓的苛捐杂税也大部分被免除。

第五十章
破敌“清乡”，战略转移请长缨

南坎战役是粟裕组织指挥的苏中对日局部反攻的重要组成部分，与反“清乡”斗争和车桥战役共同证明粟裕对形势的估计是正确的。粟裕抓住了反攻的战机，取得局部反攻的胜利并将反攻引向纵深。

一切似乎比粟裕预料的还顺利一点。

夏天里，粟裕有时也到固晋村后河里游泳。一脱衣服，就露出腿上、膀子上的伤疤。这些伤疤是内战时期留下的。他常常对和他一起游泳的人说：“哪天不打仗了就好了，让老百姓过上和平、安定的日子，我就心满意足了。”

除了游泳，他还在房东家养了一群鸽子，常常在早晚专心地喂鸽子。鸽子温顺、漂亮，象征着吉祥、希望与和平。粟裕虽有运筹帷幄、指挥千军万马的雄才大略，但也有和平民百姓一样的内心世界：他要安定，不要动荡；他反对战争，酷爱和平。

这年夏天，粟裕在固晋家里的常客除了这些鸽子，还有施亚夫。

施亚夫前身份是汪伪绥靖军第七师中将师长、汪伪第一集团军第三十四师参谋长兼一三五团长，现在是苏中人民抗日自卫军（南）通如（皋）纵队司令员。他驻在留城，与固晋只隔着一条草荡。

施亚夫第一次到粟裕这里来是一个晚上，他利用晚间乘凉的时间乘一条小船来到粟裕家里。

当警卫员告诉粟裕说施亚夫来见时，粟裕高兴地说：“快请进！”

握过手后，粟裕给施亚夫摆凳子，端茶水，亲切地叫施亚夫坐下谈。

施亚夫是一个传奇英雄。1941 年受命打入汪伪时，他搜罗了两三百杂牌军冒充汪伪绥靖军第七师，用一本上海市电话号码簿、一本《百家姓》、几本喜丧人情的账本胡乱编造了8000多名官兵的姓名和枪支号码。而汪精卫在南京听说有这么一支冒牌的部队并不怀疑，反而真的委任他为“第七师”中将师长。

粟裕无数次在根据地危急时总能及时得到施亚夫冒死送来的情报，但见到本人却还是施亚夫回到新四军后。施亚夫脸庞白皙，鼻梁高直，眼睛灵活又不失军人的威严。

粟裕关心地问施亚夫：“根据地的生活比外围要艰苦多了，你才回来，过不惯吧？”

施亚夫说：“不，过得惯，我吃过人间最难熬的痛苦，根据地生活好多了。”

粟裕以诧异的神情问：“这可不是真心话吧？”

施亚夫以前坐过国民党的监狱，他把受刑的情景和在狱中的非人生活情况讲给粟裕听，还开玩笑地说：“我没参加过长征，可我却参加过‘短征’。”

粟裕不解地问：“什么叫‘短征’？”

施亚夫说：“长征是爬雪山、过草地、吃树皮，我在狱中吃的是发了霉的毛稗子，在狱中排字房里拣字，一天十多小时，一刻不停地来回走动，可出不了这间屋子，这不是‘短征’吗！”

星光下，施亚夫用带着南通地方口音的语言向粟裕讲述了他在汪伪阵营里的种种事情。

谈及汪精卫，施亚夫说汪精卫很聪明，有演讲天赋，讲话很有鼓动性。汪精卫在伪中央政府主办的第一期将校军官轮训团的开学典礼上说诸葛亮为什么取西川，不拿东吴，是因为诸葛亮要让东吴与曹操打，等他们两败俱伤之时，再出兵。意思是他汪精卫现在不跟日本人打，让日本人跟苏联打，然后坐收渔翁之利，死不承认自己是汉奸。又说汪精卫在伪组织和伪军官员面前威风凛凛，可一到日本人面前就是个奴才，是个纯粹的儿皇帝。他对日本主子言听计从，不敢有半点怠慢。日本人毒死他的干将李士群，汪精卫不敢发半点脾气。

谈到日军，施亚夫说日军很骄横。汪精卫的日军顾问晴气庆胤只是一个中佐，在汪精卫面前却非常神气，汪精卫基本都是听他的。在日军召开的作战会议上，伪军军官几乎没有发言权，决定权完全在日军手中。一般日军讲话，不能插话，否则会大怒，有时还会打人，但日军上下对施亚夫算客气。施亚夫是南通地区日伪军棋社社长，日军军官经常找他下围棋。

施亚夫应当是苏中地区唯一与交战双方高层都见过面直接打过交道的人。汪伪方面的汪精卫、周佛海、李士群及伪军各师以上头目，日军方面日本华中派遣军总司令畑俊六、南浦旅团长、小林师团长，新四军这方面是粟裕、叶飞、陶勇、陈丕显。

施亚夫对粟裕十分敬佩。在敌营两三年里，他目睹日伪的头目因粟裕的存在而焦头烂额。他从另一个视角看到粟裕怎样度过了他抗战中最艰苦的岁月，又怎样率领苏中抗日军民由以前被动防御转化为现在的主动出击，由局部反攻向全面反攻过渡。在地图上看抗日根据地，从前是处在被敌人分割、包围的态势，现在看去，这一态势正在转变为敌人的孤立据点被大片抗日根据地封锁和包围。

粟裕赞叹说："你是我们的大英雄，没有你舍命送来的情报，我们不知要多走多少弯路，多付出多少代价呀！苏北汪伪'清乡'《总纲》刚出笼，你就将全部情报送到我们这里，这些情报对我们粉碎日伪军的'清乡'阴谋起了重要作用。"

"师长过奖，我做得不够，远远不够！"施亚夫感受到一种温暖洋溢在他的周围，从前在敌营里受尽的委屈、羞耻此刻消失得无影无踪。他觉得吃的所有苦，冒的所有险都值得。但他也有一点遗憾。

1941 年 7 月初，施亚夫把日伪将出动 1.7 万人进攻新四军军部的情报发给四分区的陶勇，但这个情报却没有送到四分区司令陶勇手中。原来当时为了加强情报的隐蔽性，四分区敌工部与施亚夫约好，用香烟和火柴表示敌人扫荡的兵力：半盒火柴，表示敌人出动的是一个小队的兵力；一盒火柴，代表的是敌人的一个大队；而一盒大炮台香烟呢，则说明敌人出动了一个联队。那天，施亚夫送出去的是十盒香烟。没想到在传递的过程中，有个情报员以为这是从敌占区送来的慰问品，便自作主张分给大家抽了。庆幸的是虽然情报传送出了问题，但南浦的这次的扫荡最终被粉碎。因为这事陶勇直接从新四军如东独立团内抽调出两名得力的参谋来协助施亚夫工作。在那次反"扫荡"中，粟裕率所部乘敌后方空虚，采用"围魏救赵"的战法进攻南浦的司令部所在地泰州，迫使南浦率部从盐城南撤回防，从而粉碎了那次针对盐城的"扫荡"。

主宾谈得开心，不觉夜深，施亚夫察觉后忙告辞而去。粟裕和他谈得来，意犹未尽，送出几步，说要施亚夫常来坐坐。

施亚夫真心仰慕粟裕，极想接近粟裕，出门时他把这句话放在心上。一日在营中无事，他撑船过了草荡，又来到固晋。

这一次粟裕正伏案查看全国地形图。

这个时候，苏中敌后抗战的形势，新四军由被动防御转化为主动出击；由局部反攻向全面反攻过渡。

然而全国形势却不容乐观。自 4 月以来，日军在河南发起战役，国民党 40 万军队溃败之后，日军又在湘北沿粤汉铁路向湖南发动了新的进攻，占领长沙等重要城市，随后又猛攻衡阳。两人谈话中，免不了要说及衡阳的战事。

粟裕忧虑地对施亚夫说："衡阳这一带地形很好，有利条件很多，现在鬼子正在进攻，如果决心守，还是能打一气，能够守住，就怕国民党不想守，那就完了。"

这话说了不到半个月就传来衡阳失守的消息。国民党高层没有打算守衡阳，他们给第十军方先觉将军的命令只是坚守 10 天到 2 周时间，没有给方先觉援兵。方先觉孤军奋战，坚持了 47 天，毙伤日军 1.2 万多人。

粟裕关注全局，料事如神，施亚夫内心对粟裕的敬重又增一分。

一次聊天，粟裕问施亚夫："红十四军打仗时，对伤员是怎么办的？"

施亚夫说："我们的赤卫队，是土生土长的群众，军民关系很亲密。战士挂了花，群众很快会赶来救护，还赶紧帮助隐蔽伤员。"

粟裕点点头，说："军民关系密切确实是克敌制胜的法宝。还有就是一定要选一个好的司务长，把供给搞好，让战士们吃饱穿暖。对司务长要求一定要严格，他的工作做好了，战士才能得到照顾。"

这一时期有一架 B-26 重型轰炸机在轰炸日军吴淞口军港时被日军地面火力击中，飞到盐城建湖县时被迫弃机跳伞。机组人员一名遇难，5 名飞行员幸存。当时美军飞行员的处境十分危险，他们降落的地点离日军射阳据点只有一公里，据点内的日军已出动搜捕他们。张爱萍三师所属盐阜独立团和建阳大队以牺牲 4 人的代价将飞行员救出。张爱萍派人将飞行员送到一师，由一师送往黄花塘军部。

美军飞行员机长是一位中校，叫萨伏埃·雷蒙。自太平洋战争爆发后，雷蒙来华作战，驾驶着重型轰炸机对上海至南京一线日军重要军事目标执行轰炸任务达数十次。

粟裕派复旦大学毕业的林时序担任翻译，严振衡、王重负责接待工作。这五个飞行员在师部住了几天，粟裕接见了他们，为他们开了欢迎晚会。几天后粟裕派严振衡和林时序护送美军飞行员至黄花塘军部，并给了他们一张苏中敌我分布图，解放区用颜色标出，告诉美军以后若是飞机坏了可以在这些地区放心降落。

美空军有没有采用这张地图不得而知，但之后确有几次美军飞行员落入苏中、浙东，并得到了苏中、浙东抗日军民的成功救助。

美空军飞行员频频获救说明美军对日军攻势的规模越来越大。这从某种意义上说是一个好的信号，意味着大反攻的日子不远了。夏季攻势过后，粟裕于9月份又发起持续45天的秋季攻势。

此时世界反法西斯战争已进入大规模战略反攻阶段，欧洲战场上希特勒处于东西夹击的困境之中，亚洲战场上日寇也是穷途末路。美军已准备在中国登陆，并向延安要求八路军、新四军配合作战，华中局已经接到毛泽东电报，开始布置吴淞、宁波、杭州、南京间，特别是吴淞至宁波沿海及沪杭甬铁路沿线地区的工作。

到了10月，华中局饶漱石等领导根据中央的指示决定派第一师主力过江南下，向苏浙地区挺进，指挥人选则根据中央的意见由叶飞、朱克靖担任。粟裕闻讯致电华中局和军部，请求由他率领苏中第一批主力部队执行南进任务。

粟裕南进有其优势。他在苏浙地区先后有抗日先遣队、浙南三年游击战争、新四军先遣支队和江南指挥部几个阶段的经历，对那里的地理、民情较为熟悉。而且粟裕过长江到苏中后仍一直关注着那里形势的发展，保持有与浙东的海上通道。1942年日军发动浙赣线战役占领金华、兰溪、进贤、东乡等大片地区后，粟裕曾向华中局和军部建议增派部队向浙江发展。后来华中局派谭启龙、何克希等到浙东领导浙东工作时，粟裕积极给予多方面的支援，并从部队中抽出几个曾经在浙江打过游击的得力干部如张文碧、刘亨云随何克希前往。现在活跃在江南的王必成、陈铁君、张文碧、刘亨云都是他的旧将。

粟裕的请求受到了华中局和军部的重视，他们回电表示同意，并将情况及粟裕的建议电报发给延安毛泽东、刘少奇并报陈毅。

那些日子里，施亚夫依旧常来。粟裕忙，施亚夫就默默地离开；粟裕不忙，两人总要聊聊天。

粟裕在苏中发动的夏、秋两季攻势，在南线“清乡”区及“清乡”区边缘进行反据点作战，前后攻克、逼退日伪据点60余处，共歼灭日伪军3000人以上，其中含日军中队长以下近800人。

到1944年10月，四分区则取得了反“清乡”斗争的决定性胜利，经过一年零七个月的艰苦斗争，此时不仅恢复了“清乡”以来被日伪占领的地区，而且使根据地有所扩大。日伪的“扩展清乡”、“强化屯垦”宣告破产。1944年初设立的伪苏北屯垦总署，也于11月1日被迫宣布取消。

第五十一章
着手南进，发展东南负重任

1944年初秋，对粟裕个人来说最开心的是儿子粟戎生从扬州来到固晋。因有被敌人发现的迹象，粟裕的岳母亲自把不到两岁的戎生送到粟裕身边。这是老人家第一次见到女婿，粟裕第一次见到自己的儿子——虎头虎脑，很可爱。儿子正长个，身上衣服太小了，实在不能穿，而且过冬的衣服也没有。粟裕就带着儿子来到供应部说明情况，领取一块布料，给儿子做了一套过冬的衣服。

不过粟裕并没有多少时间陪伴老人和儿子。当时华中局、军部确定新四军发展方向是西进和南下，其中以南下为主要任务，为以后收复南京、上海、杭州等大城市创造条件。当首批南下苏浙的部队确定由粟裕挂帅后，他开始着手南进的准备工作。

粟裕把侦察科的严振衡叫来，要他带上3部小电台和江南的地图，提前观察仪征、六合之间的情况，要24小时不间断地观测江面和两岸敌人的活动，包括日伪舰艇船只往返的航速、路线、次数、巡航方向和岸上敌军活动状况，实地勘察长江各段的流向、水流缓急、潮汐起落等水文规律，尤其要摸清北岸的船运情况。他要严振衡执行任务时一不准惊动兄弟部队，二不准惊动地方政府，三不准惊动老百姓，完成任务后不必回来报告。等定好日子，粟裕到时会与他们会合。

粟裕将七团、特务一团、特务四团调至三仓、曹甸等地集中整训，让秦叔瑾翻印苏南和浙东五万分之一的军用地图；派得力干部先行南下，建立从上海经无锡至长兴的比较安全可靠的运输线；亲自选调干部，提前送他们到新四军军部学习；派张日清秘密从上海采购用来制造小口径迫击炮的无缝钢管，又找到军工部负责人李湘涛，并和李湘涛到海上动员，要求军工部做500门小钢炮，5000

发炮弹。军工部的工人们积极性很高，想方设法克服一切困难，努力完成生产任务。当时海上不能翻砂，岸上的同志积极配合，搜集了废铜烂铁到离敌人据点较远的地方，迅速架起翻砂棚，船在海边等着。一翻好毛坯，就用牛车运到船上，在海上刨、车、铣，制成武器。

一个艳阳高照的日子，粟裕正在师部忙碌，固晋村村长乐立伟来到师部。粟裕看乐立伟来了，十分客气，又是递烟，又是让座倒茶，笑着问："乐村长来有什么事吗？"

乐立伟与粟裕是老朋友了，憨憨一笑，说："有这么个事，村民响应军区扩军号召，我们固晋村报名参军的有很多，我们村干部经过目测后，决定选送乐廷善和乐振田两个最优秀的青年。这一人参军，全村光荣。别的村庄都是给参军青年披红戴花，然后敲锣打鼓，吹吹打打，骑马在周围几个村庄转上一圈，以示威武、荣耀，然后热热闹闹送到区政府。我们东头的兴隆村没有马欢送参军的，就用两头骡子来代替。但我们固晋村是个穷村，不要说骡子，就连驴子也没有一头。怎么办呢？有人说：找不到，就让参军的人跑去吧！有的说：不行！我们固晋不能落后于别的村，还是大家想想办法。又有人说：办法是有，到部队去借，就要找和粟裕师长熟悉的人去谈才行。大家一致推选我来，说我和师长关系好。"

粟裕明白来意，一口答应，立即让警卫员将饲养员叫来，让他准备两匹马。

乐立伟不好意思地说："师长，我们都是种田人，没有用过马，见马还有点害怕，请您选两匹老实些的马……"

"放心，放心，"粟裕对饲养员说，"把我骑的那匹枣红马借给他们，再挑选一匹好马，喂饱了，下午你跟他们一起去。"

乐立伟眉开眼笑，得意而归。

到了下午，那饲养员牵着两匹马离开师部，傍晚才回来向粟裕复命。

"嘿，可把他们乐坏了。那参军的两个小伙骑上这高头大马，显得格外的英俊、神气，送行的人来了劲，锣鼓也敲得更响。别村的人问：这马是哪儿来的？他们自豪地说：看看吧，这是粟裕师长骑的马！听到的人无不羡慕眼热。"饲养员回来将路上情景在师部一说，师部一片欢笑。

粟裕笑眯眯的，他的桌上摆着几份报纸，一分区的《人民报》、三分区的《江潮报》、师部的《苏中报》，上面报道的都是根据地群众踊跃参军的事例。

据统计，兴化县5天内动员了500名新兵入伍；如皋县薛蔡乡一次就动员73个青年参军；泰兴在不到10天，就有1045名青年身体检查合格加入主力部队。宝应县有个老太太已送两个儿子参军，又将自己最小的儿子与侄子送来参军，说："到新四军队伍里我放心，我们和新四军是一棵大树的根上长的。有国才有家，抗战胜利才能过好日子。"苏南日伪"清乡"区内有些群众，也渡过长江投到抗日部队来，他们说："不愿被鬼子抓去当壮丁送死，要参加新四军一起抗日。"这是苏中区掀起的大参军的群众性热潮。在各地农村中，几乎到处可以看到妻子送丈夫、父母送儿郎的动人场面。

参军热潮后是练兵热潮，主力、地方武装、基干民兵迅速掀起以提高射击、投弹、刺杀和土工作业四大技术为主的练兵热。"平时多流汗，战时少流血"的口号就是那时提出来的。

一天，粟裕约陈丕显去一个主力团视察军训情况，为了了解更多的实际情况，出发时，他说："不要惊动团里的负责干部，直接下到连队训练场地。"

两人带了几名随员，一早就出发，刚收割的晚稻田里留有一层厚厚的寒霜。

粟裕和陈丕显来到训练场，只见训练场上战士们生龙活虎，喊杀声震天。有的练投弹，有的练刺杀，有的练瞄准，尤其是练攀登障碍物的战士们个个都像下山的猛虎一样。

训练场上的干部一看是粟裕和陈丕显亲临现场，赶紧过来迎接，同时准备集合战士迎接他们。粟裕摆摆手，让战士们继续操练。

粟裕向在场的一位连长询问："队列中那位身体健壮、刺杀动作标准有力的战士是哪里人，哪年入伍的？"

"报告师长，那位战士是三年前一次战斗中俘虏解放过来的伪军，是靖泰地区人。"

"解放过来的同志在连里有多少，他们有些什么主要特点？"

"全连有四分之一。他们自从参加新四军后，逐步树立了抗日保乡、为劳苦大众当兵的思想，大多数人军事技术较好，打起仗来也很勇敢，只有少数人还有些旧习气，在这方面连里正抓紧政治思想教育工作。"

粟裕听了汇报，连连点头，脸上露出了微笑。接着，他走到队列中，亲手帮战士们纠正拼刺动作，对战士说："训练场也是战场，只有将民族仇恨凝聚在刺刀尖上，刺出去的枪才会更加勇猛有力。"连队干部、战士深受鼓舞。

陈丕显在一旁听战士们悄声议论。一个战士说："能当粟司令指挥的兵，我就是今天'光荣'了，全家都高兴。"

粟裕在基层看到，官教兵、兵教官、兵教兵一派积极备战的场面，有的采用沙盘作业、民主评议等方式，检讨和总结过去实战中的战术、技术经验及教训，提高战斗和指挥水平；有的单位评选出许多神枪手、爆破手、孤胆英雄，用他们的事例讲课，现场传经，并开展各种立功竞赛，搞得热火朝天。

固晋邻近的几个村庄，几乎每天都能看到民兵练兵的场景。他们有的拿着枪，有的用木棍、大刀、红缨枪做武器，在晒谷场上练习刺杀，到处可以听到"一、二、一"、"杀、杀、杀"的操练声。还有的用木头做的手榴弹进行投掷比赛。民兵自卫队员中，有男有女，有许多是父子、夫妻一起列队操练。还有一些儿童团员把木棍当枪插在腰间，跟在大人后面喊口号。

11 月 2 日，粟裕向华中局、军部发电，认为苏中区仅各县、区武装即可担负原地坚持任务，苏中区抽调部队除主力团外，尚有五到七个团可以机动，建议军部派出更多的兵力南下。

12 日，粟裕和副师长叶飞到淮南华中局、新四军军部开会。会上，军部负责人饶漱石宣布中央已批准华中局的部署，由粟裕先率领第七团、特务一团、特务四团三个团 7000 余人及从中央、华中局、苏中区党委抽调的干部 399 人首批南下，会合十六旅、浙东游击纵队发展苏浙敌后战场。

当时有消息说，日军面临盟军的强大反攻，拟抢先解决中国问题，甚至准备在中国大陆与英美决战。中共中央根据当时的形势，估计对日战争时间可能延长，因而对发展的部署也作了较长期的打算，准备由谭震林、叶飞相继率第二、第三批主力南下，必要时再组织后续南下梯队。

粟裕回到固晋，立即按照军部的部署抽调部队和干部。陈丕显既高兴又难过：既为根据地要向长江以南延伸、扩展，为迅速发展的大好抗战局面欢欣鼓舞，又为亲密无间的好领导、老战友粟裕即将离开苏中感到依依不舍。但陈丕显不形于色，和粟裕一起迅速开展南下的准备工作，他抽调了大批地方干部，筹集了大量军需物资，支援向南发展。

此时预定南下的各部队已分别在三仓、曹甸等地集中整训了两个多月，开展军事大练兵，进行形势和政策教育，整顿了组织，补充了兵员和武器弹药，补发了服装和全新的皮制子弹袋，做到齐装满员。为了适应南方山地作战，南下的每个连队又装备了3门自制的52毫米小炮，各营成立了装备有自制73毫米迫击炮和重机枪的机炮连，各团则组成了有洋造82毫米迫击炮的炮兵连。与此同时，从上海等地采购的医药用品和通讯器材已运到苏中，还准备有大量法币和一些金银以便必要时在新区使用。

12月2～4日，苏南的王必成、江渭清发来电报，说国民党集中6个团的兵力统一归六十二师师长刘勋浩指挥，进攻广德、长兴地区，王、江二人拟集中10个营突击歼其一路，打退顽军进攻。那一带正是此次南下的目的地，粟裕回电要他们集中兵力歼灭薄弱的一路，机断处理。5日，苏中成立南下司令部，为保密对外称“练兵司令部”，由刘先胜负责。粟裕从师部调作战参谋严振衡、管理科的王重、通讯科长兼电讯大队长李景瑞等人加强司令部力量，又要秦叔瑾从测绘室选业务较强的20人随其南下。当天，粟裕离开固晋前往淮南。

粟裕从师部抽走干部后，留守的机关有点冷清。不只是师部是这种情况，七团、特务一团和四团也向根据地和留守部队调干部、调枪。一些刚刚发展起来的地方部队被编并后只留下一些凑凑门面，站站岗。去的人充满信心与热情，兴高采烈，留守的人员一看好点的东西都被拿光了心里也不高兴。

粟裕心里不安，启程前叮嘱叶飞、陈丕显、管文蔚等几位负责人，说：“此次奉命南下，除带走一师部分指挥机关人员和3个主力团，还有300多名地方党政干部与我们同行，苏中根据地这个大摊子，就托付给你们了。根据党中央和华中局的战略意图判断，南下是个大动作，还会继续从我们苏中抽调相当数量主力跟进，对这一条也应有充分的精神和物质准备才好。部队的钟期光、刘先胜、陶勇、阮英平、彭德清等领导同志及地方的惠浴宇、陈扬、周林等同志都是首批南下的，到了军部，还打算把派在党校学习的彭冰山等同志也带到南边去。苏中党政军各级应尽早将领导人员充实配备齐，主力和地方武装还要加紧扩大，切不能像俗话说的那样‘拆东墙补西墙’，那我可不好交账啊！”

粟裕身负重任，挥戈苏浙，这是华中大棋盘上的金角加银边，已够他操劳的了，但他念念不忘苏中根据地日后的建设。他和叶飞、管文蔚一一握了手，最后对陈丕显说：“阿丕同志，叶飞接任区党委书记后，军事上他要负全责，区党委工作还是你主持常务，有什么大事就跟过去一样，多和大家商量商量，相信担子再重也压不垮你的，年轻人嘛！”

叶飞、陈丕显一直陪着粟裕一行，出了固晋村又步行了好一会儿。粟裕再三劝大家留步，最后见劝不住，就骑上马回过头来与送行的人挥挥手，随即手抖缰绳，两腿一夹，奔向前方。

离开固晋的队伍中有一个叫蒯斯曛的人，比粟裕还大一岁。蒯斯曛是上海复旦大学毕业的，毕业后在上海当过文学杂志编辑，出版过短篇小说集，通好几门外语。他是这年秋天才调到粟裕身边担任秘书的。他到固晋没多久，就跟随粟裕离开固晋踏上南进之路，开始他人生中最辉煌的岁月。

第五十二章
挥戈苏浙，千里挺进创奇迹

此次南下兵分东西两路，东路由刘先胜、陶勇、阮英平率特一团、特四团和机关后勤，从江都大桥地区嘶马、大桥间渡江，经丹（阳）北、句（容）北南下。西路由粟裕率领的指挥部、三旅七团及 300 多名地方干部从淮南出发，在仪征、东沟（六合城东南）间渡江。

1944 年 12 月 26 日，粟裕率领西路部队进至离长江边约 15 公里叫小营里的村庄宿营，与之前派出的严振衡会合。严振衡向粟裕汇报了他两个月来的侦察情况，建议把封船时间定在下午 3 点和 4 点之间，晚上过江。粟裕同意了严振衡的渡江方案。

27 日下午 3 点，严振衡带人把附近港口的船封起来，但数量仍不够，黄昏时他驾船到长江上去，见船就拦，拦住了就跟人家租。天黑之前严振衡征集到 20 多条船。

粟裕将西路军分成 3 个纵队，左纵队由七团新任团长贺敏学率领，中央纵队由七团政委彭德清率领，右纵队由七团副团长张云龙率领。当天晚上队伍秘密向长江边集结。

粟裕的指挥部只有 40 多人，一部电台，跟随中央纵队出发，妻子楚青和儿子戎生也在队伍中。出发时军需官黄志远发高烧，马都骑不了，骑上去就摔下来。黄志远是粟裕从军部特意调来的军需官，带有几百两黄金，还有一部分银元和一笔国统区用的钞票。

粟裕闻讯前来看望黄志远。他来到黄志远身边，摸摸他的头，轻声说："温度很高。"黄志远躺在担架上，想到自己也是生龙活虎的悍将，却因为病魔成了部队的累赘和麻烦，深感内疚和不安。粟裕安慰黄志远说，不能骑马就坐担架跟随大家过江。

从李营到长江边只有30里地，不到2个小时，机关和部队到达长江边。

这个地方叫沙窝子，处仪征、东沟之间，是长江边上一个不出名的小地方，对面是龙潭，一个很小很不起眼的码头。

大部队偷渡敌人严密封锁的长江天险是部队南下面临的第一道难关，也是风险最大的一关。日伪对长江封锁很严，舰艇在江中昼夜巡弋，沿江据点林立，警戒严密。日伪又严令所有船只白天凭条出港，晚上进港封存，各种船只被日伪控制不易征集。时值冬季，长江水位低落形成宽阔的泥滩，除了码头，船只不能靠岸，人马也难于徒涉。于是粟裕选择了龙潭这个小码头作为登岸地点。

龙潭西靠汪伪首都南京，东邻伪江苏省会镇江，是日军华中派遣军第六十一师团和汪伪第三军的辖区。南京、镇江都有日伪重兵驻守，两地之间的龙潭、下蜀、高资都是日伪重要据点，铁路与江岸并行，中间地带很狭窄，地形不利；天寒地冻，河湖结冰，部队行动不便。但也正因如此，敌人想不到新四军敢在此刻从他们眼皮子底下通过。地点、时间都出敌不意，最危险的地方恰恰成为最安全的地方。

为防意外，粟裕在岸边预留了担任警戒和掩护的足够兵力。现在征集的20多只木船摆在江边，等着把南下的部队运到长江南岸。

此时江面和两岸一切正常，但严振衡担心对岸情况，向粟裕建议由他带两只船先行过江探路，粟裕说：好，就这么办。

侦察分队和一个加强排在严振衡的率领下先行出发。他们除了长短武器，每个人手中还有一支短把铁锹，既可以用来修工事，又可以当桨划船。在夜幕的掩护下，先头部队上了船向对岸划去。

粟裕及身后无数双眼睛目送着他们远去，黑夜里看不到什么，只听到江水拍岸的声音。

这年冬天苏北特别寒冷，临近渡江日子又下了一场大雪，更是平添几分寒气。入夜之后朔风凛冽，天寒地冻。

粟裕身穿一件黑色短皮夹克，头戴棉军帽，站在江边注视着烟波浩渺的长江，不时从口袋里掏出怀表看时间。冷月清光下，粟裕的神情从容、沉稳。

良久，对岸一直无声无息，没有枪声，没有爆炸产生的火光。侦察分队已悄悄在龙潭水泥厂东边的小码头登岸，并把十几个厂警稳住。

严振衡是粟裕司令部办事能力最强的人之一，为保证大部队过江，他花了两个月的时间做了很完善的渡江方案供粟裕参考。但他这次百密一疏，出发前没有和粟裕约定联络的方法。

粟裕等了很久，不见对岸发送安全信号，也没有一点异常现象，就果断下令部队开始行动。

部队和地方干部上了船，黑夜里，2000多人忙而不乱，秩序井然。随后20余艘船悄悄地驰过大江，靠上南岸的小码头。那些被侦察兵看管的厂警一看突然冒出这么多装备齐整、威武雄壮的新四军部队，吓得目瞪口呆，默不作声！

这是粟裕第二次渡过长江。上一次是北渡，这一次是南下。

踏上南岸坚实的土地，粟裕松了一口气：已过了此次南下风险最大的一关。

过江后，紧接着是穿过京沪铁路封锁线，同样不可马虎。这里西边就是日伪统治核心——南京，如被发现，日军会利用便捷的铁路出动守城部队，甚至动用空军不惜一切代价追击过江的新四军部队。这样不仅会造成损失，而且暴露战略意图后会导致更严重的后果。

过江后，粟裕同接应的丹北、茅山地委，江（都）镇（江）工委的领导同志和十六旅派来联络的参谋见了面。由于人多船少，来不及运送第二次天就快亮了，剩下一个营只能等第二天晚上渡江。粟裕连夜在下蜀与龙潭之间穿过京沪铁路，从句容城东悄然而过。这时天已大亮，久违的江南大地重新出现在粟裕的眼前。

四年前，粟裕和陈毅在京沪沿线日伪统治的核心区打游击本已十分艰难，还时常受当时国民党军及所属游击部队的威逼，最后为顾全大局，两人迫不得已将主力转移到江北。现在粟裕率部重返江南，以建往日未竟的抗日大业，倍感兴奋。

粟裕如同返乡的离人，亲切地打量着久别的江南大地。未几，重逢的喜悦迅速黯淡。苏南抗日根据地受日伪顽破坏极为严重，敌人用军事、政治、特务等多种手段摧残根据地抗日力量，使得这一抗日根据地元气大伤一直没有得到恢复。江南向来是有名的富庶之地，但却因为日伪长期的烧杀掳掠，当地经济已被完全破坏。沿途所见满目荒凉，到处是衣不遮体、食不果腹的群众。

在敌人多年摧残下的句容县百姓突然见到大批军容整肃的新四军主力部队浩浩荡荡开来，惊喜万分，奔走相告，纷纷自动带着干粮要求挑担送行。有的是兄弟父子一起来，有些地方全村全家劳力都来了，实在争不到任务的几百民工，几经劝说仍不肯走开，他们希望扛着扁担同子弟兵并肩伴行。

黄志远躺在担架上向南开进，江南老区人民对新四军的深厚感情让他激动不已。他与粟裕不在一起，但一到宿营地，大家又住在一个村庄内。黄志远躺了两天，已经可以行走了，借宿营机会，有时间就到粟裕住屋里去看望他。粟裕见到黄志远，总是笑眯眯地问他身体好些了没有，亲切地关照他好好休息。

黄志远流露出一些工作上的顾虑："部队南下后，时值春节前后，苏浙皖边是山区，历来粮食生产不足，要闹春荒，这么多部队的粮秣给养实在是个大问题。"

粟裕开导他说："我们到长兴后，与苏中首批渡江的同志加上苏南的十六旅，组建苏浙军区，由罗湘涛同志任供给部长。他是湘鄂赣边的财政部长，是供给工作老前辈。地方财经工作是李建模同志负责。还有一批地方干部随军南下，苏中党校本期结束后也会分配来一批干部。供给工作要依靠地方党政机关，大家一起动脑筋，想办法。我们会合后还要研究许多事情，包括部队后勤供应方面的问题。"

经粟裕这样一说，黄志远内心的忧虑少了一些。

31日，粟裕和西路军到达溧阳县一个叫陶庄的村庄。粟裕让部队在此休息三天过元旦。

这一带是茅山中心区，是新四军1938年初在苏南建立的第一块根据地。这是陈毅和粟裕亲自建立的。粟裕想起初到江南时老百姓不了解新四军，对他们不理不睬，门户紧闭，有的村庄还枪炮相向。不过现在不同往日，老百姓知道新四军是人民的军队，他们热爱新四军。他们在日、伪、匪、顽的骚扰压榨之下生活艰苦，但还是想尽办法热烈欢迎和慰问子弟兵的到来。有的村子群众还搭起彩门，墙上贴满红绿标语。当战士们从敲锣打鼓夹道欢呼的人群中通过时，个个精神抖擞，步伐矫健，连续行军的疲劳顿时消失。

三天后部队继续前进，经上兴埠、周城、庙西，于6日到目的地浙江省长兴县仰峰岕，十六旅官兵举着火把为南下部队照明。在仰峰岕的一座古朴的老宅前，十六旅旅长王必成、政委江渭清、参谋长陈铁君、四十八团团长刘别生等人静静等候着粟裕。他们一个个以庄严的军礼将他们的师长迎进老宅。

老宅是砖木结构，前后两进，左右两侧屋，共有大小房间几十间。这座老宅就是当时默默无闻，后来却为世人广知的沈家大院。司令部秘书处、参谋处、作战科各单位当即入驻沈家大院。寂寞的沈家大院一夜之间将星云集。

到仰峰岕后，军部发来联络延安的通讯文件，约定每晚 8 点钟定时联络，用频 80 兆赫。通讯科李景瑞立即作了安排。他们担心距离远、信号弱，联络困难，所以给电台换了新电池、新电子管，又擦洗了马达。到了晚上 8 点，他们收听了 10 多分钟后，即听到延安台呼叫。为了顺利沟通联络，通讯科的战士们准备用加高天线高度的方法，来增强发射功率。他们连夜上山砍了特别高大粗壮的毛竹将天线重新高架，并对准延安方向。当晚与延安顺利建立了联络。

中央军委电令成立苏浙军区统一指挥江南、浙东部队，任命粟裕为军区司令员，谭震林为军区政治委员，刘先胜为参谋长。为保密，苏南王必成的十六旅称第一纵队，浙东部队称第二纵队，和粟裕、陶勇一起南下的七团、特一团、特四团称第三纵队，苏中第二批南下部队到达后编为第四纵队，司令廖政国，政委韦一平。

谭震林正在津浦路西淮南地区指挥反“扫荡”尚未动身南下，刘先胜则正在南下的路上。他与陶勇率东路特务第一、第四团和机关后勤过江后分别从日伪新丰据点中及陵口附近通过运河和铁路南下，于 15 日到达长兴地区与粟裕会合。

陶勇、刘先胜和东路部队抵达长兴与粟裕会合后，粟裕悬着的心终于放下了。

此次 7000 多人的队伍从江苏的最北部南下，在日伪的眼皮底下越过长江天险，通过日伪一重又一重的封锁线，行程千里，到达江苏的最南部，进入浙江境内，做得神不知鬼不觉，毫发未损，实乃中国抗日战争史上一大奇迹。

奇迹的诞生与沿途地方党政干部的大力支持是分不开的。接到命令后，长江两岸各地方党政干部充分发动群众，千方百计征集船只，还巧妙地调用了两艘日商轮船。他们积极为新四军提供向导、民工、粮草和宿营地，还做伪军工作配合新四军过江。东路军从新丰据点过运河时，该处伪军头目把日军“邀请”到据点里面吃喝作乐，把大部分伪军拉到野外，只留少数伪军在岗哨上，实际是为新四军大部队通过做警戒。人民群众的爱国主义精神和对新四军热情、无私的支援，是新四军获得胜利的根本保证。

这一奇迹的发生也与组织者粟裕息息相关。

此次过江地段是粟裕派人通过征询各级干部和沿江居民、船工、渔夫的意见，实地勘察流向、水速、潮汐起落等水流规律，查阅水文资料后才选定的。地点确定下来后，粟裕又专门指示在上下游各延伸数十公里地段，从南京到江阴间，每数公里设1个观测站，24小时不间断观测、侦察江面和两岸敌人的活动，包括日伪舰艇船只往返航速、巡航方向、路线、次数和岸上敌军活动状况，切实掌握了敌人活动规律后最后选定过江时间。过江在时间和地段上做到了出敌不意，确保了万无一失！

既已抵达目的地，粟裕即开始着手建设苏浙军区的工作。

粟裕是苏浙军区的司令，担负着领导新四军在东起浙东、西迄皖南、北自长江、南达天目山地区开辟苏浙军区的任务。他又是中共华中局的代表，全面领导苏南、浙西、浙东三个地区的党委工作。还有民主政权建设、统一战线、策反锄奸、后勤保障……方方面面的工作任务都压到了37岁的粟裕身上。

第五十三章
东进敌后，反顾自卫取孝丰

这一年浙北山区的冬天很冷，常常漫天飞雪，长兴县槐花坎一带的山坡早已被积雪覆盖起来。

在地图上，长兴县不过是一个小点。现实中这个地方处在层峦叠嶂中，山高林密，地形险要。进可攻，不论向东、向北，下山之后即是一马平川；退可守，莽莽群山是最好的藏身之所。这里北面是南京，东面是杭州，东北方向是上海，这些地方只需几天即可到达。也因为如此，这里成为苏浙军区的指挥中心。

1945 年 2 月 5 日，苏浙军区在温塘村举行成立大会。之前天气一直不好，然而这天天气晴朗，太阳出来了，天上只有一些淡淡的云。山野尚有残雪，天气干冷干冷的。

粟裕从沈家大院骑马到达王必成旅部外面的大操坪时，那里已是人山人海，热闹非凡。青松翠柏装点的主席台上面有一条红色横幅，写着“苏浙军区成立大会”八个大字。会场两侧挂满了各地党政机关和人民团体祝贺军区成立的锦旗。“打倒日本帝国主义！”“抗战到底！抗战必胜！”的红绿纸标语布满会场周围。

主持大会的是参谋长刘先胜。当他宣布大会开始时，鞭炮齐鸣、锣鼓喧天，几十名司号员齐声吹起军号，响彻云霄。

粟裕、刘先胜和一纵队司令王必成、政委江渭清，三纵队司令陶勇、政委阮英平和苏南行政公署吴仲超主任绕场检阅部队。接受检阅的是一纵、三纵的队伍。一纵还将他们在杭村伏击日军缴获的九二式步兵炮抬了出来放在最前面接受检阅。当时二纵孤悬浙东地区，四纵尚在苏中。

苏浙军区范围包括苏南、浙西、浙东三个区域，苏南区指江苏长江以南以及皖南的宣（城）郎（溪）广（德）和宣（城）当（涂）芜（湖）地区；浙西区指浙江的钱塘江、富春江及其上游信江以西以北地区；浙东区指钱塘江至信安江东南、瓯江以北地区。当时挺进苏浙敌后的具体任务是深入苏南工作；打开浙西局面；打通与浙东联系。

粟裕在主席台慷慨陈词："今天军区成立大会的意义，不仅在于检阅我们自己的力量，而且是向苏浙人民宣誓，我们将竭尽一切力量，完成准备反攻，驱逐敌寇，争取抗战胜利的重大任务。我们要积极响应中央提出的'扩大解放区、缩小沦陷区'的号召，准备在战略反攻中实现破敌、收京、入沪的战略任务。"

苏、浙两省物产丰饶，经济文化发达，是敌顽我三种力量重点争夺的地区。这旦存在错综复杂、尖锐微妙的斗争。日、顽都想制服对方，又都想利用对方打击和消灭新四军。新四军向敌后发展，既要打击日伪，又要警惕和防止日顽的夹击。这种斗争又因当时国际反法西斯斗争胜利发展形势而更加复杂：美国采取扶蒋压共的方针；日军迫于太平洋战场的压力而实施对蒋又压、又诱其策动内战的方针；国民党顽固派则乘机对共产党方面施加压力，并集中精锐部队驱赶新四军。

苏浙军区成立大会后，一纵和三纵指战员根据指令立即整理行装准备出发。2月10日晚，一纵向浙西莫干山区挺进，三纵七支队向广德以南柏垫以东地区为一纵担任侧翼掩护。

王必成的一纵徒涉拇溪河，沿途积极打击日伪，粉碎交溪、梅溪等地日伪军的阻挠，连克和平、妙西、线溪、三桥埠、戴村、迎铺等日伪据点，刘别生、罗维道的一支队光复德清县城，吴詠湘、丁麟章的二支队光复武康县城。日军因为不断抽调老兵到太平洋打仗，守卫这一带的多是新兵，而且主要力量是伪军，所以王必成的部队进入莫干山区没有受到太大阻碍。

一纵出发后两天是春节，粟裕让机关里一些非要害部门放假三天。他则不声不响，一个人对着地图久久琢磨。粟裕关心着东边一纵情况的发展，更密切注视着西边第三战区国民党军的动作。

这个时候浙江境内的日军正在加强沿海防御，他们放弃永康、丽水、衢州一带，驻守在杭州至金华沿线，对其余地区无力顾及。浙西天目山脉以北宣城、郎溪、广德、安吉和天目山脉以东余杭、富阳等县城及较大的集镇虽仍被日伪占领，但日伪基本上是只守不攻。所以粟裕判断，挺进敌后后，要防备的主要是西边的国民党第三战区。

国民党第三战区总兵力不下30万，因制造“皖南事变”而臭名昭著，长期执行消极抗日、积极反共的政策。他们与日伪“勾搭默契和平共处”，甚至曾经提出“变匪区为沦陷区”、“宁可让与日本，不可让与匪军”的口号。1943年还以三十二集团军副司令陶广为总指挥，调动14个团的兵力“围剿”十六旅，扬言要制造“第二个皖南事变”，“打死王必成，活抓江渭清”，并把信件和传单送给溧水城内的日军，声称“只打匪军，不打皇军”，“中日停战三个月，合力剿共”。

12日，大年三十，参谋长刘先胜急匆匆带着谭知耕、张日清发来的电报告知粟裕：七支队在广德以南一个叫上堡里的地方突然遇到顽军攻击！

顽方得知一纵进入莫干山后，顽二十八军立即命令六十二师师长刘勋浩“乘匪离巢之际一鼓捕捉而歼灭之”。刘勋浩认为移往莫干山的一纵回援七支队至少要三天以上，若用五个团兵力夹击七支队，“两天解决，绰绰有余”。于是刘勋浩率六十二师全部、“忠救军”一个团、浙江保安部队一个团经孝丰及其西北向第七支队突然发起进攻，计划先吃掉七支队，然后切断一纵归路，歼灭一纵主力。

过年的喜气被一扫而光，司令部的气氛陡然紧张起来，上上下下的注意力全集中到七支队所在的那个叫上堡里的地方。

攻击七支队的是国民党第三战区“忠救军”的一个团。“忠救军”全称是“忠义救国军”，前身是由军统局戴笠和上海青帮头面人物杜月笙合作组建的别动队，负责配合国民党军对进攻上海的日军展开情报搜集、破坏、袭扰、暗杀等特务活动。上海失守后，“忠救军”撤到郊县和浙江天目山区。该部受过正规军事训练，配有美式装备，善于游击和山地作战。

顽军进攻是意料中的事，谭知耕和张日清率第七支队当即奋起还击。七支队是赫赫有名的“老虎团”，“忠救军”号称“猴子军”，都是国共双方的精锐部队。双方一交锋即厮杀成一团，上堡里的阵地多次易手。七支队四连指导员汪德恕，紧密配合连长指挥全连多次打退顽军进攻。当顽军再次攻击时，他跳出工事带头冲锋。一颗子弹从他口中穿过，牙齿打掉了，鲜血直流，但仍忍痛冲锋，再次把顽军打退。

七支队将顽“忠救军”击溃后，一部进至孝丰北之阳岱山、景和里一线。14日，再次在孝丰北击退“忠救军”。

前方战事紧急，后方的沈家大院也是一片紧张与忙碌。前方的战报如雪片一样飞来，粟裕下达的一道道命令通过电台发往前方：命第三纵队张云龙、谢云晖的第八支队，俞炳辉、李彬山的第九支队投入战斗；急调第一纵队主力越过莫干山，由东向西切断顽军向孝丰、天目山区之退路，以协同第三纵队歼灭来犯的“忠救军”。

15日，顽第二十八军第六十二师由外白羊迂回至西亩市以西的景和里，企图截断七支队归路。

六十二师是国民党中央军主力部队，装备整齐，弹药充足，战斗力较强。师长刘勋浩是湖南人，参加过淞沪会战、南昌会战、湖口战役，富有作战经验。

当天中午，三纵八、九支队在景和里、南丁岭以北与顽军展开激战。与此同时，一纵王必成得到粟裕的电报后，只留下两个营的兵力，带其余部队西移参战。

前方战事白热化，粟裕在沈家大院待不住了，他将司令部交给刘先胜负责，自己带着参谋人员、警卫分队和电台奔赴前线。

天气很坏，阴雨连绵，因无防雨设备，致使电台机器、电池受潮，已无法工作。粟裕知道后将自己收音机的电池给电台应急，并令通讯科长李景瑞赶到驻地来解决问题。李景瑞得令后风雨兼程赶到前指，凭他丰富的经验，判断机器漏电、输出不稳，当即用火慢慢烘烤驱潮，数小时后，发报机即恢复原有的良好性能。

16日晚，由于信息联络不畅，陶勇的第三纵队在王必成赶到之前即开始全线反击。三纵战斗力强悍，顽第六十二师根本抵挡不住。刘勋浩见势不妙，怕受陶勇和王必成的两面夹击，立即放弃抵抗全线溃逃。顽军大部钻入山林逃走，三纵不熟悉地形，无从下手，顽军得以脱逃。王必成的第一纵队迟到两个小时，赶到时只与逃顽尾部遭遇。

黄玉庭与王直的三支队于16日夜间向战场开进。在开进途中，三支队六连发现有队伍向相反方向乱跑，便问是哪一部分的。对方答：“是六连的。”六连长一听心里窝火：“还没有打仗连队就成了这个样子！”他大喊：“我是六连长，六连的向这边走，一个跟一个，不准掉队！”那些乱跑的兵便一个个插到了队伍里。走不多时，队伍中有人开始发牢骚骂娘了，这可不是新四军的作风，六连长产生了怀疑，他仔细辨认，虽看不清脸，却看出那些兵军帽上没有防寒护耳，心里明白过来——顽军混到自己的队伍里来了。他暗中找来各排干部，悄悄说明情况，让他们布置兵力看住军帽上没有防寒护耳的士兵，然后一面鸣枪，一面高喊："缴枪不杀！"吓得那些兵有的就地缴了枪，有的跑进路边树林里躲藏。天亮后，三支队组织部队分片搜索，陆续从森林里搜出300多人，顽军第六十二师一八五团团长也在里面。

17日，王必成的一纵参战后即将顽军击溃并乘胜追击，轻松拿下孝丰城，第二天又占领报福坛，配合第三纵队于孝丰西会歼西圩市、渔溪口、大小王坑一线之顽"忠救军"一部。残余顽军闻风丧胆，落荒而逃，向天目山和宁国窜去。电台正常工作后，粟裕命令各部夺取孝丰后追击限于报福坛、渔溪口一线。王必成与陶勇按令行事，巩固阵地后，他们审问了俘虏，然后带着情况及缴获的新式武器——美制的汤姆式机枪和卡宾枪赶往粟裕的前线指挥所。

通过审问俘虏得知，顽第三战区苏浙皖挺进军总部得悉一师主力与第十六旅会合，认为新四军"企图进入莫干山建立根据地后，可能进入杭嘉湖与海北地区，准备尔后协同盟军登陆作战，以争夺国际信誉"，因此令刘勋浩"迅将该匪歼灭，毋使坐大"，并令"忠救军"、浙保第二团、挺进第一纵队等部协力堵歼新四军。刘勋浩满以为以5：1的优势能轻易地把七支队吃掉，不料碰得头破血流。

顽军军纪败坏，声誉也不好，老百姓对顽军如同对日军一样，都是又怕又恨。某连在追击顽军时被宽达40米的菜园河挡住去路。眼看国民党军队正在对岸拉夫抢劫准备逃跑，随同部队一起行动的六七个老百姓脱下棉衣就跳进冰冷刺骨的河水中，利用原有桥墩和散落的竹板抢架浮桥。架桥时缺少大桥板支架，他们就硬是用肩膀当支架，扛着毛竹桥板，让部队从上面通过。

粟裕听取汇报后又试了试缴获来的美式武器，试完后赞道："好枪！"

抗战中国民党从美国获得了39个师的美械装备，这些装备主要用来装备中国远征军。可能是三战区位于国民党以前的统治中心，担负的责任重于其他战区，所以也得到了这些先进的装备。汤姆式机枪实为冲锋枪，用手枪子弹，射程比步枪近一点，但火力密集；卡宾枪属于步枪，重量不到五斤，威力大、射程远，有便于更换的弹匣和较大的容弹量，堪称当时世界上最好的步枪。

粟裕的部队自"皖南事变"以来不再享有政府财政拨款，也从未分享到国际上给予中国的援助。这是粟裕的部队"得到"的第一笔来自美国的国际援助。

粟裕让释放的俘虏给国民党第三战区司令长官顾祝同带去一封亲笔信，写道："卑职率师南下抗日，正缺武器弹药，承蒙你慷慨解囊，无私奉送俘虏1700名，迫击炮3门，重机枪12挺，轻机枪30挺，汤姆式机枪14挺及步枪700支，解我燃眉之急，真乃雪中送炭，我等万分感激。武器乃多多益善，你如愿再次相送，我仍来者不拒。谢谢！"

此战轻松攻取的孝丰地理位置十分重要。孝丰北连长兴、苏南，东与莫干山、杭嘉湖相连，西接广德、宁国，南与临安、余杭毗邻，是一个交通要冲和战略要地。这里曾六次被日军占领，老百姓受尽日军的蹂躏和国民党的肆意搜刮，怨声载道。新四军进入孝丰后，严守纪律，秋毫无犯，深受当地百姓欢迎。

第五十四章
再战顽军，各个击破取天目

天目山第一次反顽作战中，陶勇的三纵因来自平原，不熟悉山区作战，有劲使不上，歼敌、缴获都不够理想，甚至比不上晚到的一纵。

粟裕给陶勇总结说：“尽管你们战前专门进行了山地战的各方面训练，但训练与实战还有一定的差距。战士们作战中缺乏山地搜索经验，而溃败的顽军熟悉地形，大部钻入山林夺路而逃。这次作战暴露出的不只是这些问题，我们的报务员少，通讯联络差，基本上是各打各的。王必成还未到位你们就先行出动，不太讲求协同。还有情报工作跟不上，对顽军作战特点也在了解和摸索中。你们要针对这些问题做认真的总结和研究。”陶勇嘿然。

粟裕在此次反击战获胜之后命令各部只追到报福坛、渔溪口之线就停止前进的原因有三：第一，此战属于自卫反击，既然是自卫，就得本着有理有利有节的原则适可而止，不然就是防卫过当；第二，进军莫干山和孝丰后，新占领区纵横达百余里，中央和军部都要苏浙军区分出精力抓紧时间深入农村工作加以巩固；第三，从军事上考虑，天目山易守难攻。如果强攻凭险据守的顽军，必将付出较大伤亡。现在新四军拿下孝丰，估计‘偷鸡不成反蚀一把米’的顽军不会善罢甘休，第二次进攻将接踵而来。在顽军再次进攻之前，粟裕决定不主动出击，而是等待顽军再次进攻时，以逸待劳，在天目山外，于运动中歼其有生力量，然后乘胜而进，尽可能以较小代价占领天目山。

战事一息，粟裕回到沈家大院。院内的紧张气氛有所改变，食堂里加了菜，算是庆祝胜利。吃饭时通讯科长李景瑞同粟裕说，他想给通讯科三台增加人手。

通讯科的三台是电讯技术侦察台，负责截获、破译伪、顽电报。红军长征时在国民党军重兵围追堵截中总能准确地找到空隙钻出，主要是依靠电台侦察及时掌握了准确的情报。苏浙军区成立时，粟裕在司令部也成立了电讯技术侦察台，刘恋、周中昭分任正副队长，成员有张本清等人。张本清原来在军部做过这个工作，“皖南事变”后到地方工作，粟裕派人把他找到并调到苏浙军区。

这次与顽军交战中，三台侦听到大量顽军电报，但人手不够没能及时译出。粟裕问李景瑞有没有中意的人选，李景瑞说作战室的徐充不错。徐充是上海来的知识青年。他是慕名参军的，他在读中学时听说粟裕在韦岗伏击打鬼子的事迹，大为振奋，于是离开上海参加了新四军，先是在抗大九分校学习，去年 5 月调到粟裕身边做参谋。

李景瑞说：“这项工作做起来可能枯燥，需要有耐心，有时会很长时间都一无所获，而且做出了成绩也不能张扬。现在年轻人一般不会安心做这样默默无闻的工作，只想下部队去打仗。”

粟裕说：“这个没问题，我来做这个思想工作。”

晚饭后，粟裕派警卫员把徐充从作战室叫到他的办公室。

徐充来后，粟裕让他坐下烤火，一边把火盆里的火苗拨旺，一边说：“徐充同志，你在参谋处工作得很好，但现在党需要你去做一样新的工作，做技术侦察工作。你们的任务是搜集战场信息，了解敌人高层计划和整体部署，给领导机关做出决策和组织指挥提供帮助。这个工作很重要。每多找到一条情报，战斗就多一分胜利的保证，战友们就少一分流血牺牲。——党相信你，你要做好这个工作。有什么意见吗？”

粟裕说罢，用信任的期待的眼光注视着徐充。

“没有！”徐充笑了笑，说，“我坚决服从分配！”

徐充的答复让粟裕十分满意，他嘱咐徐充：“这是一个新工作，你要虚心学习，要不怕困难，要严格保密，要甘当无名英雄。技术上超过敌人，时间上赶上敌人，做到问必答、答必准。”

徐充说：“是。”

这徐充去了没几天，通讯科三台就将顽三战区司令长官顾祝同给苏浙皖挺进军总司令陶广的密令放到了粟裕的办公桌上。在密令中，顾祝同命令陶广的二十八军伺机在孝丰附近围歼新四军，粉碎新四军打通浙北和浙东的企图，严防新四军以天目山做根据地，同时又做贼心虚，自知反共的图谋是见不得人的，所以叮嘱陶广“对剿匪部队行动严守秘密勿使盟军发觉，以重国际听闻”。粟裕见到这条情报后，叫来刘先胜、陶勇、王必成等人商量发电请示军部调兵增强苏浙军区的力量。

当时浙东自兰溪、金华、义乌、东阳、嵊县、新昌、奉化、宁波以北，富春江以东全为敌占区，浙东部队所占地区不及敌占区的十分之一，急需派一部分主力前往。现在顽军第二次进攻在即，苏浙军区应付顽军进攻也颇为吃力，分不出兵力发展浙东地区。解决这个问题办法是苏北第二梯队按计划南下。

征得众将同意，粟裕于 2 月 21 日向华中局建议："希谭（震林）部及张宜友（第一师十八旅第五十二团团长）等能早南来。"但华中局据中央军委指示精神回复粟裕："谭震林、叶飞两部暂缓出动。"

原来粟裕在天目山反击时打了军统的"忠救军"，戴笠恼羞成怒，恶人先告状，告美国驻渝总部说中共在安徽、浙江发动大规模内战，美国因素因此介入，直接影响了中共中央的决策。此时正面战场形势也发生变化，日军收缩兵力停止向正面战场进攻，还先后撤出广西南宁、柳州，福建福州以及浙江的新昌、兰溪等地。中共中央原计划在粟裕南下后，再派第二梯队甚至有可能派第三梯队南下，到时新四军部也南移皖南，由陈毅主持组成"江南大营"，大举发展东南。第二梯队原计划为两路：一路由谭震林率二师五旅南下皖南，向皖浙赣老苏区发展；另一路由叶飞率一师一个主力旅南下天目山，渡富春江，与浙东游击纵队会合，进入闽浙赣老苏区。现在形势变化使中共中央决定暂缓执行大举南下计划。

为了迎击顽军的第二次进攻，粟裕带着严振衡等作战参谋和通讯科三台的刘恋、周中昭、张本清、徐充等人及警卫分队离开沈家大院抵达孝丰井村吴家道的姚家大院前线指挥部。

2 月 28 日，延安给华中局的指示仍是令粟裕应巩固现有阵地，如顽军来攻就反击之，不再主动前进。一切从实际出发，粟裕当天再致电华中局建议叶部"仍如期南来"，以利苏浙地区的巩固和发展。3 月 2 日华中局复电明确叶、谭两部暂不南下后，粟裕又发电"坚主叶仍提早出动"。他在上报华中局的电文中说："自职等南渡后，敌、伪均多方注意，长江沿线多设碉堡，职部留江北之弹药，数度偷渡未成。谭、叶固可随时出动，但长江阻隔，决非铁路、公路、河道可比。俟敌增加据点，恐长年累月亦难通过。故职等再三建议，请令叶部南来。到此后，可留宣长路北及溧武路以南之广大地区，分别集结整训。"

华中局未及回电，"忠救军"就于 3 月 6 日向新四军孝丰西北之牛山、八卦山阵地发动进攻，第二次反顽斗争爆发。华中局见再次开战，就将粟裕的电报转发中央军委，由中央军委定夺。

战事一起，粟裕当即撇开谭震林和叶飞南下之事，全力以赴指挥三军以打退顽军第二次进攻。这次进攻顽军规模和层次有所提升，第二十八军长陶柳取代六十二师长刘勋浩为前线总指挥。

陶柳是湖南醴陵陶家垄枫树下人，湖南讲武堂一期步科毕业。“马日事变”时他已任旅长，他在许克祥的指使下带兵破坏长沙的共产党机关，解除了工人纠察队和农民自卫军武装，后来升任第二十八军六十二师师长，多次参加“围剿”红军的战斗。抗战爆发后，他率六十二师离开湘西赴第三战区浙江东海前线，在金山卫、萧山一带阻击日军，后在杭嘉湖一带开展游击战，袭击日军，破坏交通，孤立、牵制日军，后晋升为第二十八军军长。抗战中，陶柳部与新四军有过合作，但摩擦更多。

此次进攻陶柳以二十八军为主力，集中 12 个团，兵分四路从西、南、东三面呈马蹄形向孝丰分进合击。其左路是“忠救军”五个团，从向孝丰西北前进；左中路是第一九二师之第一一八团和第五十二师之第一五六团，从西南向孝丰以西攻击前进；右中路是第六十二师三个团残部，从正南向孝丰进攻；右路是挺进第一纵队、浙江保安第四纵队各一个团，从孝丰东南进行包围。其进攻部署的重点在孝丰以西，骨干力量是第五十二师和第一九二师。陶柳目标是夺回孝丰，消灭新四军主力。他严令顽军各部应抱“有我无敌的决心”达成任务。

粟裕战前意图是夺取天目山。粟裕决定把战场摆在孝丰城，先消灭孝丰西顽军的主力第五十二师和一九二师，然后将顽军各个击破。消灭顽军主力后再以较小代价夺取天目山。

新四军应战的仍是第一、第三两个纵队，只增加了黄光裕的独立第二团，从数量上说基本上是以一当二，处于劣势。粟裕以黄玉庭的第三支队一部及黄光裕的独立第二团在孝丰周围担任正面守备，以张云龙的第八支队布防于孝丰西北之牛山、八卦山一带阻击“忠救军”，王必成纵队主力守孝丰，陶勇第三纵主力控制芦村地区，待机由孝丰西南和西北向西实施迂回包围，南北对进合击进至孝丰西侧之顽军。

顽军虽然以两倍于新四军的兵力四路进攻，表面上气势很盛，但其建制混杂，指挥不统一，内部矛盾重重。粟裕瞅准了他们不过是乌合之众，任凭顽军几路来，粟裕只打算集中兵力捏成一个拳头打击西面实力最强的顽第五十二师、第一九二师。

3 月 4～6 日，新四军守备部队在孝丰周围的青明山、坝山、太阳山、草明山及西北之牛山、八卦山等阵地与进攻的顽军六十二师和“忠救军”展开激战，许多阵地反复争夺。6 日晚黄玉庭、黄光裕令各守备部队先后发起反击。六十二师和“忠救军”在前一次战役中被一纵打得闻风丧胆，在作战中表现畏缩不前，不敢轻举妄动，一受攻击当即溃败。

7 日晚，粟裕下令向顽西南侧主力全线出击。芦村的三纵张日清、俞炳辉两个支队与守孝丰的一纵刘别生、吴咏湘两个支队同时出动协同作战，一南一北合击孝丰西的顽军，当即将顽军第五十二师第一五六团消灭，接着又在孝丰西南歼灭顽军第一九二师一部，并在孝丰南再次重创顽军第六十二师。10 日，顽军纷纷南窜西逃。其右路挺进第一纵队、浙保第四纵队，进至孝丰外围后观望不前，在得悉其他各路顽军溃败后赶紧向天目山回缩遁逃。

在东、西天目山之间鞍部有个叫羊角岭的地方，两边山峰陡峭，中间仅有一条山路可通，小路一边是深涧，地势非常险要，只要在这里放上一支小部队用火力封锁住隘口就万夫莫入。但顽军兵败如山倒，竟不敢在此据险抵抗。吴咏湘率二支队尾随敌后，竟不费吹灰之力夺取了天目山这个险要之地。

当时美空军一个气象组驻在天目山主峰，他们没有走。一纵队先头部队一到，美国人就送来名片，要求会见新四军高级指挥官。二支队长吴咏湘带着指挥组同他们接触，由会讲几句英语的卫生队长担任翻译。双方谈得很融洽，最后互赠了礼品，美方送给吴咏湘一支卡宾枪和一些急救包之类，吴咏湘回赠他们一支手枪。

吴咏湘拿下天目山后，乘势南进直下天目山南部的一都。溃退到一都的败兵正拟稍歇，听到一点响声即惊惶逃窜。

3 月 12～26 日，顽第一九二师、第六十二师残部、挺进一纵、浙保四纵曾先后分别由黄湖、横畈、青云桥、后院进攻新四军，但均被击退，随后放弃临安，从于潜、昌化之线向西南撤退。

粟裕率部在二次反顽作战中共歼顽军 1700 余人，缴获迫击炮 4 门、轻重机枪 80 余挺。

粟裕战后总结新四军虽已实现战役目标，但歼敌仍不多，顽军大部分逃散了。其原因，从顽军方面说，他们总想保存实力，进攻时等待观望，撤退时争先恐后，一碰硬马上缩回，新四军布下的口袋他不钻，而且部队撒得很开，不像黄桥战役时那样靠拢。从新四军方面说，虽然山地战的适应力提高了，但长期在游击战争中养成的独立自主各自为战的习惯一下不易改变，各打各的多，协同配合的少。从打游击战向打运动战转变、向进行大兵团协同作战转变，只能在实践中逐步完成。同时新四军只有两个纵队靠在一起，作战时一根扁担挑两头，手中没有预备队。如果有了三个纵队，就可以拿一个纵队堵截，两个纵队突击，仗就好打了，就能成建制歼灭敌人。从实战中体会，部队编制以五五制或四四制为好，否则不敷机动。所以增派援军实在必要。

中共中央军委看到浙北形势严峻，于 3 月 11 日致电华中局："叶部可即令其南渡。"

由于孝丰地区已较稳定，粟裕命令军区司令部离开仰峰岕的沈家大院，到孝丰的姚家大院与前指会合。

第五十五章
撤出天目，诱敌深入寻战机

军区司令部是1945年4月17日移到姚家大院的。姚家大院雕梁画栋，风格古朴，内有建筑10多幢，房间近300间，司令部、政治部、供给部、卫生部都住得下。

大院主人姚家盈是孝丰一带比较开明的地主，因为对抗日民族统一战线政策一时还不了解，在新四军到来前夕带着家人躲到了港口朱家坞。粟裕知道姚家盈去向后，立即安排警卫员用自己的战马去把姚家盈请了回来，亲自为他安排生活。

4月26日，姚家大院迎来了叶飞、金明、钟期光。他们到后，叶飞任军区副司令，钟期光任政治部主任，金明主要担负地方党的领导工作。叶飞带来的3个团编为第四纵队，司令员是廖政国。第四纵队经过20余天的整训后分兵向浙东敌占区出动，第十二支队两个营进入杭嘉湖地区，余光茂的第十一支队在政治部主任曾如清率领下于5月15日在富阳西南汤家埠附近渡过富春江，几天后在一个叫中埠的小镇与何克希第二纵队一部会师，打通了同浙东的联系。

面对苏浙军区的行动，第三战区顽军迅速做出反应，将驻在浙江龙游的顽二十九军主力第七十九师调往新登地区。第七十九师是当年“皖南事变”的刽子手之一，接到命令后于5月22日进占富春江以北新登以东地区，并在这一地区以每隔一二百米甚至四五十米的距离抢修碉堡。

当时担任从于潜西北横路头附近，经藻溪镇、将军庙、云昌至富春江边防务的是王必成的一个特务营。他们与顽第七十九师交火后被迫退回。不知何故，特务营没有及时将情况上报，过了三四天才将情况报告给军区司令部。第七十九师利用这个时间差，强征大批民工砍光周围山头的树木，构筑大批碉堡，又在新登城墙外埋设大量地雷，在护城河里放置了许多障碍物。粟裕得到情报时顽第七十九师的碉堡网已修成。

粟裕在姚家大院的办公室里盯着地图上的新登地区眉头紧锁：新四军浙西与浙东的联系刚建立几天就被顽军的主力部队切断，廖政国和陈挺的第十支队原计划在第十一支队之后继续渡江，现在因顽军的阻挡不得不停止于新登东北地区。

情况越来越严重，更多的情报显示顽军新的大规模进攻即将到来：据缴获的顽方告其官兵书称，顽军将在最近时间内向新四军发动进攻，并限于两个月内肃清新四军。孝丰的地主乡绅也向新四军通信说顽军最近将对新四军进攻（这些地主乡绅平日对顽军的压榨极为不满，现在看到顽军和新四军要开打，内心盼着新四军赢）。从杭嘉湖俘虏的顽情报员供称，顽军将于最近向天目山发动正面进攻，曾电令其杭嘉湖部队向莫干山地区进击，并策动日伪"扫荡"新四军。天目山方向得到的情报也是顽军最近将向新四军进攻，现正赶运粮食，其二十八军已由浙江桐庐分水镇移驻于潜西的方圆铺。据侦察科得到的情报：顽五十二师集中宁国县河沥溪，"忠救军"亦全部在宁国一线集结，并传主攻方向将由宁国向孝丰正面。

当时苏浙军区部队都分散到敌后，除了陶勇的八支队在孝丰以西外，七、九两个支队在皖南和苏南打击抢粮的日伪，王必成的一支队在杭嘉湖地区、二支队和三支队在苏南太湖西宜兴一带。粟裕和叶飞、刘先胜立即调整部署，将已派往杭嘉湖和苏南、皖南的部队调回天目山地区。

不到三天，所有部队重新集结于孝丰地区，团以上干部全集中到姚家大院。近年来，这些团长习惯了跟最强悍的日本鬼子厮杀，没把顽军放在眼里。虽然大敌当前，他们没有紧张的气氛，反而在那里相互开玩笑。当时苏浙军区正经受粮食危机，军粮不继，民食不足，军需官黄志远拿着黄金都买不到粮食。司令部也没有粮食吃，粟裕让人把他的马杀了给司令部的工作人员当饭吃。陶勇这次从苏南带回了一大批粮食，可救了大家。有人跟陶勇开玩笑说，这回可以放开肚皮吃一顿了。陶勇笑着说，不行啊，还不到喝庆功酒的时候呢！

当下粟裕下达了作战部署：组成以叶飞为总指挥的前线指挥部，指挥三纵第七支队、四纵第十支队策应一纵第一支队进占新登，驱逐第七十九师，尔后第一支队、第七支队保障第十支队南渡富春江，确保浙西与浙东的联系。黄光裕的独立二团围歼窜入莫干山地区的顽军，王必成的第三支队负责天目山地区的防务。

粟裕对三支队黄玉庭支队长和王直政委说：“天目山是新登的西北翼，是宁国、屯溪的要冲，守住天目山，就可以保证我出击部队后侧的安全，因此要决心死守。”

5 月 29 日晚，新四军兵分三路向新登方向运动。叶飞离开姚家大院前往临安北的横畈，与王必成、陶勇、廖政国等组成前线指挥部，指挥新登作战。

一纵第一支队经青松岭、徐家坞、铁坎，向大岭、小岭发起攻击；三纵第七支队经桃源岭、芳地、上塘向方家井发起攻击；四纵第十支队经山口、何阜殿向云昌发起攻击。各部队经激烈战斗，部队连续突破顽军第七十九师在大岭、永昌、松溪、方家井一线的防御，歼灭顽军第七十九师二三五、二三七团各一部，于 6 月 1 日进抵新登城下。

打新登的是粟裕手下著名的三个“老虎”团，即原一旅的一团、三旅的七团、十六旅的四十八团。这三个“老虎”团打日军向来都以硬碰硬，杀得敌人丢盔弃甲，即使七十九师占着地利也不是对手。经过一昼夜厮杀，第二天上午三只“老虎”便攻克新登全城。

仗是打赢了，但吃饭成问题。打下新登后，部队立即筹备粮食。新登是新区，筹备粮食并不容易。一支队长刘别生亲自找当地绅士筹借粮食。现金用完了就打借条。新登一位姓陈的财主就收到刘别生亲笔写的借条，上面写道：“兹借到粮食一万斤，日后奉还。刘别生。一九四五年六月二日。”刘别生对他说：“我们是借粮，你将来可以用借条交公粮，或由人民政府凭借条还钱或还粮。”（这位绅士后来没有向人民政府要求归还粮食，但借条保存了下来，40 年后重现人间。）

新登一开打，天目山防线也受到顽军的不断攻击，黄玉庭和王直率部与顽军激烈对抗，始终把天目山防线控制在自己手中。

为了迎接顽军对苏浙军区的第三次进攻，司令部机关轻装，笨重的东西都搬到后方，测绘室和速记班北移曹家坞。

粟裕惯于到最前沿指挥部队，战事一起，他带着电台、警卫骑马离开姚家大院，穿越天目山，前往临安北的横畈。到叶飞的前线指挥部时，叶飞不在指挥部，早到新登前线去了。

此时顽突击第一队已奉命星夜兼程从江西经桐庐分水、毕浦奔向新登战场援助七十九师。突击总队又称突击军，全部美械装备，经英国教官训练，总队下辖5个突击队，一个突击队人数相当于一个师，战斗力比顽军主力第五十二师还强，是顽方最精锐的部队。正在新登视察战场的叶飞得到情报后急令已渡过富春江的曾如清火速驰援新登。

曾如清得令后率领十一支队日夜兼程，西渡富春江抵达新登城郊。时顽第七十九师在独立第三十三旅的配合下正在反扑。叶飞一看曾如清及时赶到喜出望外，立即命令他们先占领新登以东一线山头制高点，待命行动。

6月3日，战斗进入白热化，一波又一波的顽军扑向新四军各个阵地。这天一支队长刘别生正生病，为了坚守虎山阵地，他不顾劝阻亲临火线指挥，多次杀退顽军的进攻。当顽军又杀上虎山阵地时，刘别生高喊一声，身先士卒带头冲锋，带领部队猛虎似的扑向顽军，与顽军展开白刃格斗。战斗中刘别生左臂、左腿、腹部中弹，英勇牺牲在新登密山脚下。

刘别生是江西安福人，13岁参加红军，经历过中央苏区第一至五次反“围剿”和三年游击战争。很多人知道陈毅在抗日战争初期去整编游击队时在武功山区差点被游击队长谭余保当成特务处死，却不知当时下手的就是这个刘别生。那时刘别生是谭余保的事务长，他亲自“照顾”陈毅，将陈毅捆了四天四夜。抗日战争中他成为陈毅麾下战将，是威震江南的“老虎”团团长。在“皖南事变”中他和二支队三团团长黄火星一起集结了被打散的各部战士近200人，经过一周的血战，冲破国民党军的七道封锁线，突出重围。在溧水回峰山反击顽军的战斗中率部歼顽军一个团，在句容尚村歼灭冈崎中队，在开辟郎广新区中化名方自强，使日伪闻风丧胆，在杭村战斗中缴获大炮大获全胜，在浙西第一、二次反顽战役中屡建战功。

刘别生牺牲的消息传到前线指挥部，指挥部里一瞬间静默了。

刘别生的牺牲勾起了粟裕心头永远的痛。刘别生是“皖南事变”的幸存者，却不料到头来还是死在国民党的枪口下，而且还是在当年的刽子手七十九师的枪下。

战斗还在激烈进行，双方反复争夺要点。粟裕迅速冷静下来，分析当时的敌情，酝酿着下一步的行动。

缴获的文件和俘虏口供进一步证实：顽军确已向新四军苏浙军区大举进攻，

第三战区副司令长官上官云相担任总指挥，目前已到达前方，并准备以两个师配合反攻。第二十五集团军总司令李觉代替被撤换的陶广为前敌总指挥。顽军援兵正源源不断向新登开来。

现在有三个方案可供粟裕选择：一是增援新登，继续在新登奋战；二是撤退一步，在临安与顽决战；三是大踏步后退，诱敌深入，寻机再战。粟裕选择了第三个方案，下令各部准备撤退。

指挥部正在做撤退的准备工作，前方的叶飞特地从新登赶回商讨对策。

他十分着急：新登战斗中歼灭顽第七十九师一个团及突击第一队一部计2200余人，但新四军自己也伤亡600余人，其中牺牲252名。作战部队因连日激战过于疲劳，而且没有饭吃，有的部队两天未吃上饭。新登地区狭窄多山，还是顽军构筑的碉堡地带，如果在这里继续作战，伤亡会更多。

叶飞的想法也是换地方与顽军打，这与粟裕的意见一致。

粟裕说："新登地形不利，如继续作战，我估计至少需有两千以上之伤亡，其中干部伤亡数将占很大比重。现在日寇不但不再向浙赣线进攻，而且放弃金华、兰溪等地，默示顽方放胆调用后备力量向我进攻。同时正部署兵力由杭州、湖州等地出动向我苏南、浙西根据地'扫荡'。据顾祝同6月1日电令，顽军企图围歼我于临安地区。现在不管在新登还是临安与顽作战对我们都不利。孙子说过：兵无常势，水无常形，能因敌变化而取胜者，谓之神。现在整个情况变了，顽军的力量、部署变了，我们不能一成不变，我们不可以在新登恋战，也不宜死守天目山。我们如果与顽军胶着拼消耗的话正中顽军下怀。我们应该主动撤离新登、临安，诱使敌人脱离堡垒阵地，然后在运动中继续消灭顽军有生力量。"

意见统一后，6月4日夜间，叶飞下达全线分路撤离新登的命令。然而一纵司令王必成却拒不执行命令。

粟裕闻讯立即亲自赶到一纵前线指挥部。指挥部里除王必成外，还有金山、机要科长王坚。王必成情绪十分激动，主张就地决战，要为刘别生报仇。

粟裕说："这一仗虽然打了个胜仗，但也是南下以来伤亡最多的一次，刘别生同志也是第一个牺牲的主力团团长。指战员的心情完全理解。另一方面，有一半部队确实伤了元气，有的部队三天没有吃上饭，靠吃野菜、竹笋充饥，必须休整再战。相反敌人有雄厚的后备力量和广大的后方，在此再战，这仗不好打，不能打。现在我们下定决心撤退新登、天目山，大踏步后撤，是为了创造新的战机，力歼此敌。”

王必成也是一时气急，听粟裕一说顿时内心通明，不让粟裕多做思想工作，当即给一支队政委罗维道和副支队长饶惠潭下令，要他们做撤出新登的准备。

粟裕对王必成说：“你纵撤出新登，尤其是第一支队要摆开我军伤亡惨重、溃不成军的架势，要抬着刘别生同志的大棺材游行，同时为牺牲的将士们开隆重的追悼会。故意让敌人产生错觉，以诱敌深入。刘别生同志壮烈牺牲的事用明码向上级发报。另外由饶惠谭同志为一支队长。你现在的任务是把部队调整补充好，吃好，睡好，一切要准备好，去打更大的胜仗。”

交代完毕，粟裕率指挥所离开临安横畈踏上返回孝丰的征途。

第五十六章
恶战孝丰，穿插分割歼强敌

粟裕离开后，第一、第七、第十支队在第十一支队的掩护下撤离新登退往临安，8日继续从临安北撤，将临安让给顽独立三十三旅。

粟裕撤到孝丰后将指挥所设在孝丰城附近的龙王庙，每天仍和往常一样喜欢看地图，不同的是此时他看地图的时间更长、神情更专注了。

因为有意要将顽军诱出碉堡区，新四军故意做出一副败象。战时主将阵亡是要保密的，可是刘别生牺牲后，一支队的人大白天抬着大红棺材，在新登城内穿过。从前线山头撤下的战士的子弹袋是空的，米袋也是空的，他们疲惫不堪地躺在地雷尚未挖尽的街道旁休息。后勤人员在街上到处寻购粮食。撤离时，物资、伤员转移都由作战部队自抬自运，一路上又丢弃了许多破军帽、破军衣、米袋子、烂草鞋。同时还故意疏忽放走一些俘虏。其目的只有一个，就是使顽军产生错觉，认为新四军已是伤亡惨重溃不成军，做出新四军已向北溃逃的错误判断，从而盲目突进形成突出部位以便将其分割围歼。

顽军官兵相信了眼前发生的一切。但顽军前线总指挥李觉开始并不上当。从技术侦察分队破译的顽军电报中，每当顽军又在得意洋洋向他们的总指挥李觉汇报占领多少地方，击溃多少共军时，李觉总是再三告诫下属："不要受诱上当，丛林深谷，容易埋伏，务必严密搜索残敌。"

李觉在他的指挥部里根据下属报来的情况中分析研究新四军动态，事实上他也从一定程度摸到了粟裕的真实意图。这样一来，粟裕竟无机可乘。

顽军随新四军撤退路线相应跟进，追击时各路一般有两支部队交替配合。一支部队上前同新四军保持接触，一支部队在距十里、八里的后面构筑碉堡。天黑前工事筑成，前出的部队退回住进碉堡。第二天留少数部队固守碉堡，还是两支部队共同追击，绝不穷追猛打，孤军直入。

11日，顽军开始进攻天目山。负责防守天目山的是黄玉庭和王直的第三支队，他们在天目山利用地形和工事机动抗击顽军，掩护主力集结和辎重撤退。天目山地区的被服厂、军械厂、报社、医疗队、仓库和后方机关陆续撤退分散奔赴苏南、皖南、浙西敌后地区。

那些天粟裕患了疟疾，四肢发凉、面色苍白，却仍然坚持指挥部队。军区野战医院院长陈海峰来到龙王庙向粟裕汇报："野战医院有伤病员1000多人，分散在3个医疗队，因连日大雨，山洪暴发，交通阻断，还未撤走。如果医院来不及转移，我们准备把伤员分散埋伏在人迹罕至的大山里。但是当地百姓已知道医院的情况，在这种情况下，可能有部分伤员要牺牲掉！"

粟裕一听立即说："那可不行，伤病员一个也不能丢。如果丢掉一个伤员，你们就是历史的罪人！"

陈海峰说："重伤病员多，短时间内没有那么多担架，撤走很困难。"

粟裕说："明天我给你四个团的兵力转运伤员，天亮以前等我的答复！"

第二天拂晓，粟裕派了四个团的番号三个半团的兵力，统一由第十二支队团长胡品山率领上山砍竹子，搓草绳，做担架，做好一副抬走一副。凡能走动的伤病员组织起来自己走，三四天的工夫，把1000多名伤病员全都送到300里外的郎（溪）广（德）公路以北一带新四军控制的抗日根据地。

连日来一批批部队和机关、后勤人员，夜以继日从粟裕指挥所的小屋前经过。战士们尽管艰苦疲劳、忍饥挨饿，但精神饱满，行动紧张有序。有时粟裕到门口看看他们，过往的指战员也不时向门里望望他们的司令员。不管是相识的或不相识的，都互投亲切信任的目光，互相都心领神会，准备迎接新的战斗和新的胜利。

15日，三支队也撤出天目山，支队长黄玉庭和政委王直率部回孝丰集结待命。两个人在龙王庙向粟裕汇报完工作后，问："粟司令，你不是要我们决心死守天目山吗？我们也完全可以守得住，为什么又要撤呢？"

粟裕笑了笑说："一成不变的东西是没有的，打仗也一样。敌人也是人，有脑筋，会走路，他打着打着变了招，我们就得跟着变招；即使他不变招，我们也常要根据战场的推演来变化打法。这叫敌变我变，敌不变我也变，一个明智的指挥员必须有这种辩证头脑。现在，整个战场起了变化，你们再死守天目山已失去意义，还守在那里做什么？你们看吧，如今是到了不守天目山的时候啦！”

撤出天目山的目的仍是诱骗顽军前线总指挥李觉。再狡猾的狐狸终究要败在精明的猎人手下。如果说新四军一退新登、再退临安都没有打动李觉的话，那么现在三支队撤出天目山，就没有理由不使李觉相信新四军真的是败退了。

李觉不无得意地向顾祝同报告：“据各部报称，18日止，东西天目山已无敌踪，扫荡之战，于焉告终。”

当李觉向顾祝同报告新四军败退时，粟裕在孝丰指挥部请参战的团以上干部吃饭并商讨反击。当时粟裕得到情报，日伪方面估计粟裕的部队会撤到敌后，集中了两个师团的兵力等着粟裕。国民党方面也计划如影尾随，与日伪夹击新四军。但粟裕已不打算退了。

顽军此次进攻兵分三路，右路总指挥为突击总队总司令胡琪三，左路总指挥是江南苏皖边区绥靖指挥部指挥官刘秉哲，中路则以第二十八军军长陶柳为指挥官，有28个团近10个师（事后查明顽军实际动员45个团近15个师，计7.5万人。其中先后参战用于第一线的有10个师34个团，5.7万余人）。其目的是在孝丰围歼粟裕的部队，即使围歼不成，至少也要将其赶回苏南，或逼其退入杭嘉湖地区，借日伪之手将其消灭。

从兵力上说，粟裕手头掌控的兵力只有主力3个纵队9个支队（团）和1个独立二团，共2万余人。顽军虽势强但兵分几路，兵力较为分散。而粟裕的主力全部集中于孝丰西，对付其一路，尤其是集中对付其中一支部队时可以在局部形成数量上的优势。而且各部队经过前两次作战锻炼，协同动作和战术运用都有提高，从平原来的部队已适应山地战斗。经几天休整，体力有所恢复，粮食尚能勉力维持，部队求战情绪高，部队素质也高于顽军。顽军离开新登后，已脱离其预设的碉堡地带，地理、群众条件已转为有利于新四军。整个孝丰地区将成围歼顽军的战场，问题是放多少顽军进来打。

“放4个团进来，杀他！”那些团长、旅长豪情奔放，纷纷高呼。

粟裕问：“有没有把握打？什么时候可以打？”

“有把握！”一支队政委罗维道坐的地方离粟裕很近，他对粟裕说，“你什么时候下命令我们就什么时候打！”

粟裕下决心了："好，打！"

因为当时粮食供应紧张，粟裕和其他官兵一样，一天半斤稀饭，其余靠竹笋和南瓜替代，营养不足，又经常熬夜，显得面容清瘦，眼睛深陷。但他的眉目间神色坚毅，充满自信，像猎豹一样耐心地等待着战机的出现。

6 月 19 日，通讯科三台值班的副队长周中昭和译电员徐充破译独立三十三旅发给顽军指挥部刘秉哲及五十二师的电报。独立三十三旅谎称他的先头部队已占领孝丰，旅部正向孝丰开进，要求其他部队加速前进。事实上孝丰仍在新四军手中。当天，又在孝丰附近抓到五十二师一个侦察排长，缴获五十二师师长给独立三十三旅旅长的信件和作战部署。情报显示，顽第五十二师孤军深入，位置突出。

原来顽军左路指挥官刘秉哲判断新四军撤至孝丰地区后还要"继续北逃"，下令五十二师抢夺攻占孝丰的首功，又下令原计划由独立三十三旅进占的新桥头、西圩市一线，也让五十二师去占领。五十二师得令后兵分两路抵孝丰西，其第一五四团进至西圩市一带，第一五五团进至虎岭关。而与其"协同"的独立三十三旅，由于同五十二师有矛盾，动作迟缓，造成五十二师位置突出。

战机一出现，粟裕立即命令王必成集中第一纵队 3 个支队打第一五四团，以陶勇第三纵队第七、第九支队和廖政国第四纵队第十支队攻击第一五五团。

当晚，罗维道支队以尖刀连开路，以虫鸣鸟声为联络暗号，由老乡领路，轻装敏捷，经顽军五十二师与三十三旅接合部直插位于杭岭头的一五四团团部，将其层层包围。顽军为"胜利进军"所陶醉，连工事也不构筑，夜间毫无战斗准备。战斗打响后一五四团指挥顿时中断，一片慌乱。与此同时，吴咏湘和黄玉庭的两个支队在新桥头、百步山将一五四团的两个营分割包围于各个山头，打得该部顽军乱成一团。天明后，顽军几次突围均未得逞。

粟裕和钟期光亲临战场指挥。粟裕正用望远镜观察地形，突然从望远镜里发现对面山头的顽军在组织炮击，当机立断拉着钟期光迅速跑开。他们跑出不远，顽军的炮弹就打在他们原来站立的地方。

第五十二师是"皖南事变"中伏击新四军部的部队，这次向新四军进攻时扬言"再打一个茂林，完成皖南剿共未竟之功"，所以新四军各部上下对之特别愤恨，提出"歼灭五十二师，为皖南事变死难烈士报仇！"的口号，下手也特别重、特别狠。激战至20日中午，一五四团被王必成第一纵队全歼，团长张俊清、副团长殷广金被击毙。

几乎同时，三纵队七、九支队和第四纵队十支队将顽军一五五团紧围猛打，将其歼灭于虎岭关地区。在一五四、一五五团被围歼时，五十二师师部就在不到3公里的梅村，但它只顾自保，毫无办法；三十三旅则见死不救。

20日下午，全歼第五十二师已成定局时，粟裕把注意力放到战场东部。

粟裕令守备孝丰的十一支队和独立二团放开东路让顽军进入孝丰城，控制孝丰城以北、东北、西、南、东南各山地要点，形成三面埋伏，待顽军进入城内就关门打狗。西线只留第九支队收拾残顽并负责桃花山至西坪市、下汤之线警戒，主力全部东移：一纵由孝丰南面迂回，三纵由孝丰北面迂回，四纵由孝丰正面出击。又令原守备西线的第八支队立即从孝丰西北向东南迂回，向港口地区隐蔽集结或酌情就地攻击，以切断顽军向东南的唯一退路；限预伏在莫干山以东的第十二支队连夜翻山，于21日晨8时前赶到白水湾、港口地区，抄袭顽军后路，堵住对顽右集团包围的唯一缺口。

顽突击第一队一部进入孝丰空城，见势不对急忙退出，但为时已晚。该部与顽七十九师一起陷入新四军的重重包围中。

其时各纵主力部队移到孝丰东，与张云龙的第八支队和从莫干山赶来的第十二支队联手，将顽七十九师和突击总队计1.3万余人包围，将其压缩在孝丰东南之草明山、白水湾、港口的狭小山谷地区内。顽军狼奔豕突拼死突围均未得逞，只得原地固守。到了晚上，为了防止新四军夜袭，顽军指挥官把山下部队收缩到山头上。

粟裕命令廖政国统一指挥四纵十支队、十一支队和独立二团包围和消灭大茅头山的敌人。随即他和钟期光将指挥所移到小剑山，观察战场。粟裕发现顽军猬集山头，当即让廖政国调整部署，利用顽军晚上收缩部队到山顶的机会，迅速占领附近山头，缩小包围圈，然后在23日一改夜间发起进攻的常规为白天攻击，充分发挥十支队迫击炮多的优势，用炮火杀伤猬集的敌人，并壮大声威压倒敌人。随后部队一个冲锋，迅速占领山头，把顽军赶下山。

粟裕命令围三阙一，网开一面，乘机追击、拦截惊慌失措的逃敌，以避免顽军作困兽之斗，从而减少新四军伤亡。

顽军原本打算占领临安、天目山、孝丰后，突击总队深入莫干山，五十二师深入郎广地区，将新四军主力歼灭或驱逐回江北。但经两昼夜恶战，被包围的五十二师两个主力团、突击总队一队被全歼，突击总队二队被歼大半，所有计划顿成泡影。残顽全线退却，夺路南逃，一路狂奔，连刚到手的临安也放弃了。

战事十分紧张，粟裕一直来不及向华中局请示和汇报工作，26 日战事结束后，粟裕才得空和叶飞将第三次顽军进攻部署及动员兵力情况发给华中局，提议将顽方罪行广播全国，要求延安声援。

这次反顽战斗中，有 500 多名新四军官兵战死，其中包括二支队政委丁麟章，另有 1600 多官兵受伤。但歼灭顽军突击第一队少将司令胡旭轩、第五十二师副师长韩德考、第七十九师参谋长罗先觉以下官兵 6800 余人（俘虏近 3000 人）。

顽突击总队是国民党军精锐部队，装备一流，训练有素，官兵臂上都佩戴有“奇兵”二字的臂章。有个被俘的军官搞不懂怎么败的，便问：“你们是怎么打的？是谁指挥的？”战后粟裕给战俘军官作报告，这些军官听了后对粟裕赞不绝口。有的说他智慧过人，有的说他有儒将风度，有的说他用兵如神，有的以见到粟裕为三生有幸之事。

当前方将士浴血奋战时，粟裕也是夜以继日地超负荷工作。他带病指挥作战，先患了疟疾，疟疾刚好，又得了美尼尔氏综合征，发起病来天旋地转，呕吐不止。粟裕在后来说起天目山的战斗时，他用了“激烈”和“艰苦”两个词来形容。

不管怎么激烈和艰苦，仗打赢了，顽军彻底败退了，工作的重点又开始回到抗日的轨道上来。

第五十七章 大举反攻，全线出击追穷寇

顽军彻底败退后，粟裕令四纵十二支队重新进入莫干山、杭嘉湖敌占区，十一支队重渡富春江，仍开回浙东敌占区，十支队于孝丰以北广德以南地区休整，掩护孝丰与莫干山，另派少数部队向天目山游击。王必成的一纵全部回苏南溧阳、高淳地区。陶勇的三纵留一个支队镇守孝丰，其余部队向宣当芜地区活动，开展该地区的敌后工作及打通与皖南的联系。部署既定，粟裕于 7 月初回到沈家大院，随后在这里迎接抗日战争胜利的到来。

抗战胜利到来不是没有一点兆头。当时欧洲战场的战争已经结束，日本也是日暮途穷。美军在太平洋上不断反攻，逼近日本本土；中国远征军协同美、英、印等国军队在缅甸发动进攻，将日军赶出缅甸；在中国，日军为摧毁美军设在湖南的芷江机场在湘西与国民党军发生的会战以日军彻底溃败而告终，华北和华中日军被反攻的八路军和新四军分割包围在一些大城市和据点内。

日伪四面楚歌，败局已定。

1945 年 7 月 9 日，粟裕在沈家大院曾接待过一位神秘客人。此人虽然一副商人模样，但一进屋即向粟裕和刘先胜、钟期光来了个标准的军礼。

这人叫黄哲夫，真实身份是汪伪空军的少尉飞行员。他和同在汪伪空军工作的周致和决定弃暗投明，准备驾机起义，投奔共产党。为了找到共产党，黄哲夫花了三个月的时间，先是在南京和上海间奔波了两个月，一无所获，后来听人说安徽宣城有新四军，就扮成商人找到宣城，找到了中共宣城县委书记彭海涛。彭海涛觉得事情重大，经过请示后，安排人护送黄哲夫到军区，让他与粟裕等领导面谈。

通过交谈，黄哲夫透露，飞机不过是一份见面礼而已，现在共产党有近

百万军队，还没有空军，帮共产党把空军建立起来才是他们献给共产党的真正大礼。

粟裕及在场的叶飞、刘先胜、钟期光又惊喜又为难，因为苏浙军区还没有一个可以降落飞机的地方。粟裕当下代表共产党欢迎他们，安排黄哲夫在军区考察，同时紧急向军部和延安党中央报告。

三天后粟裕要黄哲夫待机行事，弄到飞机就去延安，延安有飞机场。粟裕又把自己的化名“左如”以及他在南京和扬州的联络人、联络地点告诉黄哲夫，并要他也化名与之联系（后来黄哲夫与周致和驾驶汪伪政府的专机“建国”号飞向延安，该机改为 820 号飞机，成为八路军的第一架飞机）。

汪伪政权如将倾之大厦，其系统的人员纷纷自谋出路，黄哲夫的举动正是汪伪政权败亡的一个信号。当黄哲夫离开姚家大院时，粟裕相信日军灭亡的日子快到了。

虽然日军不甘心失败，7 月底曾拒绝接受蒋介石代表中国政府和美、英两国政府共同发表的、敦促日本投降的《波茨坦公告》，扬言将战斗到最后一人，但当美军在日本广岛和长崎投下原子弹、苏军在中国东北歼灭日本关东军后，日本政府被迫于 10 日向同盟国方面发出乞降照会。

10 日那天，粟裕在沈家大院主持召开团级干部以上的会议，总结天目山战役的经验，研究如何完成中共中央下达的“破敌、收京（收复南京）、入沪（进入上海）”的战略任务。

得到抗战胜利的消息是在晚上，当时粟裕正在观看苏浙军区文艺晚会演出的苏联著名话剧《前线》。幕间休息时，机要人员把日军投降的电文递给粟裕。

粟裕看了一遍，随后兴奋地站起来宣布：“日本投降了！抗战胜利了！”

日本投降的消息一宣布，整个现场立即沸腾起来，到处是闪动着泪花的笑脸。众人欢呼跳跃，有的抛起军帽，有的互相拥抱。人们纷纷冲出屋子，跑到外面向夜空高呼着胜利的口号，附近的军民敲起锣鼓、放起鞭炮。

这是一个狂欢之夜，也是一个不眠之夜。这是最令人振奋的消息，饱经苦难、历尽艰辛的抗日军民有理由为之欢庆。

午夜时分，粟裕从广播电台中听到朱总司令签署的、命令敌伪向八路军、新四军投降的延安总部第一号命令：各解放区抗日部队向日伪军加紧进攻，向附近的敌军送出通牒，限他们在一定时间内缴出全部武器；如果日伪军队拒绝投降缴械，应该立即予以消灭，接收他们所占的城镇和交通要道。

此时国民党军精锐远在中国西南的云、贵、川和湘西，若日军放下武器向最近的中国武装力量投降的话，日军大量武器装备和占领区域将会被中共接收。当日本宣布接受《波茨坦公告》的消息传到重庆时，蒋介石立即看到了这点。他让中国陆军总司令何应钦出面命令日军驻华最高指挥官冈村宁次维持现状，听候中华民国总司令或各战区长官的处置。警告辖区敌军，除接受政府指令之军事长官的命令之外，不得向任何人投降缴械。

正是因为这样，粟裕在第二天得到另一种消息：国民党政府命令八路军、新四军原地驻防待命。

听说新四军没有受降的权利，整个沈家大院都被愤慨的气氛所笼罩。

新四军是在日本侵略者急欲迅速灭亡中国、中华民族面临生死存亡的危急关头组建起来的抗日部队。粟裕率新四军先遣支队东进开赴敌后战场之日，正是正面战场国民党部队几十万大军在上海、杭州、南京失陷之后匆忙西撤之时。

粟裕走上战场后，日夜与敌周旋，在日伪包围的缝隙里抗争。粟裕和广大新四军官兵连续向骄横不可一世的日军发动伏击、袭击，取得了一连串的胜利，沉重打击了侵略者，扫除了笼罩在江南乃至华中民众心中对时局忧虑的阴霾，并吸引和聚集了海内外优秀中华儿女、民族精英，为民族解放事业效命疆场。

八年来，新四军对日伪军作战 2.46 万余次，毙伤日伪军 29.37 万余人，俘虏日伪军 12.42 万余人，另有投诚、反正的日伪军 5.4 万余人，共歼灭日伪军 47 万余人。同时新四军最多时牵制了 16 万日军、23 万伪军。新四军以伤亡 8.9 万余人的代价为抗战的最终胜利做出了巨大贡献。

但蒋介石想凭一句话就剥夺这支部队接受日伪投降的权利也很难，中共针锋相对作出部署。

8 月 12 日，粟裕接到军部的命令：苏浙军区部队立即行动，控制京沪杭交通要道，占领南京、上海、杭州三大城市。同日，新四军部发布命令，任命黄克诚为江苏省主席，罗炳辉为安徽省主席，叶飞为浙江省主席，粟裕为南京特别市市长，刘长胜为上海特别市市长。苏浙军区奉命以第一纵队攻取南京，第三纵队进攻无锡、苏州，第四纵队配合上海工人起义，接管上海。

苏浙军区政治部发布命令，同时发出《苏浙军区对日本驻军通牒》《苏浙军区对伪警及一切伪组织的紧急通告》《苏浙军区司令部、政治部关于处理伪军伪组织人员自新公告》，命令京沪杭地区的一切日伪军及政权机关立即停止抵抗，缴械投降，违者则以武力解决之。

粟裕当即着手执行朱德总司令和军部的命令，但他面临着十分复杂的局面。

日本决定投降后，日军东京大本营曾想放手让中共接收，并作为正式指令给冈村宁次发送密电："此际莫如将红色势力引进中国本土，使之与美方势力发生冲突，引起东业之混乱，从而日本可坐收渔翁之利。"但冈村宁次并没有执行这个命令。

冈村宁次拒绝向八路军和新四军投降，一方面是因为国民党政府的指令，另一方面与冈村宁次的个人信仰有关系。冈村宁次素来反对共产主义革命，"宁肯向蒋介石俯首，也不向毛泽东、朱德低头！"

新四军部曾派冯少白等人到南京与日军总司令部联系受降事宜，被冈村宁次拒绝。

当时国民党的大部队一时来不及赶到长江南北，就令已宣布投降的日军原地驻防，同时用美国飞机运兵抢占上海、南京这些大城市。第一支进入南京的国民党军部队廖耀湘的新六军，就是从湘西芷江坐飞机到达南京的。第三战区的国民党军受命向宁沪杭进军，同时任命钱大钧、马超俊分任上海和南京市长。

原先在日军直接指挥下"扫荡"抗日军民，助纣为虐、祸国殃民的伪军摇身一变成了国民党军。大汉奸周佛海被任命为国民政府军事委员会上海行动总队总指挥，负责维持上海市及沪杭一带治安。伪第一方面军司令官任援道为南京先遣军司令官，伪苏北绥靖公署兼第二方面军司令孙良诚任新编第二路军总司令。

在苏中根据地反"扫荡"、反"清剿"时，刘湘图、潘干臣、田铁夫那些伪军师在日军南浦襄吉、小林信男的指挥下都与粟裕直接交过手。但他们现在却摇身一变成为国民党军的师长，所部也成为有正式番号的国民党军队。

其时中共方面打算在上海发动和组织武装起义，苏浙军区受命配合上海的武装起义。粟裕接到命令后立即着手向上海进军的准备工作，安排侦察科长严振衡去上海打前站。严振衡准备好后还没动身，中央指示华中局停止执行发动上海武装起义的决定，要求江南武装力量就现地向四周发展，夺取广大乡村及县城。

粟裕当即命令苏浙部队全线出击，从 8 月 16 日起在浙东、浙西、皖南、苏南，向日伪据点进军，令各部如果日伪武装部队拒绝投降缴械，即予以坚决消灭。

王必成指挥第一纵队解放了金坛、溧阳、高淳、溧水、句容、长兴等县城，以及东山、湖熟集镇，歼日伪军 9000 余人。

陶勇指挥第三纵队先后解放了安徽的郎溪、广德，江苏的宜兴、浙西的安吉等 4 座县城和黄池、乌溪、梅溪、张渚、川埠等 24 个城镇，毙伤俘日军 140 余人，伪军 790 余人。

解放宜兴时，日伪不但拒绝投降，还企图弃城由水路经横塘河逃往无锡，同时无锡城内 100 多日军出城接应。谭知耕在洋溪渡一带设伏，击毁汽艇 2 艘，歼日军 40 余人，俘日军第六师团山本大佐以下 39 人。宜兴城的日伪军见没有了退路，放下武器弃城而逃。

廖政国指挥第四纵队在杭嘉湖地区歼灭伪军第三十四师田铁夫部，攻克湖州的新市镇、双林等大批据点。田铁夫投敌后原在苏中活动，与一旅一团是老对手，长期交锋。日军为削弱其力量把他调到浙江。这次四纵不给田铁夫机会，将其彻底歼灭。在天目山伏击由安吉撤往湖州的伪军警第三团，歼其大部，俘伪团长董冀以下 700 余人，缴获船只 20 余艘及所载大量物资。

何克希指挥第二纵队（也称浙东纵队）向伪上海市保安警察总队、伪中警团、伪上海市保安部队、伪十师发动攻击，攻克钱塘江、杭州湾以南、鄞西、诸暨三江口和金华孝顺、上海近郊等地大批日伪据点，部队前锋逼近宁波、上海。

粟裕的司令部于 8 月 26 日移住溧阳戴埠，9 月 14 日又移往宜兴张渚。

为避免内战、争取和平，中共让出浙江、苏南、皖南等 8 块革命根据地。9 月 20 日，粟裕接到华中局转达的中央指示：浙东、苏南、皖南党政机关和部队北撤，越快越好。22 日，华中局电示："粟率一、三纵王陶部迅速集结完毕，立即出动，叶率四纵及江南可能转移之部队及地方干部，为第二梯队，作两批转移，时间在浙东纵队转移至安全地区及宣传、秘密工作准备适当完成之后。"

10 月 1 日，粟裕以苏浙军区之名在长兴发布《江南新四军北移告民众书》后离开宜兴张渚，率军区、区党委机关和一、三纵队渡江北撤，在泰州的七圩港上了岸，踏上了苏中抗日根据地。第二梯队叶飞率四纵队策应和掩护二纵队（即浙东游击纵队）北撤。

到 11 月中旬，苏南、浙西、浙东的主力部队、地方干部共 6.5 万余人。

从南进到北撤，历时 10 个月。粟裕率领新四军官兵以劣势兵力，在错综复杂的形势和艰苦的条件下，收复和控制了东起太湖，南至安吉、孝丰，西至宣

（城）、芜（湖）公路，北到京沪铁路的广大地区及南汇、长兴、溧阳、金坛、溧水、句容、安吉、广德、郎溪、高淳、宜兴等 11 座县城和 100 余处大小集镇。苏浙解放区总面积扩大到 10.08 万平方公里，人口增加到 400 余万，完成了中共中央和华中局赋予发展东南的战略任务。

军事上锻炼了部队，改善了装备，提前实现了由分散游击战争向大兵团运动战的战略转变，为以后组成华中野战军，进行更艰巨、更光荣的战略、战役任务打下了坚实的基础。

第五十八章
收取邵伯，围三阙一灭残敌

粟裕、叶飞南下后，苏中区由管文蔚、陈丕显、张藩、吉洛领导，苏中军区在反攻前组建了3个旅17个团。大反攻后，苏中军区部队向军区附近的日独立第九十旅团、伪孙良成、陈泰运等部发动猛烈进攻，歼灭日伪军4万余人，连克扬中、靖江、启东、东台、兴化、宝应、泰兴、如皋、海门、盐城诸城，使苏中、苏北连成一片，为粟裕率部北撤提供了较大的根据地。

粟裕过长江后在黄桥与陈丕显、管文蔚会师，接着率领北撤部队从黄桥转移到东台地区集结待命，自己带领少数参谋和警卫人员坐汽艇前往华中局驻地——淮安。

粟裕到淮安后，新四军重新整编。时陈毅从延安回来任新四军长兼山东野战军司令，苏浙军区第四纵队和浙东纵队北上编入山东野战军。原苏浙军区王必成的一纵、陶勇的三纵与苏中部队、淮北部队编为华中野战军，其序列分别为六、八、七、九纵队，各纵规模为1万人左右，下辖4～5个团，粟裕任野战军司令。

日本政府签署投降书后，中国人民抗日战争从总体上说是结束了。然而，国民党政府不许日军向八路军、新四军投降，所以在扬（州）泰（州）线和运河线，仍有部分城镇为日伪军所控制。盘踞高邮的日军是其中最为嚣张的一部。

粟裕先礼后兵，派人给高邮守敌送去最后通牒。但日伪拒绝缴械投降，高邮的日军还说："要缴枪缴给蒋委员长，他是代表中国的正式政府，你们新四军没有资格受降。"还扬言："奉命收复失地，北攻宝应。"

华中野战军整编就绪后，为除后患，粟裕于1945年12月3日向华中分局、军部、华东局、中央军委建议：集中华中野战军主力第六、七、八纵队，组织进行高（邮）邵（伯）战役聚歼该地拒降之敌。同时建议在高邵战役后会同山东野战军举行陇海路战役，将华中与山东两个战略区连成一片。

这一建议虽然最后被采纳，但过程一波三折。

粟裕提出建议后，华中局为贯彻中央避免内战的意图否定了粟裕的提议。

粟裕接电后仔细分析既暂停津浦路作战，可乘主力集结举行高邵战役。理由是作战区域非敌交通要道，而是解放区腹地；日伪拒不缴械投降，解放军攻城歼敌师出有名，名正言顺。

军部接到电报后回电同意第七、第八两个纵队先打高邮、邵伯，王必成的第六纵队留淮海地区待机。不料到了12月15日，军部又令七、八两个纵队北返津浦路。时国民党军第二十五军先头部队已近高邮、邵伯地区，若与日伪联合，必将进攻两淮地区。粟裕亲拟长达千言的电文阐明发动高邵战役的必要性。最后，军部收回成命，同意粟裕举行高邵战役。

粟裕接到电报后立即召集七纵的吉洛、张藩、卢胜、杜屏，八纵陶勇、阮英平、彭德清及华中地方部队领导召开作战会议。

他说："军部已同意我们攻打高邮、邵伯的作战方案，通知各参战部队，立即向预定地区推进，务必于12月19日白天完成一切战斗准备！"

七纵、八纵受领任务后，由淮阴、淮安地区迅速南下，进至高邮、邵伯地域集结，准备向日军发起最后一战。

粟裕和华中军区司令张鼎丞、参谋长刘先胜离开淮安前往高邮城东南的十里尖村庄下达作战令，并做作战动员。随后张鼎丞亲临八纵指挥，粟裕则带参谋和警卫员到达邵伯前线。

七纵领导吉洛、张藩、卢胜、杜屏的指挥所设在离邵伯镇只有几里路的一个小村庄里。粟裕到后，用望远镜看了看邵伯镇。

邵伯居运河要冲，扼江淮咽喉，京杭运河沟通南北，地形险要，历来为兵家必争之地。历史记载太平军曾经三次攻占扬州，但始终没有彻底占领邵伯，就是因为地形险要的原因。日军松井师团天谷部队一部于1937年12月19日占领邵伯镇，在此设立据点。

邵伯之敌有日军左田中队160多人，伪军赵军山一个团500多人、张天时一个团400多人，伪警察200多人。在邵伯镇外伪军设有岗哨5处：水路道口有南摆渡，陆路道口有奶奶庙桥、北板厂、六闸子和南圈门，镇内驻有部分伪军及警察、商团。其兵力大部分龟缩在万寿宫和河西导淮据点。张天时及赵军山一部分军队已闻风潜逃，但其余日伪军仍十分顽固，企图负隅顽抗。

当晚7点整，吉洛司令员一声令下，首先端掉了邵伯镇外围的五处岗楼，接着，部队从陆路迅速从南圈门进入邵伯镇内。当部队行进到中大街伪警察署附近时，遇到铁丝网阻挡，战士们用手榴弹炸破铁丝网继续前进。在我军的猛攻下，伪警察、商团走投无路，纷纷缴械投降，部分顽抗者当即被歼。与此同时，地方区队约一个连由南摆渡从镇北进镇，封锁了日伪据点，截断了导淮对外交通，摆开了进攻河西导淮、围困万寿宫日伪据点的阵势。

导淮据点在河西船闸附近。这里四面环水，以前驻扎过日本海军，建有坚固的防御工事。沿东河岸筑了两米多高、半圆形的土围子，另筑有许多土堡；南首有50多米长的土坝与镇内铁牛湾相连，坝口筑有钢筋水泥碉堡，碉堡外布有铁丝网。据点内新接防的伪军600多人，由一个姓米的团长率领，还有从万寿宫过来增援的一个班日军。日、伪军自知实力不足，防守有困难，但仍然作困兽之斗。

20日上午，七纵对敌展开政治攻势。他们先将驻镇内的伪军军官的家属集中到一起训话，然后放入导淮据点劝降。在政治攻势的同时，攻城部队将导淮据点对河铁牛湾一带居民、商店房屋的墙壁打通，运进火炮装备，并将炮口对准敌碉堡。

中午，吉洛在喊话劝降未见成效的情况下下达了总攻命令。顿时，大炮轰鸣、枪声大作，子弹在空中吱吱作响，战斗打得十分激烈。

战斗中，坝口碉堡火力点成为进攻的主要障碍。用迫击炮射击未能奏效，接着用五六辆“土坦克”掩护后面的战士向前冲锋，尝试多次，仍不能攻破敌碉堡。这时四名共产党员挺身而出，他们身束手榴弹匍匐过坝，进行强攻。四位勇士冒着弹雨挨近了碉堡，将手榴弹投进射击孔，炸毁碉堡。之后，司号员吹起了嘹亮的冲锋号，战士们越过阵地突进导淮据点。伪军无法阻挡，开始溃退。午后2点左右，七纵攻坚部队攻克导淮据点，生俘伪军500多人。

导淮楼据点被攻克后，负责进攻日军的周建平五十五团将日军守卫的万寿宫包围，并立即在主要道口修筑工事、挖好掩体。

正在指挥部关注着战场形势的粟裕闻讯迅速把大衣一夹，带着参谋人员、警卫员进入邵伯镇，一口气跑到五十五团临时指挥所直接指挥这个团进攻日军。

五十五团临时指挥所设在邵伯爱群医院楼上。周建平团长向粟裕报告情况后还没来得及多谈，从左边中学校园内射来一阵冷枪，子弹从警卫员丁震、茅志峰、陆泗义之间穿过，打在粟裕身后的墙上“砰砰”作响。粟裕当即命令周团长速派一个排去搜索打冷枪的残敌。这个排的战士迅速动作，很快就肃清了残敌。

从临时指挥所看下去，万寿宫尽收眼底。

万寿宫过去是江西会馆，后改为轮船站，地势险要，据点内驻日军 100 多人。万寿宫前为一广场，出口处南北两端筑了岗楼，下有壕沟通到正面地堡。五十五团战士正在主要道口用门板、棉被为掩体，做围攻准备；敌工部则在展开政治攻势，一名敌工部的成员正在用日语对万寿宫的日军喊话劝降。

喊话的叫李炳（又叫李平）。李炳是苏中军区日本人民反战同盟支部部长滨中政志的化名。

滨中政志是在 1938 年被粟裕的二支队俘获的。当时二支队一部伏击从镇江开出的日军车队，打得日军死的死、伤的伤，滨中也被严重炸伤，完全失去知觉，被日军抛弃在战场上。二支队的战士把他抢救下来，进行教育感化，滨中政志后来成为反战同盟中坚定的一员。他经典的一出是在 1942 年中秋节带着十八旅五十二团一个战斗分队化装成日军奇袭宜陵镇。当时滨中充分利用熟悉日军军规、礼节和可用日语对话的条件，一举击毙日军小队长等数人，缴获机枪 1 挺，步枪 20 余支。战斗分队无一伤亡，安然返回。

李炳用日语喊话，大意是：日本已经战败投降，日军士兵不要做无谓的牺牲，你们的父母、兄弟都盼望你们早日平安回家……不要听信长官的欺骗，新四军是仁义之师，对放下武器的日军弟兄是不杀、不打、不骂，并承诺保证遣返他们回国。

但这批日军很顽固，借口等待上级命令，拒不缴械。在劝降无果的情况下，粟裕即令周建平发动攻击。

进攻是在 22 日早晨发起的。先是猛烈炮火轰击，炮弹出膛发出的尖锐的声音和爆炸所发出的钝响震耳欲聋。广场两端岗楼被摧毁，日军 20 余人被歼，余部从壕沟退缩到地堡。由于地堡的机枪口紧贴地面，进攻部队的机枪射不进，小炮弹也轰不掉。

炮击过后，周建平下令发起强攻。36 名战士用 4 挺轻机枪开道，其余手执手榴弹、大刀向日军阵地。但强攻未果，36 名战士只剩下 4 名战士生还。

战势惨烈，粟裕看得两眼流血，钢牙紧咬。当即改变打法，让周建平采取“围三阙一”的战法，集中火力、兵力，从北、东、西三面进攻，诱使日军离开工事向南突围。

周建平按粟裕的指示调整部署，从北、东、西方向猛攻万寿宫，同时抽出兵力前往镇南公路开阔处设伏。

天黑以后，日军残部开始突围。他们将带不走的辎重武器有的折断，有的烧毁，有的投到河里。人人脚上绑了软布，两人一组，前面的日军手持枪支、大刀，后面的把轻机枪搁到前面日军肩头，悄然向南逃窜。

战斗进行间，粟裕一直在临时指挥所观察着日军的动向。这批日军逃跑时就从粟裕临时指挥所的门外经过。当日军你争我抢夺路而逃时，粟裕带领的参谋人员和警卫班正荷枪实弹把守门内，不动声色，严阵以待。

逃跑的日军对此毫无察觉，一见出万寿宫异常顺利，心头正高兴，却不知新四军战士就躲在他们经过的那扇门后。

日军士兵的脚上包了布，走起路来声音很小。夜特别安静，仍听得有“沙沙”的声音和枪械碰击的轻响。日军过去一会儿，负责追击的部队跟了上去。

日军溜得快，一会儿就逃到镇南公路上，进入开阔的野地里。此时对日军而言，他们既无险要可凭，也无工事可守。追击部队和预伏的堵截部队迅速出击。只听一声“打呀！”，各种火器一齐爆响。一阵乱枪过后，日军当即被打死打伤 30 余人。

残敌拼命沿运河经六闸子向仙女庙逃窜，在槃家庄运河段被苏中地方部队阻击，又被打死一些人，只剩下 10 多名日军。

时值寒冬腊月，这部分日军士兵冒着寒冷跳下河游水逃窜。一名不会游泳的日军绝望之余当即席地而坐，面朝日本方向，剖腹自杀；一名日军在槃家庄附近被发现时放弃逃跑，像木偶似的站立不动，待追击的新四军战士靠近向他喊话要他投降时突然出手挥刀乱砍，杀伤新四军战士三四人，直到被新四军战士开枪击倒，后送医院医治无效死亡；一名日军在过六闸后经陈行庄西李渡桥时，由于天未亮，路途不熟，过小桥时落水淹死；另有一名日军逃跑后躲到刘五饭店柜子里，几天后跑出来要饭吃而被俘。

通过围追堵截，一个中队的日军只剩 7 名向南逃至仙女庙国民党部队处，其余 110 余人在战斗中被击毙，另有小队长 2 人、士兵 38 人被俘。

就在邵伯发起进攻的同时，华中野战军特务团和七纵其余部队先后拔除扬泰线日伪据点16处，歼灭伪军4000多人，切断了高邮日伪军南逃之路，并沿邵伯、丁沟之线构成对扬州、泰州国民党军的防御，防止国军接应高邮日伪军。

枪声未息，胜负已定。粟裕与第七纵队管文蔚、姬鹏飞、张藩、胡炳云进一步研究扬、泰出援之敌可能的动向及采取的相应对策和具体打法。随后，粟裕率领指挥所人员，星夜赶回高邮前线。

战场焦点从邵伯转向高邮。

第五十九章
光复高邮，铁枪横出奏凯歌

离开邵伯后，粟裕和参谋、警卫员在茫茫看不见边际的平原上纵马奔驰，彪悍、矫健，如一股旋风来到华中野战军司令部。参谋严振衡立即向他详细汇报了高邮外围作战情况以及八纵下一步攻城准备情况。

22 日清晨，粟裕来到高邮城外东北角的村子里约见了陶勇，在陶勇陪同下视察高邮城外地形，特别深入考察了东门外的地形。

其时，日伪军已全部龟缩到城里，城楼上的警戒全部换上荷枪实弹的日本兵，他们不断向新四军阵地开枪射击。一面日本旗，孤零零地迎风摇晃，早已失去了往日的威风。

粟裕了解战况及准备情况后亲自作了详细的作战部署。

粟裕指出：东门外地形平坦开阔，门内是日军司令部驻地，是日军兵力、火力部署的重点所在，我军不易接近，亦不易突破。但在我军外围作战，攻击城东宝塔时，曾用过日本九二式步兵炮，这使日军对东门不敢掉以轻心。对此我们要加以利用，用六十六团在城东造成攻击声势。为了减少伤亡接近城墙，除利用现有的众多交通壕和低胸墙工事外，还可利用夜晚将交通壕尽量挖近城墙；同时以草袋、麻袋装土，在距城墙数十米、百把米外，将低胸墙工事一律堆成与城墙同高，甚至高过城墙的半月形堡垒。每隔几十米一座，将轻重机枪架上去，以强大的火力压制城墙上的敌人。总攻时要用迫击炮、步兵炮、山炮集团射击，轰击东门内日军司令部。总之，一定要在东门紧紧牵制敌军主力，以利我北门和南门主攻方向作战。

粟裕特别强调说：我军的主攻方向是北门和南门，尤其是北门。我军已占领的南北关本身就是两个较大的集镇，房屋连房屋一直到城门的城墙脚下。我军可打通民房，隐蔽地接近攻击敌人。南、北门的日伪军虽多，但我火力强，容易突破。一定要周密地做好总攻准备。

末了粟裕问陶勇："用三天时间做准备，三天后发起总攻，能不能准备好？"

陶勇答道："能！"

粟裕继续指出：西城墙和西门外紧挨着公路、运河、高邮湖，地面纵深很小，我军展不开大部队，敌人又居高临下，因此，敌人很可能认为我军不会置重兵于此，对敌这种心理，我们要加以利用。敌人认为越安全的地方，防御越薄弱，我们越容易得手。我们要在城墙的西北角放一个营，总攻开始后，该营利用夜晚从北关镇的北头翻过公路大堤，沿大堤西侧隐蔽运动到城墙的西北角偏南地段。在我军向其他方向各城门展开猛攻之后，该营迅速翻过大堤，尽量以偷袭的方式，用云梯爬上西城墙，部队登上城墙向北门进攻，并防止西门之敌向北增援。总之，一定要保住突破口。切记：此处力争偷袭，充分准备强攻，偷袭不成，旋即强攻，以收神效。

粟裕还强调："要照顾好张鼎丞司令员的安全，张司令员有什么指示，你们一定要切实执行。"

陶勇听了连连点头。

粟裕笑着说："陶司令，你的指挥所我就不去了，我静候你们的胜利消息！去干吧！"

部署完毕，粟裕回到野战军司令部，并派参谋人员到各个主要参战团，随时了解总攻准备进展情况。陶勇回到八纵队司令部，又对总攻部署作了进一步的调整。

高邮是京杭大运河上的重镇，四周为湖泊、河流、土城环绕。高邮城墙高 9 米、厚 7 米，5~7 米宽的护城河环绕四周，驻有日军独立混成九十旅团六二六大队和一个炮兵中队共 1100 多人，伪军第二方面军孙良诚部 2 个师 6 个团以及伪保安大队、警察大队等武装共 5000 多人。如果日伪军顽固到底，要打下来肯定要很大的代价。

日本天皇宣布投降后，日军对投降的消息进行了严密的封锁，士兵都不知道真相。攻城前，陶勇首先发动强大的政治攻势，敌工部长陈超寰带着一批敌工干部、十多位日本反战同盟和朝鲜解放同盟成员加强了对城内日伪军的攻心战，以瓦解日伪军。

为了同日军前沿士兵直接接触，日本反战同盟盟员山本一三到前敌阵地作劝降喊话。

山本身穿日军军服手持话筒以日语劝降：“日本天皇早已宣布无条件投降了！放下武器，保证生命安全！不要再打了，你们的父母姐妹正等待着你们回家！”

一个叫宫本的向城头的日军读了天皇诏书：“我兹命令日本帝国大本营，即刻下令日本一切武装部队及不论驻在何地的日本控制下的武装部队指挥官，他自己及他们率领的武装部队无条件投降！”又放起了日本歌曲：“……唷，经常的，为我们的命运祷告的好母亲，大概很健康吧！妹妹大概要出嫁了，我做哥哥的多么想买些东西，做你的嫁妆。山啊，海，遥远地隔离我们，怎么能到达那里……”

日军开始拒不作答，有的还放冷枪，但后来就渐渐发生了兴趣，枪也不打了，往往几个人抱着枪站在那里听。战地安静下来，只有幽怨柔和的日本歌曲飘荡在夜空。

政治攻势终于取得效果，两个日本士兵晚上借出城修理铁丝网乘机投奔到攻城这边来了，其中一个已经负伤，走路一瘸一拐的。他们反映，天皇投降的消息，日军内部再也封锁不住了，日军思想上十分混乱，但部分指挥官仍然妄想执行上级命令，向国民党投降。

就在这时，国民党一面密令高邮日伪“共同固守待援”、“坚决抵抗到底”；一面公开派出二十五军一〇八师师长顾凤阳率领日械装备并配有日军顾问的一个团，勾结日军500余人，伪军三四千人，由仙女庙出动，向已经解放的邵伯进犯，并企图增援高邮。

高邮守敌嚣张起来，将进城劝降的原伪军副团长杀害，将他的头扔出城外。失去下属的团长抱着那颗血淋淋的人头大哭，对着高邮城大喊：“他妈的，我要参加总攻，打进去非宰了你们不可！”

劝降未果，局势紧张，粟裕决定立即攻城。

25日晚，天空黑沉沉，下着小雨。陶勇一声令下，炮兵首先对东门内的日军司令部实行集团射击，牵制敌军主力于东门。将敌军主力调到东门后，炮兵又转移到主攻方向的北门、南门。炮击过后，八纵队攻城的六十四、六十六、六十八团分别向高邮城北门、东门、南门发起猛攻……

六十八团首先在南门架起云梯一举登上城头，并连续打垮敌人的反扑。随后八纵副司令彭德清和六十八团长俞炳辉率团主力登上城头，打开南门并向城中心和西门方向发起进攻。

六十四团是著名的“老虎团”第七团的新番号，他们从城北面发动攻击。

第一营从西北城墙角向上爬。突击班长袁金生把梯子靠到城墙上。城墙有九米多高，从下面往上一看，黑压压的显得特别高大。梯子是用三根竹子连接起来的，爬上去摇摇晃晃吱吱呀呀作响。战斗组长蒋万金带头爬上去，眼看快到城头，日军突然伸出许多钩镰枪。可是蒋万金动作很快，人还未到，手榴弹已经扔上了城头。

一声巨响，把日军吓得逃开了，就在这烟雾弥漫的一刹那，突击班跃上了城头。随后坚守在城头上，像一把锋利的尖刀把日军的城墙防线挑开一个缺口，像一颗钉子钉在那里。一营长邓若波率一连随三连之后登上城头，几乎同时，三营长秦镜率三营登上城墙向城内突击，接着林少克率二营打开北城门进入城内向城内攻击。

六十四团突入北门的同时，六十六团和高邮独立团也突破东门。至此，八纵五个团全部攻入高邮。六十八团与六十四团在城内会师。随后八纵司令陶勇亲自进城指挥作战。负责深入城内的七十团和七十二团进入城内与敌展开巷战。炮兵把山炮、九二步兵炮、八二迫击炮调进城，搬上城墙，居高临下炮击目标，一打一个准。

天亮后，粟裕带着严振衡和警卫员也从突破口登上城墙。他举起大拇指表扬作战勇敢的指战员，对第一个登上城墙的袁金生说：“好样的！英雄！”

敌人的防线被突破后，他们经过激烈巷战和七八次反复冲杀，被迫从城西半部龟缩到了城东半部，进入日军司令部“洪部”。

六十六团突击连的向导是高邮城内跑人力车的，最熟悉地形，他把六十六团最早带到日军司令部。

团政委姚力跟着部队进到日军司令部内部，发现里日军有300人左右，他们已经放弃顽抗，一伙一伙地坐在地上烤火。姚力在各处放上岗哨后，日军一个值班军官才同姚力联系。姚力令日军立即投降，日军官一面表示愿降，一面坚持要求与新四军代表谈判。

姚力立即向指挥部报告。不久，陶勇派出的谈判代表政治部主任韩念龙、副主任谢云晖、书记官参谋杨起来到司令部。

当他们到达司令部门口时，一个日本军官走出来，年纪约50岁，目光阴森，全副武装，挎着指挥刀，笔直地站在那里，大声地说："我是日本皇军派遣部队最高司令官，我只同你方最高代表谈判。"

原来他就是日军独立第九十旅团的岩奇大佐。

韩念龙严厉地说："我就是最高司令官代表，现在命令你们无条件投降。现在我只给你20分钟时间，否则，我军将发动全面总攻，彻底消灭你们！"

韩念龙话音刚落，岩奇身后突然蹿出一个日军。这名日军手拿一把军用锹，向韩念龙头部劈来。站在一旁的杨起眼疾手快，冲上前去，制服了这个日军，并夺下军用锹……

岩奇大佐见此情景不得不放软口气，说："我们旅团中心在南京，我们愿意离开高邮回到南京去；城里的弹药给养和重武器，我们可以全部留交给你们。为了路上安全，我们的轻武器将随身带走。"

韩念龙当即拒绝："你们只能无条件投降，你们天皇的命令，也是叫你们无条件投降，我们保证你们和你们的家属生命安全，不侮辱你们的人格，你们投降后的一切安排，我们自然会按我军优待俘虏条例妥善处理。"

这时候，日军司令部里不断有日军军官进出，交头接耳，好像是在商量什么，还不时在他们的司令官耳边讲几句，岩奇突然变得客气起来："代表请坐，我们愿意无条件投降！"

此时城里好些地方，日军还拿着武器同攻城部队对峙着，态度极不老实，韩念龙对岩奇说："现在，你和你的部属必须立即解除武装。"

听说就要交出武器，岩奇大佐犹豫了好久，最后才慢慢地从身上解下指挥刀，放在桌上。接着叫来了许多日军官，下了缴械的命令。

韩念龙说："你们愿意和平接受投降，我们表示欢迎，并愿意尽可能为你们提供方便。请你把队伍带到这里，交出武器，我军将为你们举行受降仪式。"

岩奇要求粟裕主持受降仪式。粟裕听说后嗤之以鼻："他算老几！"

粟裕拒绝主持受降仪式，但仍打算亲临现场。他带着作战科长严振衡、侦察参谋张崇文等人悄悄进入高邮城。一路只见人们欢天喜地，张灯结彩，如同过节。

一进入日军司令部大院，粟裕看到一个日本军人正在焚烧文件，立即过去用脚把火踩灭，吩咐张崇文立即收缴敌人的一切文书资料，任何人不得销毁。看到战士为搬运武器与日军发生争执，他立即让严振衡前去处理，规定一切枪械弹药均须造册点缴，受降后再行分配。

受降仪式在日军司令部大厅里举行。那里已经围了一些民众和战士。看到粟裕来了，他们让出一个空间给粟裕。粟裕微笑着，同这些普通士兵一起作为旁观者观看了整个受降仪式。

大厅内摆着一张长桌，桌上铺着黄军毯，长桌一头靠北边墙，左边正中落座的是韩念龙，左右是助手和翻译，再后面一排站立着我军干部战士。长桌右边立着两排日军军官，岩奇大佐在中间。

有一名日军军官从其中出列向岩奇大佐行军礼后，双手捧着日军花名册和军械、军需登记册呈交岩奇大佐，然后退回原位。岩奇站起来，向韩念龙行礼，然后双手捧着名册和登记册恭恭敬敬地呈交给韩念龙，仍退回原位站着。

威风八面的韩念龙接过名册翻开，略阅后，命令岩奇指定专人陪同我军人员去广场和仓库清点交接武器和物资。同时，派人随同到分散被围的各据点命令日伪军放下武器。最后他宣布："一、投降之日军官兵仍回原驻地待命，为了安全，活动限于院内，不得外出。二、战死的日军予以火化，骨灰收好，带回本土。三、受伤日军由我方医务人员协同日方医务人员予以救治。"

仪式结束后，粟裕不声不响地离开大院。

这一切，不仅日本军官不知道，连主持受降的韩念龙也没有发现。

过后，记者甄为民采访败军之将岩奇，岩奇躺在为优待俘虏提供的门板上不肯作答。

三天以后，粟裕接见缴械投降的日本军官，陈超寰用日语向那些日本军官介绍："这就是粟裕司令，他是这次战役的最高指挥官。"

在场的日本军官都惶恐地站起来向粟裕敬礼，然后又垂下头。未几，当他们得知粟裕亲临受降现场时，日本军官异常惊讶，连连表示："不胜感激之至，不胜荣幸之至！"

高邮日军司令官岩奇深受感动，并心悦诚服。他本来得到许可可以将祖传的宝刀带回日本。但他双手捧着宝刀，向粟裕一躬到底，说："谨将这柄远祖相传的紫云刀，敬献给仰慕久已的中国将军。"

岩奇呈献给粟裕的刀削铁如泥，能破开十枚叠在一起的铜钱，是把罕见的宝刀。抗战中鲜见有粟裕个人留用和保存日军战利品的记载，但粟裕将这把刀留下来了，让一个叫牛秉兴的随身警卫员背着。也许在他眼里，到这个时候，抗日战争才真的结束了。这把刀不仅是苏中军民战胜日伪的证物，也是抗日战争中最特殊一仗的证物。

高邮城工事坚固，兵力雄厚，粮弹充足，可谓坚城。参战的六十六团政委姚力总结取胜的最根本原因是我军作战能力、武器火力均已发展到与敌不相上下的水平，加上士气特别高涨，以强悍的战斗力压倒日军，日军才甘拜下风，动摇投降。

高邮城是抗日战争中全国最后一个光复的县城。高邵战役歼灭日军 1100 多人，创造了新四军在抗日战争期间一次战役歼灭日军人数的最高纪录。

参考文献

专著：

北京新四军暨华中抗日根据地研究会一师分会编：《铁军第一师》，解放军出版社2000年版。

北京新四军暨华中抗日根据地研究会一师分会编：《战斗在大江南北——新四军一师老战士回忆录》，解放军出版社2000年版。

陈丕显：《陈丕显回忆录——苏中解放区十年》，上海人民出版社1988年版。

《陈毅传》编写组：《陈毅传》，当代中国出版社2006年版。

管文蔚：《管文蔚回忆录》，人民出版社1985年版。

黄绍竑：《五十回忆》，岳麓出版社1999年版。

贾文祥：《三野战事珍闻全记录》，军事科学出版社2005年版。

龙跃：《坚持浙南十四年》，浙江人民出版社1987年版。

《毛泽东选集》，人民出版社1991年版。

南京军区政治部编研室编：《征战在江淮河汉之间——新四军将士抗战回忆录选编》，解放军出版社2005年版。

《粟裕战争回忆录》，解放军出版社1988年版。

《粟裕文选》，军事科学出版社2004年版。

《粟裕传》编写组：《粟裕传》，当代中国出版社2007年版。

苏多寿、刘勉玉：《曾山传》，江西人民出版社2003年版。

秦叔瑾：《战地日记》，江苏教育出版社2005年版。

《一代名将——回忆粟裕同志》，上海人民出版社1986年版。

严晓燕编著：《在粟裕身边的战斗岁月——老侦察科长严振衡的回忆》，中央文献出版社 2009 年版。
叶飞：《叶飞回忆录》，解放军出版社 2007 年版。
张文碧：《岁月如戈》，浙江人民出版社 2009 年版。
中国新四军和华中根据地研究会、浙江省新四军研究会、中共浙江省委党史研究室等编：《粟裕百年诞辰纪念文集》，浙江人民出版社 2007 年版。
中共江苏省委党史工作办公室编：《粟裕年谱》，当代中国出版社 2006 年版。

论文：

陈钧贤：《中共闽浙边临时省委曾用何种方式对外联络——电台之谜》，《温州日报·瓯越副刊》2006 年 6 月 27 日。
陈立静、刘建国：《论闽浙边抗日救亡干部学校的创建、特点和地位》，《温州大学学报（社会科学版）》2010 年第 1 期。
陈模：《我所认识的粟裕将军》，《党史纵横》2006 年第 2 期。
陈泉：《并肩战斗的日本战友》，《福建党史月刊》2005 年 S1 期。
陈荣坤、陈立、李颖：《无悔的追求——扬州籍新四军老战士楚青访谈录》，《扬州档案方志》2007 年第 3 期。
陈祥志：《南坎攻坚战》，《南通党史》2005 年 12 月 2 日。
陈有清：《童家甸战斗》，《南通党史》2005 年 12 月 2 日。
陈振东：《联抗：武装统战的创举》，《南通党史》2005 年 12 月 7 日。
程望：《对一师军工部的回忆》，《铁流 9：新四军后勤战线》，解放军出版社 2003 年版。
丁星：《新四军第一师：从苏中到浙西》，《铁军》2007 年第 4 期。
董南才：《新四军先遣支队东进纪事》，《云岭》总第 29 期。
枫亚：《火烧竹篱三百里》，《南通党史》2005 年 12 月 5 日。
黄耕夫：《回忆一九三七年浙江的两次国共和谈》，《平阳党建》2008 年 8 月 11 日。
金山：《我三次见到粟裕司令》，在北京新四军研究会纪念粟裕大将诞辰 100 周年大会上的书面发言。
何振声：《回忆苏中海防团》，《东台县革命斗争史料》第 4 辑，1985 年。
黄先河：《闽浙边抗日救亡干部学校创办的经过》，《平阳党建》2008 年 8 月

11 日。
季尼:《粟裕师长的一份急电》,《粟裕研究文萃》第 5 辑。
姜颂平:《汪伪特工头子李士群》,《中华文史资料文库》,中国文史出版社 1996 年版。
赖传珠:《新四军的前身及其组成与发展经过概况》,《铁流 11:纪念抗日战争胜利 60 周年》,2007 年。
李觉:《我的戎马生涯》,《文史资料选辑》第 122 辑,中国文史出版社 1991 年版。
林玉章:《云岭春暖——纪念周恩来视察云岭新四军军部 70 周年》,云岭·新四军军部旧址纪念馆,2009 年 5 月 6 日。
凌树清、陈玉林:《新四军创建的我军第一支海上武装》,《铁军》2013 年第 6 期。
刘云刚、李晓芳:《弯弓射日——访抗战老战士王培臣》,《福建党史月刊》2005 年第 6 期。
刘云刚、李晓芳:《“纪念胜利,永远不要忘记那段伟大的历史”——访抗战老战士王直》,《福建党史月刊》2005 年第 6 期。
龙跃、吴毓:《闽浙边红军历次与国民党四省边区主任刘建绪谈判的经过》(1937 年 10 月 1 日),《平阳党建》2008 年 8 月 12 日。
卢胜:《北上抗日到皖南》,《福建党史月刊》2008 年第 1 期。
陆启荣:《我给粟裕副司令理发》,《粟裕研究文萃》第 5 辑。
吕韧敏:《未雨绸缪——忆粟裕同志在高邮、邵伯和陇海路之战》,《人民日报》1993 年 10 月 10 日。
倪士干:《故地寻踪觅英雄——粟裕在东台三仓地区的战斗生活片断》,《粟裕研究文萃》第 5 辑。
《南通地区抗日战争概述》,《南通党史》2005 年 12 月 7 日。
彭德清:《狭路相逢勇者胜——亲历如中遭遇战》,《福建党史月刊》2007 年第 6 期。
彭德清、张云龙、谢云晖、严振衡:《收复高邮、邵伯和陇海路东段之战》,《粟裕研究文萃》第 4 辑。
秦俑:《英雄团长严昌荣》,兴化市新闻信息中心,2006 年 4 月 4 日。

裘雨萍：《我所知道的忠义救国军》，《文史资料选辑》第2辑，上海人民出版社1982年版。
沈大卫：《粟司令救了我》，《粟裕研究文萃》第5辑。
施光华：《粟司令亲自吹军号的一幕》，《大江南北》2007年第8期。
孙兰芳：《在粟裕关怀下的抗大九分校》，《抗大校友回忆录选集（下）》（内部资料），1999年。
汤聿文：《将军风范铭刻我心》，《粟裕研究文萃》第5辑。
万幸：《我查过粟裕将军的路条》，《粟裕研究文萃》第5辑。
汪保萍：《记周恩来视察云岭新四军军部》，《党悟》2004年第2期。
王炳毅：《"左倾将军"李明扬》，2004年。
王晶：《记粟裕将军在长兴》，《粟裕研究文萃》第5辑。
王兴相：《谢家渡大捷》，《南通党史》2005年12月2日。
吴强：《追忆、怀念粟裕将军》，《粟裕研究文萃》第5辑。
吴秀华：《抗战大事记》，《南通党史》2005年12月2日。
谢云晖：《高邮落日》，《征战在江淮河汉之间：新四军将士抗战回忆录选编》，解放军出版社2005年版。
《熊熊燃烧的江海抗战》，《南通党史》2005年12月7日。
徐速：《新"木马计"传奇——"汤团"打入伪军167天纪实》，《南通党史》2005年12月5日。
徐泽霖：《日军暴行》，《南通党史》2005年12月2日。
尹家民：《虎将柔情——陶勇和他的战友们》，《人物》2002年第8期。
余伯由：《弯弓射日到江南》，《平阳党建》2008年8月12日。
恽前程：《粟裕首长指挥水西保卫战纪实》，《铁流18：纪念抗美援朝60周年 纪念袁国平烈士 纪念老会长张铚秀将军逝世一周年 战斗生涯峥嵘岁月 追思缅怀学习》，解放军出版社2011年版。
张爱东、徐洪权、郭慧、赵军：《苏中领导机关在宝应》，《扬州晚报》2005年8月16日。
张爱东、徐洪权：《粟裕将军在宝应二三事》，《宝应情况》2008年第16期。
张纯良：《我为红军装配收报机简况》，1985年2月14日。
甄为民：《我所亲历的高邮战役》，《高邮文史资料》第18辑，2005年。

张允生:《江高战役首战——解放邵伯》,2007年第3期。
周宏文:《粟裕在苏中地区的光辉足迹》,《南通党史》2007年10月17日。
钟期光:《第一师的发展历史及现状》(1942年2月8日),《新四军文献3》,解放军出版社1994年版。
朱坚:《陶司令收编孙二虎》,《东台县革命斗争史料》第7辑。

后 记

《纵横江海——抗日战场上的粟裕》这部书的创作始于2006年6月。当时我从湖南师大继续教育学院毕业后回会同已有半年，深感业余生活特别空虚。因此我常常独自一人到城南那个小小的森林公园去，寻一处安静的地方，点支烟，望着天上的浮云，想一些在当时所能想起的事。

那个公园以粟裕命名，是因为公园里有粟裕的纪念馆和纪念碑。就是这个公园引起了我对粟裕的兴趣，激起了我创作关于粟裕作品的冲动——那时我已开始在报纸和杂志上发表作品，我觉得我有这个能力写他，我也有时间和精力来做这个事。我要把他光辉的历史真实而又艺术地写出来。

最初的想法是搞文学作品，但由于粟裕的事迹本来就十分精彩，加上关于他的史料极其丰富，所以改为写历史纪实；原来计划写他的一生，后来逐渐锁定到他的抗日生涯。

我搜集粟裕抗日资料遵循真实可靠的原则，有两种途径：一是从涉及粟裕的书籍里搜集，二是从网络里搜集。我手头已有几本关于粟裕的书，其中一本是上海人民出版社出版的《一代名将——回忆粟裕同志》，里面有杨尚昆、陈丕显、萧劲光、宋时轮、叶飞、张震、王必成等人对粟裕的评价和回忆。工作展开后，我发现大量书籍里的史料可以从网络里搜集到。

搜集资料的第一阶段是从粟裕本人的回忆录和军事著作中搜集，这个阶段很快就完成了。第二阶段是在粟裕战友和部下的回忆中搜集。从他人的回忆录里搜寻有粟裕的事迹比上一阶段的工作更苦些，难度更大些。如陈毅和粟裕是密切的搭档，从陈毅的资料中可以找到粟裕战斗和生活的背景。这个要有大量的阅读，只有在大量阅读的基础上才能发现有价值的史料。这个时候我开始感觉到这个事情的艰难了。后来我还发现在地方文史资料里有大量关于粟裕抗战的史料，而且这些史料更细更具体。

从网络里寻找资料毕竟还是有限的，因为有很多书籍和资料并未上传到网络里。好在这个时候我遇上了粟裕的外甥文亚玮。文亚玮就职于会同县粟裕中学，一直热衷于研究和宣传粟裕。通过他，我又认识了《粟裕研究资讯》的首任主编盛夏和现任主编吴跃军。他们建立有研究粟裕的民间组织粟裕研究室，与粟裕家人、全国各地研究新四军、粟裕的组织保持有密切的联系。他们给我提供了大量网络里没有的关于粟裕的第一手材料和宝贵意见。后期我还得到了严晓燕女士采访粟裕身边工作人员和部将的相关资料，这些原始材料更加丰富和完善了本书的内容。

编著本书时，原则上，粟裕在那个时代的言行举止和思想活动，有记载的，依样保留，没有的，我也没有妄加猜测想象加以补充。本书虚构成分少之又少，这可能是这本书的缺点，但也是本书的一大看点：原汁原味。

进到编著阶段时，我发现做这个事好难。一是一不小心就会成史料的堆集；二是这个工作量很大；三是我的专业是汉语言文学专业而非严肃的历史专业。这些都给了我很大的挑战。

2006 年下半年我转而从事职业教育，工作烦琐而沉重，我的业余时间变得很少；我还有一些很好的朋友弟兄常常要聚一聚、玩一玩，这又要挤占我一些业余时间。好在当时没什么杂念，业余时间只一心做这个事情；也没有完成作品的期限，自己只是有空就做。这样，用了三年时间，断断续续，我完成了这本书的初稿，随后的几年里根据粟裕研究的最新成果又进一步润色修订。

编著本书期间及之后，因为教学工作的认真负责，我每年或是优秀教师，或是优秀班主任，在校里、县里、市里都获得了荣誉。这种情况下我能完成这本书的编著工作是不容易的，我的信念和力量来自与日伪军殊死战斗的粟裕及他领导的抗日军民。

本书完稿后先后送交粟裕长子粟戎生、湖南省委党史研究室研究员夏远生审阅，并通过军事科学院历史和百科研究部的审核，现在终于付梓了。这对笔者来说是一个莫大的欣慰，对粟裕将军及所有在苏浙皖与日伪殊死战斗的抗日军民都是一种很好的安慰。

我主要的工作是在史料的大海中搜寻线索，然后尽可能地将当时的情景还原。这好比考古学家在废墟里寻找那些文物的碎片，再将文物拼接复原。文物碎片掉一片、两片或是更多一些是正常的事，瓷器和陶器的缺失部分常常由考古学家用石膏补充。我想我这个东西掉了的“碎片”还是由读者自己借想象去补充完整为好，因为我这支笨笔未必能胜过那些高明的读者。

编著本书时，我还得到湖南省作协会员康志耀、怀化师专校友侯迁广的鼓励、帮助和支持。在此一并感谢所有关心、支持和帮助我创作《纵横江海——抗日战场上的粟裕》的老前辈、各级领导、诸位朋友和同事。

粟向阳

2016年3月30日